刘泽华全集

刘泽华 ◎ 著

序跋与回忆

南开大学历史学院 ◎ 编

天津出版传媒集团

天津人民出版社

图书在版编目(CIP)数据

　　刘泽华全集. 序跋与回忆 / 刘泽华著；南开大学历
史学院编. —— 天津：天津人民出版社, 2019.10
　　ISBN 978-7-201-15217-2

　　Ⅰ. ①刘… Ⅱ. ①刘… ②南… Ⅲ. ①刘泽华–文集
Ⅳ. ①C53

　　中国版本图书馆 CIP 数据核字(2019)第 193146 号

刘泽华全集·序跋与回忆
LIU ZEHUA QUANJI · XU BA YU HUIYI

出　　版　　天津人民出版社
出 版 人　　刘　庆
地　　址　　天津市和平区西康路 35 号康岳大厦
邮政编码　　300051
邮购电话　　(022)23332469
网　　址　　http://www.tjrmcbs.com
电子信箱　　reader@tjrmcbs.com

总 策 划　　任　洁
责任编辑　　孙　瑛
装帧设计　　明轩文化·王　烨

印　　刷　　河北鹏润印刷有限公司
经　　销　　新华书店
开　　本　　710 毫米×1000 毫米　1/16
印　　张　　28.75
字　　数　　458 千字
版次印次　　2019 年 10 月第 1 版　2019 年 10 月第 1 次印刷
定　　价　　188.00 元

前　言

　　由天津人民出版社编辑出版的《刘泽华全集(全十二卷)》,在众多南开师友、刘门弟子、家属及出版社领导、各位编辑的共同努力下,终于可以问世了。此套全集由南开大学历史学院主持编选,一些事项需要在此说明:

　　一、刘泽华,享誉海内外的著名史学家、南开大学荣誉教授,1935 年 2 月出生,2018 年 5 月 8 日病逝于美国西雅图,享年 83 岁。自 1960 年大学三年级破格留校任教后,刘先生在南开大学历史系、历史学院执教四十余载,直至2003 年退休。刘先生曾任南开大学历史系主任、校学术委员会委员、教育部人文社科重点基地中国社会史中心主任等校内外多种重要学术职务,受聘于多家高校及科研单位并担任客座教授,退休后被授予"南开大学荣誉教授"称号。刘先生著作较多,理论观点自成一体,所提出的"王权支配社会""王权主义是传统思想文化的主脉""中国传统政治思想是一种'阴阳组合结构'"等命题和论断,准确而深刻地把握住了中国传统政治文化与政治实践的特点,具有重要的理论创新性,学术影响极大。

　　二、在几十年的教学与科研进程中,刘先生带起了一支专业素质较强的学术团队,以他的学术观点为灵魂,系统梳理中国传统政治思想的脉络,找寻传统与现代政治理念间的异同,致力于剖析中国现代化进程中的诸多症结,具有鲜明的学术个性、敏锐的问题意识和强烈的现实关怀,被誉为"王权主义学派"或"刘泽华学派"。先生可谓是中国政治思想史领域的代表性人物之一。

　　三、鉴于刘泽华先生崇高的学术地位及其论著的重要理论价值,《刘泽华全集(全十二卷)》得以入选天津市重点出版项目。为保证文集的学术水平和编纂质量,天津人民出版社与南开大学历史学院密切合作,联手打造学术精品。经刘泽华先生生前授权,由南开大学历史学院主持全集编选工作,成立了由李宪堂、张荣明、张分田教授为主的编选工作组,带领部分研究生收集初稿进行编选,之后又多次协调召开京津地区刘门弟子研讨会,对全集十二卷的顺序、各卷目录及学术年谱进行了反复讨论。天津人民出版社副总编辑任洁带领团队全力投入,负责各卷编辑工作。

四、时值南开大学百年华诞,作为献礼之作的《刘泽华全集(全十二卷)》的出版引起广泛关注。全集编选工作得到各方支持,进展顺利。多位师友提供刘泽华先生文章手稿及照片。阎师母及先生的女儿刘琰、刘璐对全集的出版十分关心,就全集的编撰、封面设计提出不少建设性的意见。葛荃教授代表刘门弟子撰写了全集的序。葛荃、张荣明、李宪堂、孙晓春、季乃礼、林存阳等教授审读了各卷。何平、杨阳、林存光、邓丽兰等诸多刘门弟子,以及诸多南开史学的毕业生纷纷表达期待之情,翘首以待。

五、由于刘泽华先生的写作时间始自 20 世纪 50 年代初,直至 2018 年 5 月逝世前夕,跨度长达半个多世纪,各个时期的学术规范、报刊发表要求不尽相同,给收集整理和编辑工作带来相当大的困难。此次出版,除对个别字句的误植进行订正外,基本保持发表时的原生样态,以充分体现论著的时代性,便于后人理解当代中国史学演变的路径及意义。刘泽华先生的回忆录《八十自述:走在思考的路上》于 2017 年由生活·读书·新知三联书店出版后,引起广泛关注,被誉为"当代中国学人的心灵史",此次全集出版时也将其收录进来,以体现全集的完整性,并于文末附由林存阳教授与李文昌博士所梳理的"刘泽华先生著述目录"。

六、由于印刷模糊、议题存疑等原因,刘泽华先生的个别文章未能收入。希望以后有机会再增补出版,以补缺憾。

七、天津人民出版社《刘泽华全集(全十二卷)》编辑小组的全体编辑,对全集编辑出版工作倾情投入,付出了艰巨的劳动,他们是责任编辑金晓芸、张璐、赵子源、霍小青、孙瑛、王小凤、康嘉瑄、韩伟,二审赵艺编审和三审任洁编审。在此向天津出版传媒集团和天津人民出版社表示衷心的感谢。

刘泽华先生长达半个多世纪的学术生涯是在南开度过的,他对南开大学、南开史学拥有一份真诚、朴素的情感,曾带头汇捐四十万元用于设立"中国思想史奖学金"，希望中国思想史学科能后继有人。这套全集也是按照刘先生生前愿望，由南开大学历史学院主持编选，这也是刘泽华先生向南开百年奉献的一份真挚祝福。

唯愿刘泽华先生在天之灵安宁！引导我们永远走在思考的路上！

南开大学历史学科学术委员会

2019 年 10 月 17 日

序：刘泽华先生的学术贡献

葛荃①

刘泽华先生(1935—2018)，河北石家庄人，中国当代著名史学家，中国政治思想史研究著名学者。研究领域包括先秦史、政治史、知识分子史、历史认识论和中国古代政治思想史。先生成果丰硕，为当代中国学术研究贡献良多，主要体现在以下三个方面。

一、著述等身

中国政治思想史研究自1952年全国院系调整以后基本处于停滞状态。间或也有些研究成果，刘泽华先生此时即有论文面世，大都是先秦诸子及后世思想家方面的学术论文，鲜有专著问世。20世纪80年代改革开放后，中国政治思想史研究得以复苏。1984年《先秦政治思想史》出版，这是继1924年梁启超《先秦政治思想史》②之后唯一的一部同名学术专著，其翔实和厚重的程度，体现了中国学术界六十年来的知识积累和理性认知的进步。其后，1987年《中国传统政治思想反思》出版，这两部著作在学术界形成了重要影响，奠定了刘泽华先生的学术地位。

关于《先秦政治思想史》，据先生自述，这是一部"迄今为止最系统、最全面(包括'人'和'书')、资料最翔实的一部先秦政治思想史"。诚哉斯言！从体例来看，这部著作有三个特点。一是脱出中国哲学史研究的套路，真正形成了

① 葛荃(1953—)，安徽巢湖人，系刘泽华先生首徒。曾在南开大学、山东大学任教。现为中国政治学会常务理事，中国政治思想史研究会常务理事兼会长。术业专攻：中国政治思想与政治文化。

② 该书一名《中国圣哲之人生观及其政治哲学》。

1

中国政治思想史的知识体系。二是立论允当,均有翔实的史料依据。所谓"言必有据",这正是先生"让史料说话"治学理念的验证。三是在理论突破方面有所尝试。《先秦政治思想史》的写作时间大约是从 1979 至 1983 年。那个时段的中国刚刚改革开放,曾经的教条主义思想束缚还没有完全破除,在理论方面有所突破是需要胆识和超前意识的。刘泽华先生说:"在研究方法上我突破了用阶级理论定义政治的'铁则'。我认为政治有阶级性,也有社会性。""1949 年以后到本书出版之前所有的思想史著作,在论述人物及其思想时几乎都被戴上'这个'阶级或'那个'阶级的帽子,而我在本书中实行了'脱帽礼'。把帽子统统摘掉了。这在当时也可以说是绝无仅有的,谓余不信,不妨翻翻那时的著作。"刘泽华先生延续了"马克思主义"流派的论说方式,破除了教条思维的束缚,摒弃了几十年来桎梏人们头脑甚而轻车熟路的"阶级代入法",形成了夹叙夹议、史论结合、突显学术个性的叙事方式。刘泽华先生以传统中国的政治思维与当下的家国情怀相观照,充分展现了政治思想史研究的理论深度与学术感染力,具有明显的开创性,从而在学术界形成了广泛影响。

《中国传统政治思想反思》更是一部力作。刘泽华先生以鲜明的问题意识"反思"传统,论题包括人性、民论、天人合一、法制、礼论、谏议思想、清官问题,等等。书中提出了中国传统政治思想的研究对象和研究方法问题,论述了传统人文思想与王权主义问题。这些论题的视角和形成的学术判断展现出作者自由思维的敏锐与犀利,引起学界极大的关注。《先秦政治思想史》和《中国传统政治思想反思》开启并奠定了刘泽华先生的研究路向,提升了先生在学术界的知名度和影响力。其中王权主义理念的提出,预示着先生学术思想体系的核心部分已经形成,为其以后的研究及王权主义理论体系的构建开通了道路。

嗣后几十年,刘泽华先生在中国古代政治思想史研究领域用功尤勤,出版了一卷本《中国古代政治思想史》(1992)、三卷本《中国政治思想史》(1996)和九卷本《中国政治思想通史》(2014)。这三部著作跨越二十余年,反映出先生在中国政治思想史领域的超越性进路。其中,1992 年初版的《中国古代政治思想史》于 2001 年出版修订本,被国家教育部研究生工作办公室推荐为全国研究生教学用书。2014 年出版的《中国政治思想通史》是这一学科发展近百年来唯一的一部通史类著作。如果从1923年出版的谢无量的《古代政治思想研究》和1924年梁启超的《先秦政治思想史》算起，近百年来，有关中国政治思想史类的个人著述并不少。除了梁、谢之作，还有萧公权、萨孟武等人的二十余种，但是冠以"政治思想通史"者，唯先生一人耳。

此外，刘泽华先生还出版了《中国政治思想史集（全三册）》《中国的王权主义》《专制主义与中国社会》（合著）《士人与社会（先秦卷）》《士人与社会（秦汉魏晋南北朝卷）》《中国传统政治哲学与社会整合》（合著）《洗耳斋文稿》《中华文化集粹丛书·风云篇》《中国传统政治思维》《竞争、改革、进步：战国历史反思》（合著）《王权思想论》《中国古代王朝兴衰史论》（合著）等三十多种书，并主编《中华文化通志·制度文化典》。晚年出版个人回忆录《八十自述：走在思考的路上》，这部著作登上了《南方周末》《新京报》等各大书榜，又被《中华读书报》评为2017年5月月度好书。

刘泽华先生在《历史研究》《哲学研究》《历史教学》《红旗》《文史哲》《南开学报》《天津社会科学》《学术月刊》等刊物，以及《人民日报》《光明日报》《文汇报》《今晚报》等先后发表学术论文、学术短文合计两百四十多篇。

另外，先生还有多部论文和著作在外文期刊或外国出版社出版。其中《中国传统政治思想反思》由卢承贤译成韩文，首尔艺文书苑1994年出版；三卷本《中国政治思想史》由韩国著名学者、韩国荀子学会会长、韩国政治思想学会会长张铉根教授用功二十年（1997—2017），译成韩文，合计二百六十万字，已经于2019年2月面世。

20世纪80—90年代，中国政治思想史研究形成热潮，计有几方重镇。中国古代政治思想史有南开大学、吉林大学，中国近现代政治思想史以中国人民大学为首。进入21世纪，重镇相继衰落。唯2014年泽华师主编的九卷本"通史"问世，彰显了他数十年的学术积累和巨大的学术影响力，即以皇皇巨著表明其学术追寻的孜孜以求和笔耕不辍的坚守，誉为"著作等身"，实至名归。

二、开创学派

学者的成功不仅在于著述，更在于培养新人、接续文化与学术传承。刘泽华先生于 1982 年初指导硕士研究生,1994 年始招博士研究生, 几十年培养弟子众多。其中一些弟子选择在高校或科研单位任职,在学术观点上与先生相承相通,逐渐形成了一个相对松散却志同道合的学术群体。刘泽华先生的学术旨趣在于反思中国历史与传统文化, 以批判中国君主专制政治为要点,形成了一套学术理念,具有鲜明的启蒙性。在先生的感召和引领下,学术群体虽然分散在各地,但仍能坚守学术志向,传承先生衣钵,形成了李振宏先生命名的"中国政治思想史研究中的王权主义学派"①。

这里需要说明的一点是,这一"学派"的形成,并非有意为之,更非刻意求之,而是在长期的指导、引领与合作中自然形成的,正所谓"无心插柳柳成荫"。一方面,先生指导研究生的重点是精读原典和研习理论方法,主要通过讨论的方式,激发学生思考,学会做研究。另一方面,先生以指导学生习作的方式来培养和提高学生的研究能力,旨在通过实际操作,激活学生的思维能力。特别是对于某些年龄偏大、入门较晚的学生更是如此。正是在这样的过程中,在先生耳提面命、逐字逐句的谆谆教诲中,师生得以思想交流、情感交融。老师的学术旨趣、价值理念感染和浸润着受教者,许多学术判断和创见性论断在学生的著述中得到接续和不断阐发。兹可谓聚似一团火,散则满天星,历经有年,以刘泽华先生为中心的学术群体逐渐形成。

关于学派的名称,李振宏认为 "是考虑到这个学派内部成员的学术个性、差异性问题,而'王权主义学派'较之'刘泽华学派',可能具有更大的包容性"②。这一判断当然是有道理的。不过据我所知,先生本人却没有完全认同。他认为,应该是"王权主义批判学派"或"王权主义反思学派",否则容易令人产生误解,以为我们是赞同王权主义的,其实恰恰相反。

我与师门中诸位好友倒是倾向于最初的提法,以为"刘泽华学派"更为恰当。李教授关注的重点是"王权主义学派"的提法有更大的包容性。不过我以为,孔子以后儒分为八,墨子之后墨分为三,无论怎样分化,其学派的基本理念和宗旨是一脉相承的。中国传统政治文化的价值系统抑制人的个体主体性,长期以来的集体主义教育也使得我们的文化基因对突显个人有着天然的

①② 李振宏:《中国政治思想史研究中的王权主义学派》,《文史哲》,2013 年第 4 期。

恐惧和抵制。事实上,以刘泽华先生为创始人的学术群体,其成员主要是硕士生或博士生,以及部分优秀私淑弟子及学道同人。正是基于价值观的认同与长期的学术合作而相互呼应,形成了学术传承,以礼敬先生、光大师门的共识凝结了认同基础,具备了"师承性学派"的典型特征。故而冠以老师之名讳而称学派,或可开当代中国学界风气之先。

开创或形成学派,并非自家的一厢情愿,而是成就于学界共识。其规定至少有三:一是创始人创建出相对完备的理论体系及相应的知识与话语体系,具备特色鲜明的方法论;二是学术群体成员基本沿顺着相同的学术立场和价值观而接续传承;三是学术群体不仅合作,更有学术创新,而且多有建树,发扬光大。借此而言,刘泽华先生能身体力行,堪为典范。学术群体成员长期合作,建立了全国性学术组织①,并在各自的研究领域各有擅长与学术特色。李振宏对此论述详尽,这里不赘言。

三、知识创新

坊间探讨何为大学,谓之须有大师。能称为大师者,必然能在人类社会的知识传承方面有所创新。刘泽华先生正是这样,主要体现在三个方面。

一是中国政治思想史理论架构和知识体系的创新。梁启超早在 20 世纪20 年代就已经提出了政治思想史研究对象问题,不过他仅仅从类型的视角解读了中国政治思想史的研究对象。一是从"所表现的对象"来划分,分为"纯理"和"应用"两类;二是从"能表现之主格"来区分,分为"个人的思想"和"时代的思想"。这样的概括显然过于笼统,学理性略有不足。此后,大凡涉猎中国政治思想者,纷纷做出解读。

近一个世纪以来,比较具有说服力的是徐大同在 20 世纪 80 年代初的认识。他提出:"政治思想史的研究对象是:历史上各个阶级和政治集团对社会政治制度、国家政权组织,以及各阶级相互关系所形成的观点和理论体系;各

---

① 2014 年,以刘门弟子为主,发起成立中国政治学会之中国政治思想史专业委员会,即中国政治思想史研究会,迄今已经召开七届年会暨"中国政治思想史论坛"。该论坛始于 2012 年,即筹备成立研究会,在学术界形成了广泛的影响。

种不同政治思想流派之间的斗争、演变和更替的具体历史过程；各种不同政治思想对现实社会政治发展的影响和作用。"①进入21世纪，徐大同的认识进一步凝练，提出"一切政治思想无不是反映一定的社会阶级、阶层或集团的政治理想、政治要求，设计夺取、维护政治统治方案或为政治统治'出谋献策'。古今中外概莫能外"②。这一认识较之80年代有所扩展，不过其核心仍然可以概括为"关于国家与法的认识"。

刘泽华先生认为，徐大同等人的说法相当深刻，抓住了政治思想史研究的主要内容，可是尚有不足。"问题主要是把政治思想史的对象规定得过于狭窄，有碍于视线的展开。"他提出政治思想史除了研究国家和法的理论外，还有一些内容也应列入研究范围。计有政治哲学、社会模式理论、治国方略和政策、伦理道德、政治实施理论及政治权术理论等。③三十年后，先生在2014年出版的《中国政治思想通史》中进一步概括说："中国古代的政治学说包罗万象，有时还与其他领域的学说理论交织在一起，而中国古代政治思想史的研究对象应包纳无遗，故在确定研究的内容和范围时，宁失之于宽，勿失之于狭。即除了关于国家、政体、法制的理论以外，还要根据中国古代政治学说自身的特点，充分注意政治哲学、社会模式理论、关于治国方略与政策的理论、政治实施理论、政治权术与政治艺术理论、政治道德理论，以及中国古代政治学说所关注的其他各种理论和其他各种门类学术理论中所包含的政治理论内容。"④

刘泽华先生在前人研究的基础上，重新审视中国古代政治思想史的研究对象，提出了政治哲学等五个方面也须作为中国政治思想史的研究对象。这一学术判断符合中国历史和文化生态，拓宽了中国政治思想史的研究视域，具有原创性，为构建中国政治思想史知识体系奠定了基础。

---

① 徐大同、陈哲夫、谢庆奎、朱一涛编著：《中国古代政治思想史》，吉林人民出版社，1981年，第2—3页。

② 徐大同：《势尊道，又尊于道》，载于赵宝煦主编：《知识分子与社会发展》，华夏出版社，2003年，第51页。

③ 刘泽华：《先秦政治思想史》，南开大学出版社，1984年，第2—7页。

④ 刘泽华主编：《中国政治思想通史（综论卷）》，中国人民大学出版社，2014年，第6页。

对中国政治思想史进行整体性的概括是基于学科的发展逐渐展现出来的。自从 20 世纪初叶梁启超"常作断片的发表"①，随着学科发展，有诸多研究者想对中国政治思想史做整体性的把握。不过，研究者往往是通过历史分期或概括特点进行整体性的描述。如陶希圣《中国政治思想史》、吕思勉《中国政治思想史十讲》等，莫不如此。被誉为以政治学理论研究中国政治思想史第一人的萧公权也是这样。②相较而言，萧公权的整体性认识是有一定的创新性的，但是基本格局没能走出前人的思路。

刘泽华先生的认识在一定程度上超越了前人，他以"王权主义"概括中国古代社会、政治与思想，对中国政治思想史做出了整体性判断。在《中国政治思想史（先秦卷）》序言中，他将中国政治思想史的主题归纳为三点：君主专制主义、臣民意识、崇圣观念。随后，他将这三点归结为一点——王权主义。在他看来，所谓王权主义"既不是指社会形态，也不限于通常所说的权力系统，而是指社会的一种控制和运行机制。大致说来又可分为三个层次：一是以王权为中心的权力系统；二是以这种权力系统为骨架形成的社会结构；三是与上述状况相应的观念体系"③。他认为，"在观念上，王权主义是整个思想文化的核心"。作为现代人的研究，当然要借助现代学科的分类来审视传统思想，"但不能忽视当时的思想是一个整体，它有自己的特定的逻辑和结构，而政治思想则是其核心或主流部分，忽视这个基本事实，就很难贴近历史"④。借此断言，"在中国的历史上，除为数不多的人主张无君论以外，都是有君论者，在维护王权和王制这一点上大体是共同的，而政治理想几乎都是王道与圣王之治"⑤。显然，王权主义不是一个简单的政治意识形态化的陈述，而是对中国传统社会的政治、社会与思想文化的结构性认知。在这一结构中，君主政治权力系统是中心。与中心相关联的，一方是与之相应的社会结构，另一方则是与权力中心及社会结构相应的思想观念。这里的逻辑关系

---

① 梁启超：《先秦政治思想史》，中华书局，1936 年，第 1 页。
② 萧公权按照思想演变的趋势，划分为四个时期：草创时期、因袭时期、转变时期、成熟时期。又以思想的历史背景归纳为三段：封建天下之思想、专制天下之思想、近代国家之思想。
③ 刘泽华：《中国的王权主义》，上海人民出版社，2000 年，第 2 页。
④⑤ 刘泽华：《中国的王权主义》，上海人民出版社，2000 年，第 4 页。

很清楚,政治思想与政治权力系统及社会结构相关联,三者之间存在着相互影响与作用的互动关系。

这就是说,刘泽华先生突破了以往就思想而谈思想,以分期的方式概括政治思想全局的思路。他从历史学家横亘历史长河的认知高度审视中国古代社会、政治与文化,用王权主义的体系性框架对中国传统社会政治、经济、思想文化做总体性把握,梳理出思想与社会、思想与政治、思想与制度之间互动和相互影响的认知路径,形成了独具学术个性的学理逻辑,实则构成了一种认知范式。

正是在王权主义总体把握的认知基础上,先生对中国政治思想史的命题和范畴做了梳理。诸如传统人文思想与君主专制主义、宗教与政治、王权与"学"及士人、王权与圣人崇拜、革命与正统、政治理想与政治批判,以及道与王、礼与法,等等。又提出中国传统政治思维的"阴阳组合结构",这一判断极具首创性。刘泽华先生在几十年的探索、思考中,渐渐形成了自成体系的学理逻辑,构建了充分展现其学术创新性的知识体系,终成一家之言。

二是学术观点的创新。刘泽华先生的研究新见迭出,多有首创性学术判断,这里仅举两例。

1.关于"王权支配社会"。这一观点是在传统的"权力支配经济"基础上提出的。先生坦言他受到了前人的启发:"王亚南先生的见解可谓前导。"不过他指出,王亚南是从经济入手解读政治权力与社会的关系。而"王权支配社会"与前人所论有着相当的差别。他说:"第一,我不是从经济(地主制)入手,而是直接从政治权力入手来解析历史。君主专制体制主要不是地主制为主导的经济关系的集中,而恰恰相反,社会主要是权力由上而下的支配和控制;第二,我不用'官僚政治'这一术语,君主要实现其统治固然要使用和依靠大批官僚,但官僚不是政治的主体,而只是君主的臣子、奴仆,因此不可能有独立的'官僚政治'及其他学者提出的'学人政治''士人政治'等。君主可以有各式各样的变态,如母后、权臣、宦官,等等,但其体制基本是一样的。"①

"王权支配社会"的提出具有首创性,用先生自己的话说:"我提出这一看

---

① 刘泽华:《王权支配社会的几个基本理论》,《历史教学(上半月刊)》,2018 年第 2 期。

法不是出于灵机一动,而是多年来学术积累的概括。"正是在这一看法的基础上,总结出了"王权主义"理论体系。这一学术判断为深入解读和诠释中国政治思想提供了政治学视角,使诸多传统论题的研究,诸如天人合一、圣人观、重民思潮等,得以走出前人的框架与格局。

2."政治文化化与文化政治化"。刘泽华先生沿顺着思想与社会互动的思路提出,"政治关系就不仅仅是单纯的权力关系,它还是一种文化关系"。他把制度、法律、军队、警察、监狱等称为政治关系中的"硬件",将信仰、情感、态度、价值观等称为政治关系中的"软件",认为"政治文化指的就是这些'软件'"。在这里,先生借鉴了现代政治文化理论,指出"政治文化是政治实体中一个有效的组成部分,在某些情况下,对政治行为起着指导作用"。他把这种状况称为"文化政治化"。其中"包括两层政治含义:其一,一定政治体制的形成有赖于一定的文化背景;其二,一定政治体制的存在和运行,受到文化因素的制约和改造。仅仅从制度、法律、规定、强制等范畴来谈政治是远远不够的,还必须结合一定的文化背景才能真正理解政治的运行和发展"[1]。

政治文化化是说,一定的政治制度与法律体系可以通过不断的政治社会化过程逐渐内化成为政治共同体内成员所奉行的行为准则与政治观念。刘泽华先生从政治与文化互动关系的视角切入,借鉴现代政治学的政治社会化理论,深刻剖析中国传统政治思想的内在结构与关联。"政治文化化与文化政治化"不仅具有学术创新性,而且作为政治学立论本土化的案例,充实了中国政治思想史研究领域的中国话语。

三是研究方法的创新。严格而论,人文社会科学的研究方法和方法论是有区别的。一般而言,研究方法指的是研究的技术手段,如计量方法,包括田野调查、质性研究,等等。方法论是指运用某种理论作为认知、分析、论证和形成学术判断的手段。刘泽华先生是彻底的唯物主义者,自喻"马克思主义在我心中"。他的方法论基础是历史唯物论和辩证唯物论,学界称为"历史与逻辑相结合"的研究方法。从 20 世纪 70 年代中期起,先生坚定而决然地摒弃了僵化教条思维,扩展视野,提出并践行中国政治思想史研究的"互动"方法与价

---

① 刘泽华:《政治文化化与文化政治化》,《天津社会科学》,1991 年第 3 期。

值研究方法。

关于"互动"方法。刘泽华先生提出的"思想与社会互动研究方法"是其辩证思维的体现。他认为,"在以往的研究中,大致说来,占主流的是'二分法'。先是阶级的二分法,强调两者的对立。近年来,讲阶级性的大大减少,取而代之的是'精英'与'大众'的二分法"①。在他看来,"思想与社会本是一个有机的整体。然而,由于学科的分化,人类社会的主要领域被分割"。"为了提高研究的专门化程度,人们可以将本来浑然一体的历史现象分割给不同的学科。"为此他提出"必须以综合性的研究来还原并解读事物的整体",概括出"互动"方法论。就是要"综合思想史与社会史的资源、对象、思路、方法",运用"互动"方法进行研究,"撰写更全面的思想史和社会史"。②

为了进一步说明,泽华师举出统治思想与民间社会意识关系问题作为案例。他认为,正是学科分工细化导致的"二分法"将思想分为统治思想和民间社会意识,研究者将上层与下层、官方与民间、经典与民俗、精英与大众、政治思想与社会思想分隔开来。为此就需要运用互动方法论,"依照历史现象之间固有的内在联系,确定研究对象,拓展研究视角,设计研究思路,对各种社会政治观念进行综合性解读"。"在对统治思想、经典思想、精英思想、社会思潮、民间信仰和大众心态分别进行系统研究的基础上,考察它们之间的相互关系,对全社会普遍意识发展史做出深度分析和系统描写。"③互动研究方法关注事物之间的联系与逻辑,可以视为辩证唯物论在政治思想史研究领域的具体运用。这种研究方法能够突破主流思想和政治意识形态对于政治思想史研究的局限,对中国社会的思想与文化做出更为深刻与合理的阐释。

关于价值研究方法。刘泽华先生说:"一方面要注意学科自身的认识规律,循序渐进;另一方面还要借鉴思想史和哲学史研究的经验与教训。"于是提出要把价值研究作为中国政治思想史研究的重要视角,这显然是一种方法论的提炼。

---

①②③刘泽华等:《开展统治思想与民间社会意识互动研究》,《天津社会科学》,2004 年第 3 期。

先生认为,研究中国政治思想史不能只限于描述思想内容和思想发展的历史过程,同时要考察思想的价值,价值性认识在政治思想史研究中是具有特别重要意义的。他说:"为了判明一种思想的价值,首先要明确价值标准……这就是历史唯物主义。""价值问题不只是个阶级定性问题,还有许多其他方面的内容。不做价值分析,政治思想史就会变成一笔糊涂账。为了更好地判明各种思想的价值,应该探讨一些价值标准问题。在这个问题上,既要借助历史学中已获得的成果,又要结合政治思想史的具体情况,理出一些自身特有的标准。"①

在他看来,在历史上,一些代表剥削阶级的政治思想付诸实践,是可行的,有效的,"甚至起了促进历史的作用"。那么,"在这种情况下,真理与谬误该如何分辨,代表剥削阶级利益的政治思想中有否科学和真理?实践证明是可行的,起了积极作用的思想是否就是实践检验证明了的真理?"②这些认识是在《先秦政治思想史》中提出的,时值20世纪80年代初期,"思想解放"几近热潮,这些认识代表着中国政治思想史研究的新思维趋向。

总的来看,刘泽华先生密切关注中国思想、社会和历史相关的宏观性问题,从批判和破除教条主义的思想禁锢出发,彰显和倡导史家自由思考和独立认识的主体意识,形成了成熟的方法论理念,并用于研究实践。互动研究方法和价值研究方法的提出,对推动中国政治思想史研究的深入与拓展,构建创新性知识体系具有重要意义。

四、学术人格

刘泽华先生的学术人格主要是通过其治学理念体现出来的。他说:"研究中国的政治思想与政治精神是了解中国历史与现实的重要门径之一。"为了从传统的封建主义体制和心态中走出来,"首先要正视历史,确定历史转变的起点。我们经常说要了解和熟悉国情,而历史就是国情最重要的组成部分。我的研究目的之一就是为解析中国的'国情',并说明我们现实中封建主义的由

---

① 刘泽华:《先秦政治思想史》,南开大学出版社,1984年,第11页。
② 刘泽华:《先秦政治思想史》,南开大学出版社,1984年,第12页。

来"①。可知先生作为历史学家有着强烈的家国情怀和现实关怀,并凝聚为特色独具的治学理念,形成了极富主体精神的学术人格。

其一,反思之学。反思(turn over to think)的概念在近代西方哲学已有使用,可以界定为认知主体以当下的立场和认知方式审视、回溯传统,即以往的事物与知识。刘泽华先生最早使用这一概念就是在前文提到的《中国传统政治思想反思》一书中。"反思"作为书名,实则体现了他的治学理念。作为历史学家,他认同这样的理念:历史是个不断地再认识的过程,需要当下的认识主体不断地予以反思。历史本来就是人类过往的记述,历史研究就是要为当下的现实生活做出解释,给出学术判断。"学科学理与反思国情就是我研究政治思想史的两个主要依据,也是我三十年来循而不改的一个原因。"这是他致力于"反思"中国历史与传统政治思想的"愿力"②所在。

刘泽华先生曾明确表示:"我觉得我们这一代人经历的曲曲折折很值得反思,其中我认为政治思想的反思尤为重要。""我是强调分析,强调反思……我自己也认为我是反思派,是分析派,而不是一个弘扬派,我主张在分析当中,在反思当中,来区分问题。"③先生的反思之学有两个突出的特点。一是坚持马克思主义基本方法,"把马克思主义作为一种认识论来看待"。他坚持"马克思是伟大的思想家,是人类的精神财富",并且"仍然认为马克思讲的一些基本的道理,具有很强的解释力,比如经济是基础这一点,我到现在仍然认为是正确的"。但马克思主义不是教条,因而对于某些观点需要"修正"。"作为一种学派,它的发展一定要有修正,没有修正就没有发展。其实不只是我在修正,整个社会从上到下都在修正,历史在变,不能不修正,有修正才能发展。"①这里说的修正,指的是学理层面的反思、批判和发展。

二是延续"五四"批判精神。刘泽华先生认为:"'五四'在中国思想文化史上都是划时代的,不管别人怎么批评,我个人还是要沿着'五四'的批判道路接着往下走的。""我自认为我是一个分析的、批判的态度。""五四"精神体现

---

① 刘泽华:《中国政治思想史集(第一卷)》,人民出版社,2008年,第1页。

② 佛教用语,指心愿的造业力。在这里指意愿之力。

③④ 王申等:《独立思考,突出学术个性——刘泽华先生访谈》,《中国研究生》,2011年第4期。

着一种鲜明的批判精神,正如李振宏所指出的,王权主义学派有着鲜明的学术个性和强烈的现实关怀,"与现代新儒家有明显对立的学术立场,对中国古代政治思想文化抱持历史批判的科学态度"①。这里说的批判当然不是对传统思想与文化的全盘否定,而是哲学意义上的"扬弃",有否定,有拣择,有传续。泽华师延续"五四"批判精神的初衷是"关切民族与人类的命运"。他认为"历史学的重要功能之一,应该是通古今之变,关切民族与人类的命运"。"如果史学要以研究社会规律为己任,那么就必须关注人间烟火。所谓规律,应该程度不同地伸向现实生活。"②

"反思"的治学理念彰显着刘泽华先生的学术个性。正是基于数十年的坚守,先生及其研究群体才能在中国政治思想史领域不断推出成果,为当代中国的文化精神提供理性与新知。

其二,学术主体性与自由思维。刘泽华先生的治学理念体现了作为历史学家理应具有的学术主体性和自由思维。他明确表示"我一直主张独立思考,强调学术个性"③。20世纪80年代后期,先生发表了两篇文章,一为《除对象,争鸣不应有前提》,一为《史家面前无定论》,④集中体现了先生的学术人格。

刘泽华先生提出:"在认识对象面前,一切学派都应该是平等的,谁先认识了对象,谁就在科学领域处于领先地位。"他反对在"百家争鸣"面前设置前提和人为的规定,"百家争鸣是为了发展科学。科学这种东西是为了探索和说明对象,因此科学只对对象负责"⑤。他明确表示:"我认为在历史学家的面前,没有任何必须接受的和必须遵循的并作为当然出发点的'结论'与'定论'。""从认识规律上看,众说纷纭,莫衷一是,是认识的常态;反之,舆论一律,认识一致,则是变态。前者是认识的自然表现,后者则是权力支配与强制的结果。"⑥

① 李振宏:《中国政治思想史研究中的王权主义学派》,《文史哲》,2013年第4期。

② 刘泽华:《历史研究应关注现实》,《人民日报》,1998年6月6日第5版。

③ 王申等:《独立思考,突出学术个性——刘泽华先生访谈》,《中国研究生》,2011年第4期。

④ 分别载于《书林》,1986年第8期、1989年第2期。

⑤ 刘泽华:《除对象,争鸣不应有前提》,《书林》,1986年第8期。

⑥ 刘泽华:《史家面前无定论》,《书林》,1989年第2期。

基于这样的认识，刘泽华先生力主研究者理应具有认知主体的个性，即主体精神，认为研究者要从历史中走出来，以造就当下的主体精神。为此，他不赞成把"国学"说成是中华文化的本体，不赞成"到传统那里寻根、找自己，等等"。他说："我认为传统的东西是资源不是主体或本体，我不认为孔子能包含'我'，孔子他就是一个历史的资源，我就是我！中国文化的主体应该是一个活的过程，应该首先生活在我们的现实之中，至于说作为资源，那没问题。"①

此外，涉及中西文化的"体用"问题，先生断言："如果讲到体和用，我就讲先进为体，发展为用。只要是属于先进的东西，不管来自何方，都应该学习，拿来为我们现在的全方位发展服务。"②

刘泽华先生的主体性也体现在他有意识地对教条化阶级理论进行批判。1978年与王连升合写《关于历史发展的动力问题》一文，"依据马克思、恩格斯有关生产是历史发展的'根本动力'说，来修正当时神圣的阶级斗争说"。这篇文章是他从教条主义束缚中走出来的标志，也是其学术主体性得以彰显并确立的标志。这篇文章与戴逸、王戎笙先生的文章成为20世纪70年代末、80年代初史学界和理论界关于"历史动力问题"大讨论的由头文章。

总的来看，刘泽华先生的学术主体性贯穿着深刻的反思精神，坚持站在当下看传统。在研究对象面前，没有前提，没有定论，也不存在任何不可逾越的权威。他要求自己也教导后学要在前人画句号的地方画上一个问号。他的自由思维是学理认知的自由和学理逻辑的自由，内含着深刻的怀疑和批判精神，确认在学术研究的场域，研究者必须持有独立人格。他用自己数十年的学术生涯践行了这样的治学理念，形成其作为历史学家的学术人格，展现了学者的良知和现代知识分子的天职：质疑、颠覆和构建。

其三，笃实学风。刘泽华先生秉承了南开史学的学风——"平实"。他的创新性论断和首创性学术判断，无不具有翔实的理论依据和史料依据。这种治学理念的基础是"一万张卡片理论"。

在南开大学做青年助教时，南开大学历史系泰斗郑天挺先生的一句话他牢记在心——没有两万张卡片的积累，不能写书。嗣后先生自称为"文抄工"。

———————————

①② 王申等：《独立思考，突出学术个性——刘泽华先生访谈》，《中国研究生》，2011年第4期。

他说："我属于平庸之才,脑子也不好,所以我就拼命抄。""我这个人不聪明,底子又差,记忆力也不好,所以首先做的是文抄工(不是'公'),每读书必抄,算下来总共抄了几万张卡片。批评者没有人从资料上把我推翻。我的一些考证文章到现在仍经得起考验。"[①] 这里说的"文抄工"指的是从历史典籍、文献或研究著述中抄录资料,在没有电脑等现代录入手段的时代,这是文史研究的基本功,也是学术积累的重要方式。所谓"读书破万卷",由此方能锻铸扎实、厚重的学术功底。

刘泽华先生的勤奋给他带来巨大收获。1978 年湖北云梦睡虎地出土的"秦简"公开发表,他根据秦简考证出战国时期各国普遍实行"授田制"这一事实。这项发现印证了"权力地产化"是实际存在的,从而为"王权主义"理论的建构提供了史实支持。[②] 这是他学术生涯中感到最得意也是津津乐道的一件事。

刘泽华先生倡导"让史料说话"的治学理念,对他的研究结论充满自信,因为所有的结论都是从史料中得来的。他曾说过三卷本一百二十万字的《中国政治思想史集》"不是每一个字都恰当准确,却没有一个字是空洞的、轻飘的"。

笃实学风体现的是治学理念,展现的是其学术人格。作为历史学家必须构筑坚实的史学功底和理论功底,先生的"王权主义"理论就是在长期的研究和思考中形成的,结构严谨,逻辑通透,从而感召学界同人与弟子,形成了被李振宏誉为"使人真切地感受到了学术的进步"的王权主义学派。

五、全集编序

编辑出版全集是刘泽华先生的遗愿,感谢天津人民出版社和南开大学历史学院为此做了详细规划,多次召开研讨会议,最终确定了全集编序。

全集共计十二卷,我们将《先秦政治思想史(上下)》作为第一卷和第二

---

① 刘泽华述,陈菁霞访:《反思我们这代人的政治思想尤为重要》,《中华读书报》,2015 年 3 月 4 日第 7 版。

② 参见刘泽华:《论战国时期"授田"制下的"公民"》,《南开学报》,1978 年第 2 期。

卷。之所以做这样的安排,主要是考虑到这部专著在泽华师的学术生涯中具有重大意义。如前所述,中国政治思想史研究开端于20世纪初叶。1923年,谢无量著《古代政治思想研究》由商务印书馆出版。翌年,梁启超著《先秦政治思想史》由中华书局出版。时隔半个多世纪,刘泽华先生的《先秦政治思想史》于1984年问世。这部著述多有创新,在研究对象、研究方法和理论深度方面超越了前贤,奠定了刘泽华先生的学术地位。

全集以《中国传统政治思想反思》作为第三卷。这部力作于1987年出版,汇集了这一阶段刘泽华先生关于中国古代政治思想的深刻反思,突破了传统的教条主义思维,明确提出了王权主义理念,用于概括传统中国的政治与思想。事实上,正是《先秦政治思想史》与《中国传统政治思想反思》这两部著作在研究视域上和认识深度上走出了前人研究的窠臼,独辟蹊径,初步形成了王权主义理论的核心内涵体系,将发展了半个多世纪的中国政治思想史研究提升到了一个新高度,同时也形成了独具特色的学术风格。

第四卷收录的《中国的王权主义》是2000年由上海人民出版社出版的专著,这是刘泽华先生关于王权主义理论的一部专论。"王权主义"是先生对中国古代社会、政治与文化的总体概括。从最初思路的提出到理论体系的凝聚成形,历经十多年。其间先生有诸多论文问世,观点一经提出,便遭遇太多视儒学为圭臬为神圣为信仰者的攻讦。刘泽华先生秉承先贤"直书"理念,辅之以历史学家的独立人格与学术个性,在不断的反思与深思中将这一理论体系构建完成。这部著作是先生关于中国传统政治思想创新之论的集大成,为21世纪的中国学术增添了最为浓重的一笔。

第五卷和第六卷收录的是先生关于中国政治思想史研究的论著。其中,第五卷主要是对先秦、秦汉政治思想的论著,曾经结集作为《中国政治思想史集(第二卷)》出版(人民出版社,2007年)。第六卷则是未曾结集的学术论文,包括先生对于中国传统政治文化的一些研究成果。

第七卷收录的是刘泽华先生关于中国社会政治史研究的论著。如前所述,先生的学术视域比较宽阔,除了政治思想史研究,还涉猎先秦史、秦汉史、社会史、政治史,等等。本卷即收录了这一方面的研究,包括《士人与社会(先秦卷)》和学术论文。刘先生的王权主义理论不仅仅是对于中国古代政治思想的概括,而是将君主政治时代的中国视为一个制度与思想相互作用的社会政治整体,因而先生并不是孤零零地只谈思想,而是十分关注思想与社会的互动。认为从思想与社会相互作用的视角才能更深入地剖析传统政治思想的真谛,把握其真质,从而对于中国传统社会政治本身才会形成更为贴近历史真实的解读。本卷收录的正是刘泽华先生践行这一治学理念的学术成果。

刘泽华先生的历史研究主要放在战国秦汉史和历史认识论及方法论方面。前者编为第八卷,即关于战国秦汉史及中国古代史的有关著述。后者即历史认识论与方法论,编为第九卷,内容相对比较丰富。包括先生的治学心得、历史认识论与方法论的研究成果等。诚如前述,其中《除对象,争鸣不应有前提》(《书林》,1986 年第 8 期)、《史家面前无定论》(《书林》,1989 年第 2 期)两篇文章集中展现了先生的治学理念和学术自由精神,对于冲破教条主义束缚,培育科学精神和独立人格极具催动性,在学术界影响巨大。今天读来,依然感受到其中浓烈的启蒙意蕴。

全集最后三卷分别是第十卷《随笔与评论》、第十一卷《序跋与回忆》、第十二卷《八十自述》。这三卷的文字相对轻松些,主要是发表在报刊上的学术短文、采访、笔谈,以及为南开大学师长、学界同人、好友及后学晚辈撰写的序跋等。其中最后一卷收录的《八十自述》是刘泽华先生对自己一生治学与思考的总结,从中可以深切感受到先生"走在思考的路上"之心路历程。

全集最后附有刘泽华先生的著述目录,以方便读者检索。

全集是刘泽华先生毕生治学精粹的汇聚,展现了先生这一代学人的认知与境界。经南开大学历史学院与天津人民出版社着力促成,对于当代学界及后世学术,意义匪浅。

"哲人其萎",薪火永续。

是为序。

葛荃于巢社

2019 年 7 月 21 日

目　　录

《竞争·改革·进步》序①

改革、改良、改制、变法、维新、更化等不同说法,细加分辨或有不同,但大致都是在社会秩序、特别是政治秩序不发生重大变化的情况下,由上而下试图解决社会矛盾的方式。在过去很长一段时期内,史学界对这些虽不是全然否定,但基本倾向是轻蔑的,对其作用常常估计不足。充分估计革命的历史作用是有道理的,但对改革的作用同样也不应忽视。不少改革的实际效果并不比某些草率的革命逊色。应当承认,革命和改革都是历史发展的动力。

历史上的改革,都有促成其进行的客观形势,但领导者的见识和决心常常更具有直接的决定作用。富有成效的改革者的历史作用应该同革命家一样,永彪青史。

战国时期的改革对历史的推动作用是明显的,当时一些改革者的历史贡献是应予充分肯定的。

战国时期列国的改革丰富多彩,是很值得回顾的历史一页。其中,既有喜剧,也有悲剧,还有闹剧;有真心改革图强者,有潮流推动下的被动者,有假改革之名别有它求者,有玩弄改革者,有中途而废者,也有反对者……这些史实说明,改革是一个复杂的历史过程。

我们把这本小书定名为《竞争·改革·进步》,稍嫌名实不符,但我们确实想通过对战国改革的述评说明这个道理。

人是历史的产物,如果不认真思考历史,就只能囿于历史,因此,历史著

---

① 《竞争·改革·进步》,刘泽华、李瑞兰,1987 年 12 月。

作不应该把人们带回"历史",而应该同读者一起设法走出历史。这本小书在这方面如能对读者有所裨益或引起思考,我们就感到满足了。

作　者
1987 年 12 月

《中国传统政治思想反思》前言[①]

中国古代社会有一个极为重要的特点,即"行政权力支配社会"。(马克思语)这种现实反映到人们的意识中,便形成一种人们把行政权力看得高于一切,看成一切的归宿的现象。因此,在意识形态中,政治思想占有特别重要的地位,以至于可以这样说,它是古代整个思想意识形态中的核心部分。哲学的、经济的、教育的、伦理的等等思想,不仅离不开政治,而且通过各种不同的道路最后几乎都归结为政治。"文以载道"很可以说明这一点。古代的传统思想对我们的现实生活有着广泛的影响,事实证明,影响最大的要属政治思想了。基于上述情况,照理,传统的政治思想应成为从事思想史研究工作者的重头项目。然而,由于不难知的原因,三十年来,政治思想史的研究处于不绝若线的境况。直到近几年,人们才从惊恐中镇静下来,开始用清醒的头脑关注它,把它作为一门独立的学科对待。

我从 20 世纪 60 年代开始,时断时续涉足于中国政治思想史的学习与研究。但集中精力思索是近七八年的事。中国古代政治思想内容极为丰富,可以从多方面、多角度进行开拓。我在学习中感到,最为突出的问题是君主专制主义的思想与理论,可以这样说,它是传统政治思想的中心。基于这种认识,我着重研讨了君主专制主义的各种理论形态。这本小书就是我收获的一部分。

时代每向前迈进一步,都会唤起人们对历史的反思,以便弄清楚自己背靠的是什么,自己的起点在哪里,自己处于历史发展链条中的哪一环,以及在什么样的文化背景中向前迈进等等。反思是为了未来!如果这本小书在这方面有所裨益,或引起争鸣,我就感到十分满足了。

我在书中征引了大量材料,读起来可能有点晦涩。这样做并不只是为了

---

①《中国传统政治思想反思》,生活·读书·新知三联书店,1987 年。

让材料说话,还因为许多问题尚属拓荒阶段,材料是梳理问题不可缺少的。

在本书付梓之际,我要感谢王连升同志。书中有四篇文章是我与他合写的。这四篇是:《中国封建君主专制制度的形成及其在经济发展中的作用》《先秦人性理论与君主专制主义关系》《先秦的谏议理论与君主专制主义》《清官思想——君主专制主义的一种补充》。现征得他的同意,四篇文章都收入了本书。

对本书的内容,我充满了自信,但毕竟是一管之见。因此,热切希望读者提出批评。

1986 年 4 月于南开大学寓所

《王权思想论》序①

在浩瀚的古代典籍中,直接把"君主"与"专制"并用的并不多见,比较多的是把臣下擅权称为"专制",其潜台词是,"专制"应该是君主所特有的。"君主专制"一词最早见于西汉严君平的《老子指归》,是一个正面词。另外,如"独断""独揽""独治""圣裁"等,都是说的君主专制。

从18世纪后期开始,先哲开始把"君主专制"作为负面词使用,它与民主制相对立。"五四"时期的哲人对君主专制进行了猛烈的批判,他们把两千多年的政治制度都视为君主专制。当时和其后也有人反对这一论断,认为中国有丰富的民主制积累,甚至认为中国古代的君主与英国的王近似,仅是国家的象征。总之,不赞成用君主专制来概括中国古代的政治。

上述两种见解,我赞成前者。我是自觉地承继"五四"哲人们的总体判断的,因为我相信那些敢于呐喊的人源于亲身的体验。有这种体验与没有这种体验有很大的不同;有过下跪体验的人一旦觉悟,对"老爷"的认识比旁观者一般要深刻得多。"五四"哲人们在体验的基础上,再加上理性的思考和实证而作出的判断,使我只有相信一途。但同时我又感到,由于那时的哲人们忙于其他更重要的事情,对君主专制未来得及做历史的、细致的理论剖析。我所做的,大致在这个范围内。另外,我对君主专制的认识也做了些更深入的论述。先哲们说的"君主专制"一般只限于政治制度,我认为这还不够,于是先后提出了"王权支配社会"和"王权主义"两个概念。关于这两个概念我在《王权主义概论》一文中做了说明。其中有一段文字引述于下。

> 从历史的总过程看,我仍相信生产力的发展状况与生产关系决定
> 着社会的基本形态。这是最基础性的看法。王权支配社会问题是在此基

---

①《王权思想论》,天津人民出版社,2006年3月。

础上提出的一个具体的社会运行机制问题。这是既有联系又有区别的两个不同层次的问题。前者要回答这个社会何以是这样,后者则是回答这个社会运动的主导力量是什么。就中国古代社会而言,我认为区分这两个层次对更真实地把握历史过程是有意义的。

在社会生产力发展缓慢的历史时期,在生产力还没有突破现有的社会关系以前,社会的运动主要是受日常的社会利益关系矛盾驱动的。这里所说的日常利益是指形成利益的社会条件没有什么大的变化,利益的内容大体相同,利益分配和占有方式大体相同。社会利益无疑有许多内容,但主要的还是经济利益。在长达数千年的中国传统社会中,经济利益问题主要不是通过经济方式来解决,而主要是通过政治方式或强力方式来解决的。这样政治权力就走到历史舞台的中心,并在相当长的时期内成为社会运动的主角。

中国从有文字记载开始,即有一个最显赫的利益集团,这就是以王-贵族为中心的利益集团,以后则发展为帝王-贵族、官僚集团。这个集团的成员在不停地变动,而其结构却又十分稳定,正是这个集团控制着社会。这是一个无可怀疑的事实,我的问题就是以此为依据而提出的。

这种王权是基于社会经济又超乎社会经济的一种特殊存在。它是社会经济运动中非经济方式吞噬经济的产物,是武力争夺的结果,所谓"马上得天下"是也;这种靠武力为基础形成的王权统治的社会,就总体而言,不是经济力量决定着权力分配,而是权力分配决定着社会经济分配,社会经济关系的主体是权力分配的产物;在社会结构诸多因素中,王权体系同时又是一种社会结构,并在社会的诸种结构中居于主导地位;在社会诸种权力中,王权是最高的权力;在日常的社会运转中,王权起着枢纽作用;社会与政治动荡的结局,最终是回复到王权秩序;王权崇拜是传统思想文化的核心,而"王道"则是社会理性、道德、正义、公正的体现,等等。过去我们通常用经济关系去解释社会现象,这无疑是有意义的;然而从更直接的意义上说,我认为从王权去解释更为具体,更便当。

王权主义是上述现象的总称,我所说的王权主义既不同于社会形态,也不限于通常所说的权力系统,而是指社会的一种控制和运行机制。大致说来又可分为三个层次:一是以王权为中心的权力系统,二是以这种权力系统为骨架形成的社会结构,三是与上述状况相应的观念体系。

"五四"的批判精神，"文革"的苦涩经历以及忏悔、反思之情，无疑对我的写作有巨大的驱动力，但文章还是从坐冷板凳中"挤"出来的。我抄的卡片不下五万张，因为我是一个笨人，那个时期又没有电脑，所以只能抄。更更重要的是，写历史没有证据是不能说话的。我不是先有"王权支配社会"的假设而后求证，得出这一结论几乎用了我十年的工夫，是写了多篇文章之后才逐渐形成的观点。这些文章分别收集在《中国的王权主义》《洗耳斋文稿》，以及一本合著的《专制权力与中国社会》中。这些著作不是"王权支配社会"的演绎，相反"王权支配社会"是这些著作的归纳。谓予不信，不妨浏览一下上述著作。

　　这本书是论点摘编，引出论点的证据几乎都省去了，个别字句、标点也有改动，这是编辑体例的要求，请读者谅解。

　　本书所摘论文和著作是在二十多年中陆续写成的，在思维进程中前后有某些变化，现在像摆棋子一样，罗列在一个平面上，我自己也无可奈何。

　　在学术的大千世界里，我的认识只是一隅之论，而摘编的论点又脱离了母体文本，一个个孤立的论断难免有偏激之嫌。其实偏激这种现象也是思想史中常见的事实。过去我曾著文论述过偏激、相激与认识深化的辩证关系。如果因"偏激"而引起"相激"，那是很值得庆幸的一件事。

　　帝王观念与变形的帝王观念在中国有数千年的积累，它不仅是一种观念，也是一种思维方式，甚至凝结为一种普遍的共同心理和价值准则，至少在我的身上仍有浓重的遗迹，试想一想"文革"时期的"忠"字化运动，该是何等沉重和苦涩！

　　我已年届古稀，来日无多，但有一件事我还想做，那就是梳理一下七十年的心路。我是一个追求革命和献身，同时又不停地检查修正主义和"白专"道路的人；我诚心地"紧跟"，但常常又"跟"不上；我想向前走，但又有理不清的历史"情结"。这些对我从事的历史研究都有程度不同的影响，并给我带来说不尽的困惑。我是普通的教书人，写出来或许能从一个小的侧面反映我们这一代人中一类人的心路。写这种东西要有勇气，要克服自己，要把自己实实在在地亮出来。在这里做个许诺，或许是一种鞭策。

　　思想者是快乐的，也是痛苦的！

　　　　　　　　　　　　　　　　　　2004 年 4 月 12 日于洗耳斋

《中国的王权主义》前言^①

　　从 20 世纪 70 年代后期开始，我把主要精力投入中国政治思想史的研究。为什么选择这个方向？回想起来，既有个人志趣，又有自我使命的选择。志趣人人各异，另当别论。说到使命的选择，最初出于学科补白。60 年代初入思想史时，发现专事政治思想史的研究者寥寥无几。这种现象有点奇怪，我虽没有找到说明这种现象的足够理由，但也有一点模糊的感觉，好像是"政治"不需要它。可是我自认为，从事中国古代史的教学与研究是不能忽视思想史的，尤其不能忽视政治思想，于是略有积累，也写过几篇小文。没有想到这几篇习作竟在"文革"伊始的大环境下招来不少大字报，罪名无非是"以古非今""含沙射影"等，再加上其他"罪过"，我被投入"牛鬼蛇神"的行列。那段时间我心惊胆战，魂飞气散。当时得出的教训是："政治"，神物也，凡人不可议也，哪怕是古代的亦属禁忌！然而人就是这么一个"怪物"，他要思考！我在惊恐之余，竭力"斗私批修""紧跟"，可是又不停地产生疑问。这里讲一个例子，记得从当时油印的"首长讲话"中读到陈伯达的讲话，他要人们读《贰臣传》，又号召人们做董仲舒。我感到十分震惊，因为我对董仲舒多少有过一点研究，还写过文章，于是自疑自问：真的要回到什么时代？是的，就我而言，却也曾下决心要做一个"忠民"和"顺民"（我不是"官"，还不够"臣"的资格）。然而使我无法抑制的是，总不停地有"二心"产生。"二心"相斗，阴一套，阳一套，苦不堪言。后来逐渐清晰，与其"二心"相斗，不如躲进小屋求"我心"。70 年代后期我又萌生了"马克思主义在我心中"这一信念，到此时才逐渐明确，别人的事归别人，我自己归我自己。这里要说明一句，我并不是无政府主义者，自己归自己意思是指，在研究领域，学理高于一切，而所求的则是学术个性。这层意思后

---

① 《中国的王权主义》，上海人民出版社，2000 年。

来在《除对象，争鸣不宜有前提》《史家面前无定论》等文中作了较细致的阐述。自从有了"自己归自己"的意识之后，我才开始把"学理"看得重于一切，也才开始讲求学术"逻辑"。本书所集结的文字便是"自己归自己"之后收获的一部分。

70年代后期开始我主攻研究政治思想史，除了前边说到的原因外，无疑又有"文革"大背景的促使。"文革"中的封建主义大泛滥给我以极大的刺激。细想想，那些封建主义的东西也不仅仅是"文革"的创造，而是历史封建主义的继续和集成。为了从"文革"走出来、从封建主义中走出来，为了清理自己，痛定思痛，无论如何要再认识中国传统的政治思想。

我不是专业的"著作郎"，而是一名教书匠，研究必须与教学相配合。随着教学层次(本科、硕士、博士)的提高，我也力求把政治思想史的研究推向深入。大致说来，可分为递进性的三个层次。

政治思想史的基础研究：为了适应本科和硕士生，我写了《先秦政治思想史》和主编了《中国古代政治思想史》。为了给博士生提供一部完备的参考书，与合作者写了较专深的三卷本的《中国政治思想史》。关于政治思想史的基础问题我大体归纳为如下几个方面：一是以人为单位的"列传"式研究，二是政治流派研究，三是一个时代的社会政治思潮研究，四是专题性问题的研究，五是政治思想与政治实践关系的研究。在我看来，基础研究是一个学者终生的事业，越专越要回顾基础，如果在"专"的过程中不注意拓宽基础，容易漂浮和偏颇。

政治文化研究：在基础性积累研究过程中已涉及普遍的社会政治意识问题，如何深入？我多有困惑。适值80年代初西方的"政治文化"理论开始介绍进来，于是我想到"传统政治文化"问题。人们对"政治文化"众说纷纭，更何况"传统政治文化"？我不想先给"传统政治文化"下什么定义，而是先从问题出发，我认为有两个问题很值得研究：一是政治价值观念问题。所谓政治价值观念，指的是一种政治观念的文化结晶或凝固状态，如成俗性的政治心理定势，无明确意识的政治行为准则，无须论证的当然前提，不以为非的公认的政治形式、框框、套套等。这些是历史长期积累的成规，是历史的惰性，在历史上影响极大，过去注意的比较少。二是"政治文化化与文化政治化"问题。比如，儒家最初是诸子百家的一派，后来与政治结合为一体，这就有一个儒家政治化和政治儒家化问题。这一类问题在历史上同样有极大的影响。我写了一些文章来剖析这些问题,系统研究尚待来日。

政治哲学问题:如果说传统政治文化侧重社会政治价值研究,政治哲学则主要研究政治思维方式和形而上的抽象。政治哲学不仅在研究政治思想史时会遇到,在研究中国整个历史时也会遇到。政治哲学是政治思想的最高抽象,同时又反过来成为社会政治控制的理论系统,它在实际上所起的控制作用有时可能比政治硬件还有效,因为它成为人们的精神规范和不可逾越的框框。我认为必须把政治哲学作为独立的领域来看待,这就需要从中国思想史中抽象出特有的政治哲学命题、范畴,要研究我们祖宗的政治思维方式。虽然至今我还没有理出一个清晰的头绪, 但大体说来是沿着以下几点进行探索的:其一,哲学史中最普遍、最抽象的问题,如"天人合一"等,我认为大多也是政治哲学问题;如果讲中国哲学的特点,正在于是"政治哲学",或者说哲学问题都要归结为政治问题。其二,从中国的历史过程解析中国传统政治精神的主旨问题,依我之见,中国传统政治精神的主旨是王权主义。其三,我认为传统政治思想和观念有一个重要特点,这就是理论上的"混沌性",也可以说是一种"阴阳组合结构",或者说是"组合命题",例如"君本–民本"组合,"尊君–非君"组合等。我们要做的事情之一就是剖析这种组合结构与特点。其四,研究传统政治思维方式问题。以上这些问题在《中国传统政治思想反思》《中国传统政治思维》(合著)两书中已有所论述,我也写了若干篇文章,但只是开了一个头。目前我与合作者正集中力量写《中国传统政治哲学与社会的整合》一书,希冀进一步系统论述这些问题。

我认为中国传统思想文化的主体是政治思想和政治文化,而其主旨则是王权主义。思想文化的王权主义又根源于"王权支配社会"这一历史事实。

既然我认为传统思想文化的主旨是王权主义,因此我对它在现实生活中的有效性怀疑多于相信,对张扬传统的种种说法多不敢苟同;对流行的开发传统、开发儒家以救时弊的思潮更为怀疑。在我看来,当务之急是分清什么是传统观念,什么是现代意识,以及如何从传统的笼罩中走出来!如果说我这些说古的文章有什么蕴意的话,可概括一句话:要从历史中走出来!

我的这本书不是为写书而写的,而是二十年来对王权主义问题陆续思考的一个集结。为了避免重复,凡以前已成书的篇章,原则上不再收入。本书与过去几本书不同之处在于更集中阐述了"王权支配社会"这一看法,并以此为据进一步论述了与王权主义相关的政治文化和政治哲学问题。

由于这些文章是陆陆续续写成的,个别地方难免有重复之处,我曾试图做些删、并,但由于每篇论述的问题不同,做起来很难,且有伤体之弊。最后放弃了这种努力,还是保留原貌为宜。

书中有几篇文章是同葛荃、张分田、李冬君、刘刚、侯东阳合写的。征得他们的同意收入本书,名字在文中注出。他们是我的学生,又是合作者和朋友。在我们之间,唯求学理,不问其他。应该说我们的合作是有成效的! 我感到格外高兴的是,在共同切磋过程中,对"王权主义"问题达成了共识,这是我们能长期合作的学术基础。我非常感谢这几位老弟(还有其他的老弟),他们经常磨砺我这个趋于钝化的脑筋! 这些年来我的精力有些不济,他们也给了我许多帮助。在此向他们致谢。

1999 年 6 月 25 日

《中国的王权主义》修订本序 *

　　这次修订主要是增加了六篇与本书主题相关的文章和两篇附录。附录是对批评者的回答。

　　王权主义问题,是我三十多年来一直用心最多的课题。说到王权主义,我的核心观念是"王权支配社会"。《文史哲》编辑部在 2010 年举办了"秦至清末:中国社会形态问题"高端论坛,其报道中关于政治权力对社会的影响问题有这样一段:"与会专家对秦至清末的社会形态基本形成了如下重要共识:在秦至清这一漫长的历史时期,与现代社会不同,权力因素和文化因素的作用要大于经济因素;并着重把'国家权力'和'文化'的概念,引入到社会形态的研究和命名中,认为自秦商鞅变法之后,国家权力就成为中国古代的决定性因素,不是社会塑造国家权力,而是国家权力塑造了整个社会。"①《史学月刊》2011 年第 3 期发表的一组笔谈中,不少学者在谈秦至清社会性质研究的方法论问题时,都强调了从政治角度分析中国社会的重要性。这是否能成为一种学术趋势,还有待进一步观察。这些论者之说与我的学术观念有什么关联不得而知,或许是各自的见解,不过单就时间来看,大概我是近三十年来比较早论述"王权支配社会"的人之一。在修订本出版之际,简要说几个问题:

　　1.我为什么用"中国的王权主义"命名本书?

　　我认为中国的王权至上是三千多年一以贯之的, 从有记载的商代起,最高权力的掌控者都可以用"王"来概括。秦始皇之后为何不用"皇权主义"呢?当然可以,但先秦没有皇帝的称谓,不好说是皇权主义。而王权主义则可以涵盖先秦与以后的历史。中国有记载的历史,王权一直处于顶层,殷周的分封制与春秋开始推行的郡县制是王权统治下的政体问题,没有改变最高王权的性

---

　　* 尚未出版。——编者

　　①《〈文史哲〉杂志举办"秦至清末:中国社会形态问题"高端学术论坛》,《文史哲》,2010 年第 4 期。

质。我用"王权主义"并不排斥"君主专制主义""封建专制主义""皇权主义"等概念的使用,我在不同时期的文章中也常常混用这些概念。王权主义的含义有个逐渐丰富的过程,我说的王权主义包含哪些内容?请看本书的导言。

2.关于王权支配社会问题。

回忆 20 世纪 80 年代初关于这个问题的思考,当时我还是颇为踌躇的,甚至有相当的畏惧感。当时整个的理念环境还是相当僵硬的,有成套的公式化的理论"定势",我也长期在"定势"中打转转,每论说一个问题都要设法找到"理论依据"。所谓"理论依据"也就是在经典著作和"圣人""贤人"们的教导中找到有关的说辞。且不说对大圣人,只要是有相当领导职位的"贤人",我也是毕恭毕敬的。因怕犯禁,怕犯"错误",我处处给自己设防,我称之为"防御性思维"。有一位朋友戏言,就凭你发明的"防御性思维"一词,就可以给你戴个"博士帽"!就实而论,"防御性思维"的确是我们那一代人普遍的思维方式,当然也有少数敢于探索的"异类"。"防御性思维"能有什么创新?多半是翻来覆去的车轱辘话。在那种"定势"的束缚下,想向外移动一步,哪怕擦边,都得小心翼翼。

对王权支配社会这个命题,我有个认识过程,从 1979 年开始隐隐约约提出问题,到 1984 年提出中国封建社会是"政治特权支配社会、支配经济"①,再到 1987 年更明确地提出"王权支配社会"②,前后经过了七八年的时间。

1988 年我与汪茂和、王兰仲合著的《专制权力与中国社会》一书,对"王权支配社会"进行了系统的、全面的论证。书中有两段话可以概括我们的基本思路:

> 古代政治权力支配着社会的一切方面,支配着社会的资源、资料和财富,支配着农、工、商业和文化、教育、科学、技术,支配着一切社会成员的得失荣辱甚至生死。在这里,从物到人,从躯体到灵魂,都程度不同地听凭政治权力的驱使。③
>
> 如果一个人能够掌握国家的最高权力,成了皇上君主,便可以把全国的行政、立法、司法、赏罚以至生杀各种大权集于一身,便可"以天下

---

① 《论中国封建地主产生与再生道路及其生态特点》,《学术月刊》,1984 年第二期。

② 《中国传统政治思想反思》导言,生活·读书·新知三联书店,1987 年。

③ 刘泽华、汪茂和、王兰仲合著:《专制权力与中国社会》,吉林文史出版社,1988 年。

恭养"，可以对天下一切人随意"生之、任之、富之、贫之、贵之、贱之"。这是古代中国社会结构最重要的一个特点。而正是由于政治权力所占据的这种突出位置……我们认为，考察中国古代历史，不可不留意政治权力在古代社会中的这种特殊位置与作用。[1]

"王权"缘何而来？"马上"是也，而不是某种财产关系的集中。"王权支配社会"是根据历史事实概括出来的，但又是我们的一个解释系统，是一种认识论和方法论。

3.关于天、道、圣、王四合一。

天、道是中国传统观念中的本源、本体、信仰、理性、道德等的混同为一的最高范畴，圣人则是天、道的人格化。众多的学者认为天、道、圣高于帝王，是制约和规范帝王的理论武器，与帝王不在一个层面上。我承认作为最高权力的王与天、道、圣人有一定的差别，但在主导面它们又是重叠的或相合的，故我称天、道、圣、王又是四合一的。"四合一"又可约化为"圣王"观念。从根本上说，在三千多年的王制时代，"王"和"圣"是一直结合在一起的，这成为传统政治文化中一个枢纽性的结构。圣王是万能的和唯一的救星，所有的人都是长不大的孩子，因此传统中只有"臣民"和"子民"概念，从来没有公民概念。对圣王的崇拜，渗透了中国传统思想文化的全部；圣王是王权主义的最高明的辩护词，又是一个难以跳出来的牢笼。圣王不死，大难不止！我们的先哲有过种种杰出的思想，但都在圣王面前止步了，这真是一个值得认真反思的大问题。

4.政治思想的阴阳组合结构。

多位著名学者，如吕思勉、张岱年、冯友兰等，都从不同角度提出，中国古代思想的一个重要特征是"混沌"，是"混沌思维"，"缺乏严整的概念系统"，有的甚至认为具有"黑箱"性。"混沌"表现为缺乏一个根本的理论原点，一词多义，各种理论命题交织在一起。我沿着"混沌"继续思索，发现其间有一定的秩序，即以一种结构的形式存在，至少在政治思想中是如此。起初我称之为"刚柔"结构，后来改进为"阴阳结构""主辅组合命题"，最后定名为"阴阳组合结构"。所谓阴阳组合结构是说一个主命题一定有一个副命题来补充，形成相反

---

① 刘泽华、汪茂和、王兰仲合著：《专制权力与中国社会》，吉林文史出版社，1988年。

16

相成的关系。这里不妨先开列一些具体的阴阳组合命题,诸如:

天人合一与天王合一

圣人与圣王

道高于君与君道同体

天下为公与王有天下

尊君与罪君

正统与革命

君本与民本

人为贵与贵贱有序

等级与均平

兼听(纳谏)与独断

……

　　政治思想的命题都可以纳入这种阴阳组合结构中,因此具有普遍性。《周易》提出"一阴一阳之谓道",历代学者也对阴阳法则大加阐发。有人认为道支配阴阳,有人认为阴阳即道,千差万别之中又有共识:作为实体,阴阳化生万物;作为属性,阴阳遍布一切事物之中。阴阳可以解释自然、社会、人生的一切相对的现象。这样一来,阴阳成为为一切事物定位、定性的理论工具。依据阴阳法则为社会角色的定位被称为"天秩"。千姿百态的阴阳论把帝王至于阳位,把臣民置于阴位。阴与阳分别代表两类属性相对的事物。天、乾、刚、健、大、重、德、予、仁、宽、爱、清等属于阳;而与此相对,地、坤、柔、顺、小、轻、无、下、贱、贫、女、妻、子、弟、幼、杀、刑、奇、戾、急、恶、浊等则属于阴。在等级关系中,尊者为阳,卑者为阴。在道德规范中,善者为阳,恶者为阴。阳类高贵、完善,阴类则低贱、残缺。总而言之,"制人者阳,制于人者阴"。①在玄谈哲理时,人们大讲阴阳调和、互补、转化,然而转化又是有限度的。阳尊阴卑,阳主阴从则定位不移,绝对不能转化。《周易·系辞下》孔颖达疏:"阳,君道者,阳是虚无为体,纯一不二,君德亦然。""阴,臣道者,阴是形器,各有质分,不能纯一,臣职亦然。"阳尊阴卑,君尊臣卑,贵贱有恒。以天道与人道、阳与阴、乾与坤等为君臣定位,使君尊臣卑、君主臣从观念哲理化,它向人们宣示:君永远处于尊、刚、健、主的地位,臣永远处于卑、柔、顺、从的地位,这是天的规定、道的本质,是上帝的律令或自然的法则,任何人都不能违逆。阴阳组

---

　　① 参见《经法·称》。

17

合关系,主辅不能错位。比如在君本与民本这对阴阳组合命题中,君本与民本互相依存,谈到君本一定要说民本;同样,谈到民本也离不开君本,但君本的主体位置是不能变动的。

"阴阳组合结构"是古代政治思想的普遍事实,这种结构性的思维应该说是极其高明的,它反映了事物的对立与统一的一个基本面。这种"结构"的思维方式和认知路线对把握事物非常有用,也非常聪慧,就思想来说,这种结构的容量很大,说东有东,说西有西,既可以把君主之尊和伟大捧得比天高,又可以进谏批评,乃至对桀纣之君进行革命。由于有极大的容量,以至于人们无法从这种结构中跳出来,至少在政治思想史范围内,直到西方新政治思想传入以前,先哲们没有人能突破这种阴阳组合结构。最杰出的思想家黄宗羲虽有过超乎前人的试跳,但终归没有跳过去。

在政治实践上,这种阴阳组合结构的政治理念具有广泛的和切实的应用性。以古代的君主专制体制为例,一方面它是那样的稳固,不管有多少波澜起伏,多少次改朝换代,这种体制横竖岿然不动;另一方面,它有相当宽的自我调整空间和适应性。我想,这些应该说在很大程度上得力于政治思维的阴阳结构及其相应的政治调整。

这种思维范式影响至深,在我们现实生活中还广泛流行,依然笼罩着许多人的思维。如果我们不从这种还普遍流行的阴阳组合结构中走出来,就不可能有政治观念的突破,也不可能迈上历史的新台阶。

5.从王权主义的笼罩中走出来。

专制权力支配中国社会有两三千年的历史,其影响是相当广泛的,它不仅形成了一套体制,也形成了一种文化心态。我们要从这种体制和心态中走出来,不是一蹴而就的。从王权主义走出来是中国近代以来历史的重大课题之一。怎么走,无疑是一个历史问题,需要一个历史过程,要经过种种艰难的试验,要付出昂贵的学费。走出来,涉及整个社会历史形态的转型。就本书涉及的内容,我认为有两点是最主要的:

其一是把王权支配社会体制转变为社会制约权力的体制。社会制约权力的体制是什么样的,可能有种种具体形式,但归根结底是主权在民和权力制衡。主权在王、在少数人垄断,与主权在民有着根本的区别;权力集中于一人与相互制衡的权力体制也有着根本的区别。不能实现前者向后者的转变,前者仍居于主要地位,那就只能还是不同形式的王权支配的社会或后王权支配

18

的社会。后者也就是人们常说的新权威主义。

其二是要从君尊臣卑观念转化为人人平等的公民观念。我们的历史中没有公民观念遗产和资源，充塞整个社会的是圣王、明君、清官崇拜；民众则安于臣民、子民地位，把命运寄希望由救星来拯救。如果公民观念得不到充分的发展，掌权者高于公民，就不可能有政治体制的转换。

6.批评者说我是虚无主义和全盘否定问题。

不止一人批评我是虚无主义和全盘否定论者，对此我从来没有回应过。批评者多半是由反感"王权主义"四个字而发，在他们看来，"王权主义"就是虚无主义或全盘否定。在我看来，王权主义、君主专制主义、皇权主义等，首先都是事实判断。中国的历史事实是什么？是钱穆说的中国式的民主制，是中国式的君主立宪？有的批评者说应超越民主与专制的二分法，那么超越的又是什么？似乎没有亮出自己的底牌。

说到王权主义是否就意味着否定呢？我自己从来没有这层意思。本书有两篇附录，是自我考证性的文字，请批评者和扣帽子的同志们浏览一下，再判断"帽子"是否合适。

附录：

20 世纪 70 年代末，还是"两个凡是"时期，最高领袖话语还供奉在神坛上，领袖说的"农民起义后只有反攻倒算，哪有什么让步政策"还属于圣条，我有针对性地对封建秩序的历史合理性有如下一段论述：

> 继农民起义之后，"恢复封建秩序"是不可避免的唯一的前途……封建的生产关系是当时唯一能使生产得以进行的形式……恢复封建秩序更是不可避免的……秦末农民起义和楚汉战争结束后，社会的主要矛盾是恢复封建秩序，以保证生产的恢复，是社会的存在得以保证；但又不能因此否定农民继续反抗的合理性。既要看到农民起义之后恢复封建秩序的必然性及其合理性，但也应看到由于这种必然性中的阶级对抗内容……
>
> 农民大规模起义失败后，恢复封建秩序首先代表了地主阶级的利益，而在一定条件下也不同程度地符合农民的利益，这个条件取决于统治者所采取的政策是否适合于生产力恢复和发展……

农民起义失败后，恢复封建秩序这一必然性是当时历史发展的主要趋向。新统治者概无例外地要实行恢复封建秩序的政策。刘邦"恢复"政策的高明处就在于他从当时社会实际出发，选择了一条既代表地主阶级利益，利于加强刘氏政权，又能为多数农民接受或不超过农民负担能力的政策。[①]

批我虚无主义和全盘否定的多半是尊崇儒家的先生，试问：儒家的"三纲"不是维护王权的吗？我还想申辩一点，1978 年批孔孟儒家的禁令尚未解除，我在《历史研究》发表了我的《打碎枷锁　解放史学》一文，呼吁从"囚室"中"解放"孔孟和儒家，请看下边的文字：

统之别，在文化上有糟粕与精华之分。即使对正统的儒，有些也要作具体的分析。如董仲舒，对他宣扬的天人合一、形而上学、三纲五常等一定要批判，但他提出的大一统、限田与释放奴婢等主张，则是不能完全否定的。

现在看，行文还有那个时期的痕迹，这固然有环境的制约因素，但也是我应该反思的。

我遵循马克思说的，在矛盾中叙述历史，因此给我戴上上述两顶帽子未必合适，敬请批评者再审视！如果能给两顶帽子找到充分的证据，在事实面前，我愿意改正。但我自信，批评者是找不到相应证据的！

---

①《论刘邦》，《南开大学学报》，1979 年第 4 期，第 61—62 页。

《中国的王权主义》修订本后记①

　　本书能够出版，首先要感谢齐彩萍、秦进才夫妇。他们两位用了太多的精力对本书进行了审核与校对。进才老弟是王重民教授的高足。王先生是顾颉刚的得意门生，是古典文献学、版本目录学的著名专家。进才是王先生的入室弟子，深受王先生的钟爱，并承继了王先生的衣钵，是《张之洞全集》编辑、校对、标点的主要成员之一。进才对本书不是一般的校对，而是进行了全面审核。我已进入"80"后，头晕是我的老毛病，近些年多半在他乡漂泊，很难进行审稿和校对。所以全部审核、校对等便拜托给进才夫妇。没有他们的鼎力相助，本书的出版不知会拖到何年何月，在此我向他们夫妇表示最衷心的感谢！

　　书中的若干篇文章是与学术伙伴合写的，合作者的名字在篇中已注明。著作权是共同的，他们有权收入自己的文集中。在这里向合作者再次致谢。

　　本书的主题在前言中已做了说明，这里要说的是，本书的每一节原来都是独立的文章，是在三十多年中陆续写就的。三十多年是一代人啊，在认识上，不可避免地会有程度不同的变化，文风、文气、具体观念的表述，也会有某些不同，但主题观念前后相同。在个别地方的论述可能有重复，可又不能简单删节，如删节会影响文气，故一律保持原来的文字。

　　除了本书的文字外，我还有多篇相关的文章和著作论述这个主题，因篇幅所限，不能全收入。望读者见谅。

　　本书肯定会有这样与那样的缺陷或不足，敬希读者提出批评和指正，我开怀以待，无任欢迎。

作者谨记
2015 年 3 月

---

① 收入本书时修订本尚未出版。——编者

21

《中国政治思想史》三卷本后记①

　　我在 1987 年三联书店出版的拙著《中国传统政治思想反思》一书的"前言"中,对政治思想在中国思想史中的地位有如下一段论述:

　　　　中国古代社会有一个极为重要的特点,即"行政权力支配社会"(马克思语)。这种现实反映到人们的思想中,便把行政权力看得高于一切,看成一切的归宿。因此,在意识形态中,政治思想占有特别的地位,以至可以这样说,它是整个思想意识形态中的核心部分。哲学的、经济的、教育的、伦理的等等思想,不仅离不开政治,而且通过不同的道路最后几乎都归结为政治。"文以载道"很可以说明这一点。古代的传统思想对我们的现实生活有着广泛的影响,事实证明影响最大的要属政治思想了。基于上述情况,按理,传统的政治思想应当成为从事思想史研究工作者的重头项目。然而,由于不难知的原因,三十年来,政治思想史的研究处于不绝若线的境况。直到近几年,人们才从惊恐中镇静下来,开始用清醒的头脑关注它,把它作为一门独立的学科。

　　我这个看法无疑带有很强的 "犯他性", 甚至可以说具有很强的 "侵略性"。因为按照我的说法,既然政治思想在整个社会意识中居于核心地位,或者说居于"主体"地位,谁不关注它,谁就有离开"核心"的嫌疑,或者说,谁不关注政治思想,谁就没有抓住要点。其实认识上的"犯他性"是思想和学术领域中普遍存在的现象。这种"犯他性"只要不借助认识与学术以外的其他力量,在认识上不但是无害的,而且是有益的。我决不要求别人接受我的看法,

---

①《中国政治思想史(隋唐宋元明清卷)》,浙江人民出版社,1996 年。

但我认为自己的看法更贴近中国的历史事实。为了证明这一看法大致不误，我必须加深研究，拓宽研究领域，提供更多的证据。于是，我与我的合作者先写了这部三卷本的《中国政治思想史》(计划还有第四卷、第五卷，如果老天假我以时日，我将会继续写下去)。这部通史只是基础性的，我们还计划在这个基础上，继续研究政治哲学、政治文化、政治价值以及同其他思想的关系等。此时此刻，我和我的学术伙伴具有如此强烈的信心和欲望：一定要把中国政治思想史的研究推到一个新高度，使其成为名副其实的学科，并用事实来证明政治思想在中国思想史中具有特别重要的地位。

近十五年来，我的主要精力花在了中国政治思想史方面，已经出版的著作有：《先秦政治思想史》《中国传统政治思想反思》，发表论文数十篇。与我的合作者还著有：《中国传统政治思维》《中国古代政治思想史》(大学教材)，另外我的学术伙伴也发表了数十篇论文，还有几部专题著作即将问世。说这一番话不免有点自我标榜，但也是事出有因，这无非是表明我们没有白吃饭，而且这一碗也不一定比其他的饭容易吃。谓予不信，请君一试！

在本书即将付梓之际，我们要感谢浙江人民出版社。在学术著作出版不景气的情况下，他们不惜血本出版本书，实属不易。但我也要说另一番话，从长远看，本书不会给出版社带来不幸。我坚信，只要中国的文化未绝，学术著作不会没有用！

我还想说几句与浙江人民出版社的交往与情谊。最初我与浙江人民出版社没有任何往来，也不认识任何一位编辑。大约是 1988 年的某一天，当时在浙江人民出版社任职的潘建国先生与叶晓芳女士来访，谈话中说到我打算撰写多卷本的《中国政治思想史》。我话音未了，潘先生和叶女士立即表示愿意以优厚的条件接纳这部书。我与不少出版社有交往，也有多次"说得热情，落实困难"的经历，所以我对浙江人民出版社也持"说说而已"的淡漠态度。何况我还没有初稿，再者，我也有一点自信，闺女长成不愁嫁，所以也就没有放在心上。事情出乎我的意料，潘先生和叶女士很快给我寄来约稿合同，一下子弄得我有点措手不及。我佩服浙江人民出版社的胆量。我没有别的选择，只有"投之以桃，报之以李"。后来潘建国先生离开了出版社，换了编辑，由两位女将出马，这就是叶晓芳女士和李宁女士。她们除了到天津面督外，不停地来信和来电话。同时又一再表示，还要出版我其他有关政治思想史方面的稿子。我不仅为她们的诚意所感动，简直是被征服了。只好排除其他事，专心于这部稿子。

到 1994 年，与我的伙伴一起终于"爬"出了这三卷。使我更为感动的是，出版社的编辑工作极其负责和细致，这里我要特别向申屠奇副总编致意。他审稿时一一核对引文，发现多处错讹。为了对出版质量负责、对读者负责，同时也是为了响应诸位编辑的一丝不苟精神，我下定决心重新复核全部书稿，每一条材料都要与原书核对，并注明版本和页码，以便编辑同志们核查。仅此又用去数月的工夫。说实在的，过去我出过几本书，都因底稿或校对不精留下许多遗憾。我相信这部书在这方面不会有大的遗憾。

本书第一卷中"名家"部分和第二卷"帝王罪己诏"部分，是在刘刚和苌岚的硕士论文基础上略加修改而成的。

参加本书校对的有十几位少年朋友，他们的姓名恕不一一列举。

在写作过程曾参考过许多时贤的文章和著作，按理应注明或在书后列出作者和书名，因技术上的问题未能做到，仅向时贤们致以歉意。

每写一部书，都要对读者欠一笔债，因为只有到完稿之后才能发现有诸多问题尚待进一步深入和完善。这只有到下一部书去偿还。

刘泽华于洗耳斋
1995 年 11 月

《中国政治思想史集》总序[①]

这三卷本的《中国政治思想史集》，是我三十年来研究成果的汇集。第一卷系统地论述先秦政治思想史。第二卷是秦以后的政治思想散论。这两卷是基础性的研究。第三卷是论述传统政治思维方式以及形成的范式问题，这些范式贯通古今，在现今依然有广泛的影响。

在这个总序中简要说几点我的思路与心路。

一、研究政治思想史的主要目的之一是解析国情

研究中国的政治思想与政治精神是了解中国历史与现实的重要门径之一。然而令人遗憾的是，由于 1949 年以后中国特殊的政治环境和大学专业设置的片面性，政治思想史的研究在很长时间里几乎中断，20 世纪 80 年代以后，情况逐渐有所好转，但这项研究至今仍未引起人们的足够关注。

我的政治思想史学习与研究可以追溯到 20 世纪 60 年代，但集中精力对中国政治思想史进行研究则是在 70 年代末以后。这与反思"文革"中的封建主义大泛滥有极大的关系。细想想，那些封建主义的东西不仅是"文革"的创造，还是历史封建主义的继续和集成。专制权力支配中国社会有两三千年的历史，其影响是相当广泛的，它不仅形成了一套体制，也形成了一种文化心态。我们要从这种体制和心态中走出来，不是一蹴而就的。为了"走出来"，首先要正视历史，确定历史转变的起点。我们经常说要了解和熟悉国情，而历史就是国情最重要的组成部分。我的研究目的之一就是解析中国的"国情"，并说明我们现实中封建主义的由来。

---

①《中国政治思想史集》，人民出版社，2007 年。

二、中国传统社会的特点：王权支配社会

1983 年我在《论中国封建地主产生与再生道路及其生态特点》一文中提出，中国社会数千年中一个根本的特点是："政治特权支配社会、支配经济"，"暴力和政治虽然不能创造出封建经济，但在封建经济关系基础上，它可以在很大程度上影响乃至决定封建地主成员的命运及其存在形式"。沿着这一思路我又写了多篇文章，后来我用"王权主义"来概括中国历史的特征。我所说的王权主义既不是指社会形态，也不限于通常所说的权力系统，而是指社会的一种控制和运行机制。大致说来又可分为三个层次：一是以王权为中心的权力系统，二是以这种权力系统为骨架形成的社会结构，三是与上述状况相配的观念体系。具体内容主要表现为：

1.中国从有文字记载开始，即有一个最显赫的利益集团，这就是以王–贵族为中心的利益集团，以后则发展为帝王–贵族、官僚集团。这个集团的成员在不停地变动，而其结构则又十分稳定，正是这个集团控制着社会。这是一个无可怀疑的事实。

2.这种王权是基于社会经济又超乎社会经济的一种特殊存在。它是社会经济运动中非经济方式吞噬经济的产物，是武力争夺的结果，所谓"兵胜者王""马上得天下"是也。这种政权也可以说是武力或暴力政权。

3.这种以武力为基础形成的王权统治的社会，就总体而言，不是经济力量决定着权力分配，而是权力分配决定着社会经济分配，社会经济关系的主体——皇室、贵族与官僚地主是权力垄断与分配的产物。

4.在多种社会结构(权力结构、经济结构、等级结构、血缘结构、族群结构等)中，王权体系居于主导地位。

5.在社会诸种权力(政权、族权、父权、夫权、宗教权、行会权、经济主体权、绅权等)中，王权是最高的权力。

6.在日常的社会运转中，王权起着枢纽作用，主要表现在人身支配、赋税、徭役、兵役、某些经济垄断等方面。

7.社会与政治动荡的结局，最终是回复到王权秩序。

8.王权崇拜是思想文化的核心，而"王道"则是社会理性、道德、正义、公正的体现，等等。

过去我们通常用经济关系去解释社会现象，这无疑是有意义的；然而从

更直接的意义上说,我认为从王权去解释更具体、更便当。

从整体上说,我仍然承认经济关系是社会的基础,但我认为不能忽视政治力量在经济中的地位与特殊作用。比如在社会资源分配等方面,政治一直起着决定性的作用。中国的土地买卖很普遍,并造成土地集中。有人从经济上概括为"地租地产化",我认为买卖是表象,内在的决定因素主要是"权力地产化"。

三、王权主义是传统思想文化的主脉

在我近三十年的著作中,"王权主义"的含义有宽窄两种内容,宽的即上述含义,窄的是在思想观念上使用它。就后者而言,我认为王权主义是传统思想文化的主脉。关于这一点可从几方面说:

第一,先秦诸子的主旨都是王权主义。

春秋战国的百家争鸣可以说是中国历史上的思想文化定型时期,诸子百家创立的学说和思维方式开其后两千多年的先河,后来者虽不无创造,但直到近代以前,基本上没能突破那个时代创造的思想范式和框架,甚至不妨说,承其余绪而已。因此对诸子百家的思想作一个总体估计,对把握其后两千年的思想是极有参考意义的。诸子百家思想的主流和归宿是什么呢?应该说是政治。司马谈有很好的概括:"《易大传》:'天下一致而百虑,同归而殊途。'夫阴阳、儒、墨、名、法、道德,此务为治者也,直所从言之异路,有省不省耳。"班固的看法承继了司马氏,他认为诸子是"王道"分化的结果,归根结蒂又为王服务,"使其人遭明王圣主,得其所折中,皆股肱之材已"。诸子百家所论,可以说是上穷碧落下黄泉,无所不及,但最终归于一个"治"字。"治"的中心是什么?我认为只有一个结论,那就是王权和王制,也就是君主专制主义或王权主义。战国百家争鸣是争实行什么样的君主专制主义,并极大地丰富了君主专制主义理论。秦始皇的君主专制主义正是先秦诸子的承继和发展,是诸子君主专制主义理论的集中和实现,是先秦政治文化的集成,是其后两千多年帝制的祖师。有人说"历史文化传统对他们(秦朝君臣——引者注)而言是没有真实意义的",这种看法是不符合历史事实的。

在中国的历史上,除为数不多的人主张无君论以外,都是有君论者,在维护王权和王制这一点上大体是共同的,而政治理想几乎都是王道与圣王之治。我们的最伟大、最杰出的思想家几乎都在为尊王编织着各种各样的理论,并把历史命运和开太平的使命托付给王。

第二，君尊臣卑是中华传统思想文化的骨架。

尊君的理论多多，有一点应特别注意，那就是把中华传统思想文化的最高理念都献给了帝王。每种思想文化都有一套纲纽性的概念来表达和支撑，这些纲纽性的概念集中体现了真、善、美以及更超越的精神。在中华思想文化里，表达超人和本体、本根的概念，如神、上帝、天、地、乾坤、日月、阴阳、五行、四时等；表达理智的，如聪、明、睿、智、英、谟、理、文、武等；表达道德的，如仁、义、德、惠、慈、爱、亲、宽、恭、让、谦、休等；还有一些包含了上述诸种含义，如天、圣、道、理等等。这些纲纽性概念都奉献给了帝王，或变成了帝王的品性与功能。在此我把杰出文豪韩愈、柳宗元颂扬帝王的词组胪列一下，计有："神化""神功""大化""与天合德""法天合德""感通天地""参天两地""功参造化""整齐造化""政体乾坤""体乾刚""协坤元""体昊穹""移造化""革阴阳""仁化""德化""统和天人""顺时御极""幽明感通""王风""金风""帝力""皇化""皇灵""皇风""皇泽""皇慈"等等。总之，与造物主相匹，是人间的救世主，自然帝王也就居于思想文化的顶点。

与尊君论相对的是臣民卑贱论。君主以下所有的人，上至达官贵人，下至百姓、仆隶，在君主面前尽人皆卑贱、皆奴仆，思想文化中的下流的概念、词汇几乎一股脑地被套在臣下头上。这里仍以韩愈和柳宗元的言论为例。臣民天生就属于卑贱者，"君者，阳也。臣者，阴也"。臣"身微命贱""性本庸疏"。臣下的社会地位、衣食、知识、寿命，皆来自"圣恩"。君主"子养亿兆人庶""身体发肤，皆归于圣育；衣服饮食，悉自于皇恩"。臣下愚昧无知，"至陋至愚，无所知识"。在君主面前臣下是天生的罪人，"皇恩浩荡，臣罪当死"。

当然，在传统思想文化中也有对昏君、暴主的斥责与批判，少数思想家还提出了无君论，但这不是主流；也有对臣民作用的肯定，但臣民只能居于辅助地位。

君尊臣卑成为一种思维定势，成为人们一种不自觉的当然观念和认识的前提，影响深远。

第三，帝王的"五独"观念。

中国古代最高权力观念体现在"王""天子""皇帝""帝王""君主"等最高政治元首的观念之中。帝王的权力特征可以用一个"独"字来概括，具体说来有"五独"：天下独占，地位独尊，势位独一，权力独操，决事独断。所谓帝王"贵独"，大致说来也就是这"五独"。

天下独占指的是君主是全社会最高和唯一的主人。世上的一切存在物、全部资源以及所有的人都归王所有，而且王权的实施范围在时间与空间上都是无限的。《诗·小雅·北山》最早把上述观念作了最明确的表述:"普天之下,莫非王土;率土之滨,莫非王臣。"秦始皇统一中国之后几乎以同样的语言宣布:"六合之内,皇帝之土""人迹所至,无不臣者"。刘邦称帝后也同样把天下视为自己的"产业"。皇帝虽然像走马灯一样轮换不已,但上述观念却一脉相承。这不是皇帝的一厢情愿,同时也为整个社会所认同,形成全社会的普遍意识。宋儒程颐说的如下一段话可作为典型代表:"天子居天下之尊,率土之滨,莫非王臣……凡土地之富,人民之众,皆王者之有也。"应该说"王有天下"是中国传统社会最高权力观念的核心内容。不管社会任何成员拥有什么,只要与"王有"发生矛盾,必须无条件地服从王有,所谓"君于臣有取无假"是也。王有天下好像一个其大无外的穹庐,死死地扣在社会之上。君主们"无法无天"的理论依据就是王有天下。

地位独尊是说,在一切社会关系中,在社会身份普遍化的等级关系中,唯有君主的地位至高无上,至尊至贵。有关资料比比皆是。这里仅引《礼记·坊记》称孔子之语为例以示其要:"天无二日,土无二王,家无二主,尊无二上。"

势位独一是说在权力体系中帝王是独一无二的。在中国的历史上有否"二元"或"多元"权力结构,学界有不同的看法,我要说的是,至晚到春秋初已提出"国不堪贰"的问题。当时的政治家与思想家纷纷提出"国不可贰",齐悼公说:"君异于器,不可以二。器二不匮,君二多难。"思想巨擘老子与孔子从宇宙体系上论证了君只能"一",老子把王与"天""地""道"并称为"四大";孔子说:"天无二日,民无二王。"(见《孟子》)其后所有的思想家几乎都在这个思想圈子中颠三倒四,从不同角度论述"只能有一个君主"。董仲舒说:"天之常道,相反之物也,不得两起,故谓之一。一而不二者,天之行也。"帝王就是人间的"一"。在传统思想界除了少数人主张无君论以外,都是"君一"论者。这个"一"不仅要凌驾于一国之上,而且要凌驾于天下之上。总之,权力结构的一元论是不移之论。历史上的先哲们关于政治结构的聪明才智在"一"面前可以说是走到了尽头。他们只知"一而治",除极少数人如黄宗羲略有质疑外,基本上没有人深思过"一而乱"的问题,自然也就没有想过从"一"中走出来。

权力独操是说一切权力属于帝王。孔老夫子率先教导:"唯名与器,不可以假人,君之所司也。"《周礼》中"五官序"把帝王的大权概括得更为清楚:"唯王建国,体国经野,辨方正位,设官分职,以为民极。"《管子·七臣七主》说:"权势者,人主之所独守也。"《商君书·修权》说:"权者,君之所独制也。"董仲舒说:"君也者,掌令者也,令行而禁止也。"又说:"君之所以为君者,威也。"这一类的论述比比皆是。总之,权力独占是政治的核心问题。皇帝以下的所有权力机构,无一例外地都是皇帝的办事机构、派出机构和服务机构。

决事独断是说在政治决策过程中,君主是最高、最后的决断者。中国传统政治决策过程的特点可以用"兼听独断"四个字来概括,这一点早在先秦已形成公论和定势。宋儒司马光一段话很典型:"古人有言曰:'谋之在多,断之在独。'谋之多,故可以观利害之极致;断之独,故可以定天下之是非。若知谋而不知断,则群下人人各欲逞其私志,斯衰乱之政也。""终决之者,要在人君。"司马光在此提出了"独断""多谋""定天下之是非""人人之私志""衰乱"几者的关系,不难看出,君主的"独断"是决定性的,所谓"终决"就是最高与最后决断权,只归君主独有。陈亮在《论执政之要》中对宋代帝王的独断做了如下的描述:"发一政,用一人,无非出于独断;下至朝廷小臣,郡县之琐政,一切劳圣虑。"康熙说得十分绝对:"天下之权,唯一人操之,不可旁落。"乾隆也反复说:"本朝家法……一切用人听言,大权从不旁假","权衡悉出自朕裁"。

以上讲的君主"五独"是中国传统政治的基础和基本原则。帝王们自然不会放弃"五独",臣民中除极少数主张无君论者外,几乎所有的人都认同君主的"五独",连出家的和尚、道士也难逃其外。我们研究中国古代的权力运动和权力结构的变迁、调整等,绝对不可忽视君主"五独"观念的全局控制意义。

第四,帝王控制了"学"和士人。

春秋以前"学在官府",其后"官学"解体,分化出诸子之学,"学"在王权之外获得了自由。诸子之学在学术上无疑是多元的,然而在政治上却又有惊人的一致性,在鼓吹君主专制这一点上途殊同归。秦始皇的"以吏为师"无疑是太粗糙了。但其与战国诸子的学术精神并无大违,而是诸子之学内在的专制主义精神的一次实现。这一点在前边已作了概述。

汉武帝的独尊儒术是秦始皇的以吏为师的继续和发展。李斯是以吏为师的倡议者,董仲舒是鼓吹独尊儒术的重要人物之一(在他之前鼓吹者多多)。乍然看去,李斯和董仲舒的政见差别很大,可以说是敌对的,李斯要打击儒家,董仲舒则要独尊儒术。可是换一个角度看,分析一下他们的出发点和要解决的问题,就能发现他们是惊人一致的,甚至所用语言也雷同。他们的目的都是尊王,实现大一统;在政治思想上一个讲"定一尊",一个讲"持一统",都是实行思想统一和专制;所尊之外一律排他。李斯提出,对非所尊实行"禁""烧""族",董仲舒提出"皆绝其道"。所以我认为汉武帝的独尊儒术与秦始皇的以吏为师是一脉相承的,又都是"学在官府"的再建。当然,汉武帝比秦始皇高明,他有成套的措施,最主要的是把学和取士结合在一起。此措施其后延续了两千多年。

儒家政治的基本原则是"三纲"。帝王制度就是建立在"三纲"之上的。也正是以此为据,我说儒学的主旨是维护帝王体系之学。人们当然不是事事必说"三纲",但"三纲"就像一个天网笼罩在全社会之上。

汉武帝独尊儒术同秦始皇以吏为师一样,意在把社会的思想文化置于王权控制之下,使思想文化降格,成为王权的从属物。且不说被"罢黜"者,就被"独尊"的儒术而言,其恰恰因被尊而失去了原有的独立性格。因为它的被尊是皇权决定的,它被皇权宣布独尊的同时,也就被置于皇权控制之下。儒术变成皇权政治的组成部分,成为皇帝需要的政治原则,儒家的"经典"是由皇帝钦定的,最高解释权也归皇帝。儒学既是官学,也就是官方的意识形态。这种官方意识形态借助帝王的政治力量推向全社会,从而使整个社会观念儒家化。儒家的社会化无疑有自身的濡化因素,但更主要的是政治推动的结果。特别是以经取士,它把士人中的多数吸引到儒家的轨道,并成为维护帝王体系的学人或政治工具。

四、政治思维的阴阳组合结构

中国传统的王权主义如铁板一块,十分坚硬,但又有柔性,刚柔相兼,这表现在政治思维的阴阳组合结构。所谓阴阳组合结构是说一个主命题一定有一个副命题来补充,形成相反而相成的关系。这里不妨先开列一些具体的阴阳组合命题,诸如:天人合一与天王合一,圣人与圣王,道高于君与君道同体,天下为公与王有天下,尊君与罪君,正统与革命,君本与民本,人为贵与贵贱有序,等级与均平,纳谏(听众)与独断,思想一统与人各有志,教化与愚民,王遵礼法与王制礼法,民为衣食父母与皇恩浩荡、仰上而生……

我开列了这一大串,是为了说明这种组合命题的普遍性。这里用了"阴阳组合结构",而不用对立统一,是有用意的。在上述组合关系中有对立统一的因素,但与对立统一又有原则的不同,对立统一包含着对立面的转化,但阴阳之间不能转化,特别是在政治与政治观念领域,居于阳位的君、父、夫与居于阴位的臣、子、妇,其关系相对而不能转化,否则便是错位。因此阴阳组合结构只是对立统一的一种形式和状态,两者不是等同的。我上边罗列的各个命题,都是阴阳组合关系，主辅不能错位。比如在君本与民本这对阴阳组合命题中，君本与民本互相依存，谈到君本一定要说民本，谈到民本也离不开君本，但君本的主体位置是不能变动的。这里只就"道高于君与君主体道"的组合命题稍作说明，以示其概。

"道"是中国传统思想文化的核心范畴之一，是理性(也包含程度不同的神性)的最高抽象，又是整个思想文化的命脉。

"王"是最高权力者的称谓，同时又代表着以专制权力为中心的社会秩序以及与这种秩序相对应的观念体系。

道与王是什么关系？就我拜读过的论著，特别是新儒家和崇儒者，十分强调儒家的道与王是二分的，常常把"道高于君""从道不从君"作为理论元点来进行推理，认定道是社会的独立的理性系统，由儒生操握，对王起着规范、牵制和制约作用。就一隅而论，也不无道理；然全面考察，则多偏颇。在我看来，道与王的关系是相对二分与合二而一的有机组合关系，分中有合，合中有分，分合相辅，以合为主。这不限于儒家，而是整个传统思想文化中的主干。

"道高于君""从道不从君"只是组合命题的一面，还有更重要的一面，那就是"君主体道""王、道同体""道出于王"。

先秦诸子把圣人、君子视为道之原，同时又认为先王、圣王也是道之原。在这一点上先秦诸子有着共识。这一理论为王与道一体化及道源于王铺平了道路。秦始皇是历史上第一位把自己视为与道同体、自己生道的君主。秦始皇宣布自己是"体道行德"，实现了王、道一体化。秦始皇不仅体道，又是圣王，他颁布的制度、命令是"圣制""圣意""圣志"，永垂万世。先秦诸子创造的巍巍高尚的"道"一下子变成了秦始皇的囊中之物。虽然秦朝很快垮台了，秦始皇的思想却流传给后世。其后，贾谊提出"君也者，道之所出也"。董仲舒在《春秋繁露·王道》中说："道，王道也。王者，人之始也。"他还有人所熟悉的"王道通三"之说。道、王道、王混为一体，道由王出。在中国的历史上，人们尽管可以把道捧上天，但一遇到"圣旨"，道就得乖乖让路。在漫长的年代里，帝王既要搞"朕即国家"，又要搞"朕即道"。宋、明理学家高扬道统的大旗，道统俨然独立于王之外。然而他们恰恰在把道统说得神乎其神的同时，却又把这个神圣的道敬献给了帝王，这一点在帝王谥号中表现得尤为突出，诸如"应道""法道""继道""合道""同道""循道""备道""建道""行道""章道""弘道""体道""崇道""立道""凝道""明道""达道""履道""隆道""契道""阐道""守道"等等。汉语词汇实在太丰富了,在这里,都说明一个问题:帝王是道的体现者。

王对道的占有,或者说道依附于王,是整个传统思想文化的基本命题,几乎所有的思想家,甚至包括一些具有异端性质的人,都没有从"王道"等大框框中走出来。只要还崇拜"王道"等,那么不仅在理论上被王制和王的观念所锢,而且所说的道也是为王服务的。

其实,王对道的占有只是问题的一面,另一面更应注意的是道本身的王权主义精神,以至可以说,道的主旨是王权主义。这一点被我们的许多学者,特别是被新儒学所忽视。中国传统思想文化中的道无所不在,千姿百态,但影响最大、最具有普遍性的,要属有关宇宙结构、本体、规律方面的含义了。正是在这种形而上学的意义中王被给予了特殊的定位。《易·系辞上》说:"一阴一阳之谓道。"阴阳相交而生万物,而君臣尊卑之位便是宇宙结构和秩序的一环。被形而上学化的伦理纲常的首位就是君主关系。程颐说:"天地人只一道也。才通其一,则余皆通。""道之大本如何求?某告之以君臣、父子、夫妇、兄弟、朋友,于此五者上行乐处便是。"朱熹说:"三纲五常,天理民彝之大节,而治道之本根也。"又说:"道之在天下,其实原于天命之性,而行于君臣、父子、兄弟、夫妇、朋友之间。"儒家所论的伦理纲常无疑比具体的君主更有普遍意义,但也从更高的层次上肯定了君主专制制度,用形而上学论证了君主制度是永恒的。我们不能忽视儒家的纲常对王的规范和批判的意义,同时更不宜忽视这种规范和批判的归结点是对王权制度的肯定。张扬儒学的朋友对此实在有点漠视,或视而不见,真不知其可也!

道、王相对二分与合二而一是有机组合关系,同时也形成一种思维范式,历史上最伟大的思想家都没有从这种范式中走出来。这种思维范式的影响比具体内容的影响更为广泛和深远。

"阴阳组合结构"是古代政治思维的普遍事实,这种结构性的思维应该说是极其高明的,它反映了事物的对立与统一的基本面,也可以说是"中庸""执两用中"思想的具体化。这种"结构"的思维方式和认知路线对把握事物非常有用,也非常有效,正是所谓的"极高明而道中庸"。就思想来说,这种结构的容量很大,说东有东,说西有西,既可以把君主之尊和伟大捧得比天高,又可以进谏批评,乃至对桀纣之君进行革命。由于有极大的容量,以至于人们无法从这种结构中跳出来,至少在政治思想史范围内,在西方新政治思想传入以前,先哲们没有人能突破这种阴阳组合结构。最杰出的思想家黄宗羲虽有过超乎前人的试跳,但终归没有跳过去。

在政治实践上,这种阴阳组合结构的政治理念具有广泛而切实的应用性。以古代的君主专制体制为例,一方面它是那样的稳固,不管有多少波澜起伏,多少次改朝换代,这种体制横竖岿然不动;另一方面,它有相当宽的自我调整空间和适应性。我想这些应该说在很大程度上得益于政治思维的阴阳结构及其相应的政治调整。

这种思维范式影响至深,在现实生活中还广泛流行,依然笼罩着许多人的思维。在过渡时期,这无疑具有很强的包容性和灵活性,但在学理上是需要分析的。1986 年我曾写过一篇文章《除对象,争鸣不应有前提》,对以什么为指导与百家争鸣问题进行了辨析。我想,对类似的问题都应从理论上作进一步的辨析。只有通过辨析,指出其在历史进程中的局限性,才可能更有效地推进政治改革。如果我们不从这种还普遍流行的阴阳组合结构中走出来,就不可能有政治观念的突破,也不可能迈上历史的新台阶。

五、现代封建主义与传统封建主义一脉相承

封建主义对我们的时代有着广泛的影响,造成了惨重的后果,这是各层人士的共识。封建主义表现多多,其中危害最大的应该是"官本位""一言堂""独断专行""无法无天""严刑峻法""个人迷信""特权经济""以权谋私"等等。这些其实就是封建专制主义或王权主义的现代版,也可称之为现代封建主义。我们有过亲身经历的人都很熟悉,这些都不是简单的直白,而是有一套理论来支撑,并被这一套理论所折服、或征服、或屈服。

有另一种看法,认为中国传统思想文化的主流——儒学,是人文主义的,是"人学"、是"成人之学"、是"人文关切之学"等等,因此富有和谐、平等、友爱、独立、自由、民主、人权等精神。封建主义的泛滥只不过是上述传统的中断。为了现代化应该"复古",要"发扬传统""回归传统",也有人说得很直白,这就是"尊孔读经"。

我向赞美儒家的先生们提一个简单的问题。如果儒家那么高明,试问,它怎么没有把中国较早地引导到现代化的道路? 在中国面临民族危机的时刻它怎么拿不出自救的办法?时至今日,还要从"人心不古"来找原因、找出路,我期期以为不可也。在我看来,思想文化都有时代性,不同时代的主流思想文化应是该时代的产物!一些人老爱说我们是"礼仪之邦",要以"礼仪"来救弊,如果较真追问:什

么是"礼仪之邦"?依我看,就其历史内容的主干而言,那只能是"等级贵贱之邦",或者说是"君主专制之邦"。"礼仪之邦"与"民主之邦"是历史进程中的两个高低不同的阶段,是两种不同的语言和价值体系,再怎么"转化""返本开新",也不能使两个阶段混为一谈。一些人老爱从儒家语言和价值中找民主语言和价值。如果在中国被拖入世界潮流以前,这样做无疑是创造,时到今日还去求古,实在是缘木求鱼,这不过是阿Q式的精神胜利法。就实而论,把工夫下在让"枯木生花"上,不如像鲁迅说的搞"拿来主义"。鲁迅有些地方确实够"虚无"的,提倡不要读古书等,但他赢得了"民族魂"称号。胡适支持全盘西化,但他对中国故学则多有创见,并成为中国自由主义的祖师。钱穆曾自豪地说,我们早就有中国式的民主,中国恰恰没有专制主义,说有者都是"自鄙"之论。但遗憾的是,以亿兆人匍匐在帝王脚下为基础的"中国式的民主"没能把中国引上现代化,能不让人哀叹?我们"礼仪之邦"的尾巴拖得实在又粗又长,要从"礼仪之邦"变为"民主之邦",必须痛下决心割尾巴,进行自新和改造。要承认我们落后了,但我们是有前途的,这就是在向先进学习中进行再创造。近代以来我们的进步主要靠"拿来创新"实现。中国过去的历史再辉煌也是属于那个阶段的事,历史进入新阶段就相形见绌了。无可奈何,这就是历史决定论!我的著述就是要展示"礼仪之邦"真实的历史内容,同时揭示现代封建主义的由来和其与历史的联系,为割尾巴提供参考思路。基于上述认识,我认为要准确把握中国传统思想文化的真谛,不能离开政治思想和政治精神。如果离开政治思想和政治精神就像抛开中枢神经去说骨骼、皮肉,是很难接近中国历史精神的。

消除老的和现代的封建主义,是摆在我们面前的一项紧迫的任务,岂可等闲视之。

六、说一点个人的心路

从20世纪60年代开始,我一直从事中国古代史的教学,在学习与研究过程中,我总不能忘怀思想史,特别是政治思想史。我认为不懂政治思想就难于触及历史的灵魂。"文革"之前我积累了近二十万字政治思想史的稿子,其中有几篇长短不一的文章见诸报刊。"文革"一来,这些文章都成了政治影射的"罪证",再加上其他一些诸如"修正主义苗子""黑线"关系等罪名,1966年6月26日我被革命群众揪了出来,在众目睽睽之下把我从革命群众队伍中

"轰"了出去,主事人还算手下留情,把我降至"中间组"(不是敌人,也不是革命群众,不准"革命")。那年我 31 岁。当时抄家成风,我看势头危险,便把积累的稿子、日记等销毁。果然,1967 年造反派夺权之后我又被升级为"牛鬼蛇神",理由是:"资产阶级反动路线保护了你,现在要对你实行无产阶级专政!"随后就进行了抄家。我庆幸有点"先见之明",抄家一无所获。

在挨整的时候我下决心再也不搞政治思想史。可是人有个毛病,常常是好了疮疤忘了疼。稍稍冷静之后,我感到政治思想史必须搞下去,能引起革命群众的批判,说明这个问题有现实意义。我这个人多少有点社会责任感,也力争做些分辨,比如对"文革"中的封建主义的泛滥就比较反感和厌恶,很多活动我不敢公开反对,但能避开的就设法避开。我虽然反感,但缺少理性认识。这里我要特别说一下黎澍先生一篇文章对我的影响。1977 年秋,在辽宁大学举办了一次学术讨论会。黎澍先生没有出席,他有一篇系统批判封建主义的长文由人代读。黎澍先生的文章把问题提到理论与历史的高度,我听后有开茅塞之感。当时还是"两个凡是"盛行之时,一些人自发地站出来对黎澍进行反驳,甚至有点声讨之意,斥责其意在"砍旗"等。黎澍的文章使我对封建主义问题的认识更自觉了。为了从"文革"走出来,为了从封建主义中走出来,为了理清自己的想法,从 20 世纪 70 年代后期开始,我下定决心,把主要精力投入中国政治思想史的研究和教学,同时把清理封建主义作为自己的一项使命。这三卷就是其后近三十年最主要的收获。我自认为这种使命感与对历史事实的陈述和判定并不矛盾。是耶,非耶?请读者裁定。

刘泽华谨识
2007 年 5 月

《中国政治思想史集》弁言^①

这一卷写于 20 世纪 70 年代后期至 1983 年。

我可以自信地说：这一卷是迄今为止最系统、最全面(包括"人"和"书")、资料最翔实的一部先秦政治思想史。由我任主编、与合作者共著的三卷本《中国政治思想史》于 1996 年出版，其中的第一卷即先秦卷是本书的改版。我现在收入的是 1984 年的原始版，除了叙述历史背景的部分有所压缩外，其他一律不再改动。作为一种文本已经是历史的存在，我认为"原始本"更有学术意义。

本书一个最主要的结论是：先秦政治思想的主旨是君主专制主义(或王权主义)；诸子争鸣争的是实行什么样的君主专制；先秦诸子没有哪一位在主旨上是属于一些学人所说的民主主义、民本主义、人道主义、社会主义的。这一结论大体确定了我其后的学术进路。有人批评我的胆子太大了点，也太武断了点，难道老子的"无为"论、孟子的"民为贵"论也是专制主义？是的，在我看来，老子的"无为"论、孟子的"民为贵"论都是从属于君主专制主义的。

在研究方法上我突破了用阶级理论定义政治的"铁则"。我认为政治有阶级性，也有社会性。这在当时还是有可能招来麻烦的。1983 年"反精神污染"时，史学界一位大人物不点名地批判了我对阶级斗争理论的修正，所幸没有"反"到底，我也就滑过去了。

1949 年以后到本书出版之前所有的思想史著作，在论述人物及其思想时几乎都被戴上"这个"阶级或"那个"阶级的帽子，而我在本书中实行了"脱帽礼"，把帽子统统摘掉了。这在当时也可以说是绝无仅有的，谓余不信，不妨翻翻那时的著作。我知道这有"危险性"，而我胆子又不大，看看我当时写的《前言》就会知道我是何等的战战兢兢。当然我也保留了一些帽子，如统治阶

① 《中国政治思想史集》，人民出版社，2007 年 12 月。

级、被统治阶级，保守的、进步的等等，这些我现在也还是用的。

本书的立论基本上是来自归纳法，所有的材料都是从"母本"中梳理出来的，而且在解释和运用时也都以"母本"的整体性为前提。我曾给自己"立法"，决不抓住一两句话，离开"母本"体系，推导和演绎出现代性的政治观念或理论。由于以归纳和"母本"体系为基础，我自信本书叙述的内容更接近历史的本来面目。

在诸子的排列上，我把法家列在首位，这不是"评法批儒"的余绪，而是我认定春秋战国的政治进程是由法家来主导的。那时期的政治是围绕社会变法与耕战展开的，而法家正是张扬变法与耕战的主将。正因为法家最切近当时的历史进程，所以法家也有当时最富创造性的政治思维，把政治关系中最深层的东西揭示出来了。我在评述韩非时说了如下一段话："韩非最真实地揭开了君臣君民之间关系的帷幕。不揭开这个帷幕，双方都缺乏自觉性，遭了殃都不知道原因在哪里；可是一旦揭开这个帷幕，又使双方处在恐怖之中。"韩非"不能说不明、不智、不圣，但他却没有捞到圣人的牌位，主要的原因是他太忠于事实了，在封建时代，虚伪比诚实更有用，更招帝王的喜欢"。这些年来学界多倡导儒、道，对法家有点冷漠，而且多投以鄙夷的眼光，从历史进程看这是不公正的。

2007 年 5 月谨记

《中国政治思想史集》后记[①]

　　我的研究与教书是并行的,老话说"教学相长",我与我的学生们逐渐形成一个松散的小小的学术集体,互相启发和切磋,携手共进,我们共同完成了多个项目,出版了近三十部著作。我还与以下同志合写过十余篇文章,这几位同志是(以年龄为序):刘健清、张分田、葛荃、刘刚、李冬君、侯东阳、刘丰。在此谨向上述诸位致谢。

　　这次结集出版要感谢李冬君与刘刚夫妇,不是他俩的提议、催促和帮助,可能就以懒散为终了。

　　当然我还要感谢东方出版社,在学术著作出版如此尴尬的局势下,他们接受了拙作,能不让人别有一番滋味在心头!

　　我还要感谢编辑刘丽华女士和陈有和先生,他们提出了许多中肯的意见,也纠正了文字上的诸多错误。这里稍说几句我与他们二人的交往。

　　我的这部稿子最初是由李冬君女士介绍给刘丽华女士的。在此之前我从友人那里知道刘丽华女士是京城出版界的一位强人。但第一次见面,也是迄今为止唯一一次见面,仍使我感到意外的练达与果断,一言说定,由他们出版!稿子由李冬君转交她之后我就远走他乡。过了一段时间,李冬君告诉我校稿出来了,并说责编挑出了一大堆问题和错讹,但她也没有告诉我责编是谁。我以为是刘丽华女士,便去信询问,万万没有想到,责编竟是出版社副总编陈有和同志。啊!大陈,老相识,我三十年前的学生。我本想立即与大陈联系,但稍冷静,我决定:且慢!人所共知,如今编辑与作者之间常有说不清的关系。我不想把师生和老友的关系带进来,让我和大陈仍保持以"文"相交,不要因老朋友与师生关系影响对文字的审理!所以直到现在我还没有与大陈联系。我

---

　　①《中国政治思想史集》,人民出版社,2007年。

希望编辑与作者之间的关系,都像我们之间这样"一尘不染"!

我的稿子几经转载,讹误较多,这次进行了校正,但估计还会有错,希望读者在观点与文字方面都能给予批评和帮助。

2007 年 5 月于他乡

《中国政治思想通史》九卷本
学术会发言

各位来宾,各位朋友:

下午好!

非常感谢各位在百忙之余前来捧场,尤其要感谢我的老朋友、也年近八旬的方克立先生,还有风尘仆仆特意从中央党校赶来的薛进文书记。

九卷本的《中国政治思想通史》终于跟大家见面了。回过头来看看走过的路,不禁有许多感慨。这是由二十人参加的整个学术团队集体努力的结果,从启动到最后出版,其中发生了许多波折,遇到过许多难题,都一一化解,总算完成了。参与写作者年龄不同,性格各异,都能坐得住冷板凳,拼得上真功夫,这是我感到欣慰的地方。我们是长期固守这片学术领域,对像我这样的平庸之辈,学术领域的转移,不会带来更多收获。当然天才们另说。我们从来不跟着项目资助走,有项目资助固然好,我们的资助都是"不期而遇",过去的著述获得项目资助的很少,需要耐得起"穷"作学术,而不转移学术方向。我们写九卷本之前应该说有相当的学术积累,请看我们展示的前期著作,多达三十多种,论文有几百篇。

1. 由于政治的特殊地位和作用,政治思想应该说是居于社会思想的主干。钱穆说过,士人以政治为宗教,可见政治的意义与地位。这一学科 1949 年以前出版了十几部书,1949 年以后前三十年,政治思想史研究可谓不绝如缕,只有人大保留了一点薪火。20 世纪 60 年代我开始研究政治思想史,当时为了学科的补白,后来"文革"之兴,让我又有一种使命感,这就是清理封建主义。本来是为了解决现实中的困惑,后来随着研究的深入,越来越发现原来的那一套解释说不通,我本着"马克思主义在我心中",就试着用自己的理解、自己的判断去说通它,于是发现了王权对中国传统社会的支配作用,逐渐形成了一套比较能自圆其说的理论。

我们有点学术个性，也有若干位持大体相同的看法，于是有同行从正反两种角度，称我们为一个学派。说学派我不敢当，我很惶恐。我看称为"王权主义反思论"也许会更好些，我们写这部书，基本的思路就是对王权主义进行反思和走出王权主义。书中所有的论述都以充分的史料为基础，要求作者无证不言。我要自我辩解，批评我的人最多，主要是一些发国学热、儒学热的高烧的人的批评，帽子主要是两个：一是"虚无主义"，一是"全盘否定"。与热相比，我们的确有点"冷"，但不是"虚无主义"和"全盘否定"，我们是在矛盾的陈述中进行相应的价值分析。我们不想跟传统作对，只是主张通过对过去的反思加深对现实的理解，在建设之前做好必要的基础清理工作。

2.当下国学和儒学的众多热衷者，致力于弘扬传统，有意或无意地撇开政治思想中历史的、阶级的内容。究竟是什么原因，使他们无视常识，把国学、儒学说得天花乱坠？他们不仅为传统思想观念赋予自由、民主、人格独立等现代价值，连社会关系也被美化，阶级、利益矛盾也被掩盖，严重扭曲了历史的真实。撇开大量的史料，抓住一个词，就片面地推演下去，合适吗？枢纽性的"三纲"横竖不提，试问，没有"三纲"还是儒学和传统的国学吗？现在有人无限推崇"和为贵"，无视前边还有半句"礼之用"。那么什么是"礼"？有人说是礼貌、规矩。进一步追问，礼貌、规矩的核心是什么？是人人平等的往来规范，还是贵贱等级秩序？"民为邦本"极为经典，泛泛说这句话，当然可以，但还有"君为国本"，君为民主、君主至上，在它上边。搞历史的人要面对历史事实。

传统政治思想是一种结构的存在，某些精辟的话语在结构中处于什么地位，这是历史学家们不能忽视的。片面引一句话，就无限发挥，这不符合历史实际。我们是"在矛盾中陈述历史"（马克思语），热派则是在"和谐"史观中美化历史。我常常想对阵，但能力不足，且又老朽，更无力了。几年前，某大报刊登了一大篇无限吹捧儒学和国学的文章，明显地针对我，作者是四位著名大学校长和六位教授，我写了反驳文章，该报提出要先给对方过目，如果对方不回应，就不发。我断然拒绝这个先决条件。我在另一家报上刊出，至今还没有看到他们给我的回应。

3.九卷本能出来，真的要感谢人大出版社。前些年他们出版了我们十本系列书。至少15年以前，出版社的老总贺耀敏听说我有意组织多卷本通史，他设饭局招待我，表示支持和接纳。我们组织起九卷本的写作班子后，潘宇、司马兰又主动邀稿。这九卷肯定是不会赚钱的,出版它们显示了他们的学术人文关怀。对人大出版社诸位深深致敬。

当然我们也得感谢南开历史学院和学校领导的支持和关怀。适值南开95华诞,仅奉上本书表示我们的拳拳之心。

《中国政治思想史》(三卷本)韩文版序①

张铉根博士把我与我的合作者所写的《中国政治思想史》(三卷本)译成了韩文出版,要我写个序,我们感到十分高兴。

我想借着这个机会说几句中国政治思想史在中国历史学和思想文化史中的地位与意义。为说明这点,首先要从中国历史的特点说起。中国与欧洲的历史有这样与那样的不同,但其中最值得注意的一点是,中国是一个大一统的专制帝国,帝王居于社会的顶端。我把这一特点称为"中国的王权主义"。

我所说的王权主义既不是指社会形态,也不限于通常所说的权力系统,而是指社会的一种控制和运行机制。大致说来又可分为三个层次:一是以王权为中心的权力系统,二是以这种权力系统为骨架形成的社会结构,三是与上述状况相对应的观念体系。

王权为中心的权力系统有如下几个特点:其一,一切权力机构都是王的办事机构或派出机构。其二,王的权力是至上的,没有任何有效的、有程序的制衡力量,王的权位是终生的和世袭的。其三,王的权力是无限的,在时间上是永久的,在空间上是无边的,六合之内,人事万物,都属于王权支配对象;或者说,王权的无限并不是说它包揽一切,而是说,王权恢恢,疏而不漏,它要管什么,就可以管什么;就某些人事而言,可以同它拉开一定距离,所谓"不事王事",但不能逃脱它。其四,王是全能的,统天、地、人为一体,所谓的大一统是也。

在王权形成的过程中,同时也形成相应的社会结构体系。王权无须经过任何中介,直接凭借武力便可以拥有与支配"天下",所谓"普天之下,莫非王土;率土之滨,莫非王臣""六合之内,皇帝之土""人迹所至,无不臣者""天子以四海为家""土地,王者之有也"等,并不是虚拟之词,而是历史事实的反映。在那

---

① 本文写作于 2002 年。

44

个时代,政治统治权和对土地与人民的最高占有、支配权是混合在一起的。也可以说,对土地和人身都是混合性的多级所有,王则居于所有权之巅。这种观念和名义上的最高所有,有时是"虚"的,但它随时可以转化为"实","虚""实"结合,以"虚"统"实"。因此权力的组合与分配过程,同时也是社会财产、社会地位的组合与分配过程。王权-贵族、官僚系统既是政治系统,又是一种社会结构系统、社会利益系统,集政治、经济、文化为一体。这个系统及其成员主要通过权力或强力控制、占有、支配大部分土地、人民和社会财富。土地集中的方式,主要不是"地租地产化",而是"权力地产化"。这个系统在社会整个结构系统中居于主要地位,其他系统都受它的支配和制约。

在观念上,王权主义是整个思想文化的核心。各种思想,如果说不是全部,至少是大部,其归宿基本都是王权主义。春秋战国的百家争鸣可以说是中国历史上的思想文化转型时期,诸子百家创立的学说和思维方式开其后两千多年的先河,后来者虽不无创造,但直到近代以前,基本上没能突破那个时代创造的思想范式和框架,以至可以说,承其余绪而已。因此对诸子百家的思想作一个总体估计,对把握其后两千年的思想是极有参考意义的。这里我只提两个问题:其一,诸子百家思想的主流和归宿是什么呢? 应该说是政治。对这一点,司马谈有很好的概括:"《易大传》:'天下一致而百虑,同归而殊途。'夫阴阳、儒、墨、名、法、道德,此务为治者也,直所从言之异路,有省不省耳。"(《史记·太史公自序》)班固的看法承司马氏,他认为诸子是"王道"分化的结果,归根结蒂又为王服务,"使其人遭明王圣主,得其所折中,皆股肱之材已"。(《汉书·艺文志》)诸子百家所论,可以说是上穷碧落下黄泉,无所不及,但最终归于一个"治"字,这应是一个无可怀疑的事实。我们可以从现代学科分类出发对过去的思想进行相应研究,但不能忽视当时的思想是一个整体,它有自己特定的逻辑和结构,而政治思想则是其核心或主流部分,忽视这个基本事实,就很难贴近历史。道家中的"庄学"颇有点排除政治的意味,主张回归自然。那么从哪里回归呢? 最主要的是要抛却政治才能谈回归,为此就必须不停地讨论如何同政治拉开距离,也就是说,必须议论政治,应付政治,庄子的千古名篇《应帝王》就是既想离又离不开的一篇奇文。其二,政治的中心是什么? 我认为只能有一个结论,就是王权和王制。在中国的历史上,除为数不多的人主张无君论以外,都是有君论者,在维护王权和王制这一点上大体是共同的,而政治理想几乎都是王道与圣王之治。作为观念的王权主义最主要的就是王尊和臣卑的理论与社会意识。我们最伟大、最杰出的思想家几乎都在为王尊编织各种各样的理论,并把历史命运和开太平的使命托付给王。

基于上述认识,我认为研究政治思想史是研究整个中国历史不可或缺的基本环节。我还认为,要想准确地把握中国思想文化历史的真谛,不能离开政治思想和政治精神。如果离开政治思想和政治精神,就像抛开中枢神经去说骨骼、皮肉,是很难接近中国历史精神的。比如有人说中国的传统思想文化的精神是"天人合一",而天人合一就是人类与自然的和谐。是的,天人合一中确实有这方面的内容,但不可忽视的是,天王合一是天人合一的主旨或主体,谈天人合一而不谈天王合一,与事实相比,可以说是失之多半!又有人说中国的思想文化精神是和合或中和,而所谓和合、中和就是人与人之间的和谐、平等、友爱等。就实而论,这种判断离历史实际太远了。中国古代的和合不可能是人人平等的谐和,而只能是贵贱有别、等级有序的组合。总之,离开政治思想与政治精神是不能真正把握中国历史精神的。

依我看,研究中国的政治思想与政治精神是了解中国历史与现实的必由门径,不可绕过。然而遗憾的是,由于1949年以后中国特殊的政治环境和大学专业设置的片面性,政治思想史的研究在很长时间里几乎中断。从20世纪50年代起直到80年代初,大学基本上取消了政治学系,政治思想史自然也被取消了;大学历史系很少有讲授思想史的,更说不上政治思想史;哲学系讲授的哲学史完全是唯心、唯物等形而上的内容,对政治思想涉及的也不多。于是在整个学术界,从事政治思想史研究的人少得可怜。从20世纪80年代开始,情况逐渐有所好转,但至今这一学科仍未引起学人们的足够关注。

我从事政治思想史的学习与研究可以追溯到20世纪60年代,但集中精力进行主攻则要到70年代末。从那以后我陆续出版了一些著作,发表了一些论文,同时也培养了数十名研究生。这样在南开大学就逐步形成了一个学术合作体。我与我的合作者二十年来出版了近二十部有关中国政治思想史的著作。这里作一简单介绍。我的著作有《先秦政治思想史》(南开大学出版社,天津,1984年)、《中国传统政治思想反思》(三联出版社,北京,1987年)、《中国的王权主义》(上海人民出版社,2000年)、《士人与社会》("先秦卷",天津人民出版社,1988年)。我与葛荃、张分田博士合著的有《中国政治思想史》(三卷本,浙江人民出版社,1996年)、《中国传统政治哲学与社会整合》(中国社会科学出版社,北京,2001年)、《中国古代政治思想史》(研究生教材,南开大学出版社,1992年初版,2001年修订版)、《政治学说简明读本》(大学本科教材，南开大学出版社,2001年),《中国传统政治思维》(吉林人民出版社,1992年)。我与汪茂和、王兰仲合著的有《专制权力与中国社会》(吉林文史出版社,1988年)。葛荃博士的著作有《政德志》(上海人民出版社,1998年)、《立命与忠诚——士人政治精神的典型分析》(浙江人民出版社,2000年,台湾版即出)。张分田博士的著作有《政治学志》(上海人民出版社,1998年)、《亦主亦奴——中国古代官僚的社会人格》(浙江人民出版社,2000年，台湾版即出)。张荣明博士的著作有《殷周的政治与宗教》(台湾,五南图书出版公司,1997年)《中国的国教》(中国社会科学出版社,北京,2001年)。、杨阳博士的《王权的图腾化——政教合一与中国社会》(浙江人民出版社,2000年，台湾版即出)、胡学常博士的著作有《文学话语与权力话语——汉赋与两汉政治》(浙江人民出版社,2000年)。今后我们还将合作深入研究政治理念与社会互动的关系等。我不厌其烦地列出这么多书目,是为让读者了解我们的研究状况;同时我可以毫不夸张地说,在研究中国政治思想史方面,南开大学的这个学术群体是不可忽视的重镇。

张铉根博士把我们的《中国政治思想史》译成韩文无疑是中韩学术界的一件盛事。我对张铉根博士的学识和气魄表示由衷的敬佩。把这样一部厚厚的学术著作译成韩文,设身处地想想,我自己都发忧、犯愁！张铉根博士却坚韧不拔,坚持数年,夜以继日,在第一卷即将出版之际,我与我的合作者向张铉根博士祝贺,并致衷心的感谢！

我有多位韩国的学界朋友,韩国的青年学者在南开大学历史系学习的也很多,其中还有随我攻读硕士和博士的。在中韩建交前,我的一部政治思想史的论文集曾被韩国的一位学者以《中国政治思想》为题译成韩文。总之,我同韩国的学界并不太陌生。我希望今后能同韩国的学界朋友有更多的交流机会,互相切磋,共同发展学术。是以为序。

2002年5月15日

于中国·天津·南开大学

47

《中国古代政治思想史》(修订版)后记①

　　这个版本是 1992 年《中国古代政治思想史》的修订版。从 1992 年到现在已过了十年,那个版本先后印刷过四次,版面已经老化,不能再用。更主要的是我们作了相当大的修改。借着新版的机会我说一点自己的经历和感受。

　　我在大学教书已四十年有余,前二十年干什么,我自己也说不清楚了,大抵是"紧跟"之类的事,有时虽跟不上,但还是尽力去"跟"。由于是"跟"在别人屁股后边跑,于是处于"无我"状态,自然也就没有"自己"可言。现在说起来那时是懵懵懂懂的,不过在当时却是相当投入的。就实而言不能说当时不认真,但由于"着力点"有问题,结果是劳而无功,或劳而少功。直到 20 世纪 70 年代后期才稍微有点清醒,意识到人生在世应做点属于自己的事。追求"无我"自然有"无我"的麻烦,麻烦是如何把"我"去掉;可是真要有点"我"也不易,一是在"鸟笼"里待久了,失去了飞的能力;二是要给"我"找一个落脚的地方,而且能使"我"显示一下个性也不是很容易的事。我这个人一辈子都在教书,少时扫过盲、教过小学,当过中学教师,后来一个偶然的机会又忝列大学教师的行列。因此我只能在教学上找找属于"自己"的东西。在我看来,那就是应该在教案、教材上下大工夫,要在这里做文章。作为一名大学教师如果一辈子都没有写过教材,或者说没有把自己"口述"的东西变成文字、书籍交给学生,那我认为这个教师是不大称职的,或者说没有尽职。在这个理念的指引下,我于教材的编撰是尽心尽力的。我与合作者携手,经过多年的共同努力,撰写出了系统的、不同层次的中国古代政治思想史教材或教学参考书。有为大学本科生写的《政治学说简明读本(古代部分)》,有为硕士研究生写的《中国古代政治思想史》,有供博士生和专业人员参考的《中国政

---

① 《中国古代政治思想史》(修订版),南开大学出版社,2001 年。

治思想史》(三卷本)、《中国传统政治思想反思》《中国的王权主义》《中国传统政治哲学与社会的整合》等著作。我给自己定下的目标是:教学一定要有自己的研究心得与成果,研究一定要围绕教学并转化为教学。我不认为教材仅是基础性的抄录之功,它同样可以是有个性的学术著作。时下有一种观念:重专著而轻教材。就我个人的经验而言,在历史学科(其实应包括整个文科),写所谓的专著不一定比写教材更难;教材也未必就不是专著。重要的是有否学术个性,有否创见。作为一名教师,我认为不写专著不为过,不写教材则肯定是未尽职。就历史学而言虽然有不少著作可作为教学参考书,但总的来说,品种还偏少,尤其缺乏富有学术个性的教学用书。我们不妨假定一下,在大学里,如果一门课有几种富有个性的、可资比较的、系统的教学用书,我相信会大大地开阔同学的视野,增加学生的选择和批评能力。

上边提到的几本书不全是我个人之作,而是与合作者共同完成的。合作者有多人,他们的执笔情况均在首页标明。这些合作者都是我曾教过的学生,因此这个合作体具有师徒关系介入其中。我不否认师生关系具有某种纽带性质,但真正把我们连在一起的是我们在学术理念上基本相同;在互相交往中遵循学术至上、学术自由、学术平等与学术独立的原则;有共同的学术领域和学术目标;以诚相待,互相尊重,责任与名利相一致;我们的才学虽属平平,但我们懂得"三个臭皮匠,赛过诸葛亮"之理。有了这几点,也就有了我们的合作体。

下边说说本书的修订事宜。2000 年春,经专家审议,教育部研究生办公室把本书定为研究生教学用书,要出新版本。我们商定对本书进行大的修订。首先是作者的调整。原书有几位作者在其他城市或居域外,运作起来很不方便,我决定就近调整,请葛荃同志与我共同担任主编,又请张分田、乔治忠参加撰写。葛荃、张分田、乔治忠同志都是教授、博士生导师。我虽不敢言老,也不敢懈怠,但这种组合无疑对我是极大的解脱,修订之事由葛荃同志负责统筹。随着作者的调整自然也要相应调整书稿的内容,新作者的内容全是新写的,与旧稿完全脱钩。在这里我希望原来的几位作者能谅解和理解我作的这种调整。我的出发点仅仅是方便而已。别的不说,迄今为止,在修订过程中我们没有任何经费支持,所有的开支都是自己支付。仅仅这一点我就不能不取方便法门。

在修订过程中有许多事务性的工作,还有核对原文很费工夫,几位少年小弟帮了大忙，在此我代表作者向他们表示衷心的感谢。

本书的第一版编辑是莫建来同志，这次是焦静宜同志。他们对本书的出版和再版付出了辛勤的劳动，提出过许多宝贵建议。我仅代表作者向他们致谢。

刘泽华 2001 年 5 月
于南开洗耳斋

50

《洗耳斋文稿》自序①

2000 年上海人民出版社出版了我的《中国的王权主义》一书。那本书也是一部论文集,不过与一般的论文集又有所不同,所收的论文是按照主题和一定的逻辑关系进行排列与组合的,近似一本专著。每篇之后原本都注明了文章的出处,后来编辑同志建议有个总的说明即可,从形式上尽量减少隔断之感,我采纳了。这样做无疑是一种尝试,但事后总有一点遗憾。因为不注明出处,显示不出成文的时间,会有文气不同之感,加上用语的时间差别,容易引起读者的某些疑问。在此向读者表示歉意。同时向读者说明,凡属《中国的王权主义》已收的论文,本书不再重复,这样本书与《中国的王权主义》可并行于书肆而不相重。

这部文稿包括三方面的文章:一是有关中国政治思想史的,二是有关战国阶级身份状况的,三是有关历史认识论的。这三方面大体也是我多年来用力最多的地方。

我先说说三部分的写作背景与动机。有人说,做学问要排除一切功利目的,要为学术而学术,不管人间烟火。这种说法或许是为了强调学术的纯洁和神圣,但果真有这样的纯学术吗?或许有,不过在我的想象中,这只是神仙的事。我没有入道,更谈不上道行的修养,与上述之论不在一个层面上。我是一个俗人,烟火缭绕,所以还是讲点我的俗事和俗心吧。

从 20 世纪 80 年代初起,我不停地呼吁应加强对中国政治思想史的研究。从学科来说,以 50 年代初进行的大学院系调整、取消政治学系为标志,可以说拦腰斩断了政治思想史的教学与研究,有关中国政治思想史的研究只在哲学史中附带一笔,不绝如线。反观那一段历史,只有几位先生在冷宫里默默

---

① 《洗耳斋文稿》,中华书局,2003 年。

地坚守着这块园地。80年代伴随着政治学的恢复,政治思想史的研究也重新见了天日。但直到今日,与其他学科相比它依然是滞后的。这同政治改革相对滞后是一致的。政治改革的滞后带来政治思想史——政治观念研究的滞后,反过来,政治思想史——政治观念研究的滞后又影响于政治改革的滞后。两个"滞后"形成了非良性循环。这种现象亟须改善,而作为学人责无旁贷地应该进行政治思想史——政治观念的基础研究。对这种现象怎么看和怎么做,学人各有各的视角和选择,不过我与我的合作者在认真地思索并付诸实践。说起来,早有智者指出,封建主义的东西对我们社会和政治生活有深重的影响。这个判断是相当确切和中肯的。我说不上这就是"将令",但我是朝这个方向努力了。政治思想史的内容多多,可以开发出许多珠玉珍宝,不过我做的仅仅是分辨什么是封建专制主义!

在我看来,诚如前贤所指出的,封建主义在最近以前的历史里有过大泛滥,把我们多数人都弄糊涂了,在号称明白事理的知识界也少有例外。试问,我们参与的"忠"字化运动难道都是"违心"的?难道不是我们骨子里还保留着封建主义的基因?别人的事归别人,我那时是经过认真严肃的"理性"思考而参与的。封建主义把我们那么多人裹进去了,难道还未等站起来,仅拍拍屁股就能说清理干净了?对此我是怀疑的。我们不能忽视封建主义的影响直到今天依然十分沉重,还会"死的拖住活的"!在我看来,没有认真的新一轮的认识和争鸣,分辨清什么是封建主义并不是那么容易的事!有时也许理论上是清楚的,但行动上还打着陈旧的印记,不可不警惕呀!

二十年来我与合作者在不言之中自然形成了一个松散的小学术集体,我们前后出版了二十几部著作,还有为数可观的一批论文。其中有我写的《先秦政治思想史》《中国传统政治思想反思》《中国的王权主义》,有我任主编与诸位同道共著的三卷本《中国政治思想史》《中国古代政治思想史》《传统政治文化丛书》《中国传统政治哲学与社会的整合》等,另外合作者都有专门著作问世。可以毫不夸张地说,在这一时段,在中国政治思想史,特别是中国古代政治思想史方面,我们的投入是最多的;相应的,我们的学术收获与学术个性也为社会与学界所承认。拙著《中国传统政治思想反思》在中韩建交前被全文译成韩文在韩国出版;我们共著的三卷本《中国政治思想史》也被译成韩文,第一卷前不久在韩国发行,第二、第三卷也将陆续出版。我们的著作还被不少大学有关专业列为研究生的必读书或参考书,我对此也感到相当欣慰。本书所收入的中国政治思想史的论文就是我收获的一部分。为了给中国的政治改革和政治观念的变革提供更丰富的精神资料,我再次呼吁学界要有更多的人来关心中外古今的政治思想史的研究,应该有多种多样的著作问世,以供读者选择。政治思想史研究的冷清局面应当改变,我相信也一定会改变!

本书收入的有关战国阶级身份的几篇文章是20世纪70年代后期和80年代初写就的,1976年惩治"四人帮"给我们提供了一个再认识历史的机遇。当时我与南开的同人提出对历史上阶级关系的简单化、格式化问题需要进行再认识。有过那一段历史经历的人差不多都是在一个固定化的大格式中安排历史,这个大格式就是奴隶主阶级与奴隶阶级、地主阶级与农民阶级、资产阶级与无产阶级的对立与斗争。就阶级分析方法而言,直到今日我依然认为是应该尊重和坚持的,至少我个人是如此。但是历史上实际的阶级构成远不是这样简单化和格式化。其实马克思早就说过,古代的阶级是由等级来体现的。说来有点奇怪,我们那时天天说坚持马克思主义,对此却不能贯彻于实际的历史过程。1976年的事变给我们提供了机会,于是我们提出要对历史上的等级和身份进行研究。《南开大学学报》的主要编辑刘健清等同志支持我们的想法,从1978年初开设了专栏发表我们的研究成果,本书的《论战国"授田"制下的公民》就是这个专栏的第一篇文章。我曾用力清理了战国时期的社会等级和身份,写成了一组文章,这次有机会集中在一起。

关于历史认识论的文章,与1976年清除"四人帮"和其后的思想解放有着更直接更密切的关联。在"文革"时期我这个人说不上有独立思想,但有时多少有点疑问和焦躁情绪。这里讲一件往事。根据最高指示,1974年7月至8月在北京召开了"法家著作注释会议",我有幸出席。这次会是由姚文元等一伙控制与操办的,是在"评法批儒"高潮中举行的。哲学与史学界已被"解放"的不少名家被纳入这次会议。会议的政治背景我不知道,会议的表面主题是选择哪些是法家的著作及如何注释等问题,但会议上的主调却是"儒法斗争贯彻到现在""要用儒法斗争为指导重新改写历史"。在会议一边倒的气氛中,我却颇为迟钝、迂腐和固执,竟认为上述说法有违马克思主义的常识,在会上会下一再嘟嘟囔囔儒法斗争与现在的路线斗争不是一回事,更不能用儒法斗争重新改写历史。我发言时"科教组长"(比现在的教育部长可能还大)迟群打断我的发言,要我立即终止。我也不知从哪儿来了一股蛮劲,非要把话讲完,为此还有几句争执。会后有人说我好大胆子,敢与迟群这位知识分子的"克星"对撞。其实我哪里有这种胆量,我当时不知道他就是迟群！1977年《历史研究》与人民教育出版社编辑部在清理那次会议档案时,果然发现有整我的专项资料,包括我私下的议论。回想起来,我实在侥幸,没有被派上"用场"。这件事说明我当时确实有些"憋气"。所以1976年粉碎"四人帮"正合吾意,接连写了多篇批判"四人帮"的文章,这部分的第一篇《打碎枷锁 解放史学》就是其中之一。1978年6月科学院社会科学学部(中国社会科学院前身)在天津召开"全国史学发展规划筹备会议",参加会议的有几百人,我有幸作为特邀代表出席了会议。为什么我这个不见经传的老助教(我当时已四十有三,当了二十多年的助教,可以说"老"了吧！)能被列入"特邀"之列？我没有打听过,我猜测同我在1974年"法家著作注释会议"上所谓的"反潮流"有关。由于我是"特邀"代表,在我作"打碎枷锁 解放史学"发言时,受到会议的主持者黎澍先生的特别关照,打破当时发言限时30分钟的规定,让我放开讲,不受时间限制。就当时的情况而言,我的发言确实引起了相当的"震动",以至于有人说我否定"文化大革命"等等。好在有黎澍等先生的支持,我没有感到什么压力,《历史研究》又很快发表了我的发言全稿。接着,1979年春我又发表了有针对性的《论秦始皇的是非功过》一文。文章刊出后收到多封读者来信,其中有怒斥我们的文章意在"砍旗"云云。就实而论,我们没有那种意图,但意在打破"劝君少骂秦始皇"的禁区则是昭然的,因此有这种指责也在情理之中。对史学界有更大影响的是《关于历史发展动力问题》一文。这篇文章在1979年春于成都召开的"全国史学规划会议"上作为大会的主题发言之一而引起史学界、哲学界的广泛关注。我们文章的主题是要从"阶级斗争是历史发展的唯一动力"的束缚中走出来,而这恰恰是此前不可置疑的"铁则",是全国卷进"文革"热潮的最根本的理论基础。因此文章一出就引起理论界热烈的争论,在不长的时间内学者们发表的文章数以百计。中央党校出版社曾辑录了《关于历史发展动力问题》论文集出版,可资参考。现在回头看,以上三篇文章的"八股"气还十分浓重,但我一字不改收入了本集,以保留那段历史的文本。也希望没有那段经历的年轻读者理解我们是如何从教条主义的束缚中向外蠕动的！

20世纪80年代我给同学讲授"历史认识论",讲稿陆续整理成文。其中有些文章曾引起史学界同人的关注,现一并收入本集。

我的老师和师辈的很多人健在,我在他们面前自然不敢说老,不过我也是年近古稀的人了,来日或许还能做点事,但毕竟是夕阳黄昏。这次集结文稿对自己是一次清理,也是一次回顾。我45岁以前是在"运动"中度过的,读书大抵是在"第四个单元",即每天晚上 10 点钟以后。45 岁之后迎来了难得的平静,但我的健康状况却很糟糕,心跳过缓,每分钟常常在五十次左右,最慢时仅三十多次。西医没有适当的对症药物,把我转给中医,中医似乎也没有成方,在长达两年的时间里,每天熬一剂汤药,也真够烦人的。心跳过缓,引来供血不足,整日昏头昏脑,有时连眼睛也难得张开。可是客观形势逼人,只要一息尚存,就不能停顿。医生告诉我,实在头晕时不妨倒躺一会儿,使血液流入大脑,可以缓解一下。我体验有效,于是在很多时候这成为我的一种工作姿势,本集里有多篇文章就是在倒躺状态下读书和构思出来的。二十多年以来,心跳过缓与头昏的顽疾一直纠缠着我,让我少有清醒、轻快的时候,这个集子如果叫"昏头昏脑集"也许更为贴切。

多年来医生们一直遵循头疼医头的常规,让我服用各式各样的治头昏头晕的药,有些药很贵,吃起来很不忍心。前不久我又去医院,这位大夫与我所遇到的大夫不同,她问我:睡觉是否打呼噜?我打呼噜有年了,20 世纪 70 年代两次千里"拉练"都伴有感冒咳嗽,从那以后开始打呼噜。在我们的传统里,鼾声如雷是壮汉的交响乐,自然没有引起疑问,更没有想到与头昏有什么关系。大夫用仪器给我检测,发现我打呼噜伴有呼吸暂停症,暂停时间最长的达 1 分钟,暂停的次数也比较频繁。这位大夫认为,呼吸暂停造成睡眠时供氧不足,是引起醒来头昏的重要原因之一。依照大夫的建议,我女儿急忙从国外买来一台自动调压"通气仪",戴上果然有效,呼噜声戛然而止,头昏现象也随之减轻,否则编选这本集子都很费劲。

汉代的主父偃以"倒行暴施"著称,有人问他为什么这样,他说,我岁数大了,不能按常规的路子走。这对我很有启发,我岁数也够大的,四十多岁才真正入学,我虽然不能事事"倒行逆施",但与那位大夫有相近之处,总爱思索自己能否从习惯了的"常规"向外跳一下?至于从哪一点起"跳",常常是徘徊难定,不过一点我是清醒的,即不能在沙地上跳。所以每"跳"之前都要尽力把基础打实,因此,我对我的立论还是满有信心的。不说别的,我抄的卡片就有数万张之多。以上拉杂碎语,是以为序。

刘泽华于南开园洗耳斋

2003 年 2 月 25 日

《中国社会史研究》丛书总序^①

20 世纪尾,经专家评议和教育部核准,南开大学组建了"中国社会历史研究中心",它是教育部在全国高校建立的百所"人文社会科学研究基地"之一。当时确定了两个重大研究课题,其中之一便是"政治理念与中国社会"。这套小丛书就是这个课题的研究成果。在三年的时间里,参加课题的同人们尽了最大的努力,所得的成果是否合格,需要由读者来评判。

我这个序简单说四个问题。

一是提出思想与社会互动的初衷问题。

应该说,思想与社会互动不是一个新问题,无论哪种流派都会程度不同地给予关照。在 20 世纪 50 至 70 年代,阶级分析最为盛行,无论什么思想都要分析出它的阶级性及其社会意义。对这种做法大家后来有些倒胃口。随着改革开放与学术环境的变迁,学术风气有了很大变化,多数人向专门化发展,研究思想的只注重思想逻辑;研究社会的大抵限于问题的本身,与思想无大干系。有鉴于这种情况,我们提出要加强思想与社会互动的研究。我们提出"互动"有如下几层意思:其一是针对时下学界思想研究与社会研究不搭界的现象而提出的;其二在思想与社会的关系问题上,我们既要与社会决定思想有别,又要与思想决定社会有别,我们所强调的是思想与社会是"鸡生蛋和蛋生鸡"的关系;三是强调思想与社会的会通关系,在这里作为关键词的"思想"不宜视为一个独立的、自主的领域,思想关联着特定的语境(社会);同样,作为关键词的"社会"也不是与思想分隔的,而是思想文化建构的结果。在南开大学举办的"思想与社会学术讨论会"上,庞朴先生有一段更凝炼的概括,我引述于下:"照我的理解,就是不仅不能将思想与社会视同两橛,不仅要将二

---

① 《中国社会史研究》丛书,中国人民大学出版社,2003 年。

者互相关联,而且,更重要的,是将思想当作观念化了的社会、将社会当作物质化了的思想来看待,来研究,来说明。这样的研究,将既不属于社会史,也不属于思想史;既可视为思想史,也可视为社会史。准确地说,它是思想与社会互动的历史。具体点说,它将注意于社会的思想(观念)化和思想的社会(物质)化的形态、过程、现象、问题等的研究。"

问题提出来了,在研究中我们也朝着这个方向做了努力。如果有人问,你们做得如何?我只能说:仅仅是开了个头。

二是选题的思路。

本套小丛书的每本书各有自己的主题,但又都沿着"政治理念与中国社会"这个大思路展开自己的触角。大致说来我们是沿着以下的思路来设计选题的:

1.政治哲学问题;

2.政治思维方式与政治文化范式;

3.政治理念的社会化问题;

4.政治理念与政治制度;

5.人物的政治理念与行为。

每本书虽不是按题做答,但大体说来,各侧重一个问题来进行论述。

三是关于课题成员的组合问题。

从书名上看,一望可知,这套小丛书每本之间并没有直接的关联,更谈不上有机的构成,而是一个拼盘。这个盘子就是"政治理念与中国社会"。如果为了某种完美,比如历史的系统性,在这个题目下可以写出一卷或多卷本通史,但这不是短期内能做到的,也不是我们能力所及的。对于我们普通人来说,做学问宜于"接着做",不宜"跳着做",因此我聘请人加盟,首先考虑的是他们前期在做什么,能否与课题联系起来"接着做"。因此加盟的作者,除了几位年轻的博士外,都是胸有成竹之士。基于这种情况,我们采取了"散点"透视的手法,以发挥作者的专长。每本书之间尽管没有直接的关联,但都围绕"政治理念与中国社会"这个主题来展示自己的个性。

四是关于研究方法问题。

一定政治理念的形成是社会诸种因素综合的产物,当我们说综合的时候,决不排除社会阶级、阶层和特定身份的内容,但我们的意思也很清楚,它又不是一定社会阶级、阶层和特定身份的直接对应物。比如说本丛书中有一本《中国帝王观念》,帝王观念就是社会诸种因素综合的产物。依照我们多年以前习惯的阶级分析方法，我们会毫不犹疑地说这是剥削阶级的意识与观念。毫无疑问，至今我们仍认为这种分析在一定程度上是有效的，有其颠扑不破的合理性内核，但如果仅仅如此，显然把复杂的历史现象简单化了。帝王观念不仅仅是剥削阶级的产物，同时又是整个社会的产物，也就是说，社会各阶级、阶层、个人在主流上都认同帝王观念。正因为如此，所以在那个时代，政治斗争的归宿除了走向帝王体制，不可能有其他的出路。于是，我把上述观察问题的方法概括为"阶级–共同体分析法"。当我们用"阶级–共同体分析法"来看待各种政治理念时，我们既想打破习惯的阶级分析法的狭隘性和直线性，又要保留它的合理性内核；我们既想吸取社会分析法，又想避免只谈社会不谈阶级的泛泛性。时下社会科学在研究方法上呈现多元状态，这自有其道理，但也有一个值得注意的问题，就是淡化或抛开了合理的阶级分析。对此，人们的看法可能是很不一样的，但我认为，当务之急是创造性地、适度地运用阶级分析方法。参加丛书撰写的同人们未必在理论上都同意我这个概括，但我这个概括是容纳诸位同人的个性的。

我们期待着读者的批评和指正。

2003 年 6 月于南开大学洗耳斋

《王权主义与思想和社会》弁言[①]

  本卷收入三十四篇文章,最早的刊于 1980 年,最晚的是 2005 年,前后相隔二十五年之久。

  这些文章都是围绕一个中心而展开的,这就是要论证中国传统思想文化的主脉与核心是王权主义(或曰君主专制主义、封建专制主义等)。为把问题深化,我主要从两方面进入:一是剖析政治哲学与王权主义的内在统一性,如论天、道、圣、王的"四合一"等;二是分析社会普遍观念(如礼、乐、法、人性、人论、臣民论、谏议、公私论、党论、清官崇拜等)的王权主义归宿。

  我的这些文章是有针对性的,就是对现代封建主义作历史的解剖。这种做法有点绕弯子,但在一定环境下,这未必不是一种表达方式。另外也是针对新儒家、崇儒和"发扬传统"的大思潮。这种思潮或避而不谈中国传统的专制主义,或掩饰专制主义,或曲解历史、把本来是专制主义的东西说成是什么美好的东西。这种学术误导应该说已经造成了很大的危害,是现代封建主义泛滥新潮的重要原因之一。

  本卷的各篇文章,或从一个角度、或从一个层面、或就一个问题为切入点来解析传统政治思想的种种"范式",这些"范式"相当稳定,以至于可以说都形成了"定势",成了人们政治思维的当然前提和出发点。因此对人与社会具有极大的控制力,成为一种社会惰性。对这种惰性如不用极大的力量进行清理,就会"死的拖住活的",成为前进的绊脚索。对此应有警惕。

2007 年 5 月谨记

---

  ① 收入《中国政治思想史集》第三卷。

《先秦政治思想史》后记[①]

　　这本书是从 1979 年开始写作的,到全稿脱手,经历了四年多的时间。在这期间,由于工作与身体的原因,时写时停,所以章法与文气有些不统一。在最后检核全稿时,我力求弥补这方面的缺陷,现在看来,这个目的未能完全达到,只有俟诸来日了。

　　近几年,我在南开大学历史系给本科高年级和一部分研究生讲授先秦两汉政治思想史。本书中的一部分稿子曾作为讲义印发给同学。常言道,教学相长,我在教授此课过程中有进一步体会。选听我课的同学是本书的第一批读者,也是给我帮助的第一批同志。我的教学是这样的:凡属印发讲义的部分,就不再照本宣科,而是让同学们自学和讨论。讨论的一项重要内容就是评论讲义之得失。考试也有评论讲义得失的内容,挑的差错越多,批评得有理有据,要给以高分。有不少同学的批评是很中肯的,至今我还保留着这些答卷。韩愈说过:"弟子不必不如师。"这句话讲得很有道理,其实还可以说得更肯定些,弟子必有胜于师者。在我修改稿子时,参考了同学们的批评,有的章节采纳了同学的批评和建议,进行了较大的修改。在这里,我要感谢对我进行批评的同学们。

　　本书在写作过程中,曾得到了南开师友们的支持和帮助。我的业师王玉哲教授为本书封面题字。王连升同志在百忙中抽看了一部分底稿,还有几节由他帮助进行了修改或提供了一部分资料。朱凤瀚以及王兰仲、刘景泉、杜洪义、陈学凯、葛荃诸同志帮助进行了核对和誊清,并对部分章节提供了修改意见。

　　在这里,我还要写几句我的妻子阎铁铮同志。现在有些作者常在前言、后记中向自己的妻子致意。人们在茶余饭后闲谈中,常把这类事称为"学坛时

---

　　①《先秦政治思想史》,南开大学出版社,1984 年 8 月。

髦"。"时髦"本不是一个贬词,可是在这种场合多少带有微意。我是否也要加入"时髦"的行列呢?从我的写作过程看,我必须加入。阎铁铮同志是我大学同学。她毕业后虽然没有从事历史专业方面的工作,但我们有着共同的语言。我的许多想法常向她征求意见。我的字迹本来就很潦草,再经三番五次的修改,许多稿子乱如一团麻,除了我和她之外,谁也无法识辨。她在工作之余,将许多稿子誊抄一清,并进行了初步核对。在我这里还有一个特殊的情况,近几年,我的健康状况不佳,不但全部家务落在她身上,还要照料我,极大地加重了她的身心负担。我的病至今虽未痊愈,但较前有了明显的好转,我感谢医生的治疗和同志们的关怀,更感激她对我精心的护理。我在病中之所以还能做些事,没有她,是不可想象的。除上述之外,我作为一个中年人,还有我们中年普遍存在的困难。在我们这个小家庭,大部分困难都是由她妥善解决了。没有她的牺牲和支持,我是不可能写出这部书的。

在写作过程中,参考了许多人的著述,从中吸取了营养,这里谨向先贤、前辈以及同人致以由衷的谢意!

1984 年 6 月于南开大学

《中国传统政治思维》前言①

　　"传统",这一众说纷纭的词语,紧扣着我们的心弦,刺激着我们的想象力;它就像变幻莫测的手影,人们试图用各种理论来把握它、界定它,但,迄今为止,几乎每一种理论都不免捉襟见肘。本书从历史分期的角度,对"传统"作历史性的把握,即从对具体历史过程的描述中体认"传统",而不是用几个硬邦邦的概念和范畴来规范"传统"。因此,本书所说的"传统",是泛指相对于近代而言的古代。就本书所涉及的内容来说,又仅限于古代中的上古时期,即我们通常所说的先秦时期。中国传统政治思维从发轫到形成成熟的范式,便在这一时期。其后,虽有所发展,但从总体上看,并无质的飞跃和突破。直到近代以前,中国人的政治思维基本上局限在这个时期所形成的范式内,充其量不过作些修正、变通和局部的发展。

　　本书力图从历史的视角观察和描述这一范式。我们认为,先秦时期政治思想发展的基本过程,可以概括为:从神化到圣化。殷周是神化时期,从春秋时期开始,发生了从神化向圣化的转变,战国诸子的百家争鸣将圣化推向登峰造极,随着秦汉大一统的实现,圣化也如瓜熟蒂落一般得以最后完成。所谓神化,是指政治思维过程中的最高范畴和最终的决定力量是神(上帝、天和祖宗等),人的一切行为都必须从神那里获得、并由神来确证其合理性,神成为人的意志的和理性的主宰者和判决者。而圣化则显示了政治思维从神向人的转变,是春秋以来重人思想的集中、升华和极致的发展。圣人成为政治思维过程中的最高范畴和最终的决定力量,是理性、理想、智慧和真、善、美的人格化,它不仅是社会和历史的主宰者,而且在整个宇宙体系中也居于核心地位,成为经天纬地、扭转乾坤、"赞天地之化育"的超人。

---

　　①《中国传统政治思维》,刘泽华主编,吉林教育出版社,1990 年。

由先秦诸子所发起、在百家争鸣中充分展开的"造圣"运动,建构了一个以圣化为中心的政治思维的普遍范式。这一范式以"究天人之际"为起点,终结于圣王合一。因此,本书在描述这一范式时,便采取了从"天君同道"出发,以圣化即"道、王、神"一体化为终极目标的架构。具体而言,分为四个部分。第一部分(五、六、七、八章),讨论政治哲学问题,对先秦诸子关于处理天人关系、古今关系和人际关系的一些基本原则作概括和描述;第二部分(九、十、十一章),就先秦诸子对作为政治主体的君、臣、民的认识进行讨论;第三部分(十二、十三、十四、十五章),对先秦诸子关于国家体制的设想和基本政策的规定进行讨论;第四部分(十六、十七、十八、十九章),从政治文化的角度,对先秦诸子提出的理想人格、理想政治以及理想对现实的调节机制进行探讨,最后以"圣化"一章总结全书。这四个部分在本书中不是分立的,而是一个有机整体,表现了以历史为主体的历史与逻辑的统一。

中国传统政治思想内容极其丰富,尤其先秦诸子的政治思想,更可谓争奇斗艳、异彩纷呈。但是,从政治思维的角度看,有两个基本点,无论各家各派,都没有任何实质性的差别,一是臣民观,一是君本位。这两点,不仅对于先秦诸子来说是天经地义的、自明的,而且自始至终,直贯近代。当然,我们并未忽略历史上曾经光彩照人的各种谏议理论、无君论思潮和重民思想,它们具有伸张和高扬人的价值的积极意义。但我们发现,几乎每一个思想家,无论其思想的出发点如何,最终都殊途同归地走向君主专制主义。即使愤世嫉俗如庄子也不例外。庄子对专制权力作了各种淋漓尽致的批判,可他最后还是以"安世而处顺"的混世方式,向专制权力作了彻底的妥协。这固然有思想家自身的原因,但主要是由于专制的力量太强大,再加上自然经济,以至于从认识上封闭了人们企图超越现实的可能性。某些局部的思想火花,对于启迪人的精神,无疑有其价值。但就整体来看,没有任何一种思想能富于建设性地与专制主义对峙。近代以前的社会条件和文化背景,不可能为思想家们提供超越和扬弃君主政治的想象力。从近代开始,各种新的政治思想喷薄而出,尽管它们与传统政治思想错综交织在一起,但方向上的分野是显而易见的。专制主义与民主主义的对立,臣民文化与公民文化的对立,突破了由先秦诸子共同建构的以"圣化"为中心的传统政治思维的范式,从而在政治文化上开启了一个以"公民化"为标志的新时代。

当我们深思熟虑地走向未来之时,首先必须回顾历史。在今天,对中国传统政治思维做认真的清理和总结,比任何时候都更为迫切和重要。因为,我们站在了历史的转折点上.现代化的历史使命,要求我们对传统作深刻的批判和反思。众所周知,在传统中,政治的幽灵无处不在,而且举足轻重,决定一切。从历史上看,几乎所有的思想家都以其独特的方式与政治紧密地纠葛在一起。政治问题成为全部社会问题的核心,甚至一切社会问题最终都被归结为政治问题。中国古代的君主政治就像一张铺天盖地的大网,笼罩在整个社会之上。天网压头,在劫难逃,不管人们是主动地迎合,还是被动地顺应,抑或想挣脱,都不能不与它打交道,于是造成人人关心政治的局面,政治思想也就成了中国古代思想文化的重心。而且在某种意义上,我们可以说,正是这种鲜明的政治色彩和强烈的政治化倾向,构成中国传统文化的一个基本特征。因此,要准确而深刻地剖析传统,就必须以政治为切入点。

在传统政治思维中,蕴含着丰富多彩的政治智慧和极为光辉的远见卓识,某些思想因素,即使在今天也有着不容忽视的政治价值和文化价值。但是,作为一种范式,传统政治思维必须被扬弃,因为我们与古人处在不同的历史时期,现代化与传统毕竟在方向上已分道扬镳。我们在今天汲取古人的政治智慧,首先就要分清古今,分清方向,必须充分认识到古人的历史局限性。我们主张"通古今之变",但对于简单化的古为今用则不敢苟同,因为简单化的古为今用容易混淆古今,反而会使我们陷入传统的泥潭中而难以自拔。科学地分析和清理传统,需要一代或数代人锲而不舍的努力,需要有如马克思所说的敢于站在地狱门口为真理献身的勇气和决心。真理不是什么人能够判定的,只有反复地讨论和争辩,才能使我们一步步接近真理。

这部著作不能说是完备的,但我们的思考和写作是严肃认真的。我们力求言之有据,成一家之言。本书究竟是"拼盘",还是浑然一体之作,相信读者自有判断。我们欢迎来自各方面的争鸣和批评。

刘泽华　谨识
1990 年春于南开大学再思斋

《专制权力与中国社会》再版序①

《专制权力与中国社会》一书是 1988 年出版的,当时印了两万册,很快就销售一空。阴差阳错,这本书一直没有再印。这次由天津古籍出版社再版,我仅代表作者向天津古籍出版社致以衷心的感谢!

王亚南先生的《中国官僚政治研究》是我们的先导,我们不敢说是《中国官僚政治研究》的续篇,但我们作为后来者主观上是力争接着做的。如果说我们的书有什么新意,可以概括为一句话,这就是:我们是围绕"专制权力支配社会"这一思路展开论述的。

我的"专制权力支配社会"(或曰"王权支配社会")这一看法是 20 世纪70 年代后期到 80 年代前期逐步形成的,我当时一方面用力研究中国政治思想史,除写了一系列文章外,1984 年出版了拙著《先秦政治思想史》;另一方面花费相当的精力研究战国秦汉的社会阶级和身份。在上述两方面的研究中,专制君主这个庞然大物凸现在我的眼前。

先秦时期的哲人一面异口同声呼唤圣王出世,一面又把无限权力交给圣王。圣王虽然与现实的王有别,但在理论取向和事实上是对现实王的肯定。春秋战国诸子的政治理论对王权支配社会作了全面的论证,奠定了此后两千年的思维范式和思路。我对战国、秦汉时期阶级、身份以及后来封建地主生存条件的研究,在经济上证明了居于社会主导地位的阶级和阶层,主要是权力分配的产物,特别是那些官僚地主,主要是靠权力来维系的。我们多数史学家都不会否认官僚地主是占社会主导地位的阶级,而"官僚"正是"地主"的前提和主要依据。至于政治制度上的特点,史学界公认是君主专制体制。基于上述理

---

① 《专制权力与中国社会》1988 年在吉林文史出版社和中华书局(香港)出版第一版时,均无序。
——编者

由,我得出了"王权支配社会"的结论。

这一判断最早是在 1983 年于昆明举行的"中国地主阶级学术讨论会"上提出的,会议主办单位是《历史研究》编辑部、南开大学历史系和云南大学历史系。我向会议提交的论文是《论中国封建地主产生与再生道路及其生态特点》,文中提出地主阶级的主干——官僚地主产生与再生道路主要是由政治权力分配社会资源而形成和维持的。文章提出:"政治特权支配社会、支配经济","暴力和政治虽然不能创造出封建经济,但在封建经济关系基础上,它可以在很大程度上影响及至决定封建地主成员的命运及其存在形式"。此论一出即受到一些朋友的批评,说我的观点是杜林"暴力论"的翻版,早已被恩格斯批判得体无完肤云云。这种批评在当时是很严厉的。我绕开这种责难,在历史事实上请求驳正,他们无言以对,这增加了我的信心。从整体上说,我不赞成政治决定经济关系,但我认为不能忽视政治权力在经济中的地位与特殊作用,在一定的范围内,比如在社会资源分配等方面,它能起决定性的作用,在前资本主义社会尤为突出。如果只用经济分析,根本无法说明大量的事实。马克思十分重视前资本主义社会的超经济强制的意义,我们所做的就是把超经济强制视为一种占主导地位的体制和观念。为了更详尽地阐发上述观点,我邀汪茂和、王兰仲同志一同撰写了本书。在学术理念上我们是真正的志同道合,所以是一次成功的合作。

专制权力支配社会在中国有两三千年的历史,其影响是相当广泛的,它不仅形成了一套体制,也形成了一种文化心态。我们要从这种体制和心态中走出来,不是一蹴而就的。为了走出来,首先要正视历史,确定历史转变的起点。我们经常说要了解和熟悉国情,而历史就是国情最重要的组成部分。可以毫不夸张地说,我们这本书是一本国情备忘录。欲了解中国国情者,应该翻阅一下本书!

刘泽华

2005 年元月

《专制权力与中国社会》第三版序①

我在第二版序中说,本书是一本国情备忘录。时下确实有一股强大的美化历史的思潮,在一些论著中,特别是一些媒体传播里,把历史打扮得像艳丽的花坛,什么和谐呀,盛世呀,祥和呀,开明呀,圣君贤臣父母般地慈爱呀,但真实的历史是这样的吗?我们自荐,请浏览一下本书,以资比较。历史是复杂的矛盾体,我们敢说,我们所描述的是传统中国的主导面,忽视了主导面,历史必定被扭曲。

我们自认为,我们的著作是王亚南先生的《中国官僚政治研究》一书的续篇,网上有文对两书做了如下评述:

"《专制权力与中国社会》可以说是《中国官僚政治研究》的续篇,但它对中国传统文化的分析更加到位,更抓住了要害。在探寻中国传统社会病灶的过程中,《中国官僚政治研究》就像是拔火罐,把病灶锁定在官僚政治这个区间内,至于准确的穴位究竟在哪里并不很清楚;而《专制权力与中国社会》恰恰找到了针灸的准确穴位,扎中专制权力这个紧要之处,找到了病灶的根源。"

"中肯地说,这是一把解读中国传统社会的钥匙。鲁迅先生读中国历史,透过物质的层面读到了骨子里,左读右读,读出来'吃人'两个字;刘泽华先生读中国历史,前读后读,读出来'王权'两个字,从王权的角度对中国历史进行解释,并在这个基础上建构了自己的学说体系,成为中国思想史研究上的一个里程碑。如何去解读中国的历史,如何循着中国传统文化的肌理去探寻它的精髓。这本书应该是个不错的向导。"

上述评语或许有点过誉,但他的评述是符合我们的思路的。接着我再就王权支配社会说点心底话。

---

① 尚未出版。——编者

中国有文字以来的历史就是王权专制体制，考古资料也证明了这一事实。从进入文明之日起，中国没有出现过神权时代。神虽然很显赫，但神都处于辅佐王的地位。有一种说法，中国文明伊始是巫史文化，论者虽然也相当充分地论述了巫王的关联，但我认为对王在文化中地位的认定仍不够充分，我认为与其称为巫史文化，不如称为王巫文化更贴切。从甲骨文的记录看，王是最高的巫，其他的专职性的巫、史等，都是王的从属和臣下。很有意思的是，作为中国文明重要标志的文献《尚书》，几乎都是王公的政令文诰。《尚书》作为文化的标志是典型的王巫文化。

《盘庚》是王权至上的宣言，其精神通贯了其后三千年的历史，真可谓太上的祖宗之法！

我们书的标题是"专制权力与中国社会"，似乎是中性的陈述。其实不然，全书贯彻的一个基本思路是"专制权力支配社会"，只要看看我们的目录就一目了然。

我们胪列了十个问题，应该说基本涵盖了中国历史的主体。对这十个问题，我们首先是论证，并深信论证是靠得住的、是有充分依据的，甚至可以说是无可反驳的。反过来说，我们所得出的理论又是一个对历史的解释系统。对诸多历史现象我们认定从"专制权力支配社会"才能直接把握历史的脉搏和真谛。现在有很多人高谈中华文明以"和谐"为主调，以"道德"为上，"以人为本"为基点，等等。如果掐头去尾，只说一个切面，也不乏有词，足以成理。但他们忽视或有意避开了"专制权力支配社会"这个基本事实，而这个事实凌驾在"和谐""道德""以人为本"之上。如果把"专制权力支配社会"作为覆盖性的视角，"和谐""道德""以人为本"就必须降格和重新定位。

不管是理论上和事实上，"和谐"都不像一些人编造的那么美妙。在理论上，不管是哪家哪派，特别要指出的是儒家，"和谐"有个前提，那就是"分"（"别"）。"分"的主体不是分工或不同角色的差异，而是以尊卑有序、等级森严为基础的社会结构。在"分"的前提下才能说"和"，这样，"和谐"就是金字塔式的"和谐"，而帝王则居于塔顶。"和"应该说是等级贵贱中的"和"，是奴役和被奴役之间的"和"。无疑倡导"和"比一味搞残暴要好得多，但我们不能忽视"分"这个前提。对此我们在文中做了详细的论证。

的确很早就有"以人为本""民为邦本""民为贵"等高调，但不能忘记它有一个不可更动的前提，那就是"君本"。君主对所有臣民具有生、杀、予、夺之权。民为贵的位置在哪里不是一清二楚了吗?!

很多人把传统的道德描述得很高尚,认为"仁爱"至上,倡导的是人格平等,其实"三纲五常"已经把道德中纲目的关系揭示得无遗了,而"三纲"中领头的又是"君为臣纲",仁、义、礼、智、信等等都是"纲"下的"目"。在"三纲"的控制下,臣民都是奴仆,不可能有独立的人格。中国的传统文化的主旨不是培育独立人格,在"三纲"结构中培育出来的只能是主奴综合人格。有人说中国人爱面子,其实"面子"从来是不稳定的,"变脸"才是常态,一转脸是点头哈腰,再一转脸是颐指气使,天衣无缝,自然天成,传统文化使然。要把主奴综合人格转变为人人平等的独立人格,这是历史转型中的课题。

君主专制权力是独占性的权力,是家天下,从根本上说,它与公共权力是相对的。这并不是说它不做一点有益的公共事情。为了自身的存在,有时它也会考虑自己生存的基础,由是也会多少顾及事情的"度量"关系。古人早就指出,君主的欲望是无穷的,但民众的油水是有限的,"以有时与有倦养无穷之君,而度量不生其间,则上下相疾也。是以臣有杀其君者,子有杀其父者矣。故取于民有度,用之有止,国虽小必安;用之不止,国虽大必危"。提出"度量"很重要,但这个度量取决于君主的意志。中国历史上从未有一种制衡力量强迫君主一定要考虑"度量"。即便是君主一时间头脑清醒而考虑"度量"了,考虑"度量"的引导方向也并不是社会的发展,而是最大限度的搜刮和剥削。所以君主专制制度不是服务于社会的发展,而是统治社会、掌控社会,为君主及其家族服务,当然还有它依靠的利益集团。

独占的、没有制约的无限的专制权力必然带来无限的灾难。当然我们并不否认个别有远见的君主也会适当关照权力运用过程的公共性,但多是一时性的,正所谓"欲治之主不世出"。就君主专制权力本质而言,贪腐是其本质,诚如黄宗羲说的:"以我之大私为天下大公。"唐甄说得更深切:"凡为帝王者皆贼也。"中国一部君主专制史,也就是一部贪腐史。我们的先哲把问题说透了,遗憾的是他们依然寄希望于圣王出世,哪怕等五百年、上千年也要等和盼,盼来的依然是专制的君王,跳不出这个怪圈,这大概就是时代的制约吧?

观察中国的历史,以"王权支配社会"为切入点,能得其要害,因为这是无可辩驳的历史事实。《红楼梦》是中国历史的万花筒,它以文学的形式展现了社会的全貌。而在它背后有一只控制全局的巨手,那就是皇权。

权力如同人性一样,善恶兼具,但无制约、无制衡的权力必然向恶性直奔,王权就属于这种权力,张养浩的《潼关怀古》中说"兴,百姓苦;亡,百姓苦",可谓至言!我们的祖先有无数的伟大创造,但遗憾的就是没有突破君主专制体制;我们有极美妙的圣王预设,虽然也有一些可贵的突破君主专制体制的片思,但却没有成套的设想。思想没有突破,行为就只能在老一套中盘桓。圣王的理想是美妙的,但它的理论引向是对臣民彻底的精神剥夺,在实际上引向的是帝王权力无限的膨胀和无限的暴政。故吾言:圣王不死,大难不止!

现在有人说,君主专制既然是历史的必然,因此也就是合理的,而且做了足够的好事,在这个体制下造就了伟大的中华文明。由此进一步提出应该抛弃民主与专制的二分法。这个问题在这里不能详论,只说几个要点:其一,存在的或存在过的,并不一定就是必然的,更不要说一定是合理的。其二,必然性与合理性虽有关联,但又是不同的两个范畴,有诸多恶就在历史必然之中。其三,对历史现象要在矛盾中陈述,即使是名曰的轻徭薄赋,也都必须置于矛盾中分析才能做出适当的判断,在盛世的贞观时期仍有不少自残的"福手福足"啊!可见徭役也是相当酷烈的;其四,历史文明的创造与君主专制的关系是什么,这要细致地分析,比如科举制无疑是一种很有价值的制度,但唐太宗说得很直白,"天下英雄尽入吾彀中",这个制度显然是围绕君主转的,其主要功能不是为社会服务。又比如,宫廷器物的工艺与艺术品位都是无与伦比的,但也都是不计成本的血汗结晶,对社会有极大的破坏性。其五,中国的君主专制制度中虽然也有某些民主的因素,但它自始至终没有向民主制度转化,反而是民主制度成长的杀手,因此拒绝民主与专制的二分是难于成立的。其六,君主专制体制自我调整空间极其有限,不能适应社会的变迁。比如,在君主专制制度体系中,仅仅是"祖宗之法"就很难适应历史的变迁;反过来说,专制君主也必须坚守"祖宗之法",因为这是他权力由来的依据。最后,我们认为推动中华文明发展的因素和成果不必事事与君主专制体制挂钩。

历史是复杂的价值组合,而史家又有自身价值的选择,因此站在或偏重哪个价值项,这是一个很突出的问题。我们直言,在"专制权力支配社会"的表述中,我们对王权的负面作用看得更重些,这点贯彻在本书的整体叙述中。

绝对权力支配社会既是个历史问题,它在现实中又有广泛的影响。且不说别的,仅就贪腐和攫取利益来说,其原因很多,但主要原因是权力支配社会,权力能为所欲为,贪腐也就不期而来。"书中自有黄金屋"的本意应是"权"中自有黄金屋。古人把"权""利"组合为一词,可谓一针见血。不把权力改造为能被社会制约的权力,贪腐和攫取利益等问题也就无法从整体上获得遏制。

如何从"无法无天"的专制权力中走出来,这是中国近代以来的一个大课题。历史经验告诉我们,只有社会发展起来,制衡机制健全起来,才能把这只"老虎"装进宪法的笼子里,才可能使权力"有法有天"!

刘泽华

2013 年初春于南开大学洗耳斋

《中国古代王朝兴衰史论》自序[①]

　　像睿智的哲学家们总是在锲而不舍地探索哲学的基本问题、世界的本源是什么一样，历史学家们也总是在思考历史是什么及它与现实的关系问题。历史是什么？辩证唯物主义认为，历史是"人类生活的行程，是人类生活的连续，是人类生活的变迁，是人类生活的传演"，历史是"各个世代的依次交替"。一个时代在前代的基础上发展，又有不同于前代的特点。

　　历史是一个否定之否定的辩证发展过程，在继承中延续，在否定中向前。汉朝继承了秦朝，也否定了秦朝，而它自身又被后来的朝代所否定和继承。恩格斯说："辩证哲学推翻了一切关于最终的绝对真理和与之相应的人类绝对状态的想法，在它面前不存在任何最终的、绝对的、神圣的东西；它指出所有一切事物的暂时性，在它面前，除了发生和消灭、无止境地由低级上升到高级的不断的过程，什么都不存在。"从这种观点出发，我们认为王朝的兴衰更替，是如同日出日落一样的正常和自然，但这种兴衰更替又不是随随便便地发生的。历史上所有的王朝都有它们兴盛的理由，也都有它们灭亡的原因，其中有共性，也有个别；有必然，也有偶然。这是我们撰写本书所特别关注的问题。

　　中国古代曾经产生了两位伟大的历史学家，汉人司马迁和宋人司马光。司马迁在《史记·太史公自序》中谈及他写作《史记》的目的，就是"究天人之际，通古今之变，成一家之言"。司马光在《进资治通鉴表》中说，他"专取关国家盛衰、系生民休戚，善可为法、恶可为戒者，为编年一书"。司马迁写《史记》的目的是为了探索历史发展的规律、通晓其中变化的奥妙；司马光编《资治通鉴》的目的是要通过探讨历代的盛衰，法善戒恶，取得为现实服务的借鉴。而这两个方面也正是我们写作本书的主要目的所在。

---

①《中国古代王朝兴衰史论》，刘泽华、刘敏著，吉林人民出版社，1998年。

考察中国古代王朝的兴盛,不论是王朝建立后的初兴,还是危机中衰后的中兴,其兴盛的原因,均与兴利除弊的改革有关,特别是历史上那些成功的改革,往往成为社会全面复苏、发展、强盛的契机。中国古老的《易经》中就曾经讲过这样的话:"穷则变,变则通,通则久,是以自天佑之,吉无不利。"可以说,改革是历史的开路先锋。没有商汤、周公的改革,就不会有商、周古代经济文化的发展;没有秦、汉的改革,就不会有统一中央集权国家的建立和巩固;没有隋、唐的改革,就不会有封建政治、经济、文化发展的鼎盛……总之,没有改革,就没有王朝的兴盛,也就没有中国古代那绚烂多姿的历史。

在探索中国古代王朝兴衰的过程中,我们深深地感到,有一些共性的社会问题,一次又一次地困扰着一代又一代的统治者,而其中最重要的就是土地问题和赋役问题。对于这两个问题解决得怎样、处理得如何,往往成为社会治乱、国家兴衰的关键所在。其原因颇为简单:民以食为天,食以地为本;赋税和徭役是封建国家存在的前提。在传统的自然经济社会中,土地与人的生存息息相关。中国历史上无数的风雨变幻、生离死别、社会动荡、农民起义,几乎都直接或间接地与土地的占有、使用、分配有关。土地问题牵动着整个社会,各个朝代几乎都把调整土地问题摆在重要的议事日程上。从封建君主到王朝宰相、从理财家到思想家,各个方面的有识之士,都为土地问题而绞尽脑汁。且不说关于土地问题的各种各样的理想,单是历代曾经实行过的土地制度、土地政策就有很多:"井田制""授田制""实田""限田""度田""占田制""均田制""屯田制""跑马圈地"等。土地滋养着人类,同时也困扰着社会。而田连阡陌者不耕,耕者无立锥之土,这就是历代土地问题的症结所在,也是制约社会发展的重要原因所在。

而赋税徭役则是喂养封建君主、贵族以及庞大的国家机器的母奶。封建社会的赋役主要包括土地税、人头税、工商资产税、土特产贡纳、徭役、兵役,以及随时随地、无休无止的临时征役和苛捐杂税。赋役的轻重往往与政治的清浊、社会的治乱、国家的兴衰有关。封建赋役除了用于封建国家机器的正常运转外,主要是被统治者挥霍。为了满足统治者无所限制的奢靡挥霍、为了保证封建国家机器的庞大支出及巨大的浪费和贪污,赋役的征发也就无所限制,不到奶干血尽而不止,甚至奶干血尽而不已。沉重的赋役负担是农民破产的重要原因,也常常成为农民揭竿而起的导火索。

历史上几乎所有王朝的衰亡均与统治者的腐败有关。腐则朽、则败,朽则滥,败则亡。几乎所有朝代的衰亡均与统治集团、贵族官僚的腐化相连。荒淫腐化则耗尽资财,府库空空;荒淫腐化则加重剥削,使老百姓无以为生,逼上梁山;荒淫腐化则贿赂公行,甚至明码卖官,政治腐败;荒淫腐化则殆于政事,大权旁落,造成外戚、宦官、权臣擅权胡为;荒淫腐化则边防废弛,军队衰弱,使本来很有限的军费,出了国家的府库入了军将的家门,致使"边兵无衣,光身着甲,边兵无粮,空腹御敌"。翻检一代代的亡国史,无不是腐败与衰亡紧连。历史的经验证明,腐败是要亡国的。

历代的统治者也在不断地思索,也在不断地探讨,但为什么他们就是找不到根本的症结所在呢?翻检历代的奏议、表章、诏令、律条,我们不难发现,封建统治者的目光总是仅仅盯着"国计",而"民生"问题不过是某件衣服上的饰物而已。"民为贵,社稷次之,君为轻。"战国时代的孟子就提出了如此光辉的思想,但认真将这种思想付诸实施,并不那么容易。

反思前朝败亡的教训,鉴古戒今,是中国古代封建政治和封建史学的传统,是值得肯定的。但一次次的反思,一次次的鉴戒,却依然是一个又一个王朝,可悲地一次又一次重蹈前朝灭亡的覆辙,这也称得上是中国古代历史发展的一个怪圈!唐代著名文学家杜牧在《阿房宫赋》中写下了这样令人思索的名言:"秦人不暇自哀而后人哀之,后人哀之而不鉴之,亦使后人而复哀后人也。"在写作本书的过程中,杜牧的话时常在我们的脑海中萦绕,当我们"复哀"古人之时,不能不担忧,我们的后人是否也会"复哀"我们呢?

"鉴古而知今",这是古人的常训。出于鉴古戒今的良好愿望,我们曾经满怀激情地想要把本书写成一部有史实、有思想、有感情、有文采的历史书,克服以往许多历史书艰涩呆板的通病,但在日复一日的写作中,我们渐渐感到开始时对自己的估计过高,对自己的要求也太严。当完成全书搁笔之时,我们已不敢奢望这本书既能引人思索,又能引人入胜,只要这本书能够起到一点点鉴古戒今的作用,我们也就十分欣慰了。

《政治学说简明读本》导言①

一、中国古代政治学说史的研究对象

政治学说史的研究对象,顾名思义,即历史上出现过的各种政治学说及其发展的过程。具体而言,包括研究各种政治学说的特点、性质、内容及其发生、发展的历史条件和对现实政治、社会、文化的影响,不同政治学说流派之间的争鸣、渗透、演变和更替的历史过程等。然而一言及如何界定政治学说以及政治学说的内容和范围,学者们又争论不休。其争论的焦点是:究竟应当如何确定"政治"这个概念。

政治学说是完整的系统的政治理论体系。人类的政治意识可以大体分为三个层次:政治心理、政治思想和政治学说。政治心理大多表现为情感、倾向、成见、信念、风俗、习惯等,它具有自发性或直接感受性,是一种不系统、不定型、不深刻的政治意识。政治心理具有社会性,它并不为少数思想家所独有,几乎一切社会成员都会或多或少有这种政治意识。政治思想是一种理论化的政治意识,它是政治心理的升华,因而比较系统、比较定型、比较深刻。政治学说则是系统化乃至哲理化的政治思想,它更丰富、更完整、更系统、更深刻。一种政治学说一旦为人们所接受,就会对他们的思想、心理有重大的影响,进而支配他们的政治行为。占统治地位的政治学说是一定政治体系的重要构成之一。它不仅直接表现为理论形态,以体现统治意志,还贯彻在国家政治制度和政策法令中,以维护现存秩序,并积极干预社会生活的各个领域,为人们的行为提供基本准则和规范,支配、影响其他各种社会意识。政治学说本身就是一种极其重要的政治现象。

---

① 《政治学说简明读本》,刘泽华、张分田主编,南开大学出版社,2001 年。

"政治"是政治学最基本的概念。这个概念歧义众多,因而人们对政治学的研究对象及政治学说的内容和范围的认识也有很大差别。古今中外的政治学家给"政治"这个词下的定义很多,各种说法差异很大。如有人认为政治即国家事务,有人认为政治是与公共权力有关的现象,有人认为政治是人与人之间的权力关系,有人认为政治即管理众人之事,有人认为政治是指政府制定政策的过程,有人认为政治是为社会进行价值物的权威性分配,有人认为政治是"权术""霸术""统治术"。还有一些思想深刻的理论家则试图通过一系列关系的综合考察来多层次、多角度地界定这个概念。

　　什么是政治?人们可以清晰地感知它的存在,又很难准确地界定它。大体说来,政治是围绕国家政权问题而发生的一系列特殊的社会现象的总称。它是一个历史范畴,与国家相伴生,又随着社会的发展而不断改变其内容及活动的形式和范围。政治与国家、政权、公共权力、统治、社会管理、政府、法制、法律、社会秩序等现象及与此有关的各种现象直接相关联。政治关系在各种社会关系中居于中心地位,它影响、制约甚至支配其他各种社会关系。政治活动是利益,特别是经济利益的重要表现形式。社会优势群体(经济上处于统治地位、主导地位或优越地位的社会群体)通常也是国家统治权力的真正拥有者、支配者。一切集团或个人参与政治的根本目的都是力图通过掌握或分享国家权力、参与或影响政府决策以维护自己及相关社会群体的切身利益。因而政治又是各种重大的社会关系及社会矛盾的集中体现。政治属于上层建筑范畴。它是上层建筑中最活跃、最敏感的部分,制约着并渗透到哲学、宗教、道德、文学、艺术等上层建筑的各个部分。政治的活动范围极其广泛,几乎无所不及。它往往主动参与乃至以强制性规范干预各种重要的社会生活。人类的各种社会活动都可能自觉或不自觉地与政治发生关系。总之,自国家产生以来,政治因素几乎渗透到社会生活的一切领域。

　　毫无疑问,各种政治学说所关注的主要对象是国家政权问题。国家是政治现象的基本形式。政治的基本内容是参与国家事务,指导国家,确立国家活动的方式、任务和内容。各个阶级、阶层之间的关系,特别是它们之间的政治关系,都要通过国家结构表现出来。各种政治现象大都围绕国家这个中心展开。国家问题必然成为历史上各种政治学说所关注的重点。因此,政治学说史的研究重点也应随之确定。

　　但是,国家问题并不能包纳所有的政治现象。社会是一个有机体。政治是一种极其复杂的社会现象。政治是经济的集中表现,又在上层建筑领域居于主导地位,渗透到社会生活的各个领域。各种社会现象与政治息息相关,有的在一定条件下可以转化为政治现象,例如"政教合一""神道设教"既是一种宗教现象,又是一种政治现象。战争是政治斗争的最高形式。在祭祀和征伐被视为国家头等大事的时代,宗教与战争就是最大的政治。孝道本属家庭伦理范畴,但在统治者奉行"以孝治天下"的政策并将孝亲规范纳入法律时,伦理道德规范便直接转化为强制性的政治规范、法律规范。当人们以"天""自然""道""阴阳""气"之类的概念和范畴来论证社会公共权威、政治关系及其规范之时,哲学思想就是政治思想。这方面的例子很多。以探究政治的特性、本质和规律为己任的各种政治学说必然将这类社会现象纳入自己的视野。因此,政治学说史研究的对象、内容和范围应该与之相应。

"政治"一词的本义,在中国和西方有所不同。在西方,"政治"一词源于古希腊语的"城邦"(城市国家)一词。政治学即"国家学"。在中国古代,"政治"通常称"政"或"治",主要指布政治事。"治者理也","劳心者治人,劳力者治于人"。这就是说,政治的活动方式是"治","治"的对象是"人"(小人、劳力者、臣民等),"治人"的目的是使之安定、有秩序、服从管理。"治"是一种统治者管理、支配、操纵、影响、控制广大被统治者的活动。"在君为政,在民为事","政者事也"。"为政""从政""执政"即行使权力,治理国家事务。礼乐刑政之"政",主要指行政。《国语·齐语》有"教不善则政治"。"政"又称为"刑政",主要指一种统治手段。中国古代的"政体"一词虽也涉及制度,但主要是指统治方略。由此可见,中国古代所说的"政治",主要指治国之道。中西方的这种差异是移译概念时遣词用字造成的。如果据此而推定中西方古代政治学说在对象、内容和范围方面有重大差异,中国古代政治学说仅关注治国之道,就难免失之偏颇。其实中国古代的"政"与"治"是包括国家制度问题的。如人们议论政治时常讲"政者正也""政者制也"。既然政治的目的之一是率民遵循正道,那么必然需要定制、立法、制礼,这就涉及确立政体、制度、法则及行为规范等一系列问题。国家与法的问题一直是中国古代政治学说所关注的重大课题。以现代意义上"政治"一词为标准去考察,就不难发现:中西方古代政治学说虽各具特点,各有侧重,但所涉及的对象、内容和范围并无大的差异。

比较而言,中国古代政治学说的确更偏重治国之道的研究。这个特点可能与中国很早就确立了君主专制制度有关。古希腊的亚里士多德面对150多种城邦组织选择更理想的国家制度,他的学说必然以国家理论为中心。西欧中世纪的政治学说以教权与王权谁应居于最高地位为中心课题。资本主义生产方式产生以后,人们力图以人权代替神权,以国家代替教会,因此致力于重新解决关于国家体制和建立原则的认识,从理论上证明各种经济关系和社会关系不是由教会和教条创造的,而是以权利为依据,由国家创造的。西方政治学说之所以更重视国家与法律问题,固然与学术传统有一定关系,而现实政治需要才是其根本原因。资本主义制度确立之后,现代西方政治学开始把目光移向如何维护这种制度,其学术重点也因而转向政府决策、政治参与、政治行为、政治文化、政治社会学。许多学者甚至主张以"制定政策的过程"或"价值的权威性分配"来定义政治。有人甚至声称政治学的主要任务是记述"人的政治行为"。这个变化很像中国古代的情况:大一统制度确立以后,大多数思想家只关注治国之道。

就总体成果而言,中国古代政治学说正是以国家政权问题为中心,兼及各种政治现象,提出系统政治主张的。以儒家政论为例:儒家是以"礼"来概括自己的政治学说的。礼的核心问题是社会政治结构、国家政体及相应的政治规范。儒家总是以天道、人性、道德来论证君主制度、等级制度的绝对性,然后以此为前提,进而讨论王道仁政及礼乐刑政等具体的治国之道。儒家的政治学说几乎包纳了中国古代的一切政治现象。其他学术流派的政治学说大多有与此相类似的特点。法家的政治学说则显然是典型的"国家论""法制论"。

中国古代的政治学说包罗万象,有时还与其他领域的学说理论交织在一起,因此中国古代政治学说史的研究对象也应包纳无余,在确定研究的内容和范围时,宁失之于宽,勿失之于狭。即除了关于国家、政体、法制的理论以外,还要根据中国古代政治学说自身的特点,充分注意政治哲学、社会模式理论、关于治国方略与政策的理论、政治实施理论、政治权术与政治艺术理论、政治道德理论以及中国古代政治学说所关注的其他各种理论和各种其他门类学术理论中所包含的政治理论内容。

二、中国古代政治学说史的研究方式与方法

如何开展政治学说史的研究,这是一个有待深入探索的问题。根据前人的实践经验和政治学说的特点,中国古代政治学说史的研究必须借助多种多样的研究方式和综合性的研究方法。

就研究方式而言,应该开展多视角、多层次、多头并进式的全面研究。其

中比较重要的研究方式有以下几种。

（一）列传式研究

列传式研究以每一个思想家或每一部代表作为研究对象。这种研究方式是各种思想史的基本研究方式之一。政治学说具有很强的思辨性,它大多是思想家个人认识的产物。思想家的理论虽以一定的历史条件为基础,往往凝结着集体的智慧,却又具有明显的个性。如孟子、荀子都属先秦儒家,而其政治学说各有特点,前者更重视仁义,后者更重视礼法。又如在先秦法家代表人物中,慎到重势,商鞅重法,申不害重术。政治学说史的研究必须首先从研究思想家的个性入手,甚至可以说这是政治学说史的基础性研究。

（二）学术流派研究

学术流派的存在是一个显而易见的历史事实,如在先秦有儒、道、墨、法等重要的政治学术流派。一种学说只有形成流派才能把认识推向深入,才能产生重大的政治影响。思想家的群体造就了学术流派,学术流派的声势烘托了思想家。在历史上,许多思想领袖之所以显得格外出众,也是以流派为基础的。每一个流派及流派中的每一位思想家都有其个性,而流派中的群体又有其共性。流派的研究既可以深化列传式的研究,又可以使整体研究提升一个层次。这种研究无疑是十分必要的。

（三）政治思潮和一个时代重大政治课题研究

这种研究不以个人和流派为限,而是着眼于每个时代普遍关心的热门问题进行群体性的综合研究。每个时代都会有这类思想现象,如先秦诸子中的许多人介入了礼治思潮、法治思潮和无为而治思潮,并提出了各自的见解。通过思潮和时代重大课题的研究,既可以对一个时代政治学说的总体成果进行评估,又可以依据对同类政治课题的不同解答进一步认识个性,还可以从群体的共同取向中看到一个时代的具有普遍性的政治意识。这种普遍意识对实际政治和政治文化的影响既广泛又深刻,还会汇成历史文化流而传之久远。对它的研究可以把共性研究向前推进一步。

（四）重要政治命题研究

每一种政治学说都是完整的理论体系。各个理论命题则是这一理论体系的基础构件。政治命题研究的功能之一是对一种理论体系作进一步的分析性研究。许多重要命题不仅为一个流派所共有,而且超越流派乃至超越时代,如"民为国本"就是一个自西周以来受到历代不同流派的思想家普遍关注的政治命题。对这类命题的研究意义更为重大,它可以深化对中国古代政治学说特点和本质的认识。

(五)政治范畴、概念研究

范畴和概念是人们对事物的实相、性质、内容和特点的主观判词。每个政治学流派都是以一系列范畴、概念来构造理论体系的。不建立自己的范畴体系,就不能提出具有思辨性的学说体系。每个学派都有偏爱的或独特的范畴和概念,从而形成特定的思想形式,如法家偏爱法、势、术、刑、赏、罚、耕、战等范畴和概念。它们是法家学说的支柱,并使其独具特色。还有一些范畴和概念具有通用性,如"仁"这个概念在中国古代政治理论和道德理论中占有重要地位,大多数学派都使用它。但是人们对它的界定有很大差异,它在每一种学说体系中的地位也有明显的不同。即使在张扬"仁"的儒家内部,也有人把它置于最高范畴的地位,有人则将其从属于"礼"。范畴和概念又是一种学说进行代际传承的纽带。由于时代的变化,其内涵也在不断变化。因此,对范畴和概念作综合研究是剖析个性、揭示共性所不可缺少的。这也是一种基础性的研究。

(六)政治学说比较研究

比较研究可以分为不同思想家比较、不同流派比较、流派内部不同代表人物比较、不同时代比较、中外比较等。有比较才能有鉴别,有鉴别才能更深刻地认识个性,揭示共性,权衡利弊,评价得失。比较研究有利于从总体上深化对各种思想现象的认识。

(七)政治学说与政治实践关系研究

政治实践是政治认识的对象和源泉。政治认识一旦升华为政治思想、政治学说,又对政治实践有直接或间接的影响,乃至有指导、规定作用。社会各阶层的人们如何看待、评说、运用各种政治学说,是认识一种政治学说的特点、价值与本质的重要依据,例如儒家学说长期被专制君主奉为统治思想,据此可以准确地界定其本质。从政治学说与政治实践的互动中还可以更深刻地看到政治学说史发展的条件、动因与过程。

(八)是非判断性研究

政治对文明时代的社会历史进程的影响最为显著。政治学说与政治理性、社会公正、历史进步的关系极其密切。研究政治学说史不能只限于描述,还要考察各种学说的价值,判断是与非、真理与谬误。研究政治学说史而不作价值判断,就会弄成一笔糊涂账。这种研究的难度比较大,却又是政治学说史研究中极有魅力的部分。它是从总体上把握一部政治学说史所不可或缺的。

就政治学说史的研究方法而言,这里着重强调方法的综合性。作为一个学科门类,政治学说史属于交叉学科,它既可以归入历史学,又可以归入政治学。这就决定了政治学说史的研究必须充分借助历史学、政治学的研究成果及相关的研究方法。如前所述,政治是一种几乎无所不及的社会现象。政治现象往往涉及社会生活的各个领域,并与哲学、宗教、道德、经济、军事、文学、艺术等有密切关系。这就决定了政治学说在各种观念形态中"专门化"的程度最低,它具有极强的"侵略性"、包容性。因此,研究政治学说,特别是研究中国古代政治学说,必须借助社会科学各个学科的研究成果及其研究方法。更何况学科的分类只是研究对象的区别,不是研究方法的畛域,一切有利于解剖研究对象的方法都可以采用。这就意味着应当把视野拓展到更为广泛的领域,即人类认识各种社会现象乃至自然现象所积累的各种有价值的研究成果及其研究方法,只要是可以用于认识政治现象,特别是与政治有关的精神现象的,都应该毫不犹豫地拿来。这就是前人所说的"集千古之智"。

总之,一门学科的重大突破往往有赖于研究视野的扩大和研究方法的创新,政治学说史的研究亦不例外。一切自我锁定研究视野、研究方式和研究方法的做法都是不足取的。

三、中国古代政治学说的特点

中国是最早提出系统的政治学说的国家之一。中华民族创造了独具特色的政治理论体系,为丰富人类政治知识宝库,做出了重大的贡献。

在世界古代史上,中华民族的先人对政治觉悟甚早,思之最深,现存的早期文献大多与政治息息相关。在甲骨文、金文中,便有关于社会政治的记载,反映了当时的政治观念。《尚书》则是中国最早的政治典籍。《诗经》《易经》也有许多内容涉及政治。《尚书·毕命》中有"道洽政治,泽润生民"。在先秦的其他文献中也有这种用法,而论"政"、论"治"的材料则不胜枚举。这表明华夏民族很早就已开始使用"政治"一词。据文献记载,西周时期的学校教育就已设置有关政治的课程,春秋时期私人讲学之风大盛。孔子自称讲学的宗旨是教人如何入仕从政,并以德行、言语、政事、文学等科目教授弟子。可以说中国是最早在学校教育中设置政治学课程的国家。《孟子·尽心下》说:"诸侯之宝三:土地、人民、政事。"这比西方提出"国家三要素"说早两千多年。儒、法、道三家的学说,都是世界上著名的具有体系的政治学说,至今仍受到广泛的关注。其中法家又是世界上最早使政治学说摆脱道德的桎梏、专门以政治为研究对象的学术流派。法家的政治学说是世界现存最早的系统的国家与法的理论。《礼记·礼运》的"大同"思想,比西方提出的乌托邦思想,至少早千年以上。秦汉以来具有重要价值的政治著作更是不胜枚举。历代思想家在考察和阐释各种社会政治现象的过程中纷纷提出自己的政见。由于立场、观点、方法的差异,这些政见形成众多的学术流派。就总体而言,在当时历史条件下所能遇到的一切政治问题,都纳入了思想家们的视野之内。中国古代政治学包罗万象,体用兼备,成果丰硕,对人类认识政治现象做出了重大贡献。思想家们所提供的政治理性和政治智慧,就是在今天看来,也仍然具有重要的借鉴意义。

总的说来,中国古代绝大多数学派的政治学说始终没有成为一门独立的学科。以影响最大的儒家学说为例,其各种学说大多围绕经学展开。这就将各种学科所分别关注的问题搅混在一起。儒家偏好以礼、仁、义、爱之类的伦理范畴来讨论政治,这就必然混淆政治与道德、政治理论与道德理论的界限。其实,学科分化程度不高是世界各地古代政治学说广泛存在的现象。混淆政治与道德的界限也是西方古代政治学说乃至许多现代政治学流派的通病。

一般认为,古希腊的亚里士多德是最早将伦理问题与政治问题有所区别的西方政治学家,他使政治学成为一门独立的学科。亚里士多德指出,伦理学研究个人的善,政治学研究群体的善。但是,他把国家说成是"最高的善",把政治归结为伦理的目的,道德仍然与政治混淆在一起。在整个中世纪,西方政治学说一直是神学的婢女,根本无法摆脱宗教教义和伦理道德的纠缠。在世界的其他地方,情况亦大体相同。

在中国古代,绝大多数政治学术流派也是把政治与伦理混为一谈的。但也有例外,这就是先秦法家。法家著名代表人物才是世界上最早使政治学成为独立学科的思想家。

先秦法家是世界上最先使政治理论摆脱道德观念桎梏的政治学术流派。现存的法家著作都以政治为核心问题,很少谈论与政治无关的事物,其中《商君书》最为典型。法家,特别是商鞅一派,具有强烈的非道德主义倾向。他们以现实的态度审视人与人之间的权力关系,认为政治地位和政治关系既不依据道德、是非标准而确立,又不依赖忠孝信义去维系。他们把政治权力视为决定一切社会生活的力量。据此,他们以君主独一与以法治国为核心命题,以法、术、势为主要概念,界定国家职能,设计政权组织形式,规划政府机构,设置暴力机关,确定权威性政策制定和执行的途径及社会价值权威性分配的方式。他们对国家及君主专制政体的产生、目的、职能、形式和权力分配以及政治运作等政治的基本问题作了系统的探讨和论述。有时法家也论及道德,但在他们看来,道德只是政治的工具,不是政治的目的。法家的思想无疑是一种相当纯正的政治学说。如何评价法家学说的内容是另外一回事,仅就这种政治思维方式本身而言,的确是难能可贵的。在中国古代,这种政治思维方式曾形成影响深远的学术流派,这是中国古代政治学比较发达的标志之一。可惜的是,这种学术风格后来没有成为主流。

在特定的社会历史环境下产生的中国古代政治学说又具有自己的特点,主要表现在以下几个方面:

其一,政治学与哲学、伦理学浑然一体。

政治思想与宗教神学、道德观念纠缠在一起,是世界各地古代政治学说普遍具有的特征。这是古代人类对政治现象认识不够清晰、不够深刻的一种表现。在这一点上,中国亦不例外。但是,中国又有一些独特之处:一是政治哲学比较发达,神秘主义色彩较为淡薄;二是政治思想与伦理观念结合得更为紧密,政治伦理化的倾向更为明显。

中国古代最初的政治观念是将王权与神祇和伦理交织在一起的,其中宗法观念在社会政治生活中一直占据重要的位置。在商代,祖宗神的权威很难与天神的权威严格地区别开来,对祖先的崇拜比对上帝的崇拜有过之而无不及。在西周,天子观念将人与神的关系视为宗法伦理关系,而宗法制度和宗法观念又是西周政治制度和政治文化的重要基石。重伦理的文化倾向,为重人的政治开辟了道路。

春秋战国时期,中国古代文化初步完成了从重神到重人的转型,其具体表现之一是政治思维重现实、重理性。"天""天道""自然"等哲学概念逐渐取代神祇的地位,成为政治学说的终极依据。这就使政治思维由原来的王权-神祇-伦理三位一体,逐渐转化为王权-政治哲学-伦理三位一体。尽管宗教神学对人们的政治观念仍具有一定的影响,"天""道""元气"等哲学概念仍具有神秘主义因素,但一般说来,"人"才是中国古代政治学说关注的重点,关于君、臣、民之间政治关系的理论,是各种政治学说体系的基础理论。

政治思维向人聚焦,推动了道德观念的升华。随着伦理道德逐渐变成世俗化的普遍的社会政治规范，"德"在政治思维架构中的地位日益凸显。人们对道德的内在结构和价值功能进行了广泛的讨论，并将伦理作为指导社会政治生活的根本法则之一。在这方面，儒家是典型代表。儒家学派对道德规范的认识价值和行为操作价值作了充分的论证，赋予每一项道德规范以具体的政治功能，主张以道德原则规划社会政治，约束政治行为。在这种情况下，一方面"天下为公""以德配天""为政以德""修、齐、治、平"成为理想政治准则；另一方面伦理道德哲理化，抽象为"人道""人性"等哲学概念。思想家们总是把天与人作一体化思考，天道与人道互相诠释。人们论天道旨在论人道，天也被赋予人的属性。在理论功能上，天是工具，人是目的；在价值取向上，人是工具，道德是目的。关于天与人、人性与政治的思辨，丰富、深化了政治哲学，使伦理学、哲学与政治学结下了不解之缘。长期居于传统文化主流地位的儒家学说是政治学、哲学、伦理学三位一体的典型代表。

重视政治哲学在政治理论体系中的地位和作用，是中国古代思想家的共同特点。他们对矛盾观、历史观、圣贤观、人性论及各种必然性理论做了深入的探讨，这些哲学问题大多与政治理论、政策方针等交融在一起。各种哲学思维的重点不是认识论，而是政治思想。大多数著名思想家的本体论、认识论都与政治论题（包括与政治论题扭结在一起的伦理论题）直接相关。换句话说，讨论本体论、认识论的主要目的是为政治主张寻找理论依据，讨论宇宙观、自然观主要是为了论证社会政治秩序。哲学学说寓于政治学说之中，甚至可以说哲学从属于政治学说。论哲理，讲伦理，归根结底是为了论治道。这种思维方式本身就很难使人明确地界分各个学科。

儒家的经学思维方式是秦汉以来阻碍各个学科分化独立的另一个主要原因。汉代以后，儒家长期居于统治思想地位。他们祖述尧舜，宪章文武，遵奉经典。在他们看来，"经"是圣贤垂训的典籍，容不得评头品足。因此，儒家学者一般采取为经典作注、代圣贤立言的方式，阐发义理，展开政论。儒家的礼学与仁学本来就是无所不包的没有分化的体系。由于经学思维方式禁锢，礼与仁所内蕴的哲理、治道、伦常不仅未能分化出相对独立的学科，反而更加混沌一体，更加包罗万象。例如，在宋明理学那里，礼与仁不仅是治国之大纲，而且上可以与"天理""太极""自然之理"同训，下可以流行于万事万物之中。礼与仁既可以登上形而上的殿堂，又可以成为日常施行的规矩，以致统摄、制导着一切概念和范畴。

其二,君主论是核心命题,君道是中心内容。

中国古代政治学说的核心命题是君主论,中心内容是君道。具体表现是:古代只出现过有君论与无君论二大类政治学说,无论哪一类都把君主作为政论的关注点。绝大多数学术流派和思想家主张实行君主制度,各种政治学说之间的主要区别仅仅在于如何维护这种制度,即实行什么样的治国之道。例如,儒家推崇礼治,法家主张法治,道家宣扬无为而治。由于圣王、君主被奉为制礼乐、行赏罚、为无为的最高主体,所以治国之道实际上是为君之道。

政治学把国家政治问题作为关注的中心问题。在君主制度下,王权与国家政权几乎是同义词,所以中国古代思想家必然围绕王权展开政治思维。

社会历史环境和认识对象的局限是造成这一特点的重要原因。自三代以迄明清,华夏大地上只存在过一种政治制度,即君主制度(包括君主制度的各种变态)。特别是战国、秦汉以后的中央集权专制政体历经两千年而没有重大变化,由此而形成了王权支配一切的社会体系和结构。关于三代以前的历史,文献中也只有“上古无君”或自开天辟地以来历代圣王相传的记载。在中国古代社会晚期,社会中的确酝酿着新的经济因素,但是在专制王权的桎梏下,这些新因素成长缓慢,尚不足以为新的政治观念的发生、发展提供强大的驱动力。这一切从政治、经济、文化等各方面局限着人们的视野。思想家们的认识对象只有君主制度,充其量只能在有君与无君之间加以选择。无君论虽不乏批判精神,却又于事无补。因此,绝大多数的思想家致力于设计一种理想的君主制度。

设计理想的君主制度,必然引发关于政体问题的分歧和争鸣,但是争论的焦点不在于是否应当“天无二日,土无二王,尊无二上”,而在于如何配置君臣上下的权力才更有利于长治久安。由于贵贱有等、天子独尊、君权至上等政治原则获得全社会的广泛认同,许多人把君主制度看作是理所当然、不言而喻的前提,所以政治学说所讨论的重点不是政体,而是治道。一些学术流派和思想家甚至对政体问题略而不论。古代政治学说的这个特征对人们的政治意识有重大影响,其中最突出的表现是:每当世道衰败、宗国危亡、天下板荡之时,反思政治、救衰图治的人们总是把对现实批判的锋芒指向暴君,把对未来理想的企盼寄予明君。在对明君的企盼中,人们多方设计防范王权失控的措施,提出一批相关的理论,但却没有人曾经想到设计一种更合理的政治制度以取代君主专制制度。

其三,王权绝对化理论与政治调节理论融合为一体,政论多以组合命题展开。

王权绝对化理论与政治调节理论有机地融合在一起,是中国古代政治学说的一大特征。这是以君为核心命题的政治思维方式的必然结果。

君权至上是古代政治学说的主题。围绕这个主题,人们把权势和美德加诸王冠之上。君主被称为"天""帝""圣""王""辟""上""主""真龙天子"等。在许多思想家的政治学说体系中,天、道、圣、王合一,王被置于绝对至尊的地位。他们认为王者独有天下,势位独尊,权位独一,权力独操,决事独断。总之,王是沟通天人的中枢;王是认识的最高权威和终极裁决者;王是全社会的最高主宰,拥有统属社会一切的巨大权力……对此,诸子百家多方论证,提出了系统的理论,充分肯定了君主至高无上的权威,把王权推向绝对化。

可是,在现实生活中,王权受到各种政治因素的制约。其中臣(官僚、贵族)和民(庶民)都是客观存在的不容忽视的制约力量。"君舟臣水""君舟民水",不绝于史的载舟覆舟的历史现象告诉人们:君主的地位不是绝对的,而是有条件的。人们还发现,为君者大多不是圣贤,君权的运作常常受到个人才智、情欲等各种条件和因素的限制或影响。这不仅会造成政治失误,在一定条件下还会招致天下大乱。于是如何指导王权正确运作而实现长治久安,如何防范王权走向极端而导致倾覆,成为思想家们关注的重点。

思想家们从讨论君与臣、君与民等现实政治关系及天与君、道与君等虚拟的政治关系入手,提出了一系列王权自我调节的理论,如民本论、君臣师友论、社稷与天下论、尚公论、天谴论、从道论、纳谏论、法治论等。这些理论从不同角度论证了调节王权的必要性,提供了制约王权的理论依据。它们交互融贯,构成了古代君主论内在的理论调节机制。

各种政治调节理论是君权至上论的派生物,其理论的前提无一不是对君权的肯定。例如,由于儒家的天、道、理、道统、礼、仁等概念中内涵着等级制度、君主制度及纲常伦理的一般原则,圣人是道的最高体现和人格化,天命之王、道化之君则是最理想的治者,因此,张扬道统、尊道崇圣、复礼归仁的出发点和归结点只能是君主政体的巩固。

由于在当时的历史条件下,对君权没有任何程序化、制度化的制衡机制,所以政治调节理论显得格外重要,并在政治运行过程中发挥着积极的作用。在理论著作中,思想家们往往以大部分篇幅阐发调节理论,提出许多动人的命题。在朝堂议政中,在奏折、谏章中,人们引述最多的也是调节理论。帝王们通常也承认各种调节理论所提出的基本政治原则,并将其作为修德施政的指导思想。重视调节王权的理论,是古代政治学说史上一个引人注目的现象。

政治调节理论的提出,实际上承认了君权的相对性,即尊天、行道、敬德、遵礼、守法、为公、任贤、保民、纳谏,才能居大位,保社稷,安天下。但是,各种调节理论毕竟是从属于、服务于王权绝对性理论的,它们无意也不可能走向否定君权至上。所以,古代君主论具有这样一种理论特色:将君权的绝对性和相对性交织在一起。依据逻辑,承认君权是相对的、有条件的,就应当否定君权至上。可是古代政治学说没有沿着这条思路向前开拓,相反,讨论君权的相对性是力图找到一条维护君权至上的途径,这就难免在理论上显得自相矛盾。

古代思想家是用组合命题的方式来自圆其说的。民本论最为典型。传统君民关系论将"民为国本"与"君为民主"这两个看似截然对立的命题组合在一起,从两个不同的角度论证了君主在政治中的中枢地位,并为帝王治民安邦提供了理论依据。这两个命题又是以一批具体的论点串联在一起的。以孟子的学说为例,他的君民关系论至少由以下几个论点或命题构成,即君权"天与之";天立君为民;"无君子莫治野人";"君为民之父母";"无父无君,是禽兽也";"王与民同乐";"天子不仁,不保四海";"民为贵,社稷次之,君为轻";行仁政则"王天下"。每一个具体论点都有特定的理论功能及其实践意义,但唯其总体才是孟子所谓的"王道"。正是由于"民为国本"是以"君为民主"为基本前提的,所以民贵君轻之类的激越之谈不会导出"人民做主"的结论。类似的例子俯拾即是。

各种政治调节理论皆由论证君主与规范君主两大类命题构成。例如:道统论以"道中有君-道高于君"为基本结构,革命论以"天命-革命"为基本结构,公天下论以"以一人主天下-不以天下奉一人"为基本结构,民本论以"君为民主-民为国本"为基本结构,君臣一体论以"君主-臣辅"为基本结构,礼治论以"圣王制礼-王者守礼"为基本结构,法治论以"君主立法-法为天下之法"为基本结构。一般来说,前者是主命题,后者是副命题;前者制导后者,后者为前者服务。道义或道统,既论证了一种理想化的君主政治模式,又对现实中的君主提出了严格乃至苛刻的要求,就是这种理论结构的典型代表。尽管规范、品评乃至批判君主是各种政治调节理论的主要功能,但它们不会把人们引向否定君主制度。除少数无君论者外,诸子百家的政治思维总是沿着两条看似自相矛盾的思路展开：一方面把各种权威奉献给圣王、君主,树立起一种理想化的绝对权威;另一方面又为这个权威设置了极严格的规范。这种普遍存在的理论现象,与其说是自相矛盾,不如说是一种特定的结构或范式。由于两个乍然看似相悖的思路是相辅相成的关系,所以它们共同构成了一种特定的思维方式。

其四,"尊君-罪君"政治文化范式。

中国古代政治学说不乏精彩之处,它们体现着中华民族的政治理性和政治智慧。"大同"理想、"均平"理想、"无君"理想,内蕴着超越时代的政治理性。"大一统"思想把整个社会组织成统一的政治、经济、文化有机体,开创了无与伦比的中国古代文明,在建立统一多民族国家的历史过程中发挥过积极的作用。古代的政治谋略、政治道德中的合理因素,在今天看来也是应当有所借鉴、有所继承的。中国古代所创建的以科举制度为代表的考任制度及其指导思想,启发了现代社会的文官制度。总之,必须正确对待和评价古代政治学说的历史地位和作用。但是,由于时代的局限,古代政治学说内蕴着政治文化悖论,"尊君-罪君"理论结构或文化范式是其中影响最大的一个。

"尊君-罪君"理论结构不仅体现为在统治思想中包含着相当丰富的规范、约束、品评君主乃至抨击暴君、暴政的内容,还体现为除无君论者外,在一切抨击暴君、暴政的思想家的理论体系中都包含着论证君主制度的内容。这就形成了一种共有的政治文化范式。

所谓"尊君",即尊崇君主制度、尊崇理想中的圣王或以尊崇时君为己任;所谓"罪君",即非议、批判乃至抨击帝王。"尊君-罪君"文化范式是一种政治文化基因,它可以在理论上或行为上表现为不同的类型。主要有二大类:一是"尊此君-罪此君"类型。这种政治行为类型多见于谏议过程中,即通过诤与谏及相应的调整,"格君心之非","矫君之失","纳君入礼",最终"致君尧舜"。各种谏议论、改革论是其理论形态。二是"罪此君-尊彼君"类型。这种类型多见于政治动荡的过程中,即通过弃旧迎新,择主而事,重建君主政治秩序。"革命"论是其理论形态。在理论上将两大类型综合在一起的是道义。道义是传统政治价值的最高概括。道义理想与道义操作的结合必然构成"尊君-罪君"范式,即罪现实之君,尊理想之君。现实之君不可能完全符合道义理想,必然招致谏诤、"革命"之举,即受到程度不同的批评、非议。各种罪君形式又可能通过不同途径缩小君主与道义的距离,即使它无济于事,人们仍然期盼理想中的圣王降临人间。道义对君臣两方面的政治意识都有深刻的影响:在帝王观念中是"自尊-自罪",在臣民观念中是"尊君-罪君",两者又在互动中强化着一种特定的政治文化。这种政治文化的本质特征是臣民在道义面前自我剥夺了政治参与的主体性,即把最终决定全社会命运的权力托付给某一特殊的主体或冥冥之中某种超然的力量,诸如天命、圣人或贤君之类。古代的"无君"论者最终也没能从这种政治文化中超脱出去。这就注定了传统政治思维中没有"宪政"的容身之地。

《士人与社会(先秦卷)》序[①]

致读者

知识分子与中国社会是一个大题目。对于才学浅疏的我们来说,实在力不胜任;可是总得有人作,本书就是一次尝试。

写书,像分娩一样,喜悦与痛苦交融在一起,本书融进了我们的喜悦与苦楚。

知识,就其本性来说,是按照它自己的逻辑向前滚动的,不管前面遇到什么障碍,都要冲决而过。但作为知识载体的知识分子,有的沿着知识的逻辑,与其同步而进,直到付出生命也在所不惜;有的则比知识逻辑迂回得多,逶迤而行;另一些人却畏惧知识逻辑的展开,固步不前。因此,既有伟大的知识分子,也有聪明的怯懦之辈,还有一些明哲保身的滑头,更有可鄙的阿谀者。历史的悖谬是常有的,甚至是不可避免的,而为悖谬进行理论论证的人,比悖谬本身更悖谬。

知识分子奉献了智慧,同时也制造了"大伪"。老子说"智慧出有大伪",把智慧说成大伪的本源实在是诬告,不过智慧与大伪的确是孪生兄弟。有的人只希望获得智慧,并想铲除大伪,这种愿望未必不是善良的,但事实上是做不到的;如果一定要做,那么摧毁的就不仅仅是大伪,而是在摧毁大伪的同时必然使智慧流血!

我想还是让人们自由选择吧,在选择中增加自己的才智!

知识要发展,首先知识的载体要有一定自由思想的环境与条件,在中国古代,战国是提供了这种环境的时代。本书主要写了这个时期,以后我们还将继续写下去。

刘泽华谨识

1988 年 2 月于南开大学寓所

[①]《士人与社会(先秦卷)》,刘泽华主编,天津人民出版社,1988 年。

《近九十年史学理论要籍提要》前言①

作为历史学的一个分支,史学理论的重要性在于,它既是标志着一个国家的历史研究工作达到何种程度的水平仪,同时又是促进其历史研究水平继续向上提高的催化剂。自中国共产党十一届三中全会以来,改革开放的正确方针也为史学理论园地吹来了和煦的春风,经过我国广大史学工作者的努力,对有关理论问题的探讨,无论其深度还是广度,都大大超过了以往任何一个时期。这是令人可喜的。不难预计,它必将更进一步得到发展。

任何一种理论要想发展,首先取决于现实对它所需要的程度,但也要借助于这种理论自身的发展水平。只有这两种条件完全具备,新的理论之花才会开得更加繁密茂盛、绚丽多彩。史学理论的发展当然也是如此。可以这样说,一个史学理论研究者,倘若不了解现实生活,他的研究活动就会像海中航船看不到灯塔,失掉前进的方向而莫知所从。而若不了解理论之史,又会像进入《水浒传》中祝家庄的盘陀路,乱绕了许多弯子,最终发现自己仍停留在原地。我们编写这本小书的目的,一是为了给从事专业研究的同志提供一点儿史学理论方面的历史资料,二是为了给大专院校中历史科系的同学们提供一份简单的书目提要,以便于大家从中约略窥得近九十年来史学理论发展的大体脉络,从而增进对它的研究兴趣,使之提高到一个更新的水平。这个目的如能达到,也算是我们为此尽了自己的绵薄之力,将使我们感到十分欣慰。

在较长的一个时期内,包括部分专业史学工作者在内,人们对"历史"与"史学"两个概念的差异未能作出必要的区分。相应地,对"历史理论"和"史学理论"的含义也没有作一定的辨析。只是近年来,有的同志才对此提出十分中肯的意见。他们认为,"历史理论"是人们通过认识客观历史而作出的理论概

---

① 《近九十年史学理论要籍提要》,刘泽华主编,书目文献出版社,1991年。

括与总结;"史学理论"却是史学工作者通过反思自己的专业工作(历史研究本身、史书的编撰等)而作出的理论概括与总结。如对历史发展规律、推动历史的力量等问题的探讨即属前者,对历史研究的主客体关系、历史与现实、史学方法论等问题的考究则属后者。这些同志的意见和我们的看法是一致的。花费笔墨谈这个问题,是因为它与本书的著作收录的标准有关,即本书只为史学理论著作撰写提要。

史学理论具有开放性。那种对西方史学理论简单排斥的做法不是马克思主义的态度。马克思主义的三个来源从本质上讲都是资产阶级的思想,但其"合理内核"都被这位伟大的无产阶级革命家兼天才学者消化吸收了。近年来,大量外国史学理论的传入,并未引起我国马克思主义史学的混乱,相反,倒是更进一步发展了。为此,本书还为我国台湾、香港地区有译本的著作撰写了提要(包括我国台湾、香港及海外学者的汉文著作)。

各篇提要我们本着"介绍为主,评介结合"的原则撰写,力求通过较少的篇幅反映这些著作最主要的观点与内容。

为了方便读者查找原书,我们还对所收录著作的通行版本加以说明。初版本的著录则是为了我们自己便于编排——我们大体是依著作的出版先后而编排的。外国作者一般在译名之后附其外文原名,著作标题的外文原名不标。

书目的初选,我们主要依据中国社会科学院历史研究所的同志们编的《八十年来史学书目》,近十年则是通过《全国新书目》确定的。由于我们人手少、见闻不周,再有则是有些著作书录虽有,但为我们考寻未得者,这就造成本书该录而未录的缺憾。弥补这一缺憾,就希望读者、特别是自己有这方面著作的专家学者为我们指示书目,以俟来日补撰了。

最后要说明的是有关论文集的问题。这一类的著作较多,我们的原则是:集体论文集一概不收,个人论文集酌要收录。

编　者

1990 年 6 月

《中国传统政治哲学与社会整合》前言①

　　早在 20 世纪初已出现"政治哲学"这一概念,孙中山、梁启超都使用过,其后在思想史的著述中也每每出现。然而,在历史研究中,对政治哲学的系统阐述和研究却很少见。

　　近二十年来,我的主要精力用于中国古代政治思想史的教学与研究。我深深感到中国古代政治哲学应被作为一个专门领域来对待。1983 年我曾写过一篇"中国政治思想史研究对象和方法问题",1984 年作为"前言"收入我的《先秦政治思想史》一书中。我在该文中提出政治思想史研究要突破"阶级论"单线认识的框框,开拓政治思想研究的新领域。在谈到扩大研究视野时,我首先谈的是开展"政治哲学问题"的研究。其中有一段文字,抄录于下:

　　　　就中国先秦的政治思想理论看,政治思想与哲学思想浑然为一体。人们常说"哲学是时代的精华",所谓精华是说哲学的认识是深刻的,且具有普遍性。在政治思想史的研究中,我们不难发现,各个流派和不同人物的认识有深浅粗细之分,这种认识上差别最明显的标志之一是哲理化的程度不同。缺乏哲理的这种思想,一般地说属于直观性的认识。先秦诸子中的多数,为了充分深入论述他们的政治思想,特别注意哲理性的认识。就目前的认识状况,究竟把哪些命题视为政治哲学,或怎样才能更清楚地抽出政治哲学性命题,是一个需要展开讨论的问题。从先秦政治思想史看,至少如下一些问题,都可以算为政治哲学。如天人关系;人性论;中庸、中和思想;势不两立说;物极必反说;理、必、然、数、道等等必然性理论;历史观;圣贤观等等。这些问题与政治思想有极为密切的关系,其中一些问题是政治思想的理论基础。许多思想家把这些问

---

① 《中国传统政治哲学与社会整合》,刘泽华主编,中国社会科学出版社,2000 年。

题与政治理论、政策等交融在一起。

从那以后,我一直留心如何勾勒中国古代"政治哲学"的面貌。时至今日,也还不甚了了,不能给政治哲学下定义。这里仅把我所理解的"政治哲学"的内容介绍一下。为了清晰,条列于下:

其一,在政治思想与观念中最具普遍性的理论与命题。所谓普遍性,一方面指这些理论命题寓于党派又超越党派;另一方面寓于具体时代又超越具体时代。

其二,有关政治"为什么是这样"的理论与命题。

其三,政治价值的理论依据。

其四,有关政治范式化的理论与观念。

其五,政治理论的结构与思维方式问题。对此稍说几句。我认为中国传统政治思想在其学理上是很难找出理论原点的, 各种理论命题是交织在一起的,以往我们有时称之为"混沌性",有时称之为"阴阳结构",有时称之为"主辅组合命题"等。比如"民本"并不是一个独立的理论原点,而是"民本"与"君本"相辅而相成,是一种"混沌性"的"阴阳结构"或"组合性命题"。

以上五点是文字上的划分,在传统政治哲学中则是交织在一起的,无法分开。本书强分了十几个问题,实在是为了叙述方便不得已而为之。比如"道"这个概念,它无所不包,本书的全部都可系在"道"下叙述,但这样处理又会带来叙述上的其他困难,目前把它作为并列的一个题目,显然又委屈了它。真是"剪不断,理还乱"!

对政治哲学可以有不同的研究方法与目的,比如历史学的,政治学的,社会学的等等。我身忝列于历史学行列,所用的方法主要是历史学的,而目的则是为了深化历史认识。

思想观念与社会存在是一种互动关系,但在某一段历史时期,思想观念对社会的规范、制约显得更为突出。思想观念的组成部分很多,而政治哲学则具有统领全局的意义。这与中国古代政治权力支配社会的事实是相适应的。

传统政治哲学博大宏富,然其旨归则为王权主义。古代的王权体系像穹庐一样笼罩着整个社会,而以王权主义为旨归的政治哲学则为王权体系提供了理论依据和价值坐标。以至可以这样说,政治哲学这种"软件"对人们的思想与行为的规范作用甚至比现实的王权体系的"硬件"更为有效。在长达两三千年的时期内,王权有起有伏,金銮殿轮换坐,而王权模式则一脉相承,这固然有多种原因,其中政治哲学则是最得力的守护神。

本书所论述的政治哲学诸命题及其主旨,以我的判断,几乎是中国古代社会所有的人认同或无能超越的。基于此,我对政治哲学看得极重,把它视为中国历史进程中的社会控制因素。我还认为,不梳理政治哲学就难以把握中国历史的总貌和特点。

本书的内容在我脑子中萦回了十几年,但摆到案头上,写一本书,一直拖到1996年才开始。那年向教育部社会科学司申报了本课题,有幸获准立项和资助。为了完成这个项目,组织了一个小小的学术合作体。经过无数次商讨,由我拟就提纲,确定旨要,然后分头执笔。我与合作者在年龄上有差距,但我们奉行的是学术平等、自由联合的原则。好在我们有多年学术合作经验,学术观点也大致相同,尽管分头执笔,全书的学理还是贯通的。

这本小书无疑蕴涵了我们的探求,但如果能起到抛砖引玉的作用,引起更多的人关注政治哲学与历史进程关系问题的研究,那我们就谢天谢地了!

我写了第5章,其他执笔人分工如下:

张分田:第4、6、9、10章;

葛　荃:第7章;

张荣明:第1章;

胡学常:第3章;

刘　丰:第2章;

张师伟:第8章。

二　为同人及后学序

《孙子》战争认识体系的核心——"知彼知己"
（卷首语）①

纵观《孙子》一书，从《计篇》开始，到《用间篇》结束，始终贯穿了这样一个认识主线，那就是它一再强调战争中"知"的重要性。甚至可以说《孙子》一书，是以强调"知"开始，也是以强调"知"结束的。②

《孙子》开篇即说："兵者，国之大事，死生之地，存亡之道，不可不察也。""故经之以五事，校之以计，而索其情；一曰道，二曰天，三曰地，四曰将，五曰法。……凡此五者，将莫不闻，知之者胜，不知者不胜。故校之以计，而索其情。曰：'主孰有道？将孰有能？天地孰得？法令孰行？兵众孰强？士卒孰练？赏罚孰明？吾以此知胜负矣。'"③

无论孙子所说的"察"，还是所谓的"五事""七计"，都是指掌握、了解敌我双方各种情况和调查研究的重要性，即"知"的重要性。孙子将其看成是预测战争胜负的关键，以为国家首领和军事统帅对这些问题掌握了解以及考察研究的程度是否深入，知道的是否全面系统，将决定其国家的前途和战争的命运。所以，"知之者胜，不知者不胜"。

自《计篇》以下，孙子几乎在每一篇中，都从不同角度、不同方面、不同问题的层次关系中强调了"知"的重要性。《用间篇》更是把"先知"放在战争过程的第一位。以为"明君贤将，所以动而胜人，成功出于众者，先知也。先知者，不可取于鬼神，不可象于事，不可验于度，必取于人，知敌之情者也。"④

---

① 陈学凯《制胜韬略》一书序言，作于 1992 年 4 月。

② 17 世纪日本军事学家山鹿素行在其《孙子谚义》自序中写道："自《始计》迄修功，未尝不先知，是所以序《用间》于篇末，三军所恃而动也。然《始计》《用间》二篇，为知己知彼、知天知地之纲领。军旅之事，件件不可外之矣。……通篇自有率然之势，文章之奇不求，自有无穷之妙。谋者不可忽。"

③《孙子·计篇》。

④《孙子·用间篇》。

在孙子看来，"知"是战争制胜的前提，是军事谋略的基础，是战争活动的最基本内容。认识到"知"的重要性，也就认识到丰富的军事知识、确切的情报信息对战争行动的决定与指导意义。把一切战争活动建立在对客观事物的认识上，建立在对变动事态灵活把握的基础之上，这既是唯物主义反映论的体现，也是孙子军事哲学的精髓之一。

《孙子》一书中所说的"知"是多层次和多内涵的。孙子认为不能形成完整系统的战争认识，就不能把握战争和赢得战争。因而，他不仅强调尽知、先知、知常、知变、知天、知地、知利、知害等，更重视知彼知己，认为只有充分系统地知彼知己，才能百战不殆，并把知彼知己作为他战争认识体系的核心。各个层次和各种问题的"知"的内容都包含了知彼知己的精神在内，而且各个层次和各种问题的"知"的内容都必须通过知彼知己，才能显现其真实的作用和价值。这都是由战争认识必须为敌我双方对抗较量的目的服务，必须为对抗中我方的行动提供有效方法、必胜策略的性质决定的。毛泽东说："孙子的规律，'知彼知己，百战不殆'，仍是科学的真理。"①正是从战争之"知"即对战争双方各种对抗条件充分研究的思想认识出发的。战争认识的任务就在于"熟识敌我双方各方面的情况，找出其行动的规律，并且应用这些规律于自己的行动"②。这正是孙子战争之"知"的目的所在。

孙子的战争认识思想，不仅是重要的作战原则，而且是不朽的真理。孙子的思想是科学的、经得起历史考验的。事实证明，科学的抽象思维、科学的概括方法，乃是高出于各种经验知识之上的一种驾驭事物的智慧和能力，缺乏这种能力和智慧，即使泡在情报信息的海洋里，也将一筹莫展。孙子的学说是超出于一般经验知识之上、运用普遍真理来驾驭战争过程的伟大学说。

---

①《毛泽东选集》(第二版)第二卷，第490页。
②《毛泽东选集》(第二版)第一卷，第178页。

《中华精神》丛书序①

　　所谓"精神"与"规律"，都是对现象界的归纳与抽象。不同的是，前者较依赖于直觉，而后者更依赖于理性；前者显得模糊，后者则较为清晰（不论其与客观实际是否冥合）。甚至按照西方某些哲人的看法，对于精神与规律的认知，构成了人文学科与自然科学之间的分野。倘若人们急于用"规律"来取代"精神"，结果只能随着过于自信的黑格尔走进必然的"日耳曼王国"时期，在此一切都臻于至善，思维则仅供写作教堂颂诗。

　　如此说来，"中华精神"是什么？自然也不是个"一言以蔽之"的问题。长于抽象思维的哲学家或文化学者对此已经有了各式各样的概括，诸如天人合一、日日新又日新、自强不息、生生不已、宽容、中庸、和平、尚文好礼、人文精神等等；又如保守好古，墨守成规，逆来顺受，乡愿气，阿Q精神，酱缸精神，窝里斗等等。这些无不言之成理，持之有故。然而，虔诚的读者在如此不容置疑而又泾渭分明的价值判断之间穿行之后，不仅对中华精神依旧茫然，而且疲乏之余，疑窦大生。看来，偏执某种预先设定的价值标准去认知中华精神，适足以成就一种假说，而牺牲的却可能是全豹。

　　睿智圣哲如老子，对其哲学体系中最核心的范畴——道，尚且难以名状，欲说还休，原因是他体悟到"道可道，非常道"，更何况偌大的中华精神呢？

　　在一个历史学者看来，所谓中华精神只能隐显出没于中华民族的历史长河之中，它应远比多瑙河之蓝与黄河之黄有着更奇诡斑斓的色调，它活生生地体现在政治家们的雄才大略与机巧谋诈之中，体现在思想家们殚精竭虑的逼问与应答之中，体现在军旅生涯的运筹决胜、马革裹尸之间，体现在科学技术的匠心与慧光之中，体现在野田禾稻、千里赤地与漫漫商道之中……总之，

---

　　① 何平《中华精神》丛书序，作于1995年9月。

五千年来生生不息的数百亿苍生和难以数计的风流人物,用他们的希冀与幻灭,用他们的奋斗与彷徨,用他们的欢乐与苦痛,用他们的脊梁与手足,共同支撑起这样一种精神,我们无以名之,姑谓之"中华精神"。有了它,我们的文明才得以薪尽火传;有了它,中国才所以为中国。

于是,这几本小书的目的无非是期望通过对中华历史的回眸一顾,来求得一种呈现。或许这种呈现依然不那么可辨可识、可触可摸,但若能给读者诸君以大漠孤烟或长河落日般的瞬间映象,或能牵引出更为悠长的思绪,我与诸位作者也就心满意足了。

是为序。

刘泽华
于南开园再思斋
1995 年 9 月

《中国传统政治思维探源》序①

"天地父母",这是中国人的口头禅。《辞源》对"口头禅"作如下解:

本佛教语,指不能领会禅理,只是袭用禅宗和尚的常用语作为谈话的点缀。宋王楙《客话丛书》附录《王先生圹临终诗》:"平生不学口头禅,脚踏实地性升天。"后来指说话时经常挂在嘴边上但并无多大实际意义的词句。

"天地父母",同上述情况近似,在哲人那里是一个深奥的命题;在常人那里多半是挂在嘴边上的口头语而已。这个问题的两极性正说明了它具有雅、俗的普遍性。认识上最可贵之处,是在众人停止思考的地方把认识推向深入;在大众化了的不假思索的口头禅中挖出它的底蕴和深层的文化内涵。何平的这部著作就是发常人之不思,见常人之不见的别具慧眼之作。以往对"生生"哲学有过不少著述,有的学者把《易传》讲的"生生不息"视为中华文化的精髓,这无疑都使人开智增慧。我认为何平在此基础上把认识推向更具体、更深入,而且更抽象的境地。这就是"天地-父母"文化原型论的提出与论证。

从中国传统文化是围绕"人"而展开这一点看,作者并不反对把中国传统文化视为"人文主义"。但他同时又进一步提出:"确定一种民族文化的特质,关键不在于指出其文化要素是如何围绕人的,而应当视该文化是如何认识人本身的。就是说,对人的认识中隐含着对该文化的规定性,这种认识是人文的重心所在。""围绕人"与"人本身"虽不可分,但把握点显然有别。"人本身"无疑更具有核心性质。何平指出,中国的传统思想对"人本身"的基本观念是:

> 人既是天地的造物,又是父母的造物,于是人便成了天地二元和父母二元的结合体。这种自然及血缘的互渗和纠缠构成了中国传统人文精神的特色。

---

① 何平《中国传统政治思维探源》一书序言,天津人民出版社,2003年。

何平把"天地—父母"同构与统一,视为中国传统文化的原型,并且以此为理论元点展开了自己对中国历史上"轴心"时代思想文化的逻辑分析与论证。何平在文中指出,"'天地'与'父母'的同构和统一,既赋予'天地'以血缘生殖的特性,又赋予了'父母'以自然本性特征,由此成了代表中国文化主体的儒、道两家的基本精神,具体地说,道家以天地为父母,强调对天地自然的因循……而儒家则以父母为天地,强调孝顺父母、尊祖敬宗的天经地义和绝对至上性"。对何平的看法无疑会有仁智之见。在我看来,它不仅能成一家之言,而且对解释传统文化的产生、发展具有很强的说服力。

在这里我想指出一点,何平的"天地—父母"文化原型论,无违于传统所说的"天人合一""生生哲学",但却把问题推向深入。"天人合一""生生哲学"比较宽泛,评价时也可以比较宽泛,"天地—父母"文化原型论却有"文化"定位意义。所谓"定位",可以从两方面讲:

其一,即何平提出的传统文化中的"子道"特征。何谓"子道",何平在文中有详细论述。依我看,说白了,在"天地—父母"这只大盖下的人,大抵皆是成群成堆的长不大的"小小孩"和"老小孩",很难成长出有自立意识的人。

其二,虽然传统文化中有不少"天地间、人为贵"的哲谈深论,令人敬佩和叹服,然而何平在肯定它的同时,又揭示了它的弱点:"传统的关于人的理论隐含着一个矛盾,就群体及其与他物的比较而言,人是自然界中最伟大的生灵,但就个体而言,离开了天地、父母,人的灵肉便没有着落,因此人也就成了一种虚无。"这个论断不无绝对,然其大旨我是赞同的。

"天地—父母"文化原型论,从文化观念上讲,具有普遍意义,作为人上人的帝王称"天子",对"天地"也要行"子道"。但先哲们又为帝王留下特殊地位,他是天地的化身或代表,甚而把帝王径称为"天","君者,天也";同时,帝王又是天下人的"大父母",也就是说帝王又是"天地—父母"文化原型的人格化。帝王的这种性格显然又超出了何平的"子道"论。何平文中对这一点缺乏应有的重视。

在研究中没有高度的理论概括和抽象就不能把认识推向深入,然而任何高度的概括与抽象又不能不舍弃许多东西,甚至要伤害许多东西,这是无可奈何的事实。何平的"天地—父母"文化原型论是不是舍弃和伤害了一些东西呢?我想,同样在所难免。

历史学作为一种认识,有它的特殊性,且不说别的,单单是认识主体与认识对象之间无法弥合的时间差与空间差,就会带来无数的麻烦,而研究古人的属于"形而上"的文化观念，麻烦事尤多，把握起来自然就更难。为了防止认识主体想象力的过分张扬，我认为在这种研究中尤应特别强调实证，一句话，立论要拿出证据来。何平的这部书，可以说在理论抽象与出示证据两个方面做到了有机的结合，有理而不空，有据而不烦。这当然不是说何平所立之理与所示之据无懈可击，相反，仁智之争所在多有。何平这部著作的贡献与其说是解决了什么问题，不如说在学术之林中又增加了新枝。像这样的大问题，说谁人的研究成果是唯一正确的，不仅很难，在我看来简直是不可能的。只要言之有理，持之有故，增人智慧，就是可喜的上乘之作。

何平在大学本科学的是考古，考取硕士研究生后从事通常说的历史学研究，攻读博士时，却又去研究玄虚的文化哲学。我常与他戏言：你从脚踏实地的"形而下学"跌入了"形而上学"的万丈深渊。"形而上学"明明言"上"，我却要说跌入"万丈深渊"，是有一点用意的。时下，有些搞"纯历史学"的研究者对搞"形而上学"的人常常示以"白眼"，嗤之以鼻，甚至大言曰："那算什么学问？"我不想过多介入这种争论，这里，只想说一点，在传统观念中，"形而下学"属于"器"学，"形而上学"属于"道"学，"君子坐而论道"。当然，这种观念无论从哪个角度看都过时了，应抛弃，但也不必反其道而行之。学问有各式各样，互相之间要宽容、宽容、再宽容。一花独放不成春，万紫千红才是春。如果还借用"形而上"与"形而下"这个词，我倒主张应把两者结合起来，即使有所侧重，不妨多从对方吸收一些有益的东西。互相尊重比排斥更有利于学术的发展。何平对"形而下学"与"形而上学"都有一定的基础，且富有文采，我预祝他在今后的研究中更好地发挥自己的特长，写出更富有特色的著作，以飨读者。

刘泽华
于南开大学再思斋

《殷周政治与宗教》序言[1]

　　关于殷周时期的政治与宗教,前贤和时贤都有深入的研究,被覆了两千多年的迷蒙面纱大致已经揭开。但是,如果再详加追究,政治与宗教的关系是什么样子?人们的回答又大相径庭,或曰:是神权政治;或曰:是王权政治。在神权与王权之间从没有只论其一,排斥其二的,但侧重点却不一样。张荣明君的《殷周政治与宗教》,在前贤研究的基础上,首先系统、全面论述了殷周的政治与宗教是合一的。文中详细论述了殷周时期政治信仰与宗教信仰合一,政治组织与宗教组织合一,政治权力与宗教权力合一,政治制度与宗教制度合一。言之成理,足资参考。

　　政治与宗教合一论,同一主一辅论相比,其差别似乎只是将政治与宗教摆的地位不同,其实不然。这是涉及如何描述中国早期历史的一个大问题。我们可以看到,在荣明君笔下展现的殷周史,同迄今为止出版的殷周史,可以说有很大的区别。就具体事实而言,虽然荣明君也多有考证和新解,如祖祀制度和社祀制度,依我看,荣明君用功最勤的地方是把我们并不太陌生的殷周政治和宗教合一化。历史离我们越远,遗留给我们的越是一些零星的碎片。我们写历史,在很大程度上就是把这些碎片缀合在一起,使其成为活生生的、有机的社会整体。为此就要对所有的史料,即历史的碎片,进行排列组合。这种排列组合无疑有历史学家主观设计的性质,但又不是随意的,必须有实证,有合理性。荣明君以政治与宗教合一为基础,并由此出发,重新梳理了殷周的史料,向史学界奉献了一部新造的殷周史。在我看来,更有意义的是,他的政治与宗教合一论,为我们提供了一个很有意义的思路,在这一条思路上还有许多值得进一步探讨的问题。

---

[1] 张荣明《殷周政治与宗教》一书序言,五南图书出版公司,1997 年。

106

政治与宗教的关系,在殷周具有特别重要的意义。同时,政治与宗教的关系对后来的中世纪和现代社会均是一个不可忽视的问题。每一个历史时代的宗教都各具特色,尽管总的趋向是从多神到一神或泛神、从礼仪规范到非规范化、从行为集体化到行为个体化,但宗教的生命力仍很强,魅力依然。宗教就其本质属性来说,是对于某一先验存在的无条件认同和信仰,而信仰恰恰又是人自己创造出来的。人是高级形态的生灵,重要特征之一是有思想、有信仰。信仰不同于思想,它比思想更深入人心,变为不容思考的当然。所以,信仰的本质属性是宗教。当然,我们这里所说的宗教是广义的、泛化的。把思想转变为信仰又是人类历史上普遍存在的一个事实。任何一种政治形态都要为自己存在的合理性寻求依据,其依据的最终归宿必然是超现实的、具有神话性质的理想国和乌托邦。汉代儒学把政治理性设定为"天",宋明理学把政治理性设定为"理",无论是"天"还是"理",都是先验假定。现代政治亦不超乎于此,仍在不断地编造新的政治神话。从广义上说,这些政治神话都具有宗教意义。就此而言,本书为历史,特别是政治史的思考开辟了一个新的研究领域,沿着这条路径还有很多现象需深入思考。这将是一项有意义的工作。

刘泽华
于南开大学洗耳斋

《毛主席的孩子们》序①

　　"文化大革命"是对现在有重大影响的历史事件,惜于种种原因,我们在这方面的研究还很薄弱。南开大学政治文化研究中心将有计划地组织开展"文化大革命"学研究,并致力于与"文革"社会生活、文化、心态有关材料的挖掘、抢救和整理,为了了解海外学者的研究状况,我们还计划有选择、有针对性地翻译和介绍一批国外有关"文革"研究的著作。《毛主席的孩子们》就是政治文化研究中心组织翻译的第一本书。

　　《毛主席的孩子们》是近年来海外中国学研究的一部有影响的著作,是一部研究中华人民共和国公民"文革"前后内心世界的书。译介此书的一个目的就是想为国内有志于从事"文革"研究的人提供一些在方法、材料和认识上可资借鉴的东西。关于这本书的内容,我不想说得过多。导读式的序言无异于给人限定思维框架,从某种意义上讲也有对读者不信任之嫌。

　　关于"文化大革命"本身,我倒有一些想法,兹述如下:

　　一、"文化大革命"结束距今只十余年,而"文革"爆发到现在也不过二十二年,但这段历史却开始在人们心中淡化。经历过的人或因耻辱、或因负疚、或因厌恶而不愿旧事重提,年轻的一代则由于没有亲历而对这段历史又很淡漠。两者结合起来有可能导致一种历史健忘症。当然仅仅忘记过去并没有什么可怕的,但可怕的是一旦我们真的遗忘掉了这段历史,那么会不会出现历史的重演呢?"前事不忘,后事之师",这一句由我们民族智慧结晶而成的古老格言不是已经告诉我们一些答案了吗? 反思过去,是为了有一个更好的现在与将来,记住、思索、分析这段历史是我们抵制类似悲剧重演的一件得心应手的武器,有助于整个民族素质的提高。

---

　　①《毛主席的孩子们》序,1988 年 11 月。

二、全盘否定"文化大革命"主要是从是非功过方面进行判断的。但我们无论如何不能把否定变成简单的遗弃。"文化大革命"绝非离开中国历史轨道之外的怪物，它恰恰是中国历史浓缩的再现，是历史上存在过的各种主义与当时追求的社会主义等诸种因素的奇特结合。"文革"中所表现出来的丑恶、残暴、麻木、疯狂以及对理想的追求，种种现象，大都可以从漫长的中国历史中找出原型。"文化大革命"无疑是领导者错误发动的运动，但进一步观察与思考，又不能否认，它也是被发动起来的人们一次相当自觉的运动，以致出现了被忠于的主体无法或难于驾驭效忠者的现象。历史的事实驱使我们从更深的层次去理解"文化大革命"现象。

三、有人说"文化大革命"其实是革文化的命，这自然是不错的，但换一个角度看，它又是一次由一定的文化支撑的运动。现在有一些人把"文革"视为权力斗争，这样就很容易把思维限制在一个狭窄的框子里。其实底层社会所表演的一幕幕活剧，是更值得重视的，是整个社会文化与心态的大暴露。权力斗争问题固然需要研究，但社会文化与心态的研究目前看更是刻不容缓的，应加紧进行材料的搜集与研究，因为这些很容易随着一代人的自然消失而给后人留下空白，向下一代传白卷是莫大的过失。

四、研究"文革"从政治文化方面进行考察是不可或缺的。政治文化有两方面，即政治文化化与文化政治化，前者表明，一定的政治体制通过有效的政治社会化手段可以内化而成为共同体成员的政治文化观念；后者则表明，政治运行无法离开特定的文化背景，并受到文化因素的制约与改造。从这一点出发来看"文革"，不难看出，政治与文化的交互作用、相互制约，在整个"文革"过程中表现得异常突出。《毛主席的孩子们》按作者的观点叙述了一个完整的政治社会化过程，不足之处在于，作者对于文化的政治化，亦即文化因素对政治过程的影响，显然注意得不多，从而给人以隔断历史的感觉。

《毛主席的孩子们》即将付梓，编辑和译者约我写几句话，借此呼吁几句，开展"文革"社会生活与文化、心态的研究，权以为序。

刘泽华

于南开大学政治文化研究中心

1988 年 11 月 10 日

《正统论与革命观》序①

　　前几年我曾为学凯同志的《制胜韬略》一书作过序。该书是一部研究《孙子兵法》哲理的专著,深受读书界的好评,一版再版,实属难得。据我所知,从那以后,学凯同志便把主要精力投入本书的写作。前两年他写出了初稿,我曾粗粗拜读过一遍,总的印象是:内容博大,论述精细。当然,也提出了一些无关宏局的建议。我没有想到学凯同志竟是那样的严格要求自己,对全稿进行了一次大幅度的修改和补充,这就是摆在面前的这部鸿篇巨作。

　　正统与革命问题,是中国历史中的一个全局性问题,无论从事哪方面的研究,都会遇到它,都必须与它打交道。所以众多的学者从不同的角度或多或少都有过论述。据我不准确的印象,研究史学史的先生们论述尤多,饶宗颐老先生最早还出版了专著。前贤的研究无疑为学凯同志提供了丰富的营养,但像学凯同志这样从整个思想史的角度去系统地、详细地考察这个问题,应该说前人还没有做过。所以学凯这部著作的出版是值得庆祝的事情。

　　"正统"和"革命"在中国思想史上,是两个相反而又相成的"组合"命题。这里所说的"组合",不是我们加上去的,而是在历史中形成的"胶结"关系。"正统"是合理、合法、秩序的现实体现;"革命"则是合理、合法、秩序的理想境界;"正统"的起点是"革命","革命"的目的是建立新的"正统";"正统"是在朝的旗帜,"革命"是在野的旗帜,"革命"的目的是矫正或取代现实的"异化"了的"正统";凡是获得了"正统"地位的势力和人,几乎都忌谈"革命",可是在理论上任何人又都无法取缔它,于是"正统"与"革命"之间常常发生相当紧张的关系;"正统"和"革命"尽管有时会发生冲突,但所维护的又都是王权主义体系,等等。

　　"正统"和"革命"的组合关系有着极大的容量,以至于历史上最伟大、最

激进的思想家都不能从中走出来。如果我也借用"怪圈"这个词,"正统"与"革命"就是一个"怪圈"!这个"怪圈"对中国传统思想文化有着极大的影响,很值得分析。学凯同志的这本书在这方面做了很有力度的思考。

　　据我所知,学凯同志既肯于下苦功读书,又长于理论思维,所以他写的东西不是舔一下就能知其味的, 只有像含橄榄那样慢慢地咂吮才能体味其美。谓予不信,不妨一读。

《权力宰制理性》序①

　　权力与理性的关系问题是中国传统社会的一个全局性问题,它涉及对于政治权力的制约与规范。对此学界有截然不同的评价,葛荃的书名已经把他的观点和盘托出了。

　　与葛荃的看法相反,另有一种很有影响的观点,认为"理性"制约和规范权力。新儒家是这一观点最有力的倡导者和鼓吹者。

　　从历史资料看,这两种观点各有典型论述,支持前者的又"君也者,道之所出也""道,王道也。王者,人之始也""王无道可也,不可无天子";支持后者的又"以道事君""道高于君""从道不从君"等。当然,谁也没有仅仅依据几句断语作为自己立论的全部证据,但这无疑是最关键的证据。

　　如何判断上述两种截然相反的观点?当然不可能有一个判官来决定是非、曲直、正误,分歧只能长期存在和争论下去;谁关心这个问题,就由谁来选择。我借着为葛荃作序的机会说一下自己的看法。

　　先说一下中国政治思想的结构问题。在传统政治思想中,我们的先哲几乎都不是从一个理论元点来推导自己的理论,呈现出来的是一种辩证结构。这种结构的特点我称之为"阴阳组合结构",有时我又称之为"混沌"结构。说起来有点麻烦,这里不妨先开列一些具体的阴阳组合命题,诸如:

天人合一与天王合一

圣人与圣王

道高于君与君道同体

天下为公与王有天下

尊君与非君

---

① 葛荃《权力宰制理性》一书序言,南开大学出版社,2003 年。

正统与革命

公与私

民本与君本

人为贵与贵贱有序

君子与小人

等级与均平

纳谏(听众)与独断

权力独揽与分事

华夷之辨与四海一统

"四勿"与人各有志

党与党禁

教化与愚民

王遵礼法与王制礼法

民为衣食父母与皇恩浩荡、仰上而生

理想与寄希望于圣王

从道不从君与臣谬论

文与武、德与刑

无为与有为

……

我开列了这一大串,一是为了说明这一组合命题的普遍性;二是向读者预告,我们要围绕这些命题写一本书,具体阐述我们的看法。

这里我用了"阴阳组合结构",而不用对立统一,是有用意的。中国古代的阴阳关系有对立统一的因素,但与对立统一又有原则的不同。对立统一包含着对立面的转化,但阴阳之间不能转化,特别是在政治与政治观念领域,居于阳位的君、父、夫与居于阴位的臣、子、妇,其间相对而不能转化,否则便是错位。因此阴阳组合结构只是对立统一的一种形式和状态,两者不是等同的。我上边罗列的各个命题,都是阴阳组合关系,主辅不能错位。比如在君本与民本这对阴阳组合命题中,君本与民本互相依存,谈到君本一定要说民本;同样,谈到民本也离不开君本,但君本的主体位置是不能变动的。

葛荃于本书论述的权力与理性的关系,大致说来与"君统"和"道统"的关系相近。在时下的学界,有相当的人主张"道统"高于"君统"、制约"君统",士人是"道统"的体现者和承担者,于是士人是独立于君权之外的一种社会力量。葛荃的看法正好相反,结论干脆利索:权力宰制理性!

其实,我们只要关照一下中国的历史过程,不难发现,权力宰制理性是中国的基本历史事实。葛荃同志在书中有详细的论述,我无须赘言。现在我想向主张理性制约权力的先生们提出一个问题,就是我们俗话说的秀才遇到兵的问题。秀才与兵的关系,大致说来就是理性与权力的关系,亦即道统与君统的关系。我们的民族智能是如何判断秀才与兵的关系呢?人所共知,其结论是:有理说不清!

我们的君王对所有的臣民有现实的生杀予夺之权,有"偶语者弃市"的暴烈手段。试问,理性有什么办法和手段来迫使君王就范呢?理性对权力的制约必须有制度的保证,比如有程序性的制约体制,才可能有对权力的制衡;有权力的任期制和禁止权力遗传,才可能制约权力的无限膨胀等等。否则,无形的理性是不可能制约有形的权力体系的。总之,在中国古代社会根本不存在理性制约权力的历史环境。离开历史过程,从纯粹的语言逻辑上作判断,是难于符合历史实际的。

最初我与葛荃同志商议共同写这本书,由于个人方面的原因,主要是我的健康状况不济,就撒手不管了。我与葛荃同志有多年的合作经验,有多部共著的书稿和文章,在学术观点上大体接近。他写出这部书,我感到十分高兴。谨以本文为序。

《中国古代体育文化史》序①

体育是人类健康之具,是育人之道,是民族之气,是精神与意志之形,是人体动态艺术之极,是人类和平交流之使。体育者,国民之大事也。

南开大学老校长张伯苓在 20 世纪前期有感于当时"东亚病夫"之状,大声疾呼:"强我种族,体育为先!""东亚病夫"是封建帝国衰败之象;如果翻开历史的长卷,我们的民族在很长的历史时期里是有过骁勇、健壮的辉煌的,体育则是令人耀眼的斑斓。在古老的摩崖石刻中有矫健引弓射箭的勇士,这固然是射猎的写真,但何尝不可以视为体育竞赛的滥觞。孔子的教育科目有"射"一项,就是古老的体育课。老夫子说:"君子无所争,必也射乎!揖让而升,下而饮。其争也君子。"大意是,君子没有什么可争之事,如果有所争,必定是射箭比赛。比赛时互相作揖走入场地,比赛后互相祝酒。竞赛是很有礼貌的!可见我们民族的体育竞赛由来已久,而且有文质彬彬的比赛规则。

中国古代的体育丰富多彩,如导引养生、蹴鞠击鞠、武舞田猎、摔跤武术、博弈等等,项目繁多。具体而论有学校体育,有军事体育,有贵族体育,有民间体育,遍布于整个社会。近代以来又有国外的各种体育项目传入,可谓锦上添花。

体育可谓是一种文化。它是整个人类文化的一个组成部分。体育史是专门研究作为社会文化的体育之产生、发展过程及其规律的一门学科,它是体育学和历史学的交叉学科。综观目前的情况,对中国古代体育的研究尚处于拓荒阶段,有许多问题需要进行考证和发掘。

---

① 杨向东《中国古代体育文化史》一书序言,天津人民出版社,2000 年。

青年学者杨向东勇敢地闯入这块尚待开垦的处女地,把体育文化作为整个人类文化的一部分来进行研究,这无论是对体育学还是历史学都具有开创性意义。书中图文并茂,综合文献和考古资料,生动活泼。在此,谨向杨向东同志致贺,同时希望更多的年轻朋友到这块处女地来参加耕耘! 是以为序。

《先秦儒法源流述论》序①

　　政治文化这个词很早就出现了,我印象中20世纪二三十年代有一本书,把中国文化的特点称为"政治文化"。近二十年来说的政治文化主要受西方政治学理论的影响,而且又把它引入历史研究。人们对政治文化的理解有很大的差异,作为方法论人们也有不同的运用方式。约略而言,国内对政治文化的理解大致有四种类型。第一种是广义的,涵盖政治方面的物质文化与精神文化,诸如政治心理、政治信仰、政治思想、政治制度等,都属于政治文化的研究对象;第二种是狭义的,主要是研究政治心理,诸如政治态度、政治信仰、政治情感等;第三种介于上述两者之间,以研究政治中的主观因素为主,诸如政治思想、政治信仰、政治价值、政治意识、政治心理等;第四种指涉及处于政治和文化的交界面上、兼有政治和文化性质的有关事项和问题。

　　韩星所理解的政治文化有其特点,他说:"本文拟从政治文化的角度,即从政治思想、社会政治制度演变、分化及整合的史实来在前人的基础上进一步研究先秦儒法思想源流问题,同时又使这一问题归结到秦汉之际的政治文化整合,为中国两千年封建社会初步确立基本政治文化模式上来。"又说政治文化是"指介于政治,法律和政治思想之间的稳固的有机结构体",亦即"政治文化模式(形态)"大致说来与上述第四类相近,但又有别。

　　现在有一种学术呼吁,要求概念的同一性。比如,呼吁把"政治文化"回到阿尔蒙德的"政治心理"意义上使用。这种呼吁不能说没有道理。就一个人的著作而言,基本概念绝对应该统一。但在学术界事实上这是做不到的。一个概念的含义有约定与成俗的一面,但概念又是一个不断丰富和创建的过程,后者更具有意义。韩星的特点是在"政治文化模式"上来把握政治文化。

---

① 韩星《先秦儒法源流述论》一书序言,2003年6月。

韩星申明,他的研究方法是"继承和发展侯外庐学派思想史研究与社会史相结合的方法,把思想史发展放在社会结构变动的过程来审视"。我认为这一点十分重要。说到侯外庐先生,我多少有些悲哀,在新的西潮大流中,新生代的学者对他老人家有些淡忘或冷漠。这固然有情可原,比如,在侯先生文字中不能没有那个时代的八股气,但只要冷静地比较,可以说先生的八股气是那个时代最少的,他在创造性地运用马克思主义方面,是史学界最有勇气和成绩最为突出的代表之一。有过那一段历史经历的人都知道,侯先生曾或明或暗多次充当过修正主义的靶子。其实冷静想想,不修正如何发展,如何创新? 侯先生给我们留下的遗产具有反刍和咀嚼的价值。把思想史与社会史结合起来进行研究,就是侯先生的最大特点之一,他在这方面取得了令人瞩目的、不朽的成果。今天看来,侯先生在论述思想与社会的结合时或许有阶级分析的机械之感,但其方向是不可移的,其思路仍然是我们今天认识问题的坐标之一。韩星自觉承继侯先生,我认为是学界的一件有意义的幸事。承继并不是简单地模仿,韩星在进行思想与社会相结合的过程中,更关注社会与思想的普遍现象。比如,他把祀与戎作为礼与法的源头,这是很有道理和说服力的。在近一二十年的研究中,人们比较关注宗教与祭祀问题,并视为中国文明的源头。这种看法无疑有相当的依据,但也有不足之处,这就是忽视了"戎"的历史作用与意义。"国之大事,在祀与戎",把戎的地位说得再清楚不过了。我们应充分注意武力在中国历史上的作用与意义。正如韩星在文中提到的,祀与戎是中国文明的两轮,缺一则仄。现在许多学者特别看重三代的封建制,而封建制恰恰是以武力征服为前提的。在封建制下盛行的奴役制(奴隶制、农奴制及其混合制等)应该说在很大程度上是以武力征服为必要条件的。我们不能忽视宗教祭祀在组建社会秩序上的作用, 但更不能忽视武力征服的作用。三代的兵、刑是不分的,因此把戎视为法的源头是非常合乎情理的。其实,法家就是兵刑家。战国时期法家发动的社会改革都是以富国强兵为中心的,而强兵又是重中之重。韩星把戎与祭祀并列为古代政治文化的源头和社会依据,可谓切中肯綮。

　　有一种看法,把法家视为儒家的分蘗,又把儒家视为宗教祭祀的流变,这样从文化源头上把法家给阉割了。韩星的大作有力地反驳了这种偏见。

　　把政治文化用于研究历史还在试验和摸索期,至今还没有一个公认的样板。韩星的研究侧重于宏观的把握与分析,从目录看,这些问题并不陌生,人们从思想史、哲学史等不同角度进行过研究。韩星的贡献是恰恰在人们熟悉的问题上进行了新角度的探索。时下史学界的研究有一个值得注意的现象，就是搞专深的问题。专深有专深的优长之处，然而也有把历史碎化之弊。在这种风气下，韩星举学之大端，析历史之要脉，诚可赞叹。

　　我曾是韩星博士论文的评阅人，他在博士论文基础上修订成书，要我作个序，仅拉杂数句，滥竽充数。

《王权与社会——中国传统政治文化研究》序

目前学术界,特别是历史研究领域的一个突出现象是,在纯学术的旗帜下,学术视野变得越来越狭隘、学术趣味也变得越来越猥琐了。专家们局促在自己的那一方"井田"里精耕细作,把大道荡荡的知识国度搞成了阡陌纵横的分割世界。历史学的重头本应是关乎天人之际、通古今之变的知识探求,但被强大的纯学术之风吹到了边缘,甚至被嗤之以鼻:哪是什么学问,是假问题! 在我看来,被斥之为"假问题"的诸种问题,没有一个是"假"的,无论如何应是多元认识中的一元。当然那些教条主义应该纠正,但在纠正教条主义时,一些人有意识或无意识地忘却了马克思,也放弃了马克思那种总体论的历史观,还放弃了马克思具有的那种宏伟的人类视野和为真理而献身的道义情怀,从而不可避免地陷入了琐碎和沉闷之境,并且远离了社会现实的需要。学术无疑要走多元化之路,但类似马克思的那种宏伟的人类视野和为真理而献身的道义情怀是无论如何也不能被忘却和淡化的。

尽管我的智力有所不逮,但我尽可能地在研究中赋予一种全局性视野。这些年我主要用力于思想史研究,我所关注的不仅是思想理论的历史过程与内在逻辑、社会历史生活的生动形态,还有思想与社会相互生成的原理和机制,一句话,研究的不是思想加社会,而是思想所灌注的社会、社会所生发的思想,以及两者之间相互作用的关系方式。我和我的同人朝着这个方向努力,但所获还是很有限的。

我对中国历史的解说是围绕着一个核心概念进行的,就是"王权支配社会"。1984 年《学术月刊》发表了我的《论中国封建地主产生与再生道路及其生态特点》一文,1986 年《历史研究》发表了我的《从春秋战国封建主的形成看政治的决定作用》一文,在这两篇文章中我论述了"政治特权支配社会、支配经济"和对社会结构的塑造作用。1987年三联书店(北京)出版了拙作《中国传统政治思想反思》一书,我使用了"王权支配社会"来概括我对中国历史特点的认识。后来我又把"王权支配社会"称为"王权主义"。所谓的"王权主义",大致说来包括如下三个内容:"一是以王权为中心的权力系统,二是以这种权力系统为骨架的社会结构,三是与上述状况相适应的观念体系。"在我看来,中国传统社会占支配地位的,不是经济力量决定着权力分配,而是权力分配决定着社会经济分配;王权既是一种社会组织结构,也是一种社会资源运作体系;而作为中国传统政治文化之精魂的"王权主义"或者说"君主专制主义",既是一种社会组织原则,也是社会"正义"的源泉和依据——如,作为其核心范畴的"王道"包含了"圣明""大公无私""均平""明君""清官"等理念,成为社会理性和道德的最高体现。

需要强调的是,我没有对"专制王权"进行简单的"善"或者"恶"之类的定性,而是在历史进程和历史的矛盾中描述和定位。作为一种原发性的社会秩序和社会资源控制与分配体系,我承认它的必然性和历史合理性的一面。对专制政治所内涵的各项要素,如君主、以郡县制为特征的行政体制、儒、法、道互补的政治理论与统治技术、以儒学为主体的意识形态体系等,我们也作如是观。它们都是大一统专制王权的有机组成部分,对它们的评价不能脱离社会历史的实际状况。

而正是从这个认识角度,我无奈地发现,儒学,在许多人眼里是闪耀着人性光辉的"人学",在我看来,它实际上是专制主义最深厚的土壤,因为它从一开始就全面参与到了专制权力机制的建构当中。可以说,儒家学说的每一个重要理念,都与专制王权血肉相关。如儒家奉为立身之本的大公无私的"道",实际上为王权提供着形而上依据和合法性证明;被视为儒家思想精华的人文主义,强调的是一种总体主义的、整体论的价值取向,最终导致的结果就是"使人不成为人";"天人合一"观念,被目为传统文化的精粹,现代崇儒者认为它启示了人与自然关系的最佳模式,具有普遍性价值和意义,然而在历史上它的核心乃是"天王合一"的另一个说法,是天子神话的一种生产机制;被许多研究者径直等同于"民主"的"民本",实际上是专制权力与生俱来的自我制约机制。总之,在我们看来,儒学不仅是专制王权的理论基础,也是专制王权的生产者和哺育者。

在这里,我想有必要作一个自我表白:我并不像有些人认为的那样,是一

121

个心地阴郁的恨世者,一个否定传统文化的虚无主义者;并不是专意要跟伟大传统过不去,决意为中华文明抹黑。相反,我爱这个国家,爱我们民族所创造的所有伟大和美好之物。只是,我强调的是,在开始大规模的新文化建设时,我们还有太多的基础性清理工作要做。我爱我们的国家,爱我们的民族,所以要对她衰颓的经络痛下针砭,对她久疴的病灶厉加刀锯。我希望她保持对现实的警觉,通过自我批判维持日进日新的健康机能,而不是在自我粉饰的辉煌里沉溺不返。我相信,我们的看法离历史事实不远。即便天荒地老而世不我知,也无怨无悔:虽千万人,吾往矣!

今年我七十周岁,有的学生提议搞一些活动,以示庆祝。对那种劳民伤财的形式主义的东西,我向来是反对的。并且自感虚度七十春秋,实在没有什么可张扬的。但大家一再坚持要有所表示。考虑到他们也许需要一个相互交流和协作的机会,我提议:我们一起研究一个问题吧,这个问题就是"王权与思想和社会"。这是一个中性的题目,如何论述,自行其便。于是乎,有了这本呈现在读者面前的论文集。

本书的作者都是我的学生。他们分散在海内外,年龄相差悬殊,有多位已是博士生导师,也有刚毕业的博士,性格与文风也各不相同,但大体是围绕着"王权与思想和社会"这个中心措笔的。其中有对权力与社会相互作用机制的探讨,有对核心理念的社会生态学的考察,有对儒学传统的批判,也有对方法论的探索。由于事起仓促,加上有的作者年轻气盛,好作回天转地之言,荒唐与偏颇之论在所难免,奈何!

是为序。

刘泽华
于南开大学洗耳斋
2005 年 2 月 25 日

《秦汉社会保障研究》序①

王文涛的博士论文《秦汉社会保障研究——以灾害救助为中心的考察》经过修改,即将出版。作者请我作序,作为论文的指导教师,我很乐意就这个问题谈几点个人的看法。

社会保障的特点是多方面的,历史性是其基本特点之一。社会保障经历了几千年由不自觉到自觉的发展过程,才衍化为现在的情形。人们要求社会保障的思想萌芽很早,随着国家的产生和国家机器的完善逐渐形成,并发展为各种不同的学说。中国古代发达的农业社会形成了早期农业社会保障的雏形。《周礼》中的"以荒政十有二聚万民"和"以保息六养万民"均属于社会保障的范围。当然,那时还没有社会保障的说法,但孕育为后来社会保障的萌芽,也是不争的事实。春秋战国时期,我国就已经出现了一些保障措施,当然,严格地说还不能算是社会保障,只能算是一种早期的社会自我保护方式。这种保护性的社会调节,以施舍为突出特点,所以,它不可能为社会成员提供安全感和自尊感。这种保障的实施,往往伴随着强迫性的劳动,而且受社会生产力发展水平的制约,表现出鲜明的主观随意性和不可控性。在继承先秦社会保障的基础上,秦汉时期的社会保障又有了新发展。

社会保障是现代国家和文明社会的标志。社会保障是一个十分古老的命题,但将其作为一门科学进行系统研究,却并不早。1935年,美国制定了著名的《社会保障法案》,在历史上第一次提出了社会保障的概念。此后,社会保障逐渐从局部性问题发展成为当今世界的一个重大问题。中国学术界关于社会保障理论的研究起步较晚,从新中国成立算起只有五十多年的时间,理论上也不成熟。中国古代社会保障史是社会保障学的有机组成部分,也是历史学研究的题中应有之义,然而,目前有关中国社会保障史的研究现状却很不乐

---

① 王文涛《秦汉社会保障研究》一书序言,2007年4月。

观,已有成果主要集中在荒政史方面,对其他社会保障措施的研究甚少,关于秦汉社会保障的研究还是一片待开垦的处女地。研究社会保障史的困难,在于自古以来保障尚无史,前无古人可鉴,后无今人可法。王文涛关于《秦汉社会保障研究——以灾害救助为中心的考察》的研究课题,就是在这样的学术背景下确定的。本书对秦汉时期的社会保障问题进行了系统、深入的考察与梳理,是社会保障史研究的新成果。作者的研究工作有这样几个特点:

首先,对秦汉社会保障的基本类型做出界定,并就每一种保障措施的特点和作用做了有益的探索和揭示,在某种意义上深化了秦汉社会史与政治制度等问题的研究,并为开展当代社会保障工作提供了古代历史上具有典型意义的借鉴实例。由于以往此专题研究成果甚少,这也体现了作者立于学术前沿知难而进的探索精神,并且决定了本书选题所具有的重大学术价值与理论意义。

其次,本书的学术价值集中表现为方法上的科学与学术观点上的创新。就方法而言,其显著特色是以对文献、考古资料的全面掌握为基础,同时将考证与计量统计方法有机地加以结合,对灾害的分类考察和综合分析都在原有学术基础上实现了显著的推进,显示出多学科交叉研究的学术优势。作者对秦汉时期发生的诸多灾害做了全面、缜密的梳理考定,附录"秦汉时期自然灾害年表"和"秦汉时期自然灾害分类表",是灾害文献独到的整理成果。作者还注重宏观把握与微观剖析的辩证统一,以洛阳地方的灾害资料作为个案研究的对象,表现出值得称许的学术眼光。就观点而言,论文不囿成说,积极探索,善于创新,对相关问题提出自己独到的见解,如阐述秦汉社会多元性和等级性特征,梳理秦汉时期军人优抚政策的内容及其历史变迁,论证秦汉时期社会保障临时性措施与制度化立法并行互补,解读社会保障因其对象不同(社会下层与社会上层)而导致措施上的重大差异等等,皆自出机杼,言之成理,有力地推动了秦汉社会保障研究的深入与细化,体现了作者驾驭研究全局的素质与善于发明的能力。

第三,注重实证,致力于史实的搜集、排比与考辨,使有关的结论建立在充分占有资料的基础之上,言之有据,信而有证,反映出遵守学术规范,求真务实的基本品格。考古资料与文献典籍的互证发明,各类图表、数据的严格排比、统计,更为研究的成功提供了强而有力的保证。

对中国古代社会保障的研究是一个新课题,作者的探索和研究分析是否深刻,是否有说服力,应该由读者来做出判断和评论。但无论如何,书中诸多问题的提出,本身就是很有意义的工作。

有研究者认为,大同社会论、积贮备荒论、社会互助论和社会救济论等构成了中国社会保障的思想基础。当这些学说变成统治政策和具体的社会保障政策措施时,又规范和指导着社会保障实践的发展。中国古代社会福利的思想和内容是从"民事"问题中衍化出来的。民事最初的含义是治理黎民百姓。封建帝王以天下为子民的观念,是中国古代社会救济的最重要的思想基础之一。统治者对民为国之本的认识,有一个发展过程。民是君主赖以生存的基础,这一点先哲早有论述,经过秦汉之变,思想家对民在政治大变动中的作用认识得更深刻了,民的向背决定着君主的存亡。在政治诸因素中,民作为社会基础是最稳定的因素,国可以易主,主可以易政,可以易吏,但无法更换民众。君主是聪明还是愚蠢,其区分标准是对民的态度和政策。统治者为了自己的长治久安,必须爱民、利民、富民。贾谊认为,作为君主与统治者的博爱之道即"养民之道""仁行而义立,德博而化富"。民的最高所有者是君主,在专制时代,垄断爱和爱有等差正是实现专制的手段之一。中国古代传统思想,特别是儒家思想中,虽然有不少重民、爱民、利民、惠民、恤民、爱民如子、民为邦本等主张和理论,这些常被人们誉为民本主义和民主主义等,其实,事情的本质未必如此。古代的重民、爱民并不是目的,一般地说,它只是一种手段,孔子讲得很清楚:"惠则足以使人。"不管人们就"爱民"问题讲了多少美好语言,民基本上是被恩赐和被怜悯的对象。

以德治天下的思想与社会保障关系密切。在治国政策原则的选择上,董仲舒继承儒家的传统认识,选择以德治为主。他遵照天人合一的认识逻辑,把实行德治也说成是天意的体现,能以德安民是天选择受命之君的主要条件,受命之君要遵循天道"任德"以治理天下,因而实施德治乃势在必行。他认为,以德治天下主要包括两个方面。

其一,行教化。"圣人之道,不能独以威势成政,必有教化。"董仲舒极其重视教化的政治功能,把教化喻为堤防,认为假若堤防毁坏,必然奸邪雍溃,"刑罚不能胜"。因此,聪明的帝王无不"以教化为大务"。通过广泛的宣传教育,使三纲五常、仁义之德被人们普遍接受,化作行为选择的指导原则,使每个人都能成为君主的忠臣和顺民。教化能取得刑杀手段难以取得的统治效果,经由教化以规范人心、敦厚风俗,是实现德治理想的重要途径。

其二,施仁政。董仲舒认为,仁是天固有的德行。君主效法天道治理天下,就要推行以仁治国。贫富对立是当时最严重的社会危机,极不利于政治稳定。为了消除危机,防范动乱,必须推行仁政,反对统治者与百姓争利。他深知民是君的统治对象和财利之源,百姓生活相对稳定与政治稳定密切相关,设想通过对统治者的某种限制,使"民财内足以养老尽孝,外足以事上共税,下足以畜妻子极爱"。只有保障民的基本生活需求,才能最大限度地满足统治者的物质利益和巩固君主政治的社会基础,这就是董仲舒倡行仁政的真实目的。汉代思想家主张以德治天下,但并不排斥刑罚,只是认为不可专任刑罚,以德为主,以刑为辅。董仲舒的德治在总体上并没有越出孔子"教而后杀"的格局,以德治天下决不意味着君权的削弱或专制程度的减轻,而是维护政治稳定的更高明的手段。

以德治天下表明董仲舒治国原则的立足点是调节。他一方面严格等级规范,坚持君权至上;另一方面又试图限制贫富分化,缓和社会冲突。在他看来,理想的政治局面是实现"中"与"和",就是通过调节而形成一种融洽和谐的最佳状态。中、和本是天道运行的最佳状态,当天道作用于人类社会,在调整等级关系方面,也要形成和保持融洽和谐的状态,要防范一方压倒另一方,或是造成双方之间的对立和冲突。"能以中和理天下者,其德大盛。""以德治天下"正是中、和标准的政策体现。《礼记》的作者也一再告诫统治者,为政务在调和,调和之道在通民情,调和之术在把握度量,调和落在实处,即轻徭薄赋,实行授田,每夫百亩,养孤敬老,进行教化等。

一般说来,调节社会各阶层利益、保持社会关系相对稳定是国家的职能之一,任何一个政治实体也都把实现社会的和谐与稳定作为重要的政治目的之一。从这个意义上说,中和论在认识上与国家职能相顺应,有其应予肯定的一面。然而,君主专制政治的本质是占有权力和财富的极少数奴役社会的绝大多数成员,普遍的贫富对立和社会冲突是根本不可避免的。因之,中和论的认识价值要高于它的实践价值,明白了这一点,那么在古代中国,德治仁政一再被人们提出,而中国古代的"治世""盛世"又屈指可数也就不足为奇了。

秦汉政府不仅在经济上采取了一系列尊老养老的措施,而且将其提到政治的高度,借政策、舆论和礼法之功,来实现"老有所养"。与尊老养老密切相关的伦理观念是孝。两汉时代,随着儒学与政权相结合的完成,忠孝之道凭借政治势力而对全社会的伦理政治行为导向产生了巨大的强制力,人们自觉或不自觉地都以履行忠孝之道作为自己毕生亲躬的政治义务，并无选择的余地。这一普遍的忠孝义务实践过程正是理论上的忠孝伦理准则的社会意识化过程。帝王在发号施令、统理天下的实践中体味"为民父母"和"大孝以天下养"；士民百姓在效忠君主和官长，以及日复一日的敬养父母的辛勤劳作中，体味服从权威的"为人之道"。忠孝之道的价值规定通过这样的途径日渐深入人心，逐渐扎根于人们的观念和意识之中，最终形成了全社会对忠孝之道的全面认同。"汉家之制，推亲亲以显尊尊""以孝治天下"被奉为基本国策，直接影响到某些政策方针的制定。在人们结成的所有社会政治关系之中，血亲关系是最基本的社会关系。"人情莫亲父母"，孝亲义务的主要功能是敬养父母，维系人们的血亲关系，在实际社会政治生活中，较之旨在维系政治统属关系的忠君义务而言，更容易为人们看重和履行。

汉代思想家倡导的以民为"体"、爱民论、调和论等，与君主专制是不矛盾的。前者是实现后者的条件，而不是对后者的否定。君主是天下之大父母，政治关系与伦理关系结合为一。在宗法制度下，父母与子女，血亲关系与占有、支配关系胶结为一体。作为民之父母，无疑要宣扬爱，"古之为政，爱人为大"。这种爱不是以相互之间的平等为基础，而是以父权－君权相结合的双重占有、双重支配为前提，"敬"所体现的是贵贱、上下、主从关系。君主父母化，固然增加某种亲切感，但更增加了威严的神圣性。君、父在观念上一体化，把君主进一步置于独一无二的专制地位。恩赐的爱，对被恩赐者虽不无好处，却为进一步剥夺和占有提供了更多的依据。

最后，我说几句期望的话。文涛是我最后所带的几位年龄已超过四十五岁的"老学生"之一。他们这一代人的经历比较特殊，经过狂热的年代，卷入过封建观念大泛滥，务过农，做过工，恢复高考再读书。文涛也经历了务农、做工的洗礼，中师毕业后到中学任教，之后读研究生，又到大学教书。从某种意义上说，这种复杂曲折的特殊经历也是人生的一笔财富。他们这一代人刻苦勤奋，思想有深度。我祝愿他们这一辈学人，当然包括文涛在内，能继续奋发，为国家振兴、民族发展和文化昌盛做出更多的贡献。是为序。

《傅斯年传》序①

由于错综复杂的原因,傅斯年长期被打入另册,偶尔见诸报端,也仅仅是被敲打的对象。在一代人中,傅斯年几乎从人们的记忆中消失。直到 20 世纪80 年代末,才开始把傅斯年从箱底重新翻出来。马亮宽同志是最早的、用力最勤的学人之一。他的大作《傅斯年的教育思想》一书是重新评价傅斯年的扛鼎之作。从那以后亮宽同志一直用力于傅斯年的研究,他两次赴台湾,搜集有关傅斯年的第一手资料,台湾学界朋友伸出友谊之手,向他开放所有尚未公开的档案,任其竭泽而渔。这本书就是亮宽同志多年来的一部新作。

在中国现代史上,特别是学术史,傅斯年是一位不可隔过的人物。他作为新文化运动的健将、学生运动的领袖之一,参与创办了《新潮》月刊,组织、指挥了五四运动的学生大游行,在历史的潮头浪尖上风云一时;他创办了历史语言研究所,组织了殷墟发掘和明清大库档案的整理,以身作则倡导科学的研究精神和方法,亲手提拔、培养了大批历史、语言、考古、人类学等专门人才,以其忘我的工作热情和卓越的组织能力极大地推进了现代中国学术的发展;他在抗战胜利、北大复员之际以舍我其谁的气概艰难自任,于泥沙翻涌的混乱局面下一举奠定了北大的朗朗乾坤;1949 年赴台后他任台大校长,在专制铁幕日渐沉重的肃杀氛围里一柱撑天,捍卫了学术的独立和尊严,从而以一个实干的、富于牺牲精神的教育家在中国现代教育史上写下了浓墨重彩的一笔;他是一位热心政治,但坚守"议政而不从政"的态度,从事舆论监督,比如抗战期间他以《独立评论》为阵地,左右舆论,指点时政,炮轰孔祥熙,痛砭宋子文,以区区一介国民参政员身份向前后两任行政院长发难,赢得了"大炮"的声誉。人生做一两件有意义的好事足以铭刻青史,傅斯年为善多多,是无论如何也不能被我们忘却的。

---

① 马亮宽《傅斯年传》一书序言,2008 年 5 月。

傅斯年兼擅文理,通贯中西,为人、为学无不淋漓畅快,从大处着眼的气概与洞彻幽微的识见,传统的体贴功夫与科学的实证方法,情感的蓬勃热力和智性的清明条理,疾恶如仇的风骨与人性自然的温情,在他身上结合在了一起,使他作为传统文化所哺育与新文化所培养的新旧交替时期一代大师而具有说不尽的魅力。在他身上既有传统士人和现代自由知识分子之间人格张力造成的苦恼和挣扎,也有两者的兼容和相安。傅斯年的历史意义在于:作为一个样本、一个范例,揭示了一个类型的有理想、肯担承的知识分子在现实与历史的多重制约下如何自我定位、自我期许、自我成就。

自由主义对培育人格独立精神以及推进自由、民主的发展有着不可估量的历史贡献,但是作为自由主义者个人也不可能不受历史的局限或有自己特定的历史选择。马亮宽把傅斯年定位为受传统思想影响的自由主义者,我认为是比较准确的。由这个角度去审视傅斯年的社会政治思想,就比较容易解析他的许多矛盾。那个时期在社会政治思想领域是多元竞争时期,许多人是兼收并蓄,前后有很多变化,傅斯年就一度自称是"自由社会主义"。如何概括傅斯年的社会政治思想,我想还会有争议,但从主流看他仍不失为那一代自由主义中的荦荦大者,是现代知识分子中一个类别的卓越代表。

傅斯年去世至今已过去了半个世纪。对于五十年后的我们来说,"现代知识分子"仍然还是一个比较空洞而缺乏分量的概念。就我这一代人来说(我已年过古稀),多数人大致经历了三个阶段:开始是集体性的诚心投诚,到后来变为集体性的失语,再后来则是集体性的无所归属的漫游,像失掉飞翔能力的鹰隼安于在泥土中刨食,忘却了先行者以血肉之躯搏击出的天空。在这种情势下,如果我们回过头来重新审视傅斯年,会有所启迪,有所感悟,甚至会猛然一惊地想起什么。

我想亮宽此著的意义,不仅在于它提供了大量第一手的资料、提出了富有创见的一家之言,更在于它提供了一个交流和争论的契机。关于傅斯年,随着讨论的深入,人们会发现有越来越多的话要说——不知天下荦荦士君子以为然否? 是为序。

刘泽华
于南开大学洗耳斋
2008 年 5 月

《民国乡村教师社会角色研究》序^①

教育在社会中处于什么样的地位,古往今来有许多不同看法。在很长时期,我们把教育视为上层建筑的一部分,而且在上层建筑体系中,又用阶级性定位,将其从属于政治,于是教育为政治服务成为必须的和前提性的规定。在我从事教师职业近六十年的经历中,前三十年我完全赞成上述观点,并身体力行为政治服务。"文革"时期的教育革命应该说是这种理论极致化的产物,也就是说,上述理论导致"文革"时期的教育革命是合乎逻辑的。如果说"文革"时期的教育革命与此前有什么不同的话,大抵也就是五十步与百步的区分。当然五十步与百步还是有区别的,五十步还能过得去,到了百步就走到了尽头,这个尽头就是教育遭到前所未有的大破坏。在这个巨大的苦难面前,我逐渐发生了疑问,这个疑问就是:教育能用阶级来定性吗?

1979 年《教学与研究》杂志发表了我与王连升同志合写的《关于历史发展动力问题》一文,这是引起史学界"历史发展动力问题"大讨论的由头文章之一。我们在该文中有一段涉及教育社会定位问题的论述,文字如下:

> 拿作为上层建筑内容之一的教育来讲, 一开始它就诞生在一定水平的生产力及与其相适应的生产关系的基础上。教育是由教育方针、教学内容以及相应的教学和教学方法等组成的。教育方针在阶级社会里是由生产关系决定的,是有阶级性的;而教学内容有的有阶级性,有的则无阶级性,如自然科学部分。至于具体学科则更为复杂,如心理学,既研究人的自然性,又研究人的社会性,可称之为边缘学科。就教学方法而言,有的有阶级性,有的是属于认识规律与思维规律在教与学上的应

---

① 姜朝晖《民国乡村教师社会角色研究》一书序言,2008 年 7 月。

用,本身是没有阶级性的。自古至今,随着人类社会形态的更替,教育中那些带有阶级性的东西被不断淘汰、更新,而无阶级性的那些部分则不断得到补充、提高、完善,在历史的长河中具有连续性、继承性。

三十年前还是"两个凡是"时期,当时提出教育的非阶级性问题,无疑属于异端。现在宽松多了,允许多元说法并存和讨论,不过时下占主流的依然是用"阶级""主义"来范定教育。我现在的看法与前稍有不同的是:一是更强调教育的非阶级性方面,即现代教育的社会性比阶级性更突出;二是认为教育也不全属于上层建筑,因为现代的教育有很大一部分是属于"第一生产力"的科学与技术,把这些归在上层建筑中显然是不当的。

现代教育与古代的教育有很大的不同,古代的教育基本上是从属于阶级和政治的,现代教育则是社会中一种相对独立的领域,应该说它与政治、经济等是并立的,说不上谁服从谁,也不应该是单项的服务,而是互相制约和互相服务的关系。由于教育是一种"混合体",我承认教育有阶级性因素,社会不同的"阶级"和"主义"必然要向教育领域扩展;但不管如何,我们不宜、也不应该再把教育简单装进"阶级"和"主义"的口袋。

民国初年关于教育独立问题的讨论应该说是从西方引进的一个命题,但它适应了当时中国教育向现代化的转变与发展的需要。因此这场讨论是教育观念一次带有根本性的大转变。然而由于复杂的历史原因,这个观念被扼制了,更没有在实践上获得生根和发展,但是作为一项思想遗产是一个很值得再咀嚼的问题。

民国初年关于教育独立问题的讨论被冷漠了很多年,姜朝晖同志把这个历史问题做了比较全面的清理,正如朝晖同志在书中所阐述的,当时的教育独立思潮的理论发育虽然不够成熟,其社会影响力也有限,然而教育独立思潮在探索教育规律方面还是贡献出了一些具有持久意义的思考。首先,教育独立思潮与自由主义的结合,彰显了教育满足受教者本体需要的本体价值,这对于摆脱政教合一的传统教育价值观的束缚,建立起符合现代民主社会需要的、充分照顾到受教者个体利益的新型教育价值观是有重要意义的。进一步来说,教育独立思潮在教育思想、教育体制、办学模式、知识分子的职业化等方面的思考,都反映了现代知识分子在更高层次上对教育事业的主体价值和独特规律的领悟,以及知识分子自身基于现代职业身份基础之上的独立人格的觉醒,这对于刚刚脱离前现代社会、正在走向现代化的中国教育正确处理政教关系具有启蒙意义。

　　教育是否是社会一个相对独立的领域？这是一个值得再讨论和再认识的大问题。如果姜朝晖的这本书能引起争鸣,我想比本书更有价值。

　　是为序。

刘泽华

于南开大学洗耳斋

2008 年 7 月

《中华民族早期源流》后记①

　　光阴如梭,敬爱的业师玉哲先生离开我们快五年了。每每忆起先生,总有一种内疚的情结萦系在心头,这是因为没能协助先生的爱作《中华民族早期源流》赶在先生归道山之前付梓。

　　先生的《中华民族早期源流》一稿倾注了其一生的心血。早在20世纪西南联大读研究生时,先生就开始用功于中华民族早期源流的考证,他的毕业论文《鬼方考》曾荣获当时教育部的嘉奖。西南联大研究生毕业之后,先生先后在几间大学任教,在繁忙的教学之余一直留心于这一课题。我于1960年开始做先生的助教,在与先生的交往与闲聊中,每每能感受到先生无暇于这个课题的遗憾。“文革”之后迎来了新的学术期,但他又被新的任务抢走。年过花甲的先生生气勃勃,拳打脚踢,应对新的挑战。由他担纲筹建了国内第一个博物馆学专业,从招收本科到指导硕士、博士,先生付出了无数心血!他应上海人民出版社的约请,修改他的《中国上古史纲》,原本只想稍事修改补充,但一展开就收不住了,几乎近于重新撰写。天有不测风云,正当撰写工作顺利进行时,先生不幸从高位摔断胯骨,失去独立行走能力,不得不长时间卧床。当时先生的书稿还有一个不大的尾巴。我几次提议,由我出面组织几位弟子帮助进行收尾。先生每次都谢绝,一再说:我有信心,你们要支持我自立!先生凭着惊人的毅力,在卧榻上独立把稿子完成,时年八十五岁!先生同时还肩负另一项任务,担任《中国历史大辞典·战国卷》的主编和撰稿人,这又占用了先生很多精力。至于学术界的领衔事务,先生也投入了不少时间。在几头并进的缝隙间,先生依然抽空撰写民族史的稿子。据我所知,在20世纪80年代末书稿已基本完成,我曾多次提议尽快付梓,先生总是说再过过眼,没想到本来很矍铄的先生竟那样快地走了。由于我远游他乡,未能及时尽弟子之责出版先生遗

---

① 王玉哲《中华民族早期源流》一书后记,2008年。

133

稿,直到2008年春我回归故里,才张罗这件事。与有关方面几经商议,最后确定由天津古籍出版社出版。

《中华民族早期源流》很快就会与读者见面了,仅以此告慰先生在天之灵!

这里借机说一点先生的学术气度。在"先秦史学会"祝贺先生九十华诞欢快的气氛中,我有一个简短的发言。在说到先生的往事时,讲了这样一句话:先生的气度之大可以用一句话来概括,这就是"能包容自己的学生做自己的学术叛徒"!这句话赢得了与会者的热烈掌声。休息时,几位当时年壮,现在已是先秦史领域扛鼎学者的同人对我说:从你的这句话中,我们知道了南开的学风,南开之所以能不断提升自己,与这种宽容精神是分不开的。

我记不清先生同我讲过多少次他年少时的一件往事。他在大学时期已经开始著文,他的一篇未发稿与前辈学者商榷,得到顾颉刚先生的赏识。没有想到此事被傅斯年先生知道。傅先生很不以为然,对他进行了严厉的批评。年少的王先生赶快把稿子取回,不再示人。没有想到傅先生仍然不依不饶,此时正碰上王先生报考北大研究生,傅先生以此为由,坚持不予录取。另外几位考官先生不赞成傅斯年的霸道,可又不便公开对立,便看傅先生给多少分。傅先生"大炮"性格,先亮出分数,其他几位则反其道,据实给了高分。傅先生见状也不能太出圈,于是折中,仅予备取。先生每给我讲这件事时,都有几分怅然,说完之后也总是加一句话:我固然年轻好胜,但也不宜压制学生的独立思考,更不能进行打击,做教师的要鼓励学生提出自己的见解。我从先生数十年,他对自己的亲炙弟子,从来都是仅设"纲"而不设"网",这个"纲"就是"言之有据,自圆其说",学生如何飞翔,皆任自由。

先生屡屡讲这件事,无疑是告诉我们一个道理,在学术上和人事上要宽容、宽容、再宽容!

刘泽华谨记

《敦煌民间结社研究》序①

　　辛亥革命前,关于中国的未来政治体制,曾经发生过大辩论。康有为、梁启超坚持君主立宪,而孙中山等革命党人坚持民主共和制。梁启超并不无条件反对民主共和,他的观点是:现实的中国不具备民主共和的条件,其中最重要的一条就是"民智未开"。他说:"数百年卵翼于专制政体之人民""既缺乏自治之习惯""又不识团体之公益",如果实行民主共和,必然危机重重,"民无宁岁",而最后仍归于专制。(梁启超《开明专制论》)中国现代化在政治制度方面的进展曲折缓慢是公认的事实,民主制度在中国近代屡遭挫折,也是人所共知。分析个中原因,包括未来走向,虽然大家众说纷纭,但是,"民智未开"说自梁启超以来就屹立不动,成为必须面对的高山峻岭。

　　孙中山先生为代表的革命派,反对君主立宪,主张民主共和,但是他的言谈中似乎也承认一个事实,那就是专制君主统治中国过久,中国人不能当家做主。老先生说过这样的话:"中国人民知识程度之不足,固无可隐讳者也。且加以数千年专制之毒,深中乎人。诚有比于美国黑奴及外来人民知识尤为低下也。""而中国四万万之人民,由远祖初生以来,素为专制君主之奴隶,向来多有不识为主人、不敢为主人、不能为主人者。"(《建国方略》)革命派主张一边革命一边开发民智,这与后来设置的训政期有着直接的联系,其隐约的前提是同意"民智未开"说的。应该承认,无论是立宪派还是共和派,都在努力探讨问题和推进问题的解决。而真正把"民智未开"当作宪政不能立刻执行理由的是清政府。1906年9月1日,慈禧公布《仿行立宪上谕》就公开正式说明,强调实行立宪条件尚不具备,其中就有"民智未开"一项。

　　对于所谓的"民智未开"说,鲁迅先生的见解别有洞天。他说:"小民虽然不学,见事也许不明,但知道关于本身利害时,何尝不会团结。先前有跪香、民

---

① 孟宪实《敦煌民间结社研究》一书序言,2009年。

135

变、造反,现在也还有情愿之类,他们有的像沙,是被统治者'治'成功的,用文言来说,就是'治绩'。""老百姓虽然不读诗书、不明史法……但能从大概上看,明黑白、辨是非,往往有决非清高通达的士大夫所可几及之处的。"鲁迅的观点与"民智未开"说形成鲜明的对立,他认为小民的见识在大问题上甚至高过自以为是的士大夫;退一步,即使有的时候百姓如沙一样散漫,那也是统治者治理的结果。那么,以鲁迅的观点来看,还有民智未开问题吗?显然没有。

其实,民主的本质是权利问题,向来跟心智无大关系。以世界范围内的普选权为例,当初不给黑人选举权,似乎也有类似智力不足的说辞,不给妇女选举权,也有所谓见识短浅说辞。关于中国人的心智,不管古代君主们及其帮闲文人说民是"愚氓",还是近代的"民智未开"说,都是在不与国人共享政治权利条件下的说辞。

然而,要反对影响巨大的"民智未开"说,从学理上说并不容易。民智未开说的论证方式是举证式的,社会万象,什么样的具体事例都可以找到,可见这种举证方式的不合理。关键不在于反驳,而在于正面论证。在百姓确实拥有决定权的时候,看看他们是如何行使的,如果行使的原则符合民主,"民智未开"说就会瓦解,如果他们还是模仿专制的一套,"民智未开"说就顺理成章。

民主的原动力是维护自己的正当权益,与之相反,专制的原发性则来自对他人权益的侵占。为什么说老百姓是天然的民主派?其根源就在于他们的权益总受到有权有势者的侵害。这里不是说民主体制的建设、程序、运作等,这些与民主的原动力不在一个层面上,这里只是说民主的原动力主要来自受损害的人群和社会的弱势群体。而靠专制占便宜的人绝对不会成为民主的原动力。至于什么是正当权益?这应该是一个历史问题,而不应由抽象理论的逻辑来确定。墨子说:"衣食者,人之生利也",那么争取衣食之利就是民主的内容;更早的哲人说:"口之宣言也",争取言论权就是民主的要求,凡此等等,只能另论。总之民主随着历史的演进,其内容不断发展。在我们的传统里,有一种理论:圣人、圣王把所有人的权益都代表了。这是一种很美的说教,其实正是这一理论助长了专制主义。权益是很具体的,而具体的权利是别人无法代表的。把皇帝老爷说成父母,其背后一定是对老百姓的占有与剥夺。我再重复一下, 民主的原动力就是来自民众争取自己的正当权益与合适的生存空间。在这个意义上说,受损害的下层是天然的民主派。

孟宪实同志的《敦煌民间结社研究》一书,事关"民智未开"说。中国古代民间结社有很悠久的传统,幸亏敦煌藏经洞让敦煌民间结社的资料得以保存下来。从中,在习惯的政治史之外,能够让我们了解到社会更普遍的情况。难能可贵的是,孟宪实的著作特别关注民间结社的内部构造及其权力的运作问题,他总结的几条很值得重视。在民间结社中,全体社人大会是最有权力的,也是最高权力的运作方式,制定章程、修改章程,决定接纳或开除成员,都要社员大会决定。结社的章程(叫作社条)是最受尊重的,任何人没有超越社条的权力。社人是平等的,结社的领导人(三官)是选举产生的,他们在社条规定的范围内从事组织工作。结社内部各种账目是公开的,所以没有办法黑箱运作。民间结社是自愿前提下的民间组织,章程是共同制定共同遵守,结社的目的是通过组织互助,解决大家都会遇到的生活困难。

这虽然是民间结社,但是表现出了十分健康的理性精神。当时的敦煌人,究竟有多高的文化素养呢?有多少人能识字书写文书呢?书中对此有所考证。当时的敦煌,能书写的人是很少的,甚至有专门从事书写的人,有的僧人就做类似的工作。在需要当事人签名的时候,很多参与民间结社的人,他们并不会书写自己的名字,要么照猫画虎一笔一笔地画出自己的名字,要么请人代写。通知社人集会的通知叫"转帖",有的习字者竟然用这些转帖充当自己的字帖,说明民间文化的另外一种色彩。结社人文化素养虽然如此,但是敦煌的民间结社运行良好,繁荣发达。行之有效的结社规则被代代相传,一种叫作社条文样的文书,会被完好妥善地保存着,为的是让结社的人们有一个可以遵循的样板。他们有各种结社文本,并且有自己的档案制度,任何文本都会妥善地予以保存。很多细节都很重要,对于理解政治之外的社会传统,意义非凡。

本书虽然是取材于敦煌资料,但是所讨论的问题绝不限于敦煌一域,在中国古代是具有普遍意义的。书中很多具体论证都是十分有趣的,这是一部引人入胜的书。让我最感兴趣的,还是那些缺少文化素养的"愚氓",他们在力所能及的范围内,实施的组织原则恰好就是民主的原发式样。这让我更真切地意识到,百姓是天然民主派的说法是颠扑不破的。

敦煌藏经洞大约在公元1006年被封闭起来,(至今已超过千年)直到1900年重新发现。这些古代写本文献所含有的历史信息,有许多是前人未曾注意的,本书所论证的民间社会民主传统,在以往的研究中就被忽视了。孟宪实的研究让人感到很新鲜,同时也证明这是一个很有前途的研究方向。可以肯定,如此这般有价值的信息,应该还有很多等待发掘。

孟宪实同志三十年前入读南开，我给他们授过中国政治思想史的课。他爱好诗词，参加文学结社，思想开放，爱动脑筋，经常提些通古今的刁钻问题，让我发窘，嗫嚅难言，给我留下很深的印象，年少活泼的形象仍在我眼前晃动。他是黑龙江畔的铁汉，毕业时却奔赴新疆，该有多少浪漫！后来读北大的硕士、博士，2001年，他重回南开做博士后，(他)选择了我这个敦煌学的门外汉做他的合作导师，好在他的课题与政治思想沾点边。本书就是在他博士后出站报告的基础上修改而成的。我希望他今后有更多更好的研究成果奉献给学术界。

是为序。

《文化传播视野下的茶文化研究》序[①]

　　中国是茶文化的祖国，现在世界上几乎无所不在的饮茶习俗的根就在中国。关剑平的《文化传播视野下的茶文化研究》选择了茶文化传播中的几个点，根据这几个点也可以理出茶文化从四川走向全中国，再走向世界的传播线索。对于终端消费者的我们来说，饮茶是一种生活快乐。这种快乐不仅仅是生理的需要、味觉的享受，更是意境的陶醉，所以古来有"禅茶一味"的奥意。能体验到这种快乐，还须从自然上升为自觉，从痛饮到品味，再进入某种意境，比如"禅""和""清""情""静""兴"等，在这个意义上说，饮茶是一种文化享受。正因为如此，茶文化在传播时遇到了远远超过单纯的物质技术的艰辛和曲折。

　　对于欧洲来说，茶文化的传播始对中国文化的憧憬，茶文化的传播曾给中国带来荣誉和财富。但是鸦片贸易和鸦片战争，带给中国的不仅是茶业的败落，更惨重的代价是，与整个民族文化的衰落相伴，茶文化也萎缩不振。唐宋直到清代中叶中国茶业的辉煌似乎到现在也没有恢复。我印象有一个报道，我国的茶叶出口只占世界的百分之十左右，读后无限怅惘。要想恢复近代以来失去的茶叶市场，不仅需要提高茶的质量，我想更要充实和发展茶文化。新的茶文化既要使人舒心、增添美感，又要促进人之间的理解与和谐。当然绿色的实用价值则是其基础和保证。

　　新一轮茶文化研究起步于 20 世纪 80 年代，不到三十年已经妇孺皆知。茶文化书籍在书店随处可见，但是学术性的成果却屈指可数，《文化传播视野下的茶文化研究》是关剑平继《茶与中国文化》之后的又一部严谨的茶文化学术专著。这本书篇幅不大，分量却沉甸甸的。以一个人的精力，涉猎这么多的

[①] 关剑平《文化传播视野下的茶文化研究》一书序言，中国农业出版社，2009 年。

学科方法与国家,很不容易。研究方法有很大的创新,研究结论也让人有耳目一新之感,尤其像越南的茶文化研究几乎是开创性的。据我所知此乃关剑平多年来的研究积累,这与他不急不躁的生活与工作风格也有着密切的关联。

尽管文化人类学的方法已经为打破古今的藩篱提供了可能,但是还是希望关剑平进一步有意识地加强当代茶文化的研究,为当代中国的茶文化建设做出更直接的贡献,这应该是历史学家不可推却的责任之一。

刘泽华

2009 年 1 月 31 日

《中国武术思想史纲要》序①

　　武术是中国文化的重要组成部分,但长期以来对其研究主要集中在体育院校,缺乏外界力量的介入。这样的研究现状容易出现研究队伍的超稳定结构,致使武术研究失去动力、缺乏活力。阐释学的理论认为:"只有将自己的视野扩大时,才有可能看清其真面目……欲求意义之确定,也必须扩大存在境域与阐释语境的层次。"②正是基于这样的考虑,为加强中国的体育文化研究(当然也包括武术),我曾设想利用南开大学的师资力量和文化资源在南开大学历史学院设立体育文化研究所,在经济学院成立体育经济研究所,在"扩大存在境域与阐释语境的层次"上进行体育文化研究,提升中国的体育文化研究水平。

　　2004年,天津体育学院民族传统体育系的青年教师杨祥全考入南开大学历史学院,跟随我进行中国古代思想史方面的研究。经过一段时间的学习,杨祥全结合自己的专业选定了《中国武术思想史专题研究》作为自己的博士学位论文。

　　"黑格尔曾说哲学就是哲学史……因此不懂哲学史就不能懂哲学"③,这句话虽有点言过其实,但大体是不错的。就武术而言,也可如斯观。柯林伍德在其名著《历史的观念》中提出"历史学,……是思想的一种特殊形式"④,"一切历史都是思想史"⑤。既然这样,那么只有重演古人的思想才能理解历史。正是在此意义上,武术思想史的研究不但有了实践的意义,更有了理论的意义。

　　说来容易,做起来难,武术思想史研究是一个未被开垦的处女地,武术思想的内容、研究方法、研究框架、历史分期等都没有人做过,都需要进行界定、

---

① 杨祥全《中国武术思想史纲要》一书序,2010年。

② 李清良《中国阐释学》,湖南师范大学出版社,2005年。

③ 牟宗三《中国哲学十九讲》,上海古籍出版社,2007年。

④ [英]柯林伍德《历史的观念》.商务印书馆,2007年。

⑤ 柯林伍德《一切历史都是思想史》,见《思想史研究(第一卷)——思想史的元问题》,陈新译,广西师范大学出版社,2005年。

研究。杨祥全站在学科发展的角度,经过三年的努力,终于如愿拿出了自己的研究成果,且顺利地通过了博士论文答辩,拿到了学位。经过两年多的修改完善,在其博士学位论文基础上修订而成的《中国武术思想史纲要》就要由台湾逸文武术文化有限公司出版发行了,我感到由衷地高兴。在该书中我觉得有如下几个突破是值得一提的:

1.武术概念的重新界定。

武术概念是一个动态的演化过程,历史上中华民族对其认识经历了军事技术、综合实用技术、体育技术、非物质文化遗产的历史演变。在这样的认识前提下,该书认为武术应包括军事武术、传统武术和武术运动三个有机组成部分,其中军事武术和体育是风马牛不相及的,传统武术和体育是交叉的,武术运动和体育是包含的。基于这样的认识,本书认为目前把武术临近的属概念归结为"体育"是不合适的。考虑到武术成"学"的实际要求,并结合上述的研究成果;书中把武术定义为"中华民族保存、保养和体认生命的一门学问"。

2.第一次对武术思想史进行了较为系统的研究。

该书中作者运用文字、口述、实物三种材料,将诠释学理论引入武术思想研究并结合自身体悟对中国武术思想史进行了首次梳理。

尤其重要的是该书将自身体悟上升到方法论的高度来运用,认为研究武术思想必须练习、体悟武术,才会深入。这与金庸撰写武侠小说不同,但与宗教研究有类似之处。

该书首先把武术思想分为对武术的价值认识、选材思想、教育和训练思想、用武思想、武德思想等六个组成部分。随后,该书按照武术思想演进的"内在理路"把武术思想的历史演变分为先秦、秦汉至隋唐、宋元明清、近现代四个阶段。每个阶段单独成章对武术思想演进的历史脉络进行了梳理、阐述。

3.发现了武术发展的内在规律——兼和、宗吾,并提出了"兼和武学"的概念。

该书通过对传统武术修炼"三段论"的论述以及在考察了李小龙等武学家成长的历程后认为:武术是一门因人而异、讲究个性的学问,武术门派众多其实已经揭示了这一规律。

这一规律启示我们在学习的初级阶段,继承"原传拳法"是合理的、必要的,但到一定的阶段,就应当跳出来,开阔视野,融会百家,而最终能练出自己的特色，"成一家之言"。

4.提出了"艺术武术——新的武术增长点""军事武术——武术之源"的论断。

关于武术的艺术性问题实际上自春秋战国民间武术体系形成以来就慢慢地显现出来了。尤其是技击艺术化的套路出现以后，武术更是沿着艺术化的道路快速前进。目前，随着武术入奥的失败，竞技武术套路的走向问题成为目前讨论的一个焦点，作者所提出的"艺术武术"的概念无疑对此有所帮助。

学术界常言"传统武术是武术之源"，实际上这句话是片面的。因为武术运动是在传统武术的基础上发展而来的，而传统武术又受到了军事武术的影响。因此，更为准确地说"军事武术是武术之根""传统武术是武术运动之源"。

5.中国武术二元化体系的提出。

纵观中国武术的发展历史，我们发现中国武术实际上是一个二元互补的结构，而不是一元化系统。春秋战国时期，民间武术勃兴，标志着军事武术和民间武术并列发展的二元结构已经形成。此后，军事武术依然沿着"实用"的方向前进，而民间武术有一个逐渐发展、完善的过程。秦汉以后，民间武术在发展的过程中，不断汲取民间杂技、百戏、戏曲等艺术形式的文化精髓。明清时期，当民间武术主要表现为套路(尤其是徒手套路)时，民间武术实际上已经发展为集健身、娱乐、表演、防身等功能为一体的综合实用技术——传统武术。近现代，武术的这种二元结构依然存在。此时军事武术消沉，传统武术继续发展，在中西文化融合的时代背景下，武术运动迅速发展、成熟起来。

传统武术内部，也存在这种二元结构，它既有外形柔化的太极拳，亦有强调刚劲的少北拳。应当说武术的这种二元化体系构成了中国武学的基本面貌。

6.传统武术"打练合一"问题的历史梳理。

军事武术初讲究"实效"外，还特别注重"武舞"的演练，这种"能击善舞"的特点显然对宋以后传统武术"打练合一"特点的出现有启迪作用。近现代，对传统武术这种"打练合一"的风格特点有了自觉的文化认知，但同时也出现了"反套路的思想"和"解除师徒制的商榷意见"。近现代，随着西方体育思想在中国影响的日益加深，武术中又出现了"打练分离"的趋向，目前随着《中国武术段位制系列教程》的推广，"打练合一"的风格又有所回归。

另外，该书对一些具体史料的考证上也取得了一定的成绩，对过去论著中的材料引用错误进行了更正,并在此基础上有新的发现,如对"越女故事"所反映的武学思想断定为汉代、"体育"并非外来词语等。

武术思想史研究是一个系统的工程,该书仅仅开其端,虽然取得了一些研究成果,但需要做的工作还很多,希望作者继续进行后续研究,尤其是在如下几个方面:

1.武术史料的集成和研究工作。

武术史料是研究的基础,没有材料武术的研究难以深入。但可惜的是直至目前,武术史料工作严重滞后,已严重影响到目前的武术研究工作。为此,建议作者尽快联合相关人员撰写《武术文字史料集成》《武术口述史料集成》《武术图谱和文物集成》三部基础性著作,并在此基础上构建武术学科自己的目录学和文献学。

2.武术门派拳学思想研究和人物武学思想研究。

从发生学的角度,武术可分为军事武术、传统武术和武术运动三大类,每类之中又可分为不同的小类。对它们进行综合研究,如军事武术思想研究、传统武术思想研究、武术运动思想研究,以及分开研究,如戚继光武学思想研究、太极拳拳学思想研究、竞技武术散打思想研究、张之江武学思想研究、苌乃周武学思想研究等,无疑都是十分必要的。

3.文艺作品中的武术思想研究。

"飞檐走壁剑侠之说,此皆小说家梦想假造"[1],尽管文学和艺术作品是对现实的艺术加工,但它不会脱离开现实世界而存在。"存在决定意识",武术的存在现状、武术思想的发展水平肯定会影响到武术艺术和文学的创作,相反,从武术艺术和文学中我们也能窥测到武术思想发展的一些脉络。

在更为宽广的视野中,武术思想史的研究还应当注意加强武术史、武术学术史以及中外武道比较等方面的研究。

中国武术思想史研究是一个崭新的课题,愿作者在这方面取得更多的学术成果。

是为序。

---

[1] 王芗斋《意拳要述》(原名《拳道中枢》),见刘涛《李全友编辑整理(意拳拳学)》,北京体育大学出版社,2002年。

《西行漫笔——一个远足者的异国寻觅》序①

王兰仲邀我为他的游记作序，对我这个老翁是一件很惬意的事，他游过的地方我都没有去过，估计今后也未必能去得了。自我解嘲的俗话说，看景不如听景，此时倒认为有点道理，一般人看景多半是走马观花，看看热闹，赏心悦目而已；而说景者大都有精神投入，把景的内在魅力展现出来。所以我跟着他的文字也做了一次神游，能不惬意！

兰仲说他的座右铭是"无知无畏"，以形容自己鲁莽。其实翻开另一面，我倒认为应该颠倒过来，兰仲的特点是"无畏无知"，他从不畏惧无知，敢于向无知挑战，攻克无知！他的经历可以作证。

兰仲正当读初中时遇到"文革"狂飙，可怜的少年，因出身资产阶级知识分子家庭，被抛到了边缘，接着是八年的工人生涯。锅炉工是别人不屑于做的，他无畏地站在了锅炉旁；电焊工对人的健康具有破坏力，他却无畏地成为一名正宗出师的焊接工。1978年恢复高考，兰仲无畏地参加到竞争的行列，堂堂正正走进了南开历史系的殿堂，接下来又无畏地考取了研究生。读研究生期间，他已在《中国史研究》发表论文，这在当时是很少有的。

研究生毕业后他留南开历史系任教，连续发表了几篇文章，令人刮目相待。稍后应我之邀，参加了《专制权力与中国社会》一书撰写，出色完成了承担的任务。1988年这本书一出版就引起了读者的关注，成为畅销书，其后又出版了香港中华书局版，再后又有天津古籍出版社版，近日又将推出商务印书馆版。此书一版再版，兰仲功不可没！

正当兰仲在历史学猛进之时，他不能不随妻子去美国。他原本学的是日语，面对英语真可谓一片茫然。此时的他已到而立之年，以无畏精神迎接了挑

---

① 王兰仲《西行漫笔——一个远足者的异国寻觅》一书序言，2013年8月。

战。更让人不可思议的是,在其后,他无畏地选择了计算机方向,只有初二数理基础的他,硬是通过拼搏,成长为一名出色的工程师,还获得多项专利。这需要何等的无畏精神呀!

在他的无畏面前,无知退避三舍,让出了一条又一条大道!

由于他有娴熟的专业,游刃有余,吃住无忧,闲暇之余,周游天下。多数人意在游山玩水为足。兰仲除此之外,又以心为游,写起了游记。游记最大的一个特点是能纵横捭阖和铺天盖地。刻板的行家是做不来的。而他又无畏地闯进了这个领域,推出了本书。他原本有些中国古代史的积累,现在观察的却是西洋景,神乎?!

他的游记不仅仅是记述风情,更是在宣示一种历史认识。一切历史学都应视为一种认识,而认识是有个性的。兰仲的个性在哪里?每个读者会有自己的感受,这里我说自己的读后感。总的感觉是,他在进入知天命之年后开始再次探索历史之"命"。

把规律泛化和规律崇拜,是我们这一代人的通病,兰仲也多少受到影响。我想引兰仲的来信看看他的反思:

> 什么都是规律造成的,我怎么听怎么感觉它像古代的天命观。学生近年来总是感到困惑,为什么那么多老一代自由知识分子如吴晗等人,解放前面对国民党的白色恐怖大义凛然,铮铮铁骨,连失去生命都不怕。然而解放后却完全失去了知识分子的独立人格,甘心情愿地进行自我思想改造,但最后还是遭到了迫害。学生在想,这些悲剧人物的存在是否与受"历史规律"的毒害有关呢?他们是不是觉得"我们跟着历史潮流走,不要站在历史规律的对立面"?我认为这种历史规律论是很蹩脚的,和埃及人、商代人的天命观相近,甚至比周人的天命观还要落后。因为周人至少还是相信"天视自我民视,天听自我民听"的。

> 其实,哪有那么多规律呀?在大千世界,在历史长河中,真的有太多的偶然性了。一场雨少下或多下了两英寸,就可能使历史进程改变;一个大人物一念之差就可能导致整个民族的灾难。当年秦始皇修长城不就是因为他听信了"亡秦者胡"的鬼话吗?!我相信今天美国的政治体制的出现,实际上是一个历史的偶然。华盛顿在领导北美独立战争胜利后,全国舆论都要求他当终身总统。但这个人毫无权力欲,只干了两届就挂冠而去了。我怀疑如果当时换了一位"老子打天下就得坐天下"的

人在那里,今天的美国政治体系会不会在这儿。当年在啤酒馆政变中希特勒如果被警察当场击毙,也许纳粹就不会统治德国,进而造成世界灾难。

在我们的传统学院派史学中,已经看不到人了:只有一个看不见、摸不着的历史规律像轮子一样在那里转呀转,所有的人都成了轮子上一颗颗永不生锈的螺丝钉。别的不说,这种苍白、枯燥的书写出来谁去读?司马迁就不是这样做学问的。你看那个拿着儒生帽子往里撒尿,粗鲁地声称"你爸爸我骑马打下的天下,要诗书做甚"的刘邦。那个性格单纯,一身傲骨,"不肯过江东"的项羽是多么的栩栩如生啊!太子丹在易水之上为荆轲送行,高渐离击筑,荆轲和而歌:"风萧萧兮易水寒,壮士一去兮不复还!"我好像都能看到当时的场面!每次读史至此,那道"就车而去,终已不顾"的身影总是让我热泪盈眶!试问今天哪一部史书能有这样的魅力?

兰仲上边说的可称之为规律拜物教,这是很可怕的!多少人都是因违背规律遭惩处,甚至牺牲;有些人即使进行了撕心裂肺的反悔也难获得饶恕,比如吴晗就有长篇的自我检查,但仍不能赎救;违背了教规,留下的只有死路一条!

我们要从规律拜物教中走出来。我想规律还是有的,既然人是大自然的组成部分,大自然有规律,人也应有规律,社会也应有规律。规律固然是客观的,但它本身无语,要人来叙说,要由文字来表达,一旦由人来描述,它就不能不归入认识范畴。作为一种认识,其中有可能或多或少反映一部分实际,但作为认识又有个人主观的因素。这样一来就麻烦了,主观的判断只有个人的性质,你可以这样判断,我可以那样判断,孰是孰非,常常不是短时间能说清楚的,甚至在很长时间内都很难断定。所以规律是一个非常缠人的问题,真可谓剪不断,理还乱!有人会说,如果是社会多数人认可的,可能就离规律不远,然而不能忽视的是,真理常常在少数人或特定人的手中。有人说集体决定和通过的就可以视为正确,其实这种说法也同样靠不住。道理很简单,集体通过的只不过是集体一时形成的一种认识,其实,集体的认识多半是个人认识的一种转化形式。作为认识的本身与个人的认识并没有什么差别。

如果把规律首先置入认识范畴,那么作为一种认识,人人有权利进行论说。反顾历史,我们的问题不是要不要说规律问题,而是把个人认定的规律泛化、行政化、制度化、铁血化。

147

所谓泛化,就是常常不管是什么,都上升为规律,作为个人认识这也无所谓,问题在于接踵而来的是凭借权力行政化;行政化如果有适当的范围和留有余地进行试验也固无不可, 问题是接踵而来的是一股脑儿地普遍地制度化,而更要命的是用铁血手段强制人人无条件地服从。比如公社化、大锅饭等等就是如此。当时不是没有人提出异议和反对,但都以违背规律受到不同程度的惩处,乃至付出生命。民间作为历史题目进行研究也很难。不能去议论、去反思。是不是那种规律拜物教还在发挥余威?

什么是规律?作为认识,我想还是应该敞开言路,让人们进行研究为宜。对种种规律说,行政人员遵照一定程序在其权力范围内有权进行选择,但条件之一是不能杜绝其他说;选择的某种规律说可以作为行政的参照,但不能对历史进程进行全方位的规定和限定。理论的逻辑或许头头是道,但历史进程不可能是逻辑的展现。如把某种理论逻辑视为历史的唯一蓝图,这与天命论就没有什么差别了,只能是一种神秘主义和僵死的教条主义,在汹涌的历史面前终究有一天会垮塌和爆裂!

兰仲的游记可谓游记史学,我们同他一起漫游与回味历史吧,即可开阔眼界,还会带来启发,如果能给读者留下一堆问题,那将是最大的快事!

《多维视角下的新闻传播理论新探》序①

刘畅老弟的新作《多维视角下的新闻传播理论新探》即将问世,嘱我写序。

这本书的内容属于新闻传播学的范畴。对于这门学科,我是个门外汉,一时有点犯难,但又寻思着我们每天就生活在新闻里,无时无刻不在传播之中,从这个意义上讲,又不完全是外行,于是就接受了。待浏览篇目,细读内容,品味文意后,兴味盎然而生,冒发出点底气。"底气"云云是说,刘畅的这本书与我的研究领域和感兴趣的话题还是有许多关联的。

我一直专注于中国政治思想史领域研究,关注王权与中国社会结构的问题,主张理解中国社会的要害之一就是"权力支配社会";而刘畅的书里也有"权力"二字,只不过是一种现代的、基于新媒体的权力。但如果考虑到当下中国是古代中国的一种有机延续,现代社会中的许多东西都有古代社会的"胎记",这些"权力"之间还是有若隐若现的联系的。简单来说,古代中国社会的弊端之一,就是缺乏制衡王权的其他行政或社会权力,一家独大,"普天之下,莫非王土",基于血缘的宗法权力宝座成为政治争夺的唯一目标,所谓"秦失其鹿,天下共逐之",即所谓"齐家、治国、平天下"。这种游戏规则导致中国社会的周期性动荡,破坏性极大,也导致中国近代社会发展的极度不平衡,至今还在影响着中国政治的基本结构。此不赘言。

确如本书所说,网络不仅仅是一门技术,还是一种思想,一种观念,一种思潮。这样说不是在媒介和思想、思潮之间直接画一个等号,而是说网络技术的即时性、便捷性、大众普及性使得支配媒介的权力发生了前所未有的大转移——原来只被少数人掌握的媒介现在进入了大众手中,于是就有了"思想"或"思潮"的含量。恰如作者所言,在权力监督的问题上,出现了"反向全景敞视"。其出现的意义在于,它使得以往"离场""缺场"的大众实现了真正"在

---

① 刘畅《多维视角下的新闻传播理论新探》一书序言,2013 年 2 月。

场"。它昂首入"场",构造了一个"无处不在"的电子监控空间,监视行政权力"犯规"的每一个细微动作,使其再也不能随心所欲。这是一个"新情况",在中国历史上是前所未见的。还有,网民作为一个群体,确实在参与着政治活动,通过作者的介绍,我们看到,由中国特殊的国情决定,议政、问政甚至是"参政"成为中国微博的一种主要功能,微博问政关注的是一个个关乎网民切身利益的制度漏洞,是极有针对性的。另外,网民为何能够成为一个群体,也是得益于网络这种技术。有了网络之后,网络的普及性、大众性、互动性、瞬时性、零成本以及强大的聚合性,使得原先如恒河细沙的无组织网民终于有了"组织",并且几乎不需要支付任何成本,从资金和技术上解决了奥尔森所说的"被遗忘的集团"和"潜在压力集团"难以组织起来的问题,网民对实际权力构成了无形的压力与引导。这些问题实际上都与政治思想史的基本问题——权力与社会——有着直接或间接的联系。制约权力的方法也离不开权力——以权力制约权力;书中所说的"第五种权力",实际上属于一种社会权力,而社会权力的壮大,无疑是社会进步的表现。当然,对这种权力改变社会的期待过大也是不可取的,因为它毕竟是"虚"的,实权的掌控者能听几分,是很难预测的。

与刘畅老弟相识有年,平时多有沟通与交谈,每感见解契合,思想共鸣,很是享受谈话的乐趣。感觉他的思维和动作都很敏捷,勤思考,下手快。他涉猎较广,眼界开阔,属于杂家者流。专家固然不易,但我以为杂家可能更难,学者中需要有一批杂家。以前总担心他摊子铺得太大,要吃亏的,现在我要庆祝他进入了收获期。创意及新的观点,往往产生于跨学科思维的交叉和激荡之中。刘畅老弟眼界开阔的一个好处就是:左右逢源,皆成观点,上下古今,皆有文章可做。他此前耐得住寂寞,耗得起时间,一旦达到一个临界点,就会有不俗表现。

年龄有生理和心理之分,而心理年龄又包括学术年龄。从学术年龄的角度来看,他还年轻,当有更好的作品问世。是为盼,是为序。

刘泽华
于西雅图寓所
2013 年 2 月

《政治的境界——中国古典政治哲学研究》序①

摆在我们面前的这本书是林存光的《政治的境界——中国古典政治哲学研究》。

书名已经向我们展示了所论问题的重要性和全局性。

现在盛行的国学热和儒学热有个明显的不足，就是避开政治观念在传统思想文化中的主导地位与作用，而大谈其外围的种种次一级的观念与思想。就历史事实而言，不能说不是一种偏颇。

中国传统社会是王权至上的社会，在整个社会观念中，相应的，帝王至尊观念居于统治和全局控制地位。陈寅恪说"三纲六纪"是中国文化的"要义"，应该说大体是不错的。对"三纲六纪"如何评价，人们可有不同的立场和视角。但应视为无可争辩的历史事实。

在我看来，"三纲六纪"是一种社会结构，也是一种观念体系，是封建社会（暂且还用这个词）统治者认定的、不能违反的意识形态。在这个结构中，"三纲"居上，"六纪"从属于"三纲"，而"三纲"中君主又是最尊贵和一言九鼎的"圣上"。由此就不难理解君主"一言兴邦""一言丧邦"的含意；由此说传统政治是"人治"当属无疑。人们对君主寄予无限的希望，"内圣外王"之说则是希望的所在。林存光把"内圣外王"视为政治哲学的核心和最高范畴，从而把说不清的"政治哲学"一下子摆在明面，让人一目了然。

传统社会的政治思想居于整个思想文化的主导地位，政治哲学又是政治思想的中枢，"内圣外王"则是政治哲学的核心。因此"内圣外王"成为整个思想的最高境界。林著对这一问题的研究可说独树一帜。

"内圣外王"引导人们在"人"上、"人治"上下工夫，制度问题是等而下之

林存光《政治的境界——中国古典政治哲学研究》一书序言，2014 年 7 月。

的附属物。但从历史整个进程说,究竟"人治"圣明与"制度"优化,何者更根本？人们的看法可能有很大差别,有人选择前者,有人更倾向后者。但至少近代的历史经验表明,后者更适于社会的发展,因此更根本。如果向前看,我是倾向后者,不过我也并不简单否定前者。只是应该后者为主、前者为辅。

"内圣外王"是我们的老路,让它由主转化为辅,不是一蹴而就的,要经过长时间的、反复的试验和探索。但愿能成功！

聊以为序。

刘泽华

于南开大学洗耳斋

2014 年 7 月

《石家庄历史文化辞典》序①

文化,就在我们周边的生活环境里,就在我们每人的精神世界中,人人能言,但要下个定义,又十分困难,迄今为止,人们给文化下的定义不下数百个。我们只能大而化之地说,文化,是人类在改造世界的社会实践中所获得的物质、精神生产的能力及其所创造的物质和精神财富的总和,包括物质文明、精神文明、制度文明以及人们的思维方式、生活习惯、风土人情、价值取向、心理结构和生活方式等。文化是人的精灵。

"传统"之于文化有二,一是文化的传承性,一是文化的包容性。文化的传承性在古今关系里,有"传"有"承",所以,在传承过程中,要"通古今之变";文化的包容性其大无边,因而要"究天人之际"。

历朝历代,开国虽以武力,立国却靠"传统"。但靠得久了,反而不知"传统"为何物。例如,在古今关系中,知古不知今;在传承过程中,厚古薄今;在天人关系中,只知听天由命。这样的传统,当然靠不住。于是,就通过反传统来重新认识传统,兴起了新文化运动,开出中国百余年来民主与科学的新传统,以此新传统立国,而有新中国。

传统,不论新旧,皆贯穿于国体,而成就一文化中国,且坐实于地域,不光作为一国之行政区划领地,更作为文化江山之一隅,呈现出一方水土一方文化千姿百态的格局,虽各地域文化相互交流、借鉴,相互吸收、融合,但仍保持自己的特色。

石家庄地域有着高浓度的历史文化,这与石家庄地域的自然和历史环境有极大的关系。石家庄位于华北平原的核心地带,西部深入太行山区,东部是一望无际的冲积平原,极适于农牧业和手工业综合发展,近代以来的工商业又突飞猛进,是中国北方经济最为发达的地区之一。历史上的石家庄,地处太

---

① 本文作于 2016 年 7 月。

行山东麓南北大通道两侧,又是中华多民族交汇融合的重要区域。又由于石家庄表带山河,扼东西晋冀咽喉,守南北幽燕要冲,是兵家必争之地,军事文化也格外丰富。加之1948年前后一度是中国人民的"红都",新中国从这里走来,进京赶考从这里起程。石家庄的历史文化便具有难得的丰富性、多样性和典型性,有的可说是中华民族文化的标志。下边略举几例:

在五千年前的南杨庄遗址中发现的陶蚕蛹,是目前发现人类饲养家蚕最古老的文物证据;发现的陶纺轮、薄刃条骨匕,说明石家庄是中国桑蚕丝织业的发祥地之一;发现的硬陶片,把中国瓷器起源的历史向前推进了一千多年,是目前世界上发现最早的瓷器等。诸如此类的发明,引领了时代发展的潮流。

王亥是甲骨文记载中的商族三位高祖之一。王亥与有易氏进行商业交易,这是划时代的创举,由此王亥被尊为"华商始祖"。王亥与相土驯服牛马,是使用畜力的开创者,也可以说是第一次动力革命。王亥在商朝人心目中具有极大的神威,有时用祭天的礼节来祭祀。商族是目前所知有文字可考的中华民族第一个族群,是华夏族的直接祖先。由此我们也可以称王亥是华夏的高祖,而他的最显赫的活动就在石家庄一带。石家庄人应引以为骄傲!

台西商代遗址出土的铁刃铜钺,是目前中国发现最早用陨铁加热锻造而成的武器;经冶炼的铁矿渣,是目前发现的世界最早的冶铁实物;丝织物"縠",是目前中国发现最早"縠"的实物;保存良好的酿酒作坊遗址与整套酿酒用具,以及发现的人工培植的酵母,是目前世界上保存年代最久的酿酒实物标本;石质砭镰,是目前发现的中国最古老的医疗器械。这些标志性器物,不仅是中国目前所发现的有关领域内最早的实物标本,标志着当时生产力发展所达到的水平,而且在世界文明史上也具有重要的位置。

春秋战国时代,石家庄一带是华夏族与北方民族交汇的重要区域,在中山王陵墓中,发现了一批宝贵的金文资料,丰富了中国历史的记录;发现了大量震惊世界的稀世珍宝,展现了中山国手工业生产高度发展的水平,是北方游牧民族与华夏族融合的标志性物证。

秦汉之际,赵佗领军拓疆岭南,实行"和辑百越"的政策,因地制宜采用郡县制、分封制与民族自治三位一体的政治体制,分别治理南越不同区域。推广铁器、牛耕等先进技术,促进冶铁炼铜业的发展,推动岭南经济的发展。修筑城郭,推广汉字,引进中原的礼仪葬制与度量衡等,传播汉族的先进文化。尊重百越的风俗习惯,吸收越人参政,鼓励汉越通婚,促进了汉越民族的融合,对岭南的开发功垂千古。

隋代李春建造的安济桥(赵州石桥),是世界上敞肩式石拱桥的鼻祖与典范,以造型优美、坚固实用而著称于世,在中国古代桥梁建筑史和世界桥梁史上占有重要的地位。

唐代的魏徵出生于石家庄的边缘地带,是秦以后帝王体制下的第一等谏臣,极言直谏,耻君不及尧舜;唐太宗闻过则喜,从谏如流。君臣相得益彰,留下了千古传诵的佳话。魏徵的谏诤,不仅使唐太宗避免了失误,提高了修养,对大政方针的制定等起到了促进作用,而且使臣以进言为忠、君以听言为急的谏诤之风得以形成,成就了贞观之治,把谏诤文化推向了新高峰。

宋代三苏(苏洵、苏轼、苏辙)虽发迹于四川眉州,但他们念念不忘祖籍栾城(今栾城区),苏轼用"赵郡苏轼印""赵郡苏轼图籍""赵郡苏轼子瞻书"等方式,苏辙以自称"赵郡苏辙",受封为栾城县开国伯,把其著作名为《栾城集》等行为,表现了深怀故乡之情。

1948年5月至1949年3月,西柏坡成为中共中央领导解放全中国的最后一个农村指挥所。中共中央在西柏坡部署和指挥了辽沈、淮海、平津三大战役在内的二十四个战役,四面八方的战报向西柏坡汇集,中共中央的决策从西柏坡发出,上下用力,军民同心,取得了辉煌战果,奠定了解放全中国的坚实基础。中央领导人在这里召开了七届二中全会,讨论夺取全国胜利等问题,研究了由农业国转变为工业国、由新民主主义发展到社会主义的主要途径,描绘了新中国的宏伟蓝图。西柏坡的"红都"文化具有独一性,有无法估量的全方位的意义,不仅覆盖整个中国,而且也有国际影响。

千百年来,石家庄的先民,用勤劳的双手,以智慧的头脑,在这方肥土沃壤上,创造了灿烂辉煌的历史文化,给后人留下了丰富珍贵的文化遗产。挖掘、保护、弘扬、发展历史文化,是后人义不容辞的义务和责任,现在石家庄市政协自觉、主动地担负了这个光荣而艰巨的责任,编撰了这部大书。

如果要写一部石家庄历史文化通史,无疑应当先写这部《石家庄历史文化辞典》,这样最符合学术的写作逻辑。辞典以十编四十余部的结构,介绍了政区建置、历史事件、历史名人、文物古迹、非物质文化遗产、民俗风情、名胜景区、文献典籍、名优特产等领域,上百万言,内容丰富,卷帙浩繁,纵贯古今千百年,横及社会各方面。每个词条就是预备历史文化通史整体建构的一块砖石或组合为灿烂项链的一颗明珠;从另一个角度说,辞典也不必接下来写通史,辞典的百科性足能展现历史文化的方方面面,完全可以满足读者的基本需求。

文化是连续流动的命脉,历史文化是现代文化发展的基础和丰厚的资源,现代文化是历史文化的传承和衍变。石家庄拥有如此丰富的历史文化,拥有如此深厚的历史底蕴,在这个基础上,石家庄一定会创造出更加辉煌的文化,创造出更为灿烂的未来,书写出更加华美的篇章!

是以为序。

2016 年 7 月于西雅图

《中国政治思想的"语言"与"言语"》序[1]

延中是我最后所带的几位年龄已超过四十五岁的"老学生"之一,但朋友之交早在二十年前就开始了。1985 年中国人民大学与南开大学受教育部委托共同举办"中国政治思想史进修班",地点设在南开,人民大学的胡华、林茂生、程虎啸等教授来南开授课,延中作为青年学者也常来,我们是在切磋学问中相识的。1985 年秋,中国政治思想史第一次会议在苏州大学召开,当时政治思想史的教学与研究方在复苏之时,这次会议对政治思想史研究起了积极的推动作用。会议开得生动活泼,年轻人极为活跃,延中就是其中一位。那时他刚进入而立之年,随林茂生教授读硕士研究生,记得当年他提交的论文是关于"中国近代政治思想的结构转换"这样的题目,带有那时青年人开天辟地的"宏大气势",给我以深刻的印象。在后来的几年中,延中把主要精力放到了中国现代政治思想研究的方向上。他在 20 世纪 80 年代后期出版了《巨人的诞生:"毛泽东现象"的意识起源》和编著了《晚年毛泽东》,并发表了若干中国近现代政治思想史的专业论文,在毛泽东研究和中国近现代政治思想史研究的领域里取得了引人注目的成绩,显示了很强的研究能力,引起了学术界的关注。延中每出一书,必送我一本,同时我也报之以"李"。这样,尽管我们在年龄上相差整整二十岁,但个人之间则属忘年之交,我很钦佩延中的探索精神。

90 年代初我参与了《中国文化通志》的编纂工作,主编"制度典"。这时想到了因时事之变而赋闲的延中,于是就向"学术典"主编、我的老友庞朴教授推荐,期望能给他一个通过竞争参加撰写"政治学志"的机会,庞朴先生慨然允诺。在此后的数年中,延中对中国传统政治思想产生了浓厚的兴趣,并在中国人民大学教授此类课程。2001 年,"中国社会史学会年会"在南开大学举行,延中应邀赴会。会间漫谈,他期望能来南开攻读中国古代政治思想史的博士学位,对延中这样具有相当学术

---

① 萧延中《中国政治思想的"语言"与"言语"》一书序言,2005 年。

功底的学人能来南开一同切磋学问,我无疑是十分高兴和欢迎的。2002年延中考入南开大学历史学院,成为一名由我来指导的"老学生",这年他已四十有七。

延中出身于政治学专业,具有较好的政治学理论的基础知识,这对攻读中国政治思想史极有帮助。他为人开朗,刻苦勤奋,博学敏思,视野宽阔。这本文集就是延中这些年来关于中国政治思想史的一些思考,尽管论文都是若干独立的篇章,又涉及中国古代、近代和现代政治思想的各类问题,但其关注问题和理论兴趣还是清晰可见的。在一定意义上讲,这些论文是他为准备博士论文所做的积累和铺垫,其中不少论文已在国内和域外的学术刊物上公开发表。

延中邀我作序,乘机就中国政治思想史研究的几个问题,简要地谈点意见。

一、关于政治思想是中国思想史的核心问题

中国传统文化博大精深,典籍遗存属世界之最;其中蕴涵着深厚的历史和人文精神,从而形成了数千年持续不断的思想史。在这浩瀚的思想史之中,何为本质? 何为精髓? 在我看来,非政治思想莫属。原因并不很复杂,因为中国是一个疆域辽阔、人口众多、历史悠久、一统文化中又渗透着多元性品格的国家。这样的国家,在长达数千年的历史行程中,分分合合,周期循环,战乱频仍,但却始终保持着一个完整的全貌。如果没有发达的政治统治方略和高度精致的政治思想体系,是根本无法维系的。当然,正如前辈学者早已指出的那样,中国传统思想很难确切地划分什么是政治思想,什么是哲学思想,什么是经济思想,什么是军事思想,因为"中国思维"以综合见长,涉及某类问题往往是在一个更大的框架中进行论辩。比如关于人性问题,其论辩的宏观背景则是以"天人合一"的宇宙论为依托。不仅诸子百家的问题意识涉及方方面面,各家学说几乎无所不谈,而且就经学而言,也对社会整体做出了全方位的关照。但按我的体会,中国传统思想林林总总,但总没有离开过"人"自身。即使文献有限的夏商时代,考古资料也已证明了"人"在历史中的重要地位,宗教崇拜的对象主要还是祖先。从周代之始,进一步加速了从"神"向"人"的转变,"宗教的世俗化"就成为后来所被称为"华夏文明"区别于其他人类文明形态的突出特征之一。这一学术界已公认的文明形态特征意味着什么呢?我以为,其中一个重要的意义就是"政治思想"占据了整体社会思想的核心内容。一般而论,政治是关乎人类群体生活的秩序问题,所要回答是采取何种制度安排

才能使群体生活更为和谐,而说明某种制度安排的好处、依据和理由,以及论证某种生活形式更为合理,这些就是所谓的"政治思想"。

查索史籍,古人的思想的确涉及方方面面,上至天文,下至地理,外到大千宇宙,内到房事养生,如果按现代的学科分类,可以说与每一个学科都沾边,混沌一片,但无可置疑的则是,"人"从来都位于整体思想要素的核心。所谓"天、地、人"之三才,居"中"之"人"才是真正的起点和归宿,这才叫作"致中和"。诸如后期墨家的思辨风尚以及"白马论"的逻辑辩说,始终不能与儒、法治世学说相提并论,以至于精致的道德论说也总与政治生活紧密勾连,所谓"修、齐、治、平"而已矣。梁启超说:"我国自春秋战国以还,学术勃兴,而所谓'百家言'者,盖罔不归宿于政治。"梁漱溟说,中国文化之特质在于形成了一个"政治伦理化,伦理宗教化,宗教政治化"的内在循环。如果进一步考察,中国传统政治的核心又是什么呢?我以为最为关键的要数政治权威。打开史书,开篇必是帝王本纪,其他都往后放。这不仅反映了一种历史书写的体例,而且在更深刻的意义上透视出古人目光的焦距和思维的重心。对政治权威如此高度的关注,这在世界思想史上恐怕也是少有的奇观。如与古希腊思想进行比较,中国思想的政治意味可能就会明显地凸显出来。能否据此说对世俗政治权威的极端重视,致使中国传统成为人类文明的一个独特类型呢?对此我没有把握,但说这是中国传统的一个突出特征,则是不会出大格的。所以,我所写的《中国的王权主义》,其实就是想提示一下这个特征,至于周全与否,当由世人评说吧。

基于这样的一个判断,我想无论研究中国传统思想的哪一方面,政治思想都应当成为基础的一环。近年来学者在研究中国天文学史时,屡屡谈及天文与王权的关系,认为中国古代的天文学其实应当是政治运算学的天象部分,否则许多技术性问题将无从解释,这就证明了政治思想对中国整体学术思想的支配作用。其他如地理、建筑、医学等也都难逃政治思想的藩篱。所以,我强调政治思想在中国传统文化系统中的核心地位,并不是"王婆卖瓜",人为地拔高专业,而只是想说明中国思想的这一特征。

当然,我们不能把中国古代的"政治思想"与现代的"政治科学"简单地混淆在一起。其实正是出于二者的本质区别,我们才说,真正对现代中国产生深层影响的不是西方意义的政治科学,而是中国传统的政治思想。所以我说,研究中国的学问,分析中国传统政治思想是不可或缺的基础一环。

二、中国政治思想史研究有待深入拓展

中国政治思想史作为一个学科，实由梁任公 1922 年于北京法政学专门校始讲《中国政治思想史》拓其先河。任公原拟做一部《中国政治思想史》，由于健康欠佳而改以"先秦"为限，但其基本脉络却是贯通的。全书有《序论》三章、《前论》八章、《本论》二十三章。书虽不厚，却体大精思。此前虽也有冠以政治思想史的著作问世，但任公的著作仍为开山之作，因为关于中国政治思想史之研究对象、研究方法、时代背景、理论建构、资料审择等问题，皆由任公之论而明析，至今仍具有参考价值。比如，他不仅就中国古代文明的历史地位及其政治思想的特色提出了自己的见解，而且还与欧美思想做了比较研究。正如有学者所说："他分析了儒、道、墨、法四大政治思想流派的哲学观点、政治主张，解读其特点，比较其异同。还分章论述了统一、寝兵、教育、生计、乡治、民权等时代性的政治课题。这本书在体例上、方法上和内容上都具有创新学术、启迪后学之功。自梁启超撰写此书以来，内容相关的思想史著作可谓多矣！它们在内容、视域、方法、判断上，都比前人略胜一筹。但是，梁启超的筚路蓝缕之功实不可没。"

自 20 世纪 30 年代以后，先后有陶希圣、萧公权、吕振羽和萨孟武等同名著作陆续出版，其中萧公权的基本思路受西方自由主义影响较大，而吕振羽的著作则依据的是马克思主义分析思路。其他著名的宏观中国思想史著作中，如侯外庐等人的多卷本《中国思想通史》，冯友兰多卷本的《中国哲学史》、任继愈主编的多卷本《中国哲学发展史》等等，对政治思想也有精湛的论述，但其大体不是以政治思想立论。

1949 以后的很长一段时期，没有中国政治思想史著作问世。特别是 20 世纪 50 年代初期进行了大学的院系调整以后，政治学被取消了，由此也拦腰斩断了政治思想史的教学与研究。那时只有几位老先生在冷宫里默默地坚守着这块小小的园地。中国近现代政治思想史集中在中国人民大学，由何干之、林茂生等教授主持，而中国古代政治思想史则集中在南开大学，有巩绍英领衔，我的兴趣也在此。之外，其他院校还有几位孤独的默守者。总之，作为一个学科很是可怜！这种状况一直持续到改革开放的初期。

近二十年来，情况有了很大改进，有一批学人以此为专业，出版了一批著作和论文，但如果从政治思想是中国传统思想文化的核心去观察，政治思想

史的研究相对来说依然是滞后的。我还有一个固执的想法，就是政治思想史研究的滞后，是政治改革滞后的表征；同时，政治改革的滞后，又丧失了对政治思想史研究成果的需求。这样就形成了某种非良性的循环。其实早有智者指出，封建主义的东西对我们社会和政治生活有着深重的影响，而清算这些影响，首先就要进行学术梳理，弄清封建主义观念的脉络和根源。这些年我们对封建主义的东西进行了一些清理，但我认为不能忽视封建主义影响的严重性，直到今日在社会生活和观念上仍遗留有浓厚的遗迹。要建构21世纪中国的政治文明，我们可以从传统中汲取优秀的营养，但同时也要从中领受足够的教训。这个信念是我研究中国政治思想史的初衷，直至今日也未改变。

现在中国的发展又进入了一个新的时期，如何面对今天的政治现实，如何推进中国的政治文明，是摆在人们面前的重要课题。因此我再次呼吁，要有更多的人来关心政治思想史的研究，应当更加重视深层政治观念的清理和更新，也需要有更深入的政治思想史的著作问世。在一定程度上，这不仅是中国学者的一种时代祈望，而且也应当成为中国知识分子义不容辞的政治责任。

三、中国政治思想史研究方法论的改进是研究深化的关键

如上所述，中国政治思想史研究已经取得了不少可喜的成果，但是也应当看到，要使这门学科深入地发展下去，还有相当艰苦的工作要做。就我的经验来说，关于中国政治思想史的方法论问题，已成为深入研究的一个瓶颈。这里我说的所谓研究方法论主要是指两方面的内容：

其一，是指中国政治思想自身的若干突出特征需要深入地审视和剖析。我在其他文章中曾反复指出，中国传统思维方式特别值得重视。例如，在这种思维方式中总有一种我称之为"阴阳组合结构"的命题，即两个看来意义相反的命题总是联结在一起的，互相论证。这类的"阴阳组合命题"有："君本–民本""尊君—罪君""王体道–道高君""礼以分–乐以和""王有天下–天下为公""人品贵贱—人际尚和""尊上顺从–自强不息""遵循正统–颂扬革命"等等。在传统思想中，一方面，这些命题都不是单独出现的，在理论逻辑上也不能自成体系，而是互为条件，相互依托，相互渗透，是一种有机的组合关系；而另一方面，在每一对关系中，二者又呈主辅形态，都是前者为主，而后者为辅，正像阳为主，阴为辅那样，不能颠倒。在我看来，这些"阴阳组合结构"命题，在中国古代思想观念领域具有普遍性，

是一种思维定势,同时也是一种价值系统。因此这些理论框架对人们的行为方式也形成一种设定和规范,对士人的影响尤为突出,他们的思想和行为大体不出上述组合结构。不少学者经常引用孟子"民为贵,社稷次之,君为轻"的名句,以说明中国古代已有"民主"思想,但是我们不能忽视孟子此说的第一含义则是对君主们的劝诫和忠告,其意思是说,如再不警醒,那么"诛一夫"的现象就在所难免。中国有句老话叫"爱之极则恨",孟子就属此类,因为他不仅自己坦言,世上爱君之切者,没有谁超过他的,他也没有设想过有比君主制更好的政治制度。孟子对君主确实不取"妾妇之道",但他也没有跳出"阴阳组合结构"的思维方式与行为方式。因此我个人认为,无论如何高扬孟子的政治思想,但肯定不是"民为政主"(民为政治主体)的思想,而只是希望君主更好地"为民做主"(君为政治主体)的思想。中国古代最有使命感和批判精神的士人,其思想境界大致都不出"阴阳组合结构"的范围,即使是那些造反者的思维方式也不出上述框架。梁山好汉的旗帜是"替天行道",在我看来,他们的政治目标尽管与士大夫阶层不尽相同,但是思想文化方式则并没有根本的差别。

我这里所说的政治思想史方法论的第二个意思,就是延中在论文中已提到的,即中国政治思想史或许还存在着一个"第二域",诸如阴阳、五行、历法、《周易》、方术和数术之类,汉代盛行的"谶纬"等等即是。这部分内容除专家以外,眼下一般史学工作者多不熟悉。但对于古人来说,特别是士大夫则是必备的常识。其实也作为一套思维方式,制约着古人的思想,以至于他们思考问题的范围总被限制在某种框架之中。像中国历史上周期性循环的改朝换代,除了当时的政治、经济等因素外,究其思维根基不能不说也与上述知识结构有关。司马迁说过"夫天运,三十年一小变,百年一中变,五百年一大变;三大变一纪,三纪而大备。此其大数也。为国者必贵三五,上下各千岁,然后天人之际续备"。对于此话的历法依据,今人知之甚少。而不了解中国古代历法的基本结构,那就很难理解古人"天命"概念的确切内涵。就我所知,对于这一层面的思想史研究,已经引起了国内外学者的重视,有些西方学者,由于他们与中国古人的思维方式属于"异质性",所以就更加敏感。李约瑟对中国科学技术史的研究就对此类内容非常重视。英国著名汉学家、哲学家葛瑞汉对阴阳五行模式的深入解释,也做出了先导性贡献。由于中国古代思想明显具有整体性特征,并没有我们今天的学科分类,所谓"触一发而动全身",因此研究政治思想,也不能不涉及整体文化的知识基础,即所谓的"第二域"知识。这方面的深入研究还存在着许多学术空白,显然需要增强力度。

末了我说几句期望的话。延中这一代人的经历比较特殊,经过狂热的年代,卷入过封建观念大泛滥,又插过队,当过兵,做过工,后来再读书,目前又教着书。相对而言,由于这种特殊经历,他们这一代人刻苦勤奋,思想有深度,现在在各行各业挑大梁的骨干也是他们。我祝愿他们这一辈学人,当然包括延中在内,能继续奋发,为国家的振兴,为民族发展,为文化的昌盛,做出更多的贡献。

是为序。

于南开园洗耳斋

2005 年 4 月 20 日

三　回忆师友

教诲谆谆多启迪①

一、忆郑老与我最后一次谈话

十几年来,每过一段时间与先生畅谈一次,已成为先生与我生活中不可缺少的内容。11月25日下午,我前往拜见先生。我怕影响先生第二天上午启程前的准备活动(出席全国人代会),谈话中间两次起身告退,先生用带有几分命令的口气说:坐下,坐下!我们从四点许一直谈到六点半。我们谈话似乎从来没有完结,只是中断,这次也不例外,约好等先生从北京开会回来后再谈。谁知这竟成了最后的一次。

我们的谈话从来没有议题,但又从来没有离开过教学与研究。这次谈话是从如何评价郭老的《甲申三百年祭》开始的。在回顾了有关评价之后,先生言道:我与郭老是朋友。郭老在世时,我讲到李自成,曾发表过与郭老相左的意见,郭老去世之后,我不再说更多的话,有人批评郭老阅览不广,其实,如果设身处地想想四十年前重庆的环境,这个问题可以不必提出。先生谈了一些具体问题之后,换了一个角度说,没有十全十美的文章,只能从主流上进行判断。像郭老这样在多方面做出了巨大贡献的人物,我们不能苛求其细。郭老是一位杰出的开拓者,有些地方可能不够工细,这是难免的。有人对郭老工细方面多所批评,依我看似不尽公允。我不是说不可以批评郭老,但一定要分清主次。先生在停顿片刻之后继续说道,对古人和先亡者,可以用我们已达到的认识评论得失,但不能当作要求,要求只能对我们活着的人讲。先生的这些话是非常中肯的,我由衷地赞成。

由谈工细问题,很自然地转到考据学上的一些问题。我向先生求教,提出

① 原载《郑天挺学记》,生活·读书·新知三联书店,1991年4月,后收入封越建、孙卫国编《郑天挺先生学行录》,中华书局,2009年,第143—151页。

可否对考据学的发展划一划段,作一下分期分析。先生听后兴致倍增,连说,要的、要的。先生概要比较了清代考据与"五四"以后非马克思主义史学家考据异同,又讲到把马克思主义的科学方法运用于考据,使考据学发生了革命性的变革。这时先生再一次肯定了郭老的贡献。

先生在谈考据学的过程中,还对自己作了解剖,先生说,我这个人主要写了一些考证文字。外间人说我受胡适的影响,其实,我的老师是黄侃、刘师培,另外也听过有关科学方法论的课程。胡适提出的大胆假设、小心求证,在一个时期内有过广泛的影响,可以研究一下。不过1949年前,我走的并不是这条路子。1949年后学习了马列主义,有了新的认识。谈到这,先生一再自谦地说,我没有学好。写到这里,我想起了去年冬天一次谈话,言谈中我讲到有些人对马克思主义灵不灵产生了疑问,先生听后大为吃惊。先生说,马列主义我没有学好,但从我的经历中我体会到,马列主义比其他主义要高明得多,不能同日而语,有机会我要讲一讲。过后不久先生对《光明日报》记者发表谈话,强调历史研究必须以马列主义为指导。另据有关同志告诉我,先生在讲授史学研究课中又反复强调了这一原则。

由先生耄耋之年仍奋力执教,我想起了先生对教学的看法。今年酷暑之季,先生从教育部开会回来,我去看望先生。在谈话中,先生又一次谈到教学问题。先生针对一些同志把教学当成支出,把研究当成收入的说法,发表了一些精深的见解。先生说,把教学当成支出的同志恐怕还不大懂得教学。没有收入怎么支出,那不是给同学开空头支票吗?不要讲了几遍课之后,就认为这是简单的重复劳动。有了教材,为什么还需要教师讲授呢?教材不可能年年变,可是学科年年在发展,教师应该把最新研究成果传授给学生。如果不补充新材料、新观点,把往年的讲稿拿出来,打打尘土就去上课,对于教师来说,是失职行为。这就像不正当的商人把陈货冒充最新产品卖给顾客一样,是万万不应该的。先生又说,我非常赞成教师搞研究。不研究只借助他人的东西,也可以过得去,但这样做只能给学生以知识,很难在科研方法上给同学以帮助。搞科研是非常必要的,但对于教师来说,研究一定要为教学服务,我不赞成不愿教书光想搞研究的做法。教师不教书那还算什么教师?先生说,如果研究方向与教学方向不一致,作为教师,应该改变研究方向,转到为教学服务的轨道上来。一个教师在科研上取得成绩是很好的,但要把培养出人才作为最大的欣慰。先生过世之后,他的几代弟子在一起回忆先生往事时,大家深切地认识到先生正是这样实践的,而且整整奋斗了六十年!先生在与我谈话时,他已辞去副校长职务。联系到这件事,先生又说道:我辞去了行政职务,但我还没有辞去教授职务。只要我还当教授,我还要继续进行教学;如果我不能教书了,我就一定再辞去教授职务。也只是在先生仙逝之后,我才悟到:先生把教师视为圣职,把教书视为圣事。就在这次谈话中,先生特别向我提出:只要你身体好转(这两年我身体不太好),就一定要坚持教学!先生对我讲这句话时,带有开导、劝告和要求几种成分。我一想到这句话,先生当时的颜面表情立刻浮现在我的面前。我将永远铭记先生的教诲!

我还回到最后一次谈话上来。在这次交谈中,还谈到了百家争鸣问题。先生说,史学要发展,唯一的道路是展开百家争鸣。百家,就是要允许不同风格、不同流派同时并存。史学工作者每个人的具体情况不同,经历不同,治学之路不同。有的用力于史料的整理,有的侧重于原委的考证,有的愿意探讨历史内在的规律,这些都是发展繁荣历史科学所不可缺少的,要互相尊重,切不可以己所为衡裁他人。争鸣,贵在争理和求实,切不可争气。争鸣不免会有锋芒,锋芒是为了析理,但不可刺人。为了把问题说得透彻也不妨尖锐,但千万不可尖刻。争鸣对于学问是相得益彰的好事,切不可在争鸣中夹杂着学术以外的事情。先生的这些话都不是泛论,而是有鲜明的针对性的。有的是历史经验的总结,有的是针对当前史学界存在的某些须待改进的情况而言的。在先生逝世之后,我更深切地感到这些教诲的分量。

我是先生的学生,又是晚辈,但是先生对我从来是平等以待。我们的交谈多半是在谈笑声中度过的,不过有时我们也有热烈的、更确切地说有激烈的争论。因为声音高,先生的亲属都不免要进来一下,看看发生了什么事情。今天想起来,实在是失礼,可是先生从来没有介意。我们的争论反而加深了师生之情。

在我与先生的交往中,无论从年龄、名望、地位上看,自然都应该由我去拜见先生,或应召前往。实际上并非如此。先生常常屈身陋舍。过去我住在一楼,先生常来。后来我搬到四层高楼,先生依然常来。每逢此时我都感到万分不安。先生屈身多与回答我提出的问题有关。中国的旧传统是"只闻来学,并无往教",先生却不是这样,他不仅热情接待来学,而且热情主动往教,为我们树立了榜样和新风。

二、在筹建《中国历史大辞典》的日子里

1978年底，郑老应中国社会科学院之聘，担任了《中国历史大辞典》的总编之职，随后便开始了紧张而繁杂的筹备工作。因先生实在太忙，1979年下半年，先生要我协助他处理一些具体事情，并参与筹备事宜。1980年夏我因健康状况不佳不得不停止工作。在这近一年的时间里，我常在先生左右。先生关于《中国历史大辞典》的许多设计，也多有与闻；受先生之托，多次奔走于京津之间，转达和沟通先生与北京有关负责同志的意见及设想。先生谈得最多的是关于辞典的编辑方针、意义、作者队伍的组织、总体规划以及如何落实诸问题。

先生早在1949年以前就有意邀集同好编撰一部中国历史辞典，在那兵荒马乱之时，只能是想想而已。1958年先生再次倡议编纂历史辞典。先生当时任南开大学历史系主任，于是动员了历史系部分师生进行了一段尝试。由于当时是多变之时，参加人员像走马灯一样换个不停，即使如此，先生仍付出了心血，断断续续搞了一年多，最后终因无法掌握自己的命运，而不得不中途而废。这次社会科学院把编辑历史辞典的重任委托给先生，正与他的夙愿相吻，先生格外兴奋。先生一再告诫我们这些工作人员，且不可等闲视之，要把这项工作看成史学界一件大事，看作文化建设的一项重要任务。在1979年第一次编委会上，先生对编辑这部辞书的意义作了精辟的论述，他指出：我国史学之发达与历史之悠久，在世界上是无与伦比的。但是至今尚没有一部现代的专门辞典，这实在是史学界的一大憾事。我们现在集中力量编辑这一部书，可以说是一项继往开来的大事。所谓"继往"就是把具有几千年历史的史学研究成果，以辞书的形式集中起来，表现出来；所谓"开来"，就是为今后推进历史科学的发展提供一本基础性的工具书。编这本书，对提高全民族的文化水平也将有重要意义，对促进各国文化交流，必将起到有益的作用。

先生的话虽然很简短，问题说得很透彻，先生无论于文章，还是讲话、讲演，历来讲求少而精，对编写辞典的意义的论述可谓言简意赅。于此也可见到先生考虑问题之精审。

关于如何组织作者队伍问题，先生一再强调，要面向整个史学界，要把热心于此事的史学家尽可能多地吸收到作者行列中来。在谈到队伍的组织时，他特别强调专家作用，一再说，只有众多的专家参与此事，辞书才能具有权威

性;辞书的权威性不是靠行政,而是靠它内容的丰富和准确。为此,没有专家的指导和把关,是难于做到这一点的。为了延聘专家,他或自己写信亲自聘请,或派工作人员登门拜访。正是在先生这一思想指导下,聘请了一批有相当成就的学者,参加到编纂行列。先生对有一定基础的中年史学工作者也给予了极大的重视,一再提出作者的重点要放在这些人身上,要大胆起用这些人。这一思想也得到其他负责同志的支持,所以各分册的副主编和编委大都是中年史学工作者担任的,还有几位中年同志担任了分册主编。先生曾在一次会上风趣地讲到,这部辞书要做到:"中年为之,老者安之,少者怀之。"先生这句话既讲明了如何组织写作队伍,又提出了质量的要求。中年是写作的主力,老专家把好关,使辞典成为青年人的良师益友。

在筹备初期,对辞典规模的设想几经反复,关键是要不要加上一个"大"字。先生和其他的几位负责同志从一开始就主张加上"大"字,可是我们几位做具体工作的同志,一谈到大字就常常有畏难情绪,怕被拖进去,影响自己的进修和研究。先生针对这种情况,总是和蔼地开导我们,要我们放开眼界,并一再讲述要加"大"字的道理。他说:不"大",就不能把丰富多彩的中国历史面貌反映出来;不"大",就满足不了历史专业人员和广大读者的要求;不"大",就不能立足于世界辞书之林;不"大",就有愧于领导的关怀和读者的希望;不"大"势必出现这种情况:别的辞书,特别国外的有关辞书中有的,我们却没有。这如何向读者交代?我们恐怕要永世受非难。为了使我们的辞书有强大的生命力,我们应该做到:别的辞书有的有关中国历史的条目,我们应该有,质量要有所提高;另外我们还有一批词条是别的辞书中所没有的。正如他在1979年第一次编委会总结时所指出的:"这部书成败的关键和基础在于:一定要拟出全面、系统、准确的辞目总表;要比其他辞书增加大量的新辞目;要做好词条的编写和定稿工作,要把住质量关。"遵照先生的意见,在一段时间内组织了一些同志对现有的中外辞书中有关中国历史的条目进行了调查,并与各分册的编委所拟的条目进行了对比。当告诉先生这部书有一大批条目是新增的时,他高兴地说:这我就放心了。

1979年春还有一件事情,当时虽没能实现,但反映了先生支持改革的精神和魄力。我们一些从事具体工作的人,在实际工作中深感如何发挥各分册主编和作者的积极性,加快编写的进度和确保质量,是一个亟待解决的大问题。为此,几位同志设想了一个实行分册主编包质量、包进度、包财务,按劳付酬,减少行政开支,将有限的资金用于编作的方案。建议通过合同方式明确各自的责任:总编对社会科学院负责,各分册主编对总编负责。根据我们过去的印象,先生在许多行政事务上比较持重,所以向先生汇报这件事前,有些担心。可是事出意料,当我们向他汇报之后,他表现出了极大的兴趣,询问了各种可能出现的问题,要我们继续研究。经过几次商讨之后,先生下决心,表示全力支持,并诙谐地说:我一辈子没有干过这种事情,这次我要冒点险了。这个设想也得到了历史研究所和社科院有关领导同志的支持。后来因为财务"制度"问题,终于没有办成,我们草拟的合同条文自然也只落为一张废纸,不知丢到哪里去了。今天改革之风吹遍了中国大地,这些已不算什么了。不过,在1980年春,多少还是有点新奇的。而先生以八十之高龄,功已成,名已就,却仍不怕给自己带来麻烦,去支持一件冒险的事,使我们深为敬佩。先生一生以务实为重,反对浮华。在这件事上,先生的精神仍是如此,是为了务实,为了提高效率。

1980年以后的情况,我了解得不多。但我知道,先生直到逝世一直用很大一部分精力投入辞典的编纂事业。先生逝世后,《中国历史大辞典通讯》以本刊编辑部名义发表了悼念文章,对先生在辞典上的功业作了中肯的评价。这里我引其中的一段:"辞典编纂工作草创之始,他欣然担任了总编,亲自参加了第一个编辑体例的拟定工作。此后,在1979年11月、1980年8月、1981年5月召开的天津、太原、上海三次编辑工作会议上,他不顾工作繁忙、身体劳累,以八十多的高龄,亲自参加并主持了会议。在每次会议上,他都作了精辟的发言,为编辑工作解决疑难,指出了方向,振奋了与会者的精神,鼓舞了大家的干劲儿。特别是在最后一次即1981年5月14日的上海会议上,他提出的《中国历史大辞典的现代化问题》的三项原则(以马列主义、毛泽东思想为指导;反映最新科学水平;加快速度),更使我们受到教育和鼓舞。"

三、无文的文章

先生写了许多史学鸿篇,在史学界享有盛誉。可是先生对此向来看得很淡,这一点在编辑他的论文集时,我才有深切的了解。1978年下半年,先生的几位弟子商议出版先生的文集。当我代表大家向先生提出此议时,先生除表示谢意外,婉言谢绝了我们的提议。先生讲,新中国成立前出过一本《清史探微》,那是为了卖稿还债,不得已而为之,现在没有这个问题了。他援引古人为例,说明有生之年,以不编自己的文集为宜。他总认为由自己编自己的文集,难免加入自己的成见,杂芜并存。文章千古事,最好是身后由人决定取舍。先生表示这件事以后再说。在这个问题的认识上,我与先生的看法相左,所以一再劝先生重新考虑我们的提议,先生终于表示了这样一态:由你们决定吧,你们认为出文集有补于事,就由你们选编。随后,我以先生诸弟子的名义,向中华书局赵守俨同志写了一封信,建议中华书局接纳先生的文稿。赵守俨同志立即回信,不仅代表书局欣然同意,而且希望越快越好。后来有一次我见到赵守俨同志,他说早在20世纪50年代末60年代初,中华书局便提议出版郑先生文集,当时郑先生婉言谢绝了。可见先生对自己的文稿向来取持重态度。在这次编选文集的过程中,先生几乎未置一词,最初,我们想省事,希望先生提供一份目录。先生抱歉地表示自己从来没有记录。于此可见先生对自己的文章确实看得很淡。所以从整理目录到编选,基本上都是由他的几位专门从事明清史研究的弟子完成的,只是在临出版时,先生写了一篇很短的后记,以叙情怀而已。

先生对自己的文字看得很轻,但对于一篇无文的"文章",却看得格外重,这就是南开大学历史系的建设和发展。先生于1952年来南开,任历史系主任。直到他逝世,在这块园地里他整整勤奋地耕耘了三十年。先生来南开之前,南开历史系虽已初具规模,但终因建系时间不长,力量还比较单薄,先生的到来,使南开历史系顿时生色。先生不只一次地对我讲述过他来南开之后的心情,他当时即下定决心,定要使南开历史系步入强劲之林,与国内素享厚望的几间大学的历史系并驾齐驱。先生以他特有的恢宏气量和忠厚长者之风,团结了全体教师。他高瞻远瞩,组织当时的中年人向专深方面发展,大胆启用当时的年轻人。同时又请来了几位有功底的教师。几年之内,历史系便有多种著述相继问世,使历史系面目为之一变,引起了同行的瞩目。先生于中,发挥了伯乐与老骥的双重作用,为后人念念不忘。

先生参加了全国第一次制定教学计划的会议,并主持制定了中国古代史大纲。为了实现教学计划,先生身先士卒,几乎把全部精力投入讲课,据不完全统计,先生在50年代先后开设了七八门课之多,大大丰富了历史系的教学内容,开阔了同学们的视野,填补了南开历史系课程上的空白,对提高学生质量起了重要作用。先生对于教学历来是一丝不苟。先生讷于言谈,讲课并不生动,他有个很重的口头语"这个……这个……这个",我们做学生的有时不免有些调皮,有一次给先生作了一次统计,一节课说"这个"竟至上百次之多。但是先生讲课的内容却极为充实,言必有据,旁征博引,且富有条理。我们拼命地记,仍多有疏漏。所以每听先生讲课之后,除感到累之外,更有沉甸甸的丰收之乐。我可以这样说,先生淡于著文,而勤于教学。

先生一贯主张,教师一定以教为主。先生常说:文章固然很重要,但终究不能代替口耳之教,在传神、阐义、交流等方面,面对面的教学具有特殊的作用。先生把主要的精力用在了教学,直到先生八十高龄仍活跃在教学第一线,开设新课程。正是在先生带动下,南开历史系的绝大多数教师都以先生为榜样,孜孜于教学事业。除基础外,历史系开设了五六十门选修课,先生的身教应该说起了重大作用。

先生对南开大学历史系的贡献,可称之为一篇无文的文章,应该说,这篇文章是成功的,实现了他来南开时的志愿和初衷。当然,南开历史系有这种局面,无疑是由多种因素促成的,全体教师与其他几位负责同志都付出了艰辛的劳动。但先生用力最勤,花费的心血最多。所以先生对这篇"文章"的爱护远远超过对他自己的文字珍重。

历史系的多数教师都受过先生的教诲,这里讲一点自己的体会。在具体学问上的受益,举不胜举,难以数说。我只就一两件事情讲一讲先生对我的教诲、保护和指导。

1979年由南开大学历史系从事古代史教学和研究的同志们共同编纂的《中国古代史》出版了。在送给郑先生书的扉页上我们写下两行字:敬请郑先生指教。落款:您的学生们。这不是客套,而是事实。参加编著的同志几乎都是先生的一传和再传弟子。这本书先生虽然没有直接参加笔耕,但先生多年耕耘的心血灌溉了我们的成长。如果在正常的年代,这部书的主编是应由郑先生担任的,因为早在50年代,郑先生就提议编写一部古代史教材,当时由于种种原因,未能实现。这次先生没能直接参与其事,这是由那个时代的特殊情况造成的。《中国古代史》的第一稿写于1971年至1973年,第二稿写于1975年至1977年,知道了编的时间,先生未能参与其事,对于人们来说是不难理解的。但先生对这部书还是多有帮助和指导的。在写作过程中遇到问题,我曾多次向先生请教,一部分稿子也请先生审阅过。回忆当时的写作,感到最难处理的是由当时政治原因而风靡一时的许多"理论"。如何处理这些问题,最伤脑筋。在与先生谈到这些问题时,先生极为谨慎。但他多次叮嘱:下笔要有证据，说话要留有余地。我与先生多年的接触，知道先生的谨慎意味着什么。所以他的谨慎对我起了降调的作用。就当时的情况而言，我们的确属于"低调"。不过经过拨乱反正，我们自己认识到书中时代的烙印还是不少的，有许多问题需要再认识。

当认识都比较清楚的时候，有些同志，对我们过去的失当，特别是对我进行了尖锐的批评。这时郑先生已恢复副校长之职。先生一方面要我冷静，虚心接受不管来自何方的合理意见；另一方面，又对我进行了真诚的支持和保护。他说，不要听别人说三道四，事情的经过我是清楚的，让他们来找我。同时对我还说了许多鼓励的话。每想到此事，就像有一股热流温暖着我的心田。如果不是先生以及其他老师和同志们的支持和保护，我不知道会怎样。

先生对我的支持和保护使我受到鼓励，而对我业务进修方向的指导又给我指明了道路。过去我这个人搞得比较杂，许多东西浅尝辄止，兴之所至，便流连忘返，在学问上缺乏立足之基。针对我的缺点，先生不止一次地对我讲，要有一个专修方向，看准了要锲而不舍。先生还一再说，这个道理不难理会，但在实际上做起来有困难。几年的实践经验，我深切体会到先生的指导是及时的。

先生还多次同我谈到南开历史系中国古代史研究方向的选择问题。他一再说，过去这些年，我们只是做了一些基础性的学习和研究，从学问上看：南开中国古代史还没有形成自己特点、缺乏自己的特长。他一再告诫：在学问上，历史系，特别是古代史处于一个新阶段的开始。外间说我们不错，但我们自己要有自知之明，千万不要自满，要看到自己的弱点和缺陷。与学界相比，不但没有自满的理由，相反，应该有危机感。先生还一再指出，我们的危机只有用专深的研究来补救。他在估计了中国古代史发展水平与发展趋势之后，提出了横向深化与纵向深化相结合，以纵向深化为主的建议。他认为古代史多年来侧重于"块块"研究，相对说来"条条"研究比较薄弱。他号召大家选择一些纵向题目开展研究。并指出，纵向研究要注意一个"通"字，不要再横切。在题目的选择上，他提出眼观四方，尽量避免与兄弟单位"撞车"，要避开别人之长，培养自己之长。这是不是钻"冷门"呢？先生说：对冷门要分析，如果不问价值，专找一些冷僻问题，这不好；实际上是，有许多不该冷落而被冷落了的题目，钻这样的冷门，有什么不好呢？任何问题，一般地说，都是从冷到热。现在明清史的研究可谓热门，在 30 年代还属于一个较冷的题目。先生的用意是鼓励人们进行学问上的开始,要敢于创新。遵照先生的教诲,我们一些尚未立身的中青年重新检查了自己的研究方向。经过几年的实践,越来越感到先生的指教的重要。

建设南开历史系这篇无文的文章,用去了先生后半生的主要精力,应该说,这篇文章是成功的。

忆郑天挺教授与《中国历史大辞典》①

　　卷帙浩繁的《中国历史大辞典》十四个分卷,几年前已出版。近从书讯中得知,合订本也将于近期内推出。这部大辞典的出版,不仅是史学界的一件盛事,也是中国文化的一项基本建设。而这部巨著的第一任总编就是郑天挺教授。我作为初期筹建的工作人员之一,对郑老所付出的心血略知一二,仅记述如下,以怀念郑天挺教授。

　　1978 年 6 月中国社会科学院召开了"全国史学发展规划筹备会议",我是会议出席者之一。据我体会这次会是一次"务虚"会,并没有具体讨论史学发展规划之事,会后才逐渐落实。秋天,社会科学院历史研究所着手研究具体发展规划,我作为借调人员参与其事。会议由梁寒冰先生主持(梁曾任天津市委文教部部长,当时任中国社科院历史研究所党委书记)。在草拟规划时,提出组织全国史学界编纂一部《中国历史大辞典》。那么由谁领衔主持此事呢?梁寒冰同志要与会人员议一议。就实而论,由谁领衔不是我辈应考虑的分内之事。但梁寒冰想听听各方的意见,我们也就放肆而言了。当时,学界 70 岁左右的著名学者很多,其中不乏资深的马克思主义史学家。毫无疑问,有多人可以担当此职,然而,这帮小"参谋"都把目光集中于郑天挺先生身上,我作为南开人,无疑格外得兴奋。会后不久,中国社会科学院聘请郑先生担任总编。1979 年 4 月"全国史学规划会议"在成都召开,此项正式列入计划。紧接着便开始了紧张而繁杂的筹备工作。先生要我协助他处理一些具体事情,并参与筹备事宜。1980 年夏我因健康状况不佳不得不停止工作。在这一年多的时间里,我常在先生左右。先生关于《中国历史大辞典》的许多设想,也多有与闻;受先生之托,多次奔走于京津之间,转达和沟通先生与北京有关负责同志的意见及设想。先生淡得最多的是关于辞典的编辑方针、意义、作者队伍的组

---

① 收录于《郑天挺先生百年诞辰纪念文集》,2000 年 5 月。

织、总体规划以及如何落实诸问题。

先生早在 1949 年前就有意邀集同好编纂一部中国历史辞典，在那兵荒马乱之时，只能是想想而已。1958 年先生再次倡议编纂历史辞典。先生当时任南开大学历史系主任，于是动员了历史系部分师生进行了一段尝试。由于当时是多变之时，参加人员像走马灯一样换个不停，即使如此，先生仍付出了心血，断断续续搞了一年多，最后终因无法掌握自己的命运，而不得不中途而废。这次社会科学院把编辑历史辞典的重任委托给先生，正与他的夙愿相吻，先生格外兴奋。先生一再告诫我们这些工作人员，切不可等闲视之，要把这项工作看成史学界一件大事，看作文化建设的一项重要任务。在 1979 年第一次编委会上，先生对编辑这部辞书的意义作了精辟的论述，他指出：我国史学之发达与历史之悠久，在世界上是无与伦比的。但是至今尚没有一部现代的专门辞典，这实在是史学界的一大憾事。我们现在集中力量编辑这一部书，可以说是一项继往开来的大事。所谓"继往"就是把具有几千年历史的史学研究成果，以辞书的形式集中起来，表现出来；所谓"开来"，就是为今后推进历史科学的发展提供一本基础性的工具书。编这本书，对提高全民族的文化水平将有重要意义，对促进各国文化交流，也将起到有益的作用。

在筹备初期，对辞典规模的设想几经反复，关键是要不要加上一个"大"字。先生和其他的几位负责同志从一开始就主张加上"大"字，可是我们做具体工作的一谈到"大"字就常常有畏难情绪。先生针对这种情况，总是和蔼地开导我们，要我们放开眼界，并一再讲述要加"大"字的道理。他说：不"大"，就不能把丰富多彩的中国历史面貌反映出来；不"大"就满足不了历史专业人员和广大读者的要求；不"大"，就不能立足于世界辞书之林；不"大"，就有愧于领导的关怀和读者的希望；不"大"势必出现这种情况：别的辞书特别是国外有关辞书中有的我们却没有，这如何向读者交代？我们恐怕要永世受非议。为了使我们的辞书有强大的生命力，我们应该做到：别的辞书已有的条目，我们应该有；质量要有所提高；另外我们还有一批词条是别的辞书中所没有的。正如他在 1979 年第一次编委会总结时所指出的："这部书成败的关键和基础在于：一定要拟出全面、系统、准确的辞目总表；要比其他辞书增加大量的新辞目；要做好词条的编写和定稿工作，要把住质量关。"遵照先生的意见，在一段时间内组织了一些同志对现有的中外辞书中有关中国历史的条目进行了调查，并与各分册的编委所拟的条目进行了对比。当告诉先生这部书有一大批条目是新增的时,他高兴地说:这我就放心了。

1980 年春还有一件事情,当时虽没能实现,但反映了先生支持改革的精神和魄力。我们一些从事具体工作的人,在实际工作中深感如何发挥各分册主编和作者的积极性。加快编写的进度和确保质量,是一个亟待解决的大问题。为此,几位同志设想了一个实行分册主编包质量、包进度、包财务,按劳付酬,减少行政开支,将有限的资金用于编作的方案。建议通过合同方式明确各自的责任:总编对社会科学院负责,各分册主编对总编负责。根据我们过去的印象,先生在许多行政事务上比较持重,所以向先生汇报这件事之前,有些担心。可是事出意料,当我们向他汇报之后,他表现出了极大的兴趣,询问了各种可能出现的问题,要我们继续研究。经过几次商讨之后,先生下决心,表示全力支持,并诙谐地说:我一辈子没有干过这种事情,这次我要冒点险了。这个设想也得到了历史研究所和社科院有关领导同志的支持。后来因为财务"制度"问题,终于没有办成,我们草拟的合同条文自然也只落为一张废纸,不知丢到哪里去了。今天改革之风吹遍了中国大地,这些已不算什么了。不过,在 1980 年春,多少还是有点新奇的。而先生以八十之高龄。功已成,名已就,却仍不怕给自己带来麻烦,去支持一件冒险的事,使我们深为敬佩。先生一生以务实为重,反对浮华。在这件事上,先生的精神仍是如此,是为了务实,为了提高效率。

1980 年以后的情况,我了解得不多。但我知道,先生直到逝世一直用很大一部分精力投入辞典的编纂事业。先生逝世后,《中国历史大辞典通讯》以"本刊编辑部"名义发表了悼念文章,对先生在辞典上的功业作了中肯的评价。这里我引其中的一段:"辞典编纂工作草创之始,他欣然担任了总编,亲自参加了第一个编辑体例的拟定工作。此后,在 1979 年 11 月、1980 年 8 月、1981 年 5 月召开的天津、太原、上海三次编辑工作会议上,他不顾工作繁忙、身体劳累,以八十多岁的高龄,亲自参加并主持了会议。在每次会议上,他都作了精辟的发言,为编辑工作解决疑难。指出了方向,振奋了与会者的精神,鼓舞了大家的干劲儿。特别是在最后一次即 1981 年 5 月 14 日的上海会议上,他提出的《中国历史大辞典的现代化问题》的三项原则(以马列主义、毛泽东思想为指导;反映最新科学水平;加快速度),更使我们受到教育和鼓舞。"

先生的话虽然很简短,问题说得很透彻,先生无论写文章,还是讲话、讲演、历来讲求少而精,对编写辞典的意义的论述可谓言简意赅。于此也可见到先生考虑问题之精深。

关于如何组织作者队伍问题,先生一再强调,要面向整个史学界,要把热心于此事的史学家尽可能多地吸收到作者行列中来。在谈到队伍的组织时,他特别强调专家作用,一再说,只有众多的专家参与此事,辞书才能具有权威性;辞书的权威不是靠行政,而是靠它内容的丰富和准确。为此,没有专家的指导和把关,是难于做到这一点的。为了延聘专家,他或自己写信亲自聘请,或派工作人员登门拜访。正是在先生这一思想指导下,聘请了一批卓有成就的学者,参加到编纂行列。副总编和各分卷主编都是著名的史学家。先生对有一定基础的中年史学工作者也给予了极大的重视,一再提出作者的重点要放在这些人身上,要大胆起用这些人。这一思想也得到其他负责同志的支持,所以各分册的副主编和编委大都是中年史学工作者,还有几位中年同志担任了分册主编。先生曾在一次会上风趣地讲到,这部辞书要做到:"中年为之,老者安之,少者怀之。"先生这句话既讲明了如何组织写作队伍,又提出了质量的要求。中年是写作的主力,老专家把好关,使辞典成为青年人的良师益友。

南开大学历史系同人多为郑先生的弟子和再传弟子,随先生之后是理所当然之事。杨志玖先生任副总编,另有六位出任了十四个分卷中四卷的主编、副主编,还有更多的同志担任了分卷的编委和撰稿人。这里要说明一点,郑先生决无偏私之心,只可谓"举贤不避亲"。郑先生过世之后,他的南开弟子们没有辜负他的期望,都出色地完成了各自的任务。

忆漆侠先生"文革"后期的二三事①

2001 年 9 月 27 日，漆先生专程到北京师范大学参加何兹全先生的九十寿典，我也忝列其中。在我的记忆中，只要我们相会，总有说不完的话，这几年先生有些耳背，于是多"交头接耳"，显得更亲近。这次也是如此，庆典会上我与先生比肩而坐；饭居时也是比肩共餐；先生要返回保定，我送先生至门口，万万没有想到这竟是永别！先生比我大一轮。可能由于生肖同属猪，不免"臭味"相投！这要从"文革"说起。

我与先生相识在 20 世纪 60 年代初，但仅仅是会议上点头而已。那时先生已是蜚声史学界的名家，我还是一个初学者。先生的文章我拜读过不少，十分佩服先生的功底和眼力，我对先生虽深切仰慕，但我这个人有点怯生，因此并没有任何个人交往，也没有勇气去登门求教。与先生的直接交往是在"文化大革命"中间开始的。1966 年春夏之交，河北省有关部门召开了一次传达"二月提纲"的会议，部署文化革命事宜，我有幸与会。会议主持者在主题报告中把漆侠先生抛出来示众，在我记忆中这是会议上唯一被河北省(当时天津属河北)权威人物点名批判的资产阶级的反动学术代表人物。由于我素常仰慕先生，这突如其来的点名无疑对我是一个棒喝。道理很简单，我为什么会佩服这样的人呢？好在我与漆先生没有个人交往，出了一身冷汗后也就罢了。没过几天，某日报用整版公布了漆先生的反动学术观点和所谓的政治历史问题。漆先生在学术上最为"反动"的是他的"让步政策论"。漆先生有过一个著名的概括："斗争-让步-再斗争-再让步"，社会由此获得发展和进步。就实而论，在批判让步政策之前我是接受让步政策论的，当得知批判让步政策有"大背景"时，我自然是要紧跟的，从那个时代说来，不紧跟倒可能是例外。我这个人在紧跟时也有迂腐之处，竟然说应给让步政策论留一个"天窗"。这句话后来给

---

① 2002 年元月追忆。

自己招来了不少麻烦,我无论如何要革命也洗不清。此点似乎说明在理论上与漆先生有一点点暗合情结。由于当时人们把目标对准北京的"大反动派",无暇顾及地方的较小的"反动人物"。但对漆先生我还是更加深了印象。

转眼到了1971年,南开要重新复课,招收第一批工农兵学员。我被指派组织中国古代史的教学事宜,并由我主持开始编写中国古代史教材,我承担了战国秦汉部分。批判归批判,被批判的书还是要读的,漆先生的《秦汉农民战争史》《王安石变法》等又摆在了我的案头。经过"文化大革命"的洗礼,我衡量学术的眼光无疑有重大变化,但我却依然认为漆先生的著作是有分量的,是研究农民战争史的重头之作。除了书中有关让步政策论之外,我认为依然是一部足资参考的有价值的书。我也忆不起究竟出于什么动机,在漆先生还没有完全走完倒霉期的时候,我径直到先生家拜见求教。我的造访无疑给先生增加了一个意外。先生热情地接待了我,当时谈了些什么,已经忆不起来,但先生的拘谨状还清楚地留在我的记忆中。先生忙着一边给我沏茶,一边说,这是好茶,请尝尝,请尝尝!我印象他的住房被人占去了一半,留下的是两间相通的连间,外间是"万能间",满满的,几乎没有插脚的地方。说实在的,我去干什么?这不能不让一位被冷落的人思索一下。从那以后每隔一段时间我就到先生那里坐坐、聊聊,先生也经常到寒舍来。在闲谈中我知道先生在"文革"前抄录的上百万字的宋史经济资料被革命群众付之一炬。我的第一感觉是凄惨,多年的心血啊!但使我感到惊异的是,先生虽不无抱怨,但更多的是豪气。不只一次地说:烧了也好,从头做起,一定比原来的更完整;如果不烧,我不会下决心重新阅览已读过的书。他还说,过去读书时有些贪快,有不少遗漏,这次可以在原来的基础上收集更多的材料。我要力争竭泽而渔,读遍有宋一代的所有资料。过来的人都知道,当人们自身的着落还是未知数时,有几人还能坚持学术追求?我的印象,当时漆先生还没有完全落实政策!我被先生这种学术勇气和执着的追求深深地打动。

在一次闲谈中我得知先生已把天津市图书馆有关宋史的书读完,想到南开大学图书馆接着读,遇到了一些障碍。当时图书馆的业务尚未恢复正常,有麻烦在情理之中。我责无旁贷,疏通了关系,为先生办了一个长期阅览证。先生几乎每天在8点开门时第一位进入阅览室,直到关门时才离席。我的家在他去图书馆的路上,所以经常路遇,他也不时地到我家稍坐片刻,说几句读书中得意的感受。在南开大学图书馆他主要读宋人文集,先生不止一次地对我讲,文集也是经济史资料的宝藏,其中特别是形象性的、活生生的典型资料是其他文献所不及的。先生对这方面资料搜集的很多,所以我读先生的《宋代经济史》有一种特别的感受,那就是把我带入了历史的氛围之中,看到了活脱脱的历史景观。

当时还有一件事,鲜为人知,在此追记一下。在 2000 年先生来南开大学进行学术讲演时的开头语中曾谈到此事。70 年代初,先生的境况还不大好,有一些让人烦恼的事。既有所谓的"政治历史问题",还有所谓资产阶级学术观点方面的事等等,这些事都见诸报端,周围的人并不陌生。对这些事有不同的看法和立场是理中之事,过来的人都有过经验,大环境所致,也无可厚非,但却弄得先生无所适从,很不愉快。我这个人有点毛病,就是重业务,崇敬有才能的人。在历次运动中我或多或少都要涉及这个问题,曾有不少人(包括我最好的知心朋友)批评我缺乏政治头脑,自找麻烦。我也曾为此做过多次检查,信誓旦旦要突出政治。但面对漆先生这样的人才,我把当时流行的政治又给放到了一边。在我看来,所谓漆先生的"问题"都不是什么大问题,已经批评过了,不能老抓住不放;抓住不放,不符合政策。于是我建议漆先生换换环境,来南开工作。我认为南开正需要漆先生这一年龄段的大专家。我们商议,漆先生原单位的事由漆先生自己去做,南开的事由我去做。其实我并没有能力一定能做成这件事,我当时仅仅是历史系中国史专业的主任,而且是一个空架子。不过我是真诚想把漆先生请过来。尽管我能力有限,但我提出把漆先生请到南开来,也不是没有一点根据的说大话,送人情。因为我相信,只要办历史专业,对漆侠先生这样的人才无论是谁也不应该忽视。这件事没有办成,是因为河北大学与河北省有关领导不放。据漆先生同我讲,他向有关部门提出了请调报告,但有关领导指示,有问题就地解决,谁也不能放漆侠走。我听后感到十分高兴,我故乡(我是河北人)的大吏识人才呀!漆先生虽然没能来南开,对南开是一件憾事,但他无论在哪里对历史学科都是一样的重要,都会起同样的作用。在他这一代学人中,他无论在哪里,在宋史这一领域他都是执牛耳的,宋史学术重镇会随他而设。这决不是谀词,而是以漆先生的学术功夫为依据的。他实在是太勤奋,太投入,太专心了,就是他来南开讲学的空隙,依然是伏案在读、在写。我常劝他,要放慢些,他总说精神还好,不能浪费,要完成计划。去年 9 月最后一次见面时,他高兴地对我说,《宋学》已经完成多半,剩下的就顺利了。他还兴致勃勃对我说,河北大学的宋学研究中心条件很不错,他每天准时到书房进行写作,效率很高,很满意。他不只一次邀我去看看,还风趣地说,与1973年你来时相比,是天壤之别呀!这我想象得出来,1973年我带着学生下乡锻炼和拉练,路经河北大学,给我留下的印象是破破烂烂。我对学生讲,这里环境虽差,但有大专家在,这就是漆先生!我请他给我们学生做过一次报告,先生领着我们参观了"莲池"等古迹。那时先生还是相当孤独的,我直奔先生无疑也是另有用意的。

我的专攻方向与先生有距离,因此我们在专业上往来并不多,在有些问题上和一些理论上,似乎又有相当的差别。然而这并不影响我们之间的理解与信任。1989年我遇到一些麻烦,先生到寒舍来叙长话短,同时问我:"吃饭有问题吗?如果有,请到河北大学来,我们的宋史研究室欢迎你!"吃饭"本身固然是一个大问题,在我看来其中寓于的理解和情谊比"吃饭"本身更重要。在这里,我向先生深深鞠躬致谢!

学界对先生的议论也有不同的声音,我也略有所闻。比如有人说他在学术上有点"教条",也有点"固执"等。我以为这些议论都属正常现象,就是圣人也不能免。我姑且用"党同伐异"这几个字来说。"党同伐异"是人类历史的普遍现象,不可能没有"异党"和"异论"。孔夫子说"君子不党",那是说瞎话,君子恰恰最爱结党的,他老人家就爱搞"党同伐异"。所以重要的不是有否"党",而是如何对待"党"。我们都有切身的经历,学术上的"党"是自然之事,"党同伐异"也在情理之中,只要互相平等对待也就足矣。教条之类的现象,其实就是我们通常说的"党性"的一种表现。我们不必把"教条"和"固执"看成贬义,有执着精神的人一定有"教条"和"固执"相伴。我们如果认真考察一下历史,凡是有功底、有实证、有创造、有主见的学者,哪位不和"教条"和"固执"相连?道理很简单,他们对自己的理论或信奉的"主义",都有执着的精神,甚至有一种近似宗教的情结。我看漆先生就是这样。他不止一次地对我说过,他坚信历史唯物主义,他对时兴的这种或那种主义和流派,多不以为然,相比之下,他认为历史唯物主义更具有合理性和解释力。他在南开讲学时特别指出,历史唯物主义固然要发展,但也要坚持,他说,至少我是要坚持的!只要读读他的文章,就会感受到,所谓先生的"教条"和"固执"都具有极强的实证性,而不是说空话。因此我认为,先生在学术上的"教条"和"固执"精神很值得赞扬和敬重!学术上的理论、信仰、教条、固执、实证等常常是交织在一起的,而对漆先生说来,这些都是以实证为依据的。

先生宏伟的学术计划本是可以实现的,但人有时竟是这样的脆弱,虽能闯过大风大浪,却不能避免一点点意外。实在是极大的憾事。先生匆匆地走了,没有留下一句遗嘱,但给我们留下的著作却是永久性的珍品,将灌溉来学,不管谁,只要研究宋史,就不能隔过先生!作为一位史学家,先生如果有灵,亦应无憾矣。

2002 年元月追忆

《教书人手记》序①

宗一兄昵称他的少子曰"热闹"。其实他本身的经历才真正充满了"热闹"。何谓"热闹"?《现代汉语词典》有解:①(景象)繁盛活跃;②使场面活跃,精神愉快。简缩一下,"热闹"意味着繁盛、活跃、愉快。回首宁兄的"教学人生",应该说有不少苦涩与尴尬,但与这些相伴的则是睿智、问题、思索和新视角。如果翻开他的履历表,其经历之简单让人有一种空旷之感,他的行踪除了课堂,还是课堂;身份一直是一位平民教师,最大的"官"也不过教研室副主任以及校、系学术委员之类的散差。他真像一头牛,在课堂上苦苦地耕耘了近五十年。聆听过他教诲的弟子何止三千!宁兄的教学与人有所不同,他把风和火带到了课堂,在传授知识的同时也把心灵、情感吐露无余。再加上他高八度带韵律的京腔,流畅而富有哲理的辩才,水乳交融式地引经据典,以及潇洒的风度,不知倾倒了多少少男少女!有人说老宁有"霸气"。孟子说过"以力服人者霸",宁兄一没有权,二没有势,何来之霸?有点费解,但既然有人这么说,我想一定事出有因。依我看大约与他好辩、好争、语言犀利有关。以温文尔雅的尺度去衡量,高嗓门再加犀利,的确与霸气有难分之处,由是而带来的误解也是可以理解的。就实而论,只要不用权力压人、整人,言词有点"霸"气,未见得是一件坏事。最讲中庸之道的孔孟,其言语中的霸气还少吗?墨子讲兼爱,孟老夫子就说人家无君、无父,是禽兽。我看宁宗一再霸气也没有到这一步吧!宁兄的霸气充其量不过是尖锐、明快和有针对性而已。文章不妨有点霸气,这比那些不露眉目、吞吞吐吐的文章要好得多!

宁兄是一位有棱、有角、有个性的人,因此所到之处都会带来话题、带来争论,有说不尽的热闹。有过教学经历的人都会知道,能做到这一步谈何容

---

① 这是刘先生为宁先生《教书人手记》(大象出版社,2002 年)写的序,就内容看,放在回忆录里更合适,先生自己也把它归于回忆录。

易!这必须有才、情、真作底。我记得 20 世纪 60 年代初,他的一篇论戏曲史和改革的钜文在《光明日报》以整版的篇幅刊出,且不说在文学史界的影响,在南开大学足以使人翘首。在我的记忆中,南开人能在大报上整版刊文的是极罕见的,在青少年中大约是从来没有过的事。这本身就有极大的轰动效应。那时我辈对大刊物上的大块文章有一种"拜物"情结,自然对作者也会肃然起敬。那时我们还不相识,我请人指点,没有想到,人如其文一样的修长、洒脱、标致,以至于我这个乡巴佬不敢前去。

我请他数十年的同科同事(也是他的领导)概括一下宁兄的人生特点,这位先生脱口而出:"两用人才。"何谓"两用"?即运动来了做"靶子",搞业务时为骨干,而且是轮番不已。我们过来的人都知道,不是人人能反复被"两用"的,只有那些有业务专长者才能受到"一批二用";另一方面打趴下后把棱角磨光了,失去了个性,很难不入平庸,一平庸,自然下一轮就不会当"靶子"。"两用人才"也是"两难人才",一是人才难得,二是个性难得。据说,宁兄在挨整时,他能做到只谈自己,从不"咬人",也不透过,所以运动过后他的人格并不臭。他也会检查自己,也要继续革命,因此,也写过以"小修"批"大修"的文章。现在说起来不免有点滑稽,但在当时是十分严肃的。我深信他写这类文章不是玩世,而是出自那时的理念。说到宁兄当靶子,原因可能多多,以我的观察总与他的"违时"与"狂"有关。

就实而论,宁兄说不上是大狂,在更大范围内还挂不上号,但在南开大学是有名的。"狂"这个词多为贬义,但如果说"狂生""狂直",还有"狂言",在很多场合可以作偏正词用,宁兄的狂大抵均在这些范围。你看,如果不狂,何以能当"白旗"?不狂,何以会成为"裴多菲俱乐部"(南开大学"四清"中的重要事件之一)的要员?不狂,何以能成为少年"牛鬼蛇神"?不狂,何以敢说"金瓶梅代表着中国小说史的一半"?不狂,又何敢任"中国武侠文学学会"的会长?武侠小说是不入学院派的文学史的。不狂,敢与学界大师进行公开的争论吗?还有许多狂事、狂言,不一一列举。其实,捋一下历史,再回头看,他的狂只不过比我这样的人快走了一步或半步而已。然而在"齐步走"的岁月里,谁敢先走一步或半步,就面临出列而被视为违规的危险。枪打出头鸟是我们民族的传统,宁兄被打无疑在情理之中!

说到学问,尽管我与他都在"史"的大范围内,但科系不同,故不能议一二。不过我有一点感觉,宁兄的学问重在回归文本,追寻心灵,因此于往学大抵是"学一半,撇一半",剩下的则留给了自我,因此,他的文章决不落套,不泥古,心灵伴随着行文而跳跃。他爱写长句子,我想这可能有西语译文的影响,但更主要是刹不住思绪奔腾的激流,犹如"飞流直下三千尺",势不可止所致。

宁兄如同一池清水,明澈见底。同他交道无须打哑谜,最便当的是"一竿子到底";而他坦白时也会把心亮出来,如他纪念李何林先生的文章《灵前的忏悔》,展现在读者面前的便是一颗颤抖的心。他对自己的言行之"浑"和盘托出,把自己定在"浑小子"之列。我们这些过来人不是人人都有勇气敢面对往日之"浑"的,相反,很多人常常用往时之"浑势"来开脱自己的"浑行""浑言"。固然时势造就人,"浑势"比"浑从"更厉害,但"浑从"者不知幡然自醒,在忆及往事时拍拍屁股就走,好像什么事都没有发生,这不能说是负责任的表现。可惜,这种拍拍屁股就走的人实在太多了。

文写到这本想打住,但欲止不能,对宁兄的爱情故事不能不说几句,因为这在他的人生中格外显眼,我们差一点因此丢掉一位大教授。他的爱情故事不是一般的热闹,足可以写一部小说。据我所知,已有报告文学问世。我这里只能长话短说。宁兄的情爱世界犹如汹涌的波涛,浪花四溅,沸沸扬扬,使人眼花缭乱,曾招来数不清的议论和非议。情感中有否是非?我想是有的,但谁又能全说清?历史上的大清官都断不清,现代的法官理还乱。如何理清爱情中的是非似乎是一个向人类智慧挑战性的问题,留给大哲人去解决吧!于宁兄我只想说一点,这就是宁兄跌宕起伏的爱情是有序的,用俗话说,他从来不做"吃着碗里,占着锅里"的事,用现代的词,他没有充当过第三者。还有,他不在师生之间介入情爱。孔子唯酒无度,但不及乱;宁兄任情,但也不及乱!

宁兄在爱情上的风度可谓情怀激烈,世人所少。"生命诚可贵,爱情价更高",宁兄为此有过英雄主义的悲怆之举。他同小荣的忘年之恋,也属骇世惊俗之行。对他们的恋情我有所闻,也多次遇到这位妙龄少女与我这位花甲少年老兄比肩漫步,或翩翩起舞,但我作为老朋友却不敢去问一二。因为我不知道是该去劝阻,还是去促成?我知道他们结婚,但也没有去道贺,因为我依然不知该说什么。我有意回避,原因是,一方面自知不宜对忘年恋品头论足,另一方面又怀疑我这位老兄是否缺少了责任感,有捉弄少女之嫌?大约他们猜到了我的心思,于是双双来到寒舍报喜。使我意外的是这位少女首先开口。她说:你们是老朋友,我要直言相告:是我仰慕宁宗一,是我向他求爱,我做了一切准备,非他不嫁!他是被动地接受了我这份爱情!小荣的坦诚抛白使我一下子释然了。从那以后,我称小荣为嫂夫人,他们的爱情结晶"热闹"出世后,我则在热闹上加热闹,戏称"小皇上",改称嫂夫人为"太后"。因为宁兄是大清帝国皇族出身!

让我们回归文本,来品味宁兄的《教书人手记》吧!

多元视角忆雷海宗先生[①]

　　1957 年我考入南开大学历史系。到校之后新生们最爱打听的是哪些老师给我们上课和老师的学术情况。当我们接到课表时感到十分兴奋。授课老师中赫然在目的有雷海宗先生，他要给我们讲授世界古代史。之外，讲授中国古代史的是王玉哲教授，讲授原始社会史的是黎国彬副教授，讲授古代汉语是马汉麟教授。这样的授课阵容使我们格外高兴，由此也看到南开大学对基础课的重视。在我们热切盼望开课之时，也隐隐约约传出雷先生有右派言论等等，正在受批判。不过我们还是抱着极大的希望，能亲炙雷先生的授业。当世界古代史开课那一时，同学们几乎陷入窒息状态，因为走上讲台的不是雷先生！此后教师们批判雷海宗的消息不断传到学生中来，雷先生讲课的希望越来越渺茫。好像到了深秋或初冬，传出雷先生被划为右派，我们，至少是我，才从希望中醒来，除了遗憾之外，还庆幸没有受到雷先生的毒害！因为我们的学长都要清理他的流毒！受先生之教的机会擦肩而过，以后再也没有机会接触，到雷先生去世，我与雷先生也没有过过话。在我的印象里，雷先生没有参加过系里的活动，因专业不同与政治上的界限，我也没有主动拜访过雷先生。

　　1958 年进入了大跃进的年代，大约因我有过工作经验，把我抽调出来从事教学工作，这也真是"大跃进"！不知出于什么考虑，上级又要再一次清除雷先生的余毒，并印发了雷先生的著述选编，发给每人一份。我有一本上年级同学传给的雷先生的《世界中古史讲义》，由于我的世界中世纪知识是零，自然看不出任何问题。(不知出于什么心态，这份讲义我一直保留着。在"文革"中我把胡适等类似人物的作品都扔掉了，但雷先生的这份讲义总舍不得丢弃，到 20 世纪 80 年代我转送给王敦书兄。)我读雷先生的有关中国史的著作时，我完全接受了当时史学界主流派对雷先生的批判，并且努力"紧跟"。适逢我

　　① 原载南开大学历史学院编《雷海宗与二十世纪中国史学》，中华书局，2005 年，第 109 页。

接受的第一个任务是准备"历史科学概论"课的讲稿。这门课虽不是由我讲，但我是讲稿起草人之一。我的任务有一节是写"马克思史学在战斗中发展"（大意），其中即有对"战国策派"的批判，无疑也包括对雷先生的批判。写的讲稿早已不知哪里去了，具体内容也忆不起来了，但有一点是肯定的，那就是积极地接受史学界对雷先生的批判观点。我不知道1958级的同学还保留一点记忆否？如果还有，希望你们能对当时的"批判"进行再批判。

不过在批判雷先生的同时，在我心底深处也引起了一点震动，那就是雷先生学问的淹博和通变精神给我以深刻印象和影响。这里说一个例子。我当时读雷先生的《古今华北的气候与农事》一文，本来是作批判对象来读的，但读后我完全被雷先生的精深和宏大的气势与立论所征服，暗暗地叫绝！这种感受不只来自这一篇，其实读他的《中国文化与中国的兵》也有类似的感受，一方面要批判，另一面又十分佩服他贯通古今的史学精神。稍微宽松之后我不止一次地同敦书兄谈起我当时的那种感受。

在相当长的一段时间里，在政治上对雷先生我是持批判态度的，回忆起来就是三段式的推断："战国策派"是反动的（20世纪40年代马克思主义理论家几乎都是这样的评判），雷先生是"战国策派"的中坚，因此雷先生也是反动的。如果再加上1957年雷先生一句大胆批评教条主义的话，按当时的标准，说雷先生为右派也是合乎逻辑的。由于雷先生戴右派帽子比较晚，摘帽相对较早，摘帽之后又随即"重用"。其后随着阶级斗争天天讲得兴起，政治运动一个接着一个，雷先生虽然去世了，但每次运动几乎都要或多或少涉及对雷先生政治处理是否合适，是否犯了政治右倾错误。在历史系范围内，政治第一把手是魏宏运先生，于是每每因雷先生的问题把魏宏运裹进去。当时把雷先生视为右派的不是几个人，几乎是当时多数人的共识，所以对魏宏运先生也是一个群体性的压力，到了"文革"，这成为魏宏运的一大"罪状"。在这件事上我当时是怎样的态度呢？大致说来仍是反右的继续，但由于我的"折中主义"（在历次运动中不断检查的一个问题）痼疾，所以也未做发难者和纠缠者。经历那一段历史的人大都健在，我的自我估计符合事实否？请指正。

我现在想换一个角度提一点看法。毛泽东说过这样的话：凡是有人群的地方，都有左、中、右。我们冷静地想想，这话是有道理的。举凡看世界，在政治上哪里没有左、中、右？至于对左、中、右的历史和价值判断，各个国家的不同时期各不相同。我的问题是：如何对待左、中、右？能否这样说：左、中、右都是一种合理的历史存在,只要符合游戏规则,都应有其一定的位置。重要的不是看谁是左、是右,而是看其间的游戏规则是否合理。比如,以文字来的,当以文字往,不应当在文字之外诉诸其他。当然,每个社会在不同的历史时期还会有不宜轻易逾越的"底线",不过严格地说,学理是不承认有"底线"的。说到这里,说雷先生是左,还是右,我看意义并不太大。重要的是当时违反了游戏规则,或者说没有游戏规则。据我的学长于可教授对我讲,在 1957 年反右之初,雷先生是南开大学教授站出来反击右派言论的第一人。当时北京大学的 T 先生到南开来鼓动鸣放,雷先生挺身而出,予以反驳,学校的大喇叭同时转播,雷先生声扬南开,是"反击"右派的积极分子。可是没有过多久他也成了右派。你看,历史是多么的滑稽!

南开大学历史系诞生于"五四"时期,但大发展是在 1952 年高等学校院系调整以后。郑天挺先生、雷海宗先生等相继来到南开,师资队伍也空前壮大。郑先生在世时,不止一次地对我讲,他同雷先生相约,一定要亲密合作把南开历史系办好,在国内史学界要争一席之地。两位老先生的合作与努力很快即见成效,南开历史系成为全国同行中一个重镇。郑先生与雷先生是南开历史系中兴的两位名师,为纪念和永怀两位先生,20 世纪 80 年代,由我提议开设了"郑天挺讲座"与"雷海宗讲座",以志永怀。

我再把话转回来说一点对先生的学术印象。前边提到,当我初入历史学之门时,雷先生是我批判的靶子之一。批判的内容基本上都是抄袭来的,并不是自己研究心得,时间一长就渐渐地模糊了,没有留下深刻的痕迹,但雷先生的淹博和通变气势是我当时的心会,因此使我久久不能忘怀。以《中国的兵》这篇为例,雷先生提出问题的角度,即从文化角度说兵,使我赞叹不已。因为一般的文章总是在兵制上细细论证,雷先生以此为基础却要探索"兵的精神",即"当兵的是什么人,兵的纪律怎样,兵的风气怎样,兵的心理怎样"等问题。但雷先生的论述又是历史的陈述,通过历史的过程把"兵的精神"的变迁呈现出来。他的中心意思在表达,没有文化的兵是野蛮的兵。在过去,人们对兵有一个普遍性的口头判断:"兵匪一家""好铁不打钉,好人不当兵"。雷先生用历史对此进行了回答和论证。他不无感慨地说:"一般的说来,文武兼备的人有比较坦白光明的人格,兼文武的社会也是光明的社会。这是武德的特征。中国两千年来社会上下各方面的卑鄙黑暗恐怕都是畸形发展文德的产物。偏重文德使人文弱,文弱的个人与文弱的社会难以有坦白光明的风度,只知使用心计;虚伪、欺诈,不澈的空气支配一切,使一切无办法。中国兵制的破裂与整个文化的不健全其实是同一件事。"雷先生热切地希望文武兼备的社会出现在东方! 我这里不是讨论雷先生具体学术论点之得失,我想说的是雷先生的淹博与通变的治史眼光是应该引起我们的重视。我冒昧地说一句,这些是目前史学界所缺乏的。

20世纪80年代我所以要开设"郑天挺讲座"和"雷海宗讲座",其用意就是要提倡郑先生的实证、求真的学风,提倡雷先生淹博、通变的学风。没有好的学风就不可能有学术的发展。

最后说一点学术评论的多元性的评价问题。我敢断言,对"战国策派",其中包括雷先生,无论是当时、现在和今后都会有不同的评价。评价中的是非判断会因评价指导观念而异,会因人的志趣而异。我认为只要不诉诸行政专政,都应该有其合理的学术意义。在这里,多元的包容性应高于任何是非的判断。"战国策派"以及雷先生的史学观念不是随时光的消失而淡化,而是经过大浪冲击之后,依然能引起人们的关注和重视。重要的不是他们的观点与理念是否正确,而是他们提出了问题,并以其特有的形态进入了历史认识对象之中,而且成为历史认识的坐标之一。应该说这是对史学的重要贡献。

忆玉哲师:关爱与宽容①

　　2005 年 5 月 4 日下午,我们四位七十几岁的老学生来到医院看望先生,当时先生处于闭目静睡状态。我们本不想惊动老人家,想看看即告退。先生多年来耳背得厉害,几近失聪,往日去看望他都要大声贴耳方可交流,所以他对我们的到来没有任何反应。护理人员说先生没有睡着,是闭目养神。护理人员晃动先生的手臂,先生缓缓睁开了眼睛,但已不能说话。我握着先生的手,轻轻摸着他的脉搏,开始没有明显反应,我以为先生神志有缺,怕给先生增加负担,正想退下,他突然点头示意,露出一丝笑容。我咬着他的耳朵,祝愿他安心治疗,他点点头。当我们告辞时,他有些激动,不停地挥动着双手。我从病房出来有几分悲伤,便同先生的女儿兰珍说,如此高龄的肺心病,很难治愈,切开气管也很麻烦,要有充分的精神准备。兰珍告诉我,在先生健康时曾有嘱咐,不割气管,药物不能治愈则自然了结。我本是来看望先生的,怎么竟然说了些不吉利的话?这是因为我跟随先生近五十年,我们两家老小相亲相知,所以言语无忌。我回家后,心里一直不安。5 月 6 日一早,接到电话,被告知先生的心脏在凌晨停止了跳动!历历往事一下涌上心头。

　　1961 年春,我被分配做先生的助教,第一次"认门"时先生问了我一些情况,我汇报粗读过先秦诸子,对其他原始资料所知甚少。先生问我有《书目答问》吗?我说有。接着又问,有《增订四库简明目录标注》吗?我说没有,他从书架土取出书给我看,接着又拿出《贩书偶记》,随后叮嘱我要有这三本案头书,要对照翻阅。俗话说师傅领进门,这三本书就是引我进门的第一步。先生还赠给我他的著作《中国上古史纲》,并嘱以此书为线索追踪原始资料。遵照先生指教,我以北京猿人为起点,查阅所有考古文章,一篇一篇地读,收获十分明显。没有想到,大约是初夏之时,先生突然咳血(肺结核)住院,系领导临

---

　　① 载于《仰业集——王玉哲先生纪念文集》,天津人民出版社,2007 年 11 月。

时指派由我与孙香兰老师一同给新生授课，我当时紧张得不得了，先生在病床上鼓励我要有信心和勇气，为了应急，要熟读几本书，要写一份讲稿，至少要写一个详细的提纲，把引用的史料写清楚。我遵照先生的指教去做，心中踏实多了，比较顺利地完成了任务。1963年巩绍英先生来南开任教，讲授中国政治思想史，系领导又派我兼做巩先生的助教。我当时是"一仆二主"，虽然较忙，但似乎长进也快了些。先生是中国古代史教研室主任，他安排我给65级新生授课。这次虽然不像第一次那么紧张，但仍感到有压力。先生幽默地说："不要怕，你讲，我做你的助教。"当时实行试讲制度，每次试讲前，先生都要审阅我的讲稿。我讲课时先生真的做"助教"，一起给同学进行辅导。我想65级的同学们会记得这一幕。

那时，根据系领导的规定，青年教师都要在老教师指导下制定进修计划，并定期汇报。进修计划主要有两个内容，一是读什么书，二是研究题目和写文章。在读书方面，先生提出两个原则，一是要求按时间顺序一本一本接着读，这样可以建立历史感。二是要选择最好的注本，因为先秦的书除少数外都有多种注本。先生要我读《尚书》时要读孙星衍的《尚书今古文注疏》；读《左传》时，要我读刘文淇的《春秋左氏传旧注疏证》，同时细读顾栋高的《春秋大事表》。当时还要求写文章，我每写一篇都要请先生审阅，先生在我的文稿上很少有批字，却常有几个符号：一是问号，一是一个圈或是两个圈，偶尔还有三个圈。圈表示鼓励和首肯。但先生对我的文字并不满意，他不止一次地说我口顺而笔涩。其实我口才也相当木讷。多少年之后先生的公子成了我的学生，他仍提起先生往日对我的评语。先生的评语十分中肯，我以此作为终生的提示。从此我每写一篇文章，总要再三斟酌，反复修改。

先生对我的关爱和提携是很多的。1979年我被破格晋升为副教授，但直到先生离世也没有同先生议起这件事，也没有向先生道一声谢。我明白，没有先生和其他几位老先生的支持和关爱，是不可能的。在先生仙逝之后，我深深地向先生的在天之灵道一声谢谢！1983年我出差在外，适值学校要晋升，时间很紧，王先生，还有杨志玖先生、杨翼骧先生和教研室主任冯尔康同志，联名举荐我晋升教授。返校后得知此情况，我当然感激举荐我的几位先生，但我自身感到压力很大，自认为不能连续"出头"，我在系学术委员（我也是委员）会议上除表示谢意外，谢绝了诸位先生的举荐。知道这件事的人已经不多，在此提起往事，仅对王先生等提携后进表示深深的敬意。此外，在1979年，史学界启动《中国历史大辞典》的编纂,编纂委员会聘请知名专家任分册主编,先生受聘为《战国卷》分册主编,我作为先生的副手也参与其事。等到分册编纂成稿之际,看到清样上,我竟与先生并列为主编。我一再向先生表示,要维持原来(副主编)的定位,但先生话语很简单:这件事听我的安排,我已经同编委会说好,要讲实际,不要再让了!同时王连升同志也被提为副主编。先生就是这样提携晚辈的。

先生在学术上具有一种宏大的宽容精神,这里举几个例子。20世纪五六十年代,先生有一篇文章受到吉林大学赵先生的批评,先生让我比读,我对甲骨文所知不多,很难对两方的论争进行判断,但当时感到赵先生文中的用语有些尖锐。先生对我说,用语尖锐不碍事,这是争论文章常有的。多少年过去了,在先生主持编纂《中国历史大辞典·战国卷》时,先生首先邀请赵先生参加分卷编委会。赵先生同我谈及他往年与王先生的争论时,深表懊悔,怪那时年轻气盛,同时对先生的大度则佩服之至。赵先生带领一帮学者参加了《战国卷》的纂写工作,成为重要的学术支柱,并由此缔结了南开与吉大密切的学术交往。20世纪80年代前期先生指导的硕士生中有一位怪才,他写的论文洋洋洒洒十余万字,颇具文学色彩。面对这样的文章先生有点犯难,对我说,从史学角度看不大合格,用材料不严谨,但文笔不错,很有想象力。你看看文章,商议一下如何办。我看后的印象与先生大体相同。学生毕业在即,先生对我说,他们吃饭要紧啊!这位学生是有能力的,得设法让他过关!我们商议了几条办法,让该生通过了答辩。先生在这件事上,并不是无原则的好好先生,他看重的是实际的能力。据我所知,这位学生后来写了数百万字感言性的,或曰具有文学风格的史学著作,多有创见,也颇为畅销。先生著文是非常工细的,无据不成文,但他对学生和他人则从不以己为标准进行衡裁,而是看重他人的学术个性和能力。由此,可以看到先生的慧眼和学术宽容。也是在20世纪80年代,有位康殷先生,是一位著名的书法家,尤长篆书。他在出名之前,对甲骨文很有兴趣,从书画同源角度对甲骨文许多字作了新的解释,并把书稿寄给先生,请先生审阅。先生给予鼓励,还请他来南开作讲演。就实而论,康殷先生的见解并不为甲骨学界所重,先生也有很大的保留,但先生认为从象形成字的角度看,康殷的想象力还是有启发性的。由此也可以看到先生在学术上不拘一格的宽容精神。

我现在有一件十分内疚的事,就是先生有一部书稿未及时了结。去年秋天看望先生时谈及书稿的出版事宜，没有想到我随后连续两次住院治疗，前后有三个月之久，把出版的事拖下来了。先生在病重时嘱咐女儿，此事要刘泽华来协办。先生在病榻上依然信重我，使我多少舒解愧疚的心。先生安心长眠吧，您托付的事，我一定办好！

诚挚的自由马克思主义学者
——忆先师生茂先生二三事①

生茂师走了,但他的精神会永远被历史学科的同人铭记,会传之久远!

前几年我写的一篇文章涉及南开历史学科的发展历程,其中有一段写到先生:

> 杨生茂先生已年届人瑞,而他从来就是一团瑞气:忠厚、虔诚、精深、宽容、执着集于一身。他至今依然是一位执着的学术马克思主义者,但他从来不要求一统;凡事以身作则,但不要求"达人";学术上孜孜以求,执牛耳于一方,但决不傲人,对同事和后进一贯尊重有加。北京大学张芝联教授在一次会议上说:杨生茂曾是我的领导(在一起编写教材),他从来不会说让我们如何办,但我们都听从他的,他是靠身体力行来领导的! 时至今日,学术界已相当多元化,但对杨生茂先生的人品与学品几乎无不翘首起敬。

先生看了这段文字,让哲嗣令侠同志给我一信,表示过誉了,不敢当。但我相信南开人都会同意我的陋文,如果有异议,肯定会说我写得不充分,还不到位。在先生仙逝之际,我想以"诚挚的自由马克思主义者"来概括先生行迹,不知妥否? 也请诸位同学(我辈以下及少年)与先生的同事们审议。

自由与马克思主义能连在一起吗? 马克思的理想是自由人的联合。在上年纪的人群中曾有一种议论,说先生是老好人,谁都不得罪。就我与先生的交往看,这种说法是消极的,应该从自由马克思主义去分析。先生是笃实的学术马克思主义者,而其行迹就是努力实践自由人联合。下边就我的体验信手写若干侧面。

---

① 这是杨生茂先生去世时刘先生写的回忆文章,在交稿于陈志强时有附言:"志强同志,下边是我的纪念短文,请你审阅,也请转给令侠,请她审定。千万不要客气,有不当处一定提出来,我会考虑修改的"。

说起来,我很惭愧,也很遗憾。由于专业方向不同,又因其他原因,我没有听过先生的课,不要说入室,连登堂弟子的资格也不配。但我作为南开人,由衷要挤进先生弟子的行列。五十多年来,我与先生几乎没有专业往来,但非专业往来还有一些。我每次看望先生,总有说不完的话,这几年先生与我还常常会说到一些伤感的困惑。

先生在专业上的贡献我无资格论说。但有几件关乎南开历史学科发展的事,先生的功业可谓侔天(南开之天)。其中有些细节可能有很多人还不知底细。先生在世时,我不方便说。现在必须忠实地告诉所有因重点学科受惠的几代同人。

1986 年第一次申报重点学科,我们有三个学科申报,即地区国别史、中国古代史和中国近现代史。当时先生是教育部历史学科评审组的我校的唯一成员。由于我主持系务,有些事由我与先生相谋。那次评重点学科据我所知前后有三轮(第三是特殊的),第一轮我们只有地区国别史顺利通过,而中国古代史被搁浅,中国近现代史更排后,诸位同人忧心,而我的负担自然更重。在第二轮评审举行前,我与杨先生多次商量如何力争中国古代史与近现代史也能被评上。先生说,具体情况我不能说,这是纪律。我说一点形势和我的观察吧。先生说,中国古代史搁浅有两个因素,一是名额限制,一是一票之差。如果能增加一个名额,我们的中国古代史顺理成章没有问题;当然一票之差也有作用,如果评委不认同或对增加名额有异议,事情也难办。因此要"上"(指行政)"下"(指评委)疏通。同时还告诉我,已经通过的中国近现代史都是以近代为主,没有以现代为主的。先生还如实地说,评委由于"隔行",对各校的真正学术功底也未必都有深切的了解,投票也难免误差。经先生这么一说,如拨云见日,我也就有了底数。依据先生的点拨,我能做的尽量去做。在先生出席第二轮会议时,我请先生把中国古代史诸位先生的著作带到会议上,请评委审查。第二轮中国古代史顺利通过。事后先生告诉我,他在会上并没有说太多的话,他把著作带到会议上,只说了一句话:请诸位审查南开古代史的学术成果!上边同意中国古代史增加一个名额,面对南开同人的著作,评委们也就没有说什么,于是就通过了。那时与现在不大一样,现在著作成堆、成摞。那时人们的著作还不多,即便是教材也很有分量(据说现在不顶数了,莫名其妙!)。接下来我们向教育部有关负责人反复申述,没有以现代史为主的重点学科,在布局上是有缺憾的,后来他们接受了我们的意见,中国近现代史是第三轮评上的。据我所知，没有再开会，是教育部有关负责人用电话征求意见通过的。第一次评重点学科，南开总共获得 12 个，文、理各六个，文科另三个分布在经济类。你看，"小小"（人不多，也很穷）的历史学科，竟然一举获得三个重点学科，不要说在南开引起人们刮目相看，在整个史学界也引起关注，因为在数量上与北大相埒。

说到这，我们要放到一个很值得注意的环境中来看先生的气度和风格。人们不陌生的一个现象，就是为了独占鳌头，自我遏制、自我阻挡的现象，这是人们常耳闻目睹的。而先生与此决然无关，他有度量，有集体责任感，又有点石成金之方，使我们历史学科一下子登上了新的台阶。我作为管理者，向先生求情了吗？没有；我向先生有特殊的示意吗？没有；我向先生道谢了吗？有，只是一句话而已，先生还挡了回来！先生生前我没有公开我们的私议，也没有在公开场合特别向先生致意。我现在说出来，只想提示，我们所有后来人，受到重点学科实惠的所有人，应该向先生致敬，记住先生是我们的恩人！我们应学习先生的团队精神，千万不要搞内耗，搞窝里斗！但这恰恰是我们民族的恶习之一，我们周边有吗？但杨先生是彻底抛掉这一恶习的诚实人，是我们的楷模！

这里还有一个小小的插曲，当时校方有规定，老教授可以随时要车。这次杨先生真的希望能派一辆车送站，因为他要携带一摞书与材料，还有随身物品，又是因公，对年届古稀老人来说是应该绝对保证的，而且事前有关部门也确实做了安排。然而到临行之时，突然告诉先生，因要员用车，对不起，请你劳驾自理吧。假如遇到这件事的是我，我多半会抗议，可是先生却大度地容忍了，自己携带行装和书籍，乘公共汽车赶火车。事后我知道此事，我向有关负责人提出抗议，自然抗议也是白抗议！后来我随便问历史系的诸位耆老，没有一位要过车，我问他们为什么不要，他们的回答几乎是一样的，那是给人看的，不找无趣。

1950 年以前杨先生曾任历史系代主任。我想不起来是什么机缘，"文革"以前，我曾看过杨先生致吴廷璆先生的一封信。那时吴先生在武汉大学任教，杨先生致信吴先生请他来南开，并任历史系主任。信是用文言写的，给我的印象是极其热情、真诚、高雅，由是，我对杨先生的风度和豁达由衷钦佩。这也表现在先生一贯求才若渴和不拘一格起用新人。

我前边提到先生"至今依然是一位执着的学术马克思主义者，但他从来不要求一统"，对这点我想不会有异议。在这里我特别再强调一点，在目前的学术多元化中,马克思主义作为一种方法论,无论如何是不能看作是"僵化""过时"之类的敝屣。我对先生的著作没有能力消化,但也看过一点点,我认为他的基点是难以动摇的,依然是多元中最有解释力的,比如对美国外交政策的判断,我作为门外汉,认定先生的认识之路是最切近实际的。学术上我无资格多说,由专家们去评说吧。

我说先生的自由主义,与政治高人恶化的自由主义无关。这里主要指先生的生活取向。

严肃的自由主义有严肃的原则,比如在用人问题上,先生是很坚持原则的。杨先生爱"才"如命,这是人所共知的。对世界史专业的人才,他最注重两条,一是外文是否过关,二是教学与科研能力。他在不同场合多次说:有人认为外文不过关也不妨进行世界史研究与教学,事实上,不行。外文那么多种,都懂是不可能的,但研究哪国,不懂哪国文字,怎么研究?他不止一次对我说,我们的外文整体水平不高,这是我们南开历史学科发展的一大障碍。对不过关的同志一是帮,提供机会让他们进修,二是达不到一定水平不能迁就。先生告诫我:你负责系务,一定要坚持这点,不能马虎。在这个原则上先生绝不是老好人,他宁肯做"恶人",也不迁就。为了提高整体外文水平,我曾制定过几项"土"措施,这些"土"措施与杨先生毫无关系,但我是受到杨先生的影响的。后来我反思,"土"措施对提高外文水平起了促进作用,但与通行规则有冲突,因此影响了两三人的实际利益,回想起来我也是有点冒失。

先生是学科组成员,但后来拒绝出席会议。此事校方要我与杨先生沟通,因此多少知道一点杨先生的苦衷。原因是这个机构越来越受到行政的干预,学者们几乎成为摆设,先生于是说,参加不参加都一样,没有意义了。由此也可以看到先生是多么的执着和不妥协!现在人们大声呼吁"去行政化",应该说先生是最早的行动者!在我们俗人眼里它是一块香肉,而先生早已视为"腐鼠"了!如果学人与不应有的行政化采取不合作的态度,虽然效果可能有限,但肯定行政化也会受到奚落而被削弱。可惜呀,我们还在热衷于行政化!

先生对他人的尊重,也源于他的自由主义。先生对自己开创的"一摊摊"无疑是十分钟爱的,在引进人才上,他下工夫按进人原则挑选,但当诸位能高飞,另有选择时,我印象中先生从来没有阻拦,相反还乐意推荐,临走还欢送,连我这个局外人都参加过。先生对我说,人各有志,不能让人家死守在一处。先生的不同代入室弟子散布于国内外,多人在自己的领域领风骚,多么可贵呀！先生对人自主的尊重是真正的自由主义者才能有的！

至于说先生是老好人，遇事常常沉默，这要回到那个年代来说。前三十几年的政治空气年轻人可能隔代而陌生了。那是什么年代？天天"斗"，花样不断翻新，今天"我"斗别人，明天就轮到"我"头上。这个"改造"，那个"改造"，自我"改造"未了，又参加"改造"他人。如果其中真有个是非，有个道理也还算罢了，但翻手为云覆手为雨，颠三倒四，类似我辈紧跟的人，都不知价值是什么。面对"社会主义的伟大胜利""深入的社会主义教育"，人们的日子却越来越难过，连衣食住行都越来越差，在这种局面下，且不说勇士提出异议，相形之下，是我辈紧跟为佳呢，还是沉默更有价值呢？当时先生的"斗争性"的确很差，连对钦命批判"大右派"雷先生也不积极，更不要说对其他人的"斗争"了。马克思说过（大意），能行动时行动，不能行动就言说，如果不能言说，那就保持沉默。以我观察，先生多半属于这种沉默。记得"文革"我们都在"中间组"（不是牛鬼蛇神，但也不许革命），我们的组长比较积极，遇到学习两报一刊的"社论"或红色司令部成员的鸿文，都要大家发表感想，杨先生常常是沉默不语，组长每每要问一句：老杨，你有什么感想？先生回答很简单，没有、没有，很好、很好！

先生的沉默，应该说是对种种难于进行个人抵御的乱七八糟犯他行为的沉默，这应该是由内心深处的自由主义做底。严肃的自由主义最重要的一条原则，就是尊重对他人的思想自由，尊重他人的合法权益。在干涉他人思想自由成风的狂飙中，保持沉默为数也是不多的。联想当年开除刘少奇时，中央委员会委员只有陈少敏一人保持沉默，这是何等珍贵的沉默！

说起来也很有点怪，天天提倡"斗"，而周围的多数人对先生的"老好人"是有好感的，我想关键是先生有一颗真诚的心，尊重人，这说明普通人自发的有自由主义的基因。

当然先生的沉默，还有更深层的原因。在前年我与先生的畅谈中，先生说起多年的重压。他讲到自己的出身，为什么上燕京大学，1941年为什么要远渡重洋到美国求学，以及在美国的经历，1947年返国后对国民党的失望，1949年以后心情的愉快，不久加入共产党。但没过多久，便遭到怀疑，一拖就是十几年，"文革"之中又折腾一遍，加之出身的负担，重压之下，难于正常言行，也影响了正常的学术思维。由于精神压力，失眠成为顽症，终生离不开安眠药，影响了效率。先生真心执着于学术马克思主义，而环境又见疑，于是造成诸多无奈和苦涩,说不清道不明。我想这是先生的一件终生未解脱的困惑。由此我又想到出众的又红又专的化学家陈天池先生,因遭疑而自杀,沉痛啊,沉痛!

那次我去看望先生,看到先生精神矍铄,谈锋如少年,我竟忘记时间,兴致勃勃,畅谈近两个小时,让老人家劳累,事后深感不安。那次谈话使我感到万分惊讶的是,先生竟提起50年前(1958年)我在系红专辩论会(辩证历史学有何意义?)上的一次发言。当时我是一年级的新生,我虽认识先生,但我相信先生并不认识我。可是先生对我这个陌生弟子的发言竟在50年以后还记忆犹新,让我叹服先生的惊人记忆。事后我对多位当时在场的同年讲起此事,他们大都忘得一干二净,相比之下,无不敬佩先生的惊人的记忆和对学生发言的关注。由这一件小事,我认定先生至少应长寿百岁!去年我在南开的时间不多,只在电话中向先生问安,令侠说先生的健康状况还不错,只是腿脚更不如以前。我本想今年回去再向先生当面问安,万万没有想到,先生遽归道山,成为我的终生遗憾。

先生忍辱负重,对人却尊重有加,是一团瑞气,温暖了南开历史系。先生作古了,但他的人品、学品是我们最珍贵的财富!

先生是寿、业兼备的人瑞! 先生安息吧!

于芝加哥

2010年5月9日

203

太晚的致意——由我的三篇文章说黎澍①

应该说我与黎澍先生并不认识，但也不是没有照过面。1978 年 6 月初在天津召开全国史学规划筹备会，这是"文革"之后规模最大的一次全国性史学会议，出席者有两三百人，史学界几乎所有的耆老在经历了磨难之后，能来的都来了。我当时已年过不惑，但属于"少年"，当时像我这样的与会者为数很少。我在会上有个发言，正好由黎澍先生主持。我走上台时，他招手让我过去。他坐在发言台的一侧，我俯身到他面前，这是我与他第一次、也是唯一的一次照面。黎澍先生给我留下的印象是胖胖的、圆脸、光头。当时规定每人发言不得超过 30 分钟，前边有几位先生发言超过时间，他便不停地递条子请结束。但他却悄悄地对我说："你放开讲，时间不限。"我顿时感到有一只有劲的手在推着我向前。

1978 年和 1979 年我发表了三篇多少有点轰动效应的文章，我也因此名噪一时。事后我才知道这三篇文章后边的主要推手是黎澍先生。先生在世时，我曾多次想前往拜谢，但我是个乡巴佬，比较怯生，犹豫而止。待到先生作古之后，我每想起此事，都感到有缺，也是终生的遗憾。有一次我与徐宗勉先生（曾任《历史研究》杂志主编）谈起此事，徐先生说，黎先生非常平易近人，很愿意与年轻人交往。这更增加了我的遗憾。

一、《打碎枷锁 解放史学》一文在大会上发言与刊出

1978 年初夏的一个星期天，学校值班室（离我住处很近）的熟人跑到我家，说有北京长途电话。我一时很纳闷，谁会给我打电话？一接电话竟是《历史研究》副主编丁伟志先生。他先问我接到开会的特邀信没有？我回答接到了（我为什么会受到"特邀"，以后有机会再说）。他又问，你最近有没有批判"四

---

① 发表于《历史学家茶座》，2011 年第 2 期。

人帮"的文章？真凑巧，我正好写完一篇，题目就是《打碎枷锁 解放史学》，他即刻回应：这个题目挺好，能否在会议上发言？我说，得请你们看看，是否合适？我随后把打印稿寄给丁先生，很快得到答复，说可以用这个稿在会上发言。

现在回头看，文章的八股气自不待言，但在当时还是有冲击性的。打倒"四人帮"之后批判文章多多，我也写过几篇，主要批所谓的"影射史学"，就史学界而言，还没有针对"史学革命"进行正面清理。过来人都知道，那个时期是"两个凡是"时期，凡是伟大领袖的言行都是神圣的，作为我这样的普通老百姓更是不能稍有异议的，而"史学要革命"就是最高指示。"文革"初期，1966年6月3日的《人民日报》社论就是《夺取资产阶级霸占的史学阵地》，文中传达了"史学要革命"的最高指示。由此可以看到"史学革命"在"文革"中占有多么重要的地位！不把"文革"中的"史学革命"打碎，史学就不能从桎梏中解放出来。我的文章不能不既要投鼠，又要忌器，现在看来荒唐、可笑。其实时下在体制内仍有"忌器"问题，何况当时！

不管这篇文章有多少缺陷，但在当时对冲决"史学革命"起到了一定作用。由于黎澍的特别关照，我的一万多字的文章在会议上读毕，占用了超量的时间。我的发言在会议上引起了多数人的共鸣，我这个二十多年的"老"小助教一下子引起与会者的关注。

发言之后，丁伟志先生立即约稿，丁先生等大编辑们进行了一些文字修饰，在《历史研究》1978年第8期全文刊出。

这篇文章的刊出首先是丁伟志先生垂爱，从黎澍先生的嘱言推测，肯定是黎澍先生最后拍板。文章虽然拐弯抹角，人们不难看出是"打着红旗反（主要是'反思'）红旗"的。

在当时的思想解放思潮中，黎澍先生是史学界的引领者之一，他的一篇文章对我有着极为深刻的影响。1977年10月初，辽宁大学举办了一次学术讨论会。黎澍先生虽没有出席，但提交了一篇论文，由蔡美彪先生代发言。题目我记不太清了，主旨是反思和批判封建主义在现实中的影响问题。黎澍先生的文章在会上引起强烈震动，反对者近似"怒斥"，赞成者相对含蓄，多数保持沉默，我估计沉默者是心有余悸而内心是支持的。这与当时的政治形势大体相符。对这个问题我不能说没有一点思考，但远没有黎澍先生那么深刻和系统。因此对我依然有启蒙意义，这对我研究政治思想史有方向指导意义。

二、《关于历史发展动力问题》在大会上发言

1978年6月全国史学规划筹备会上我的发言虽然有一定影响,但我感到远没有深入,没有揭示出问题的本质。"文革"以及"文革"以前种种"左"的东西其理论依据究竟是什么?史学领域为什么越来越左?我先解剖自己为什么跟着跑?就我自己来说,最根本的是对绝对化的阶级斗争说深信不疑;对全部文明史就是阶级斗争史,以阶级斗争为纲,阶级斗争年年讲、月月讲、天天讲我都接受。可是"文革"中的许多事让人心烦、讨厌,然而都是在阶级斗争旗帜下进行的,阶级斗争的调门越高,事情越乱,我逐渐萌生疑念(我有1976年的日记可证,希望能有机会公开,为我辈当时的心情提供一点参考)。史学规划筹备会之后,我感到无论如何应从铁桶式的阶级斗争说的笼罩中走出来。然而在当时的氛围下还是有"危险"的,因为当时的口号是"抓纲举目","纲"依然是阶级斗争说。在这种局势下,就有个如何切入的问题。经济学界、哲学界有一批文章为"四人帮"批判的"唯生产力论"翻案,但还没有直接涉及极端的阶级斗争说。不冲破这个桎梏,很难走出樊篱。但从哪里入手,很费心思,既要点出要害,又要能在体制内的刊物上发表,想来想去还只能是"打着红旗反红旗"。于是从"关于历史发展动力问题"作切入点展开论说。文章的核心观点是要把阶级斗争是历史发展的根本动力说往后移,置于次要位置。整个夏季,我与王连升同志合作,投入全部精力撰写这篇文章。我们依据马克思、恩格斯有关论述,提出"生产斗争是一种普照的光,是历史发展的根本动力,是一切历史变革的终极原因"。当时的人都能看明白,我们在向占绝对统治地位的极端化的阶级斗争观念发出质疑。

1978年10月写就初稿,当时的刊物很少,投给谁呢?谁敢用呢?会不会给自己招来麻烦?我们反复掂量后,多少有点"豁出去"的精神,最后决定投给人民大学的《教学与研究》。出乎我们意料的是,很快收到了王思治先生的回信。王思治先生是我们这一辈很有名气的少壮派史学家,他的多篇文章我早就拜读过。但我与王先生并不认识,也不知道他在主持《教学与研究》。他的来信使我们受到鼓舞,他肯定了我们的思路,认为是一个非常重要的值得讨论的问题,并提出了一些修改建议。在寄回的原稿上,还有与他笔迹不同的其他人的批语和建议,说明初审的不止王先生一人。我们采纳了他们的建议,又进行了较大的修改,到12月完稿。很快在1979年第2期发表,同时加了如下的

编者按语：

本文作者认为，社会历史发展的根本动力是生产斗争或生产活动，并论述了生产斗争和阶级斗争的关系、生产力如何直接作用于上层建筑的某些领域等问题。所有这些问题，是很有意义的，需要认真深入地研究，从理论与实践的结合上完整地准确地领会马克思主义的有关论述。我们希望哲学和史学工作者进一步探讨这些问题。

就实说，我们的文章的确涉及当时流行的诸多理论问题，"编者按"中特别提出的两点的确是我们的核心。把阶级斗争"降位"，又说上层建筑不都是阶级性的，显然与当时的主流观念相违背，能没有"危险性"吗？这里附带说一句，就目前学界诸多人几乎只字不提阶级性的思潮而言，我个人倒认为应适当注意阶级斗争（包含阶层、利益集团等）是历史发展的动力之一的意义，对上层建筑某些阶级性问题也应关注。

正待《教学与研究》发稿时，全国史学规划会议定于 1979 年 4 月初在成都召开，会议筹备组向全国有关单位发出征稿启事。我们冒昧地把稿子也投寄给了会议筹备组。会期临近时通知我在大会上发言。会议前南开一行五人随郑天挺先生先到西安访问，但车票紧张，老先生乘车去成都，我与另一位少壮改乘飞机。由于秦岭气候原因飞机延期，没有按时与会，影响了大会发言人安排，给主持者增添了麻烦。恰在我们之前，大批北京与会者所乘的飞机腾空之后，在北京上空盘桓一个多小时，又在北京机场降落。飞机降落后，一看周围有多辆救火车和救护车，原来是起落架出了故障，幸而有惊无险，大家互相道贺。我们虽把飞机改期的事电告了南开先到的先生，没有想到电报在我们到达之后才送来，引发他们不安，往南开打电话询问，把我妻子急坏了。会议上一些人传言我们的飞机出事了，引起熟人的担心，待我们安全到达后，才松了一口气。我已经错过发言机会，但铅印稿已发给出席者，见到一些熟人，他们还是很关注我提出的问题。随后，秘书处的负责人（一位女同志，好像是中国社科院历史研究所的科研处处长）通知我："你和王戎笙先生的发言不在大会上讲了，铅印的发言稿也要收回。"我当时摸不着头脑，感到出了问题，有些惴惴不安，听说是北京传来了有关"原则"的讲话，担心我与王戎笙先生的文章"出格"，引起麻烦。可是第二天，还是这位女同志又通知我，仍然要在全体会上发言。从会议安排上看是临时增加了一次全体会议。

正在开会之时，我们的文章在《教学与研究》第 2 期刊出；王戎笙先生对农民起义、农民战争是历史发展的真正动力质疑的文章不久在《光明日报》刊出；戴逸先生的发言也有一大段对阶级斗争是历史唯一动力说进行质疑，后来在《历史研究》刊出。显然，戴逸、王戎笙和我的发言是会议组织者经慎重考虑后安排的。黎澍先生是会议主持者之一，我相信他肯定是其中的重要推手。

会议之后，在史学界展开了一场关于历史发展动力问题的大讨论，各地举办了多场专门讨论会，报刊发表了一百多篇文章，呈现了"文革"后第一轮百家争鸣局面。后来中央党校出版社遴选了二十几篇文章，出版了《关于历史发展动力问题讨论集》。近几年几位先生在总论三十年来史学进展时，都把这场争论视为冲破禁区、走出教条主义的一次重要的认识分水岭，给予了充分肯定。但稍感遗憾的是没有点出引起争论的三篇由头文章。

现在回头看我们的文章，无疑有很多缺陷。我自己的看法后来也有很多变化。但有一点值得欣慰，这次讨论打破了神圣的禁区，极端化的阶级斗争说被多数学人抛弃或边缘化了。

就我们的文章能刊出来说，首先要感谢王思治先生与《教学与研究》的诸位编辑；能引起史学界的大讨论，肯定有黎澍先生的推动。

三、《论秦始皇是非功过》一文的刊出

在传统的思想文化中史政论很发达，作为帝王好坏的两级性符号有唐尧虞舜和桀纣。秦始皇、曹操等也是突出的符号性的人物。在现实的政治争斗中，反对派和异议人士常常以"秦始皇"比喻领袖。于是秦始皇也就超出历史人物而成为一个现实的政治话题。

我在"批林批孔"时讲过秦始皇。我没有任何"内线"，不过也知道领袖多次以秦始皇自喻，从小道消息中还听说"劝君少骂秦始皇"的最高指示。我当时相当迷信，总的来说我是紧跟风向的，不过我对梁效、罗思鼎的文章并不完全赞成。根据历史事实和阶级分析方法，我除充分肯定秦始皇外，也对秦始皇进行了一些批评。1973 年我写成一篇稿子在《南开大学学报》复刊号上刊出。没有想到，当时的政治要求是不能对秦始皇进行一点点批评的。学报刚刚印出尚未发行，正赶上新一轮反回潮的大字报，我不知怎么回事，学校行政楼的

大字报向我开火,不仅批评我对秦始皇的看法,由我主持编写的《中国古代史稿》因说了几句孔子的好话,也捎上了。还批评我主张"百家争鸣",反对意识形态领域的无产阶级专政等。后来知道是教务处主管文科的几位熟人写的。大字报引起了领导的关注。学校党委书记找我谈话,对我进行批评帮助,说我缺乏政治敏感,觉悟低,要我作检查。开始我还抗辩了几句,但领导倒很耐心地晓以利害,我也只能乖乖就范。我的检查文字写在内部铅印《中国古代史稿》"后记"中。学校领导的态度与大字报还真是有别,领导同志一面批评,一面保护,把新印的八千份学报一本不留送到造纸厂。为避开反回潮的风头,1974年春节过后我被安排到农村劳动,事情就这样结束了。1977年《南开大学学报》为了"还债",把我的稿子又刊登出来。时过境迁,我这个人依然是糊涂,"批林批孔"时期写的东西,即使调门与罗思鼎、梁效有所不同,但我也没有觉悟到对抗的地步。当时的文字藏都藏不及,我怎么竟同意再刊出?糊涂!后来在我写的《打碎枷锁 解放史学》一文中虽有一段文字论述,提出应该把秦始皇还给历史,但也没有说透。于是感到有必要再写一篇论秦始皇的文章。由于材料比较具备,又请王连升与我合作,时间不长就写成了。1978年冬季作为自流稿寄给了《历史研究》。我不讳言,在当时环境里,写秦始皇也不可能避开上边说的敏感问题,但我们还是以历史事实为依据进行论说的。

我没有想到,文章很快就在《历史研究》1979年第2期刊出了。随后编辑部就收到一些读者来信,其中有多篇是进行政治批判的,说我们包藏祸心、含沙射影、心怀叵测等等,矛头所向,明眼人一看就知,有本事何不把秦始皇换成某某,文章的险恶用心是"砍旗"。就实而论,我们没有"砍旗"之意,但在当时的语境里,也不能说没有"降旗"的效果。那时我们还不知道有"马克思加秦始皇"的骇世之语。就这个意义来说,其含义太大,事关大局,对秦始皇的认识还真得继续深入下去。

事后我与庞朴先生说到发稿的事,庞公当时是《历史研究》编辑部负责人之一。他告诉我,是他初审后建议采用的,但这篇稿子可能会引来麻烦,他不敢签发,于是请黎澍同志裁定。黎澍看后说:发稿,有问题我负责!参与审定的还有《历史研究》副主编李学昆先生,原来题目不是《论秦始皇是非功过》,这个题目是李先生改定的。

这三篇文章在收入我的集子《洗耳斋文稿》时,归入"历史认识论"部分。历史认识是一个复杂的问题,其中有很多因素构成,既有社会环境、历史背景、话语环境、社会思潮等等的制约与影响,也有个人的种种因素。我这个人总的来说是体制内的和主流意识形态范围内的一个历史工作者,但又是一个有点疑问和想搞"修正"的人。"文革"乍起,我就被群众揪了出来,起初是"准牛鬼蛇神",被编入"中间组"(不准革命,听候处理),革命派夺权之后,还真的当了几个月的"牛鬼蛇神"。我的罪名之一就是修正主义苗子。平心而论,我没有能力、胆识和相应学识真正进行什么"修正",只不过是提出一点疑问而已。上述这三篇文章就是在想走出来,可又有"两个凡是"作紧箍咒的特殊时期所作的一些思考和提出的疑问。以现在的眼光看,这几篇文章什么都算不上,但自己仍有点敝帚自珍,因从那个时期说,对推动史学的认识从禁锢中走出来多少起过一点作用。从历史过程看,也不无意义。

最后我要回到标题。这几篇文章能刊出和在大会上发言,有多位先生的帮助,而黎澍先生是有力的推手。黎澍先生已经作古,文中提到的其他先生都还健在,三十多年来我没有向他们说过一句致意的话。日月如梭,我也年过古稀,现在才说一声致谢,实在太晚了。

河北师院(天津)俄文专修科学习回忆[①]

　　1952年9月的一天，石家庄一中党支部书记吴会贤老师让我到他办公室去,笑嘻嘻地说:要派一名教师去天津河北师范学院俄文专修科学习俄文,经我们研究,想派你去,不过你是初中毕业,自己敢不敢去?能行吗?我一时傻了眼,不知如何回答。沉默了一会儿,我说:我敢,一定学好报答领导的信任!我遇到吴老师等这样的好老师,是我一生的大幸。临行前他还送给我一本英文词典,嘱咐:说不定以后你还有用。遗憾的是我后来没有摸过英文,但这本字典我一直珍存至今。石家庄被保送去学的有四人,另三位都是大学毕业,来自二中、女中和三中,有的年近五十岁了,我却是个刚毕业的初中生。临行前石家庄教育局局长还接见了我们,嘱咐不要辜负组织的信任,一定学好!因为是临时培训性的,天津河北师范学院不管来人的学历,只看年龄,要够十八岁。廊坊派来一位只有十七岁,被退回去了。其实按周岁计,我当时也不到十八,但我写的是虚岁,侥幸过关了。每每回想,都有玄之又玄之感!这是一次决定我一生走向的关节点。这难道就是命运?天津整个教育系统从来没有过俄文专业,我们系是第一家刚刚组建的,也是第一次招生。我们班是特别的进修班,带工资,学生的成分也是多样的,最大年龄有近六十,一般也都在三四十岁,中学老师居多,从小学老师抽调的也有两三位,像我这样刚初中毕业的只有我一个,年龄也是最小的。因为亟须开设俄文课,没有教师,这个混合班是突击性的培训。我们班是一班,近三十人。还有二班,是从中学招来的,只有五六个人,他们在中学学过两年俄文,有一定基础。说起来,我也曾学过一学期的俄语,但学得是一塌糊涂,弄不清什么是主谓语、变格等,因为我们的老师也不清楚。他原是教语文的,在哈尔滨待过,与俄国人有点交往,多少知道一

---

① 发表于《河北大学报》,2014年5月15日,秦进才整理。

211

点点俄文,因急于开课,就把他推上台。老师讲不清,又没有教材,学生能不糊涂吗？让我来学俄语,一方面固然高兴,另一方面又有点发怵。教我们的老师配备得着实不错,系主任高维勋主讲课文,他自称是天津唯一的俄文副教授。后来听说他曾在莫斯科做过记者和国民党使馆的翻译。我们用的是哈尔滨俄专的教材,经他一讲,感到非常清晰、有条理、好懂,增加了我的信心。后来听说1954年刚开始肃反高维勋就自杀了。讲语法的是1917年逃到中国的俄国人后裔,中文不熟练,结结巴巴,但对语法的讲述还能马马虎虎说得过去。正在为讲义发愁之时出版了《俄语语法表解》,他便采用作教材,这本书对初学者非常实用,我几乎把全书都背下来了。稍后又出版了一本更详细的《俄语语法》,我也几乎翻烂了。教会话的也是一位逃亡的俄国人后裔,他的中文水平更差。由于我语法掌握得比较好,课文背得滚瓜烂熟,一年中所有的考试都是五分。到结业时,我已能阅读斯大林在苏共十九大会上的演说。在我们班里,就俄文一课,我的确是数第一的学生,而有不少同学是糊里糊涂结业的。反正一年为期,是培训,到时都走人。我们除学俄文之外还有政治课,政治课由章一之副院长(也是教授,后任河北大学哲学系主任)讲大课。当时的政治课具有很强的宣传性和时事性,章老师讲课很有鼓动性和启发性,当时我正要求加入共产党,被他的讲课所吸引,有很大的兴趣。受他的讲课的影响,我到图书馆借了斯大林的《列宁主义问题》(莫斯科版),生吞活剥,似懂非懂地坚持读了一遍,这是我第一次读所谓的"原著",虽然不懂,但开阔了眼界,为以后下工夫学习理论开了个头。另外还设有"教育学",授课的是滕大春先生,他从美国回来不久,常常夹杂着一些英文名词,但主要是讲苏联凯洛夫的《教育学》,滕先生是后来教育学界的名家,我们有幸听他的讲课,真是有幸呀！那时每周都有一次专题讲座,题目很多,印象最深的是校医陈家琦先生多次讲解生理卫生和体育,当时只知道陈先生留学日本,专攻体育生理,后来陈先生成为我国运动生理学奠基人。授课、讲座的教师都是一流的,可证学校对教学的重视。说起办系条件,回想起来,真够寒酸的。只有一小间办公室,既是系行政办公室,又是教师们立脚的地方。之外就是一、二班各有一间教室。我们一班的教室在主楼顶层的六角室内,没有取暖设备,冬天有个火炉,也不大管用,稍微去去寒气而已。老师们都是全副冬装,俄国老师穿得比较少,不停地说冷。"冷"这个词我们记得最牢。系里没有资料室,开始我们也无须任何课外资料。多少学了一点,就需要有部字典,系里没有,书市也没有。稍后才有陈昌浩主编的莫斯科版的《俄华字典》上市，我闻讯急忙去外文书店买了一本，动作迟缓的同学没有买上。有了一部字典，就像长了翅膀，增加了自学能力。结业前夕，学校又安排我们到北京实习，说实在的，在天津就能完全满足实习的条件，我想还是要让我们这批多半来自农村的人顺便去北京开开眼界，我激动得不得了，第一次进京，参观了故宫、颐和园等。当然也到几个著名的中学进行了教学观摩，收获也很大。在校一年的时间，过得十分紧张，课程排得满满的，晚上要加班加点，有几位年龄大的同学感到很吃力，我们一个班近三十位男士，住在一间大房子里，多位同学不能适应，有些人呼噜打得天响，失眠者多多，老大哥们要我挨着打呼噜者，对我这个"牛"一样的小弟而言，这一切都不是问题。学院的伙食办得极好，对我这个乡巴佬来说，顿顿都是盛宴。学院也很重视文体活动，因也有音乐系和体育系，经常举行文艺晚会，我们班有一位原是音乐教师，嗓子极好，每次晚会都会由他唱俄文歌曲，很受欢迎；我们班凑巧有几位篮球爱好者，全校举行篮球比赛，我们竟得了冠军(体育系不参加)。文体给俄文系添了彩，彰了名，系主任狠表扬了一通。使我感到更为惊喜的是，发给我们的不是一般的结业证明，而是正式的专科毕业证书，盖着河北教育厅的大印，有院长李继之的签字，李继之是河北教育厅厅长，省会在保定，他从来没有给我们讲过话，不知道他长什么样子。专科毕业证——这是我做梦都没有想到的，我由初中生连跃两级成了专科毕业生，其后工资等都按专科生待遇，对我来说有明显的改善。结业后我正要离校，系里临时通知我留下另有安排，原来是让我与二班的几位同学到北京河北师专辅导教师们暑期突击学习俄文，这既是对我学习的肯定，又提供了一个实习的机会，对我的提高也有很大帮助。在校虽然只有短短的一年，收获却极大，是我人生的一个转折点。每每忆起这一段学习，都有说不尽的感激之情。20 世纪 80 年代我曾有机会到河北师大访学，我自报家门，是师大的子弟。在场的诸位哈哈大笑，说你的"母亲"没有了。"母亲"不在了，但还是我的老家呀！

从往事说来公的学术韧性——忆来新夏先生①

　　人生在世,如果事事如意,那一定是天之骄子或幸运者,这样的人是极少数,不足为例。我认为只有经历背运的人,才更能显露一个人的追求与韧性。

　　来公走背运从 20 世纪 60 年代开始,缘何而走起,我只知一二,但有一点要说明,这与南开的事没有关联,与历史系的领导更无涉,南开只是执行上级的指令而已,出事之前来公是历史系的"左派"之一。这些事我们且不必管它。到 80 年代之后,来公加入了中国共产党,身兼南开大学图书馆长、图书馆系主任、南开大学出版社社长、地方文献研究室主任,还有校务委员会委员等职,校外的兼职更多。因此我曾戏称他是南开的"来半天"。由此往前推,他往日的背运不应在历史的逻辑之中,但他蒙受的背运却长达二十年之久。那时他完全失去了自由,被"内部控制"起来。起初是不准从事近代史的教学,只能教历史文选这类纯工具性的课程;再后连这种课也被取消。他完全被剥夺了发表文章的权利。那个时候他也不能参加任何具有政治可靠的"身份性"的会议。有一件事至今使我铭记在心。大约是 1963 年,一次听"反修"报告。听众排队成列进入会场,政工人员在门口清点人头,突然发现了来公,当即把我叫出去,要我通知来公出列回家。我当时不知如何应对,我说这一次算啦,以后不通知就是了。政工人员的回答是严厉的,于是只能服从指挥,硬着头皮,把来公叫出来,请他回家。以后的麻烦自然更多,到了"文革",那就更不把他当人看待了。

　　在这种非人的境遇中,许多人失去了生活的信心。但来公却是另一般表现,他低头走路,埋头读书,退而"结网"。记得 1964 年大抓阶级斗争时,一位十分"革命"的同志猛批来公的"自留地"。现在想起来也有点滑稽,既不让人家在"公田"里耕种,又不让人家有"自留地",真是不给活路呀!好在来公有我

---

　　① 原载《北京青年报》,2015 年 3 月 31 日,刊载有删减。

214

行我素的暗胆，依然在不停地开发"自留地"。我这里要提一下两位有胆识的"大佬"，在来公落难之时，对来公别有评论。他们就是巩绍英与梁寒冰。约是1964年，在与巩先生一次闲谈中，他对我说，对来新夏的事要放宽些，他是一个人才，博学、有特长，对他业余所做的事不要管得太多。巩先生不大理会当时对来公的特别"管制"，多有往来，互相和诗，为此巩先生也曾受到革命群众的置疑和批评。我虽然没有巩先生那种自如气度，但他却令我佩服。

　　"文革"期间来公被下放到农村，1974年回校后，住在学校农场"西大坑"边的一间临时建造的平房里，我大概是第一个去看望他的人，聊表慰藉。人有了栖居处，可是到哪里工作呢？应该去的地方——近代史课堂，他不能去，人家不要他。因他讲过古代汉语，与古代史有点关系，当时我是古代史教研室的头目，稍开门隙，于是他来到中国古代史教研室。有一天，来公提着一个破旧的篮子来到我家，从中拿出装订好的盈尺的手稿，封面赫然写着几个大字：三百年人物年谱知见录。来公向我简述了成稿的经过。初稿在"文革"初期被烧掉，这些稿子是他在下放劳动之余，披星戴月重新写就的。面对着工整、洁净的心血之作，我一时说不出话来。我猜到了来公的来意，除了证明自己之外，显然还有一种希望在其中。面对依然走背运的来公，时在"文革"间，我又能说什么呢？我心中虽然油然起敬，却不能表达。我只能淡淡地说，放到我这儿，让我看看如何？来公同意了。我不能说读得十分仔细，但书稿丰富的内容使我大开眼界。我想起巩先生的话：有才能，有功底！来公在后来此书出版的后记中说我是第一个读者，还说我提过什么好的建议，我实在忆不起当时提过什么好的建议，但我能忆起的是如何"表态"。那时我虽佩服他的学问，但不能与来公交"朋友"；他虽是我的师辈，由于我没有上过他的课，而且我们相识时他已经开始走背运，所以我也不会列入他的门墙。来公把稿本让我看，我相信也不是为从"朋友"或"弟子"那里求嘤嘤之声。如果我的推测不错的话，来公当时是把我当成"领导"来投石问路的。在那个特殊的时期，我不可能鼓励或帮助他出版，甚至连"出版"二字也不能说。我能忆起的，大约有如下两层意思：一是对来公的作为予以充分肯定，对大作表示钦佩；二是说了一些安慰的话，如要放长眼光，要有耐心，将来一定会有用之类的话，至于"将来"是何时，天晓得!? 也许人在困难时期，他人不是落井下石，相反有几句即使是廉价的安慰之语，就足以使人铭记。这也许就是来公在后来出版时的后记里特别记了我一笔的缘故吧！

我这个人有时也有"自作主张"的时候。他是下放农村最后回来的。1975年我请来公给工农兵大学生开设了目录学,来公以其特有的才学和风度征服了众多学子。听课的人不断增加,三易课堂。于是有人来责问是谁决定让他讲课的?我回答得也简单:没有人通知我不让他讲课;不让他讲课,白拿工资?!(当时说的是这样一句调皮话:你们知道有废品收购公司吗?何况人乎?)被责问者无言可对。来公能把枯燥的目录学讲活,无疑是厚积薄发,老树生花,非一般人所能为。更有意义的是他承前启后的作用,推动了新一轮的目录学研究。在这期间,来公还让我看过他的《林则徐年谱》手稿,我越发佩服他的学术追求与韧性。在该书出版后记里我也被说成第一位读者云云。

来公在推动全国地方志的编撰上也做出了特别的贡献。说到这,不能不忆起梁寒冰这位"大佬"。1978年我因参与编撰《中国历史大辞典》同梁寒冰多有接触,他不止一次地同我谈到如何发挥来公作用的事。他当时提出要全面开展地方志的纂修,梁寒冰决定排除左右,启用来公。说实在的,当时只有像梁寒冰这样有眼光的"大佬"才可能打破"死结"。梁寒冰先生由于得到来公等重量级学术人物的支持,地方志的编纂工作迅速在全国开展起来,而来公是起草"发凡起例"的执笔人和第一发言人,功不可没!

来公在史学多个分支都有特殊的贡献。我想他能有如此众多的精品奉献给我们,这是他的一往无前的学术韧性的必然结果。特别是在长达二十年的背运中,不管有怎样的风雨波浪,也不管有怎样的外来屈辱,但在学术领域却一直坚韧不拔,发扬学术个性,追求不已。

说到治学的路数时,他不止一次地说我是"宋学",而自称是"汉学"。此说有否抑扬之义,且不去管它。他在背运时搞"汉学"可能是最少麻烦的一种选择。其实看看来公的全过程,他何尝不搞"宋学"?这里抛开清人的狭隘的门户之见,所谓的"宋学"与"汉学"应该说是相通的,也就是说,思想与学术是相通的。来公不妨说是"有汉亦有宋",这或许更能说明他的贡献。

我们当时所处的是风雨交替、朝令夕改、价值系统一日三变的时代,人们也多是雨里来、风里去,名实相乖是常见现象。在这种环境里,人言可畏,然又不足畏!重要的是看人的实际作为。来公的等身著作难道不是最有说服力的吗?

来公之博学,难得也;为学之韧劲,冠军也,赞誉者多多,比如杨志玖先生多次同我讲起,要发挥来新夏的长处。1984年来公调离历史系去创建图书馆学系,杨先生依依不舍,连连说可惜呀可惜!在送别会上,杨先生赋诗惜别,全诗我记不住了,但有一句结语是"老来老来望老来"!在学问上没有禁区,来先生一直在历史学领域劳作、开垦,收获不能以斗计,但体制的刻板使他再也没有回到历史学科来。由于体制的限制,先生没有机会带博士生,对此他不无遗憾,在退休之后还多次说到此事,我只能安慰他,劝他放开些。

正像所有人各有自己的缺点和弱点一样,来公也难例外,并引起争议,但来先生置之度外,更加勤劳地耕作,以学问碾出一条大道,名誉学林。

在庆贺来公八十大寿时,我说了几句恭贺的话,来公向诸位出席者致谢时,很激动地说要特别感谢来宾中三位对他伸出援手的人。第一位是比他年长的一位女先生(名字我没有记住),一同与他搞地方志的。第二位是原南开党委书记李原,与他同年。李原在南开期间冲破阻力,为来公落实了政策。我万万没有想到第三位竟是我这个后学,我当即起立表示不敢、不敢!

这些年我多在异乡,但每次回故乡,我都要去看望先生。先生九十寿诞大庆过后,我去补庆,先生一如既往,靠着"一指禅",还在电脑上敲打。我问他收获几何,他十分得意地说:每天有一百多"斗"!又讲起他家族的长寿百岁史,信心满满地说,我力争超过父祖,但不能不吐丝!的确,他是在吐丝的路上戛然停住了!可叹,更可敬!

悼熊性美先生①

　　我是刘泽华，从网上惊悉熊先生西归道山，不胜唏嘘。老友先走了，我在他乡，不能送别，只能以老泪遥送！望先生走好！

　　这些年我漂泊他乡的时间略多，但每次返回故里，我们必有长谈和畅谈。

　　令我永志不忘的是某年某事之后，先生设家宴对我进行宽慰和鼓励，当然也还有其他先生共饮。那时我们固然相识，但没有更深层的交往，因此使我感到意外。这一次的开怀大大增进了相互心气的交流。

　　就学业而言我们相隔很远，至少对我说是如此。我研究的对象是古老的土货，而他放眼于现代化的中西合璧之物，我虽然常常向他提问，严格说来，除了高山仰止外，我连提问的资格也没有。说来也怪，这竟是我们畅谈的话题之一！

　　先生的心界很宽阔，我们常常讨论"文革"是否会以某种形式再现？我们的共识是：不能排除。这个估计在薄熙来案发生之前，这有对我的访谈录为证。他留心于"文革"资料的收集，让我这个从事历史工作的人感到汗颜。虽然他收集的东西有限，但却汲汲于向读者提供，唤起人们不要忘记。由于都是所谓的非正式出版的资料，难于由正式渠道提供给读者，他便把相关资料交由一家专门经营学术著作的书肆，蒙店主的重视，开辟了专门阅读室，供人阅读。先生的用心可谓良苦啊！

　　这些年先生全力用于方显廷文集的整理和出版，其实熊先生并没有直接受业，只是出于对南开前辈的敬仰和学术良心驱动而为。我曾向他建议，如此高龄，可否找几位少年协助。先生说，我也有过这种想法，但人家都忙于做项目，无暇顾及，只好自己动手。他向我介绍了方先生著作轮廓，大功基本完成。先生多次说，我心稍安了，如果老天还假我以时日，再做进

――――――――――
　　① 这是熊性美先生去世后，刘先生和师母写给治表委员会并转熊夫人的信。

218

一步研究。他对方先生关注当时中国经济实际的学术精神十分钦佩和敬仰。今天从历史的角度说,方先生的著作是现代经济史不可隔过的阶梯性的宏著,是南开的骄傲!熊先生一再表扬我主持编辑的《南开史学家论丛》(每人一卷,已出版二十余卷),并说每个学科都应该把南开的学术积累汇集起来,才算对得住前辈!其实我本人做的事不多,只是摇旗呐喊,跑跑龙套而已,大量的工作由少壮们承担。

我多少有点好事,自认为,南开有多位专家,但兼具思想家身份的不多,第一步很想把1949年后南开学术思想者的资料整理一下,我请先生推荐经济学方面的有思想特色的学人,他不假思索地首先向我推荐了丁鸿范先生。丁老先生的名字我听说过,但对他的学术思想一无所知。熊先生向我介绍,丁老先生提出了"二马结婚",就是把计划经济与商品经济结合起来,是多么可称赞的见识啊!他惭愧地说,当时我们年轻人对丁先生重炮轰击,老先生却不慌不忙走上台进行自我辩解。谷书堂先生也向我推荐过。遗憾的是我不懂经济学,我曾建议熊先生能否写点回忆,他说把方先生的事完结之后,如有精力,一定写个初稿。有过那段经历的人已经寥寥无几,操笔都难了。希望年轻人给予关注!

与熊先生闲谈,每次都会提及南开的发展与提高,可以说南开情结是他灵魂的重要依托!他每次都会说到,项目不能不搞,但又不要被项目捆绑,要有更高的学术追求,出高人才,能否离逐利疏学远一点?他常问我有什么办法两者得兼,我无能回答。他每每嘱托我,你小我几岁,如有机会见到领导,请代转我的期望。我还真的遇到一两次机会,转述了先生的期望,总算没有辜负先生的寄托。

我们畅谈得很多,仅写一点点,作为纪念吧!

请向徐老师与亲属转致哀意!

熊先生已属人瑞,望徐老师节哀!尽快解脱出来,恢复到熊先生说的"永远长不大的小女孩"状态!

老友刘泽华及老伴阎铁铮致哀

2015年7月10日于异乡

附言:如果允许,请找一位在追思会上代读一下,聊作追思。

相交半生的一位"真人"——怀念杨志玖师①

我今天参加纪念杨志玖先生百年冥诞和隋唐宋元史国际学术讨论会，感到非常高兴，也引起我对先生深深的怀念和敬意。我听觉差，是个"聋子"，前面诸位讲了一些什么，没有听见，下边我说的是不是和你们有一些重复，就不好顾及了。

先生的学术贡献由出席会议的诸位专家讲，我只说一点个人与先生的交往。就学问而言，我和先生并不在一个领域，我没有入门；但作为师生关系，我是老学生当中和他交往最多的人之一。我和先生的关系超出了普通的师生关系，可以说有一种父子之情。先生的家属在这儿，会给我做证。先生家庭的事情，国家的事情，自己的心理、经历、苦闷、忧思等等，都和我交流，当然我也和他交流。先生对我倍加爱护、呵护，在我遇到麻烦时，先生第一时间向我伸出援手，除同情支持外，还做了许多事情。

先生的经历很简单，西南联大研究生毕业后就受聘来南开，直到逝世。到了晚年，回忆往日，他却有说不尽的彷徨、悔恨、自责之情，想补救，又时不我与，有时显露出烦躁。先生晚年的生活相当艰苦，五个儿女，都因"文革"被耽搁，先生不大的房间既是卧室，又是书房，书架无处放，沿着墙壁堆的都是书，来访者要走曲线才能落座，所以先生名曰"陋室"。对这些，先生都不在意，主要是心情难以平静。

根据我和先生的交往，我可用两个字来表示：先生是一个"真人"。具体说是八个字：诚信、仗义、宽容、正直。我讲一些诸位可能不知其详的故事：

先生在冯文潜先生和傅斯年先生之间，长期处在一种非常难以说清楚的情感纠结之中。他从西南联大毕业以后，应冯文潜先生的邀请来到南开，其后由傅斯年出面与南开商妥借调到李庄史语所任职。傅斯年先生非常看重他，请他辞

① 发表于《中华读书报》，2015 年 11 月 18 日。本文为刘泽华先生在"杨志玖先生诞辰一百周年暨隋唐宋元时期的中国与世界国际学术研讨会"上的发言，发表时有增补。标题为编者所加。

掉南开来史语所就任。先生在这两者之间,很难处理。史语所当然非常好,专心从事研究,很适合先生清静的性格,但先生坚守信义,说我既然已经先应了冯文潜先生之邀,就不能违约,不能背弃冯先生。反过来,他对傅斯年先生又始终抱有一种愧疚之情。这种情感,一直成为一个难解的结。到了1960年困难时节,举办党外人士参加的"神仙会",在座的多数大概都不知道,所谓"神仙会"就是交心会,以示同心共渡难关。先生十分真诚地把与傅先生的情感说出来,没有能够实现从傅斯年进一步学习,有违傅先生的盛意,感到内疚。万万没有想到这就种下了祸根,与下边一件事相连,在"文革"中招来横祸。

说到先生的仗义,我讲两件事儿。一件事是为雷海宗先生辩解。1957年鸣放时期有个座谈会,雷海宗先生在会上有个发言,被某大报纸添油加醋、做了不符合实际的报道。杨先生在场,先生就仗义站出来,澄清这个会上雷先生的发言,也刊在该报上。雷先生被打成"右派"以后,接着就把杨先生牵扯进去了,地方大报专文批先生为"右派"辩护。有些人力主把杨先生也划为"右派"。先生一直拥护党,1949年后靠近党的积极分子有一种松散的党外组织叫"同情小组",先生是其成员。先生的出身很清贫,又从来没有对党的方针政策的不满言论,据此,历史系"党代表"魏宏运先生竭力保护,得幸躲过一劫。先生终生对魏先生十分感激,多次对我说,妻子是家庭主妇,五个年幼的孩子,又要接济生活困难的兄长,如若被划为"右派",且不说其他,真不知如何生活下去。但"文革"一来,魏宏运被打成走资派,先生被上升为"漏网右派",再加上他对"反动"学人傅斯年的那种情感,于是被揪出来打入"牛鬼蛇神"行列。

先生仗义执言,还可以讲到另一件事情。当下一位饮誉中外的艺术家曾是他的学生,因某件事这位学生回国以后,上级机关下达多条禁令,其中有一条是不准授课。我们今天开会的大楼是他捐献的,但当时他却不能在这讲授专业。他是公民,又没有犯法,历史系的师友们不赞成这些法外的规定,建议请他回母系任教,时任历史系主任的朱凤瀚教授很开明、豁达,采纳了师友们的建议,他本人也同意回母系执教。开场的讲演由朱凤瀚主持,受到同学们的热烈欢迎。讲演完毕由先生点评。当时先生是市政协常委,全然不顾这个身份,尽力支持他的这位老学生。先生点评最后放言说:"他现在的学识,已经超过了我。我为有这样的学生感到骄傲!"在当时那种情况下,敢于说出这样的话,赢得了听众热烈的掌声。先生就是这样呵护学生!在以后相当长的时间里,先生的这位老学生一直在历史系执教。

先生为人也非常宽容。我这里只讲两个例子。1978年以后，启动《中国历史大辞典》编纂工程，郑（天挺）老是编辑委员会主任，杨先生是常务主编。这项工程是中国社科院组织的，那时候有一个编纂处，编纂处的处长正是1957年在地方大报写文章批判先生的那位。我当时是郑老这方面的秘书，与杨先生有很多交往，谈起往事，我问："您能和他合作吗？"先生表现出来的完全是高姿态，先生说："过去的事儿，不要追究。他们那时候也年轻，大势也在那儿摆着，不要计较这些前嫌。"后来他与这位同志一直有很好的合作关系。

先生的宽容还可从下面一件事来说。"文革"期间，历史系一部分造反派少壮大概是受"打土豪，分田地"的启发，在全校带头搞了一次有领导、有组织、有计划强分教授们住房的行动，先生被逐出原来的住所。从当时普遍性抢分住房来看，这也属于潮流吧。但被自己教过的学生强分，对先生们无论如何都是个巨大的精神冲击。对这件事多位先生的伤心感久久难以消除，杨先生虽然也不免耿耿于怀，但先生放得开，他同人谈起这件事时，自我解嘲地说，被自己的学生分，固然情面难看，但反正躲不过去，分后的居住空间是小了不少，但还有住处。他们（分房者）人也不坏，有自我认识就行了，无须留下芥蒂。

说到学术，先生同样具有非常开阔的视野。八十年代初先生指导的几位研究生中，有一位学位论文对当代学术界大权威（名字我就不说了）的观点提出了质疑，主持毕业论文答辩的主席自称是这位权威的继承人之一，在答辩会上发起火来，怒斥该学生："你怎么敢向如此大的权威提出商榷呢？"这位先生坚持论文不能通过，必须修改。先生多次与我谈及此事，一再说：学术应该是平等、自由、宽容的，即使是最大的权威，也可能有一些纰漏，有什么不可以商榷的？先生为此事多年来感到有愧于这个学生。

下面一件事足可说明先生在学术上"海纳百川"的气度。先生以考证马可·波罗来华蜚声学林，英国一位教授对先生的考证提出多方质疑，否认马可·波罗来过中国。先生得知后感到非常高兴，以非常开阔的胸怀接受这个学术挑战。此时先生已到晚年，视力极差，拿着放大镜，一字一句读英国教授的著作。先生的英文相当好，阅读、翻译都不是问题，为了答复英国教授质疑，伏案贴纸写了几篇重头文章。南开大学举办马可·波罗国际学术讨论会，特地把英国教授请来，使那位教授很感佩。先生总说，学术深化的动力是争鸣、求真、求实，这要拿出材料来；我认史料而不认人，有史料支撑才有说服力；没有材料，你说什么都不行。

说到学术较真的事，我想起 20 世纪五六十年代之交讨论中国古代土地制度问题，先生与郑老意见相左，他们师生之间展开了一次很有高度的学术之争。郑老基本支持侯外庐先生土地国有的看法，先生则认为土地私有占主流。稍后以先生为主编辑出版了《中国封建社会土地所有制形式问题讨论集》(三联书店 1962 年)，先生写的《关于中国封建社会土地所有制的理论和史实问题的一般考察》一文，前后三年几次修改，可见其认真的程度。这中间有个插曲，当时写文章盛行寻找"理论依据"，先生也不例外。先生原来有点德文基础，此时又下大力气提高德文水平，为了求证马克思的一个重要观点，先生对照英文本、中文译本和德文本。先生对我说，同一句话，英文和中文译本是一个意思，但德文则相反，为此先生很费周折，踌躇难定。

我再举一个例子也可看到先生对学术的较真。"文革"后期我们一起编写中国古代史教材，先生写隋唐宋金辽，这本教材后来由人民出版社于 1979 年出版。本书的时代性难以避免，这点另说。就先生所写部分，即使现在看，文字很平实，言必有据，难能可贵。这里我只说一件事，即关于岳飞戴什么帽子的问题。先生是回民，他提出，中华民族是历史上民族大融合和多种因素综合的结果。如果按照流行的观点说岳飞是"民族英雄"固无不可，但从多民族的角度说，金兀术算什么？先生提议涉及历史上各民族问题，要慎重考虑到各民族的情感问题，用词要严谨。他建议写岳飞领导的抗金斗争更为确切，无需加"民族英雄"。参加编写教材的同人很同意先生的意见。现在回头看"岳飞领导的抗金斗争"一节，依然平实有据，寓褒扬于叙事之中。在当时那种环境中，先生于学术依然是如此真实，敢说真话！

晚年先生悔恨"文革"以前浪费的时日太多了，情绪最低时，把积累的不少资料、稿子都当作废纸处理了，每每忆起都自责自己短见。先生在"文革"遭难无须多说，这里我只说一点，先生的反思也是那么的真诚。一次我同先生谈起他在"文革"中的感受，他说，开始是十分反感和抵触，但在不断教育下，承认自己"变修"了，不能自食其力(指体力劳动)。这就是先生的真实！我曾有个想法，想把当时的个人自我认识收集一些，来揭示"文革"期间知识分子的精神面貌和心路。我问先生写的检查还有吗？能否给我看看？先生说你的想法很好，的确应该收集一下，你这么一说，我感到十分遗憾，那些检查都退给了我，那些检查退给我时感到自己是老而幼稚、自侮得荒唐、可笑，留之何用？统统烧了。要知道你有这个想法，早一点提出，我会交给你的。我的检查不涉及第二个人,可以看到我怎么说"变修"的,没有什么见不得人的其他事。由此也可见先生的坦诚。我曾想,在"文革"那种气氛中,大概不少人(包括我自己)都程度不同地染上了"斯德哥尔摩综合征"。这点更应该值得反思。

先生晚年身体状况非常不好,一只眼睛基本上失明,另一只眼睛只有0.2的视力。先生很早就弯着腰,可从来没有照过片子,晚年照片子,腰椎叠压程度让医生吃惊,医生说这样的叠压按说早就会瘫痪的,血管和神经怎么能上下沟通?可以说是一个生理奇迹。八十年代一次体检医疗事故,使先生昏迷多日,几乎丧命,整整抢救半个月才苏醒过来,又大大伤害了先生的健康。先生坐的时间稍长,就难以坚持,只能侧身萎缩在床上歇息。为了打发时间就打开收音机听评书,他告诉我,东北的刘(名字我忘了)女士说得绘声绘色,跌宕起伏,很有韵味,能引发人思考,劝我也听听。健康如此地坏,他还是想法将荒废的损失补回来。说实在的,现在看到的先生著作,多半是在70年代以后写的。先生年岁虽进入高龄,但学习"补课"的欲望一点也不亚于年轻人,因研究涉及古代印度一些问题,他竟开始学习梵文,1997年季羡林先生来南开讲演,先生得空向季先生请教梵文问题,讲到一个字的重音以及如何翻译等,我在一旁只有傻眼看着两位老先生津津乐道,只听懂了季老最后对杨先生的称赞。

先生是《中国历史大辞典》主编之一,郑先生故去之后,先生是用力最勤、投入最多的人,他对所有的稿子都很关注,特别是对唐以后的稿子,几乎逐条审阅。这是先生对史学界的一大贡献。

我与先生相处四十多年,无论是在顺境或逆境中,先生的为人都很真实,所以我说先生是一位"真人"。

长亭回首短亭遥——回忆与杨荣国先生的交往①

　　1957 年 9 月,我考入南开大学历史系。转年,全国掀起"大跃进","一天等于二十年",一切都在"多快好省"。1958 年 8 月中旬的一天,突然接到通知,令到人事处报到,原来是把我抽调出来当助教。一时间,自己都糊涂了,刚读一年级,而且 1958 年上半年搞社会主义教育运动、拔白旗、启动"大跃进",几乎没有上课,怎么能当助教呢? 当然,也感到格外的兴奋——当助教,在我的"人生设计"中,至多也就是毕业时的追求,竟然提前四年(当时是学制五年)实现了! 真是"大跃进"呀! 补充一句,我是工作了六年的调干生,做过中学教师和理论工作。

　　虽是助教,但也不能不考虑自己今后的发展方向,我发现南开历史系没有开过思想史课程。1959 年暑期将近,我冒出一个想法,历史系应该有思想史课。我向系里提出自己的想法,当即获得他们的支持。

　　我查了一下,开设思想史课的高校寥寥无几,复旦大学是开设此课的,再有就是中山大学。杨荣国是侯外庐主编《中国思想通史》的合作者之一,是马克思主义学者。于是,我提出去中山大学,师从杨荣国进修中国思想史,系里也同意了。我当即给中山大学和杨荣国先生去信询问,并申请进修。直到 9 月中旬还没有得到回信,我以为"泡汤"了,正当悲观失望、为自己的出路困惑之时,突然接到回复,欢迎我到中山大学进修,10 月初可报到。

　　我自是十分高兴,急急忙忙做了点准备,就启程上路了。10 月初,我到历史系报到,管教务的同志说,杨老(他们那里对杨荣国的通称)很忙而且很少来系里,不用专门见了,到课堂上见吧。杨老那时开宋以后的思想史,主要是理学史。课间,我向杨老通报了姓名,看来他似乎不知道有此事,不过他说,欢迎来进修,跟着听课吧。杨老把他的研究生介绍给我,说有事找他联系,这就

---

　　① 发表于《读书》2016 年第 1 期。

算"入门"了。杨老一口浓重湖南话,听起来很困难,也很难做笔记。听他课的人有二十几位,是选修课,每周一次,两个小时。

第二次听课时,课间杨老告诉我,看看他的《中国古代思想史》,不必跟着课程走,按时间顺序依次读原始著作。

来南开的进修生就是听讲和读书,中山大学也是这样。过了一个多月,我积累了一些问题,才第一次到他家"入室"请教。杨老为人很平易,话虽不多,但在关键词处很用力气。他嘱咐我,读书要仔细,一个字也不能放过。他讲起陈寅恪,十分推崇和赞扬,称其聪明过人,记忆力极好,能背《资治通鉴》,他的文章无证不言,学问大得无人能比,嘱我要向陈先生学习。说实话,我当时有点怀疑,《资治通鉴》卷帙浩繁,怎么背呢?后来有文章说,陈寅恪对杨荣国评价甚低,谓其不够教授云云。如果陈先生真的说过这种话,时间应该在1957年以前,而我听到杨先生推崇陈先生是在1959年,批判资产阶级教授的高烧还未退,并且是在《历史研究》刊载金应熙批判陈寅恪文章之后。

杨老家的居住环境和居所面积是南开教授无可比拟的。南开教授是那么的简朴, 历史系的郑天挺先生是一级教授,1963年以前在天津时单身一人,住的是杨石先校长所住单元中的一间房。1959年,给郑老调房子,我们年轻人去给搬家,搬后的房子,也只有两小间。两相比较,我私下里颇为南开的先生们感到遗憾。

大约每隔一个多月,我到杨先生家一次。大概是1959年年底的一次,他同我谈到吴晗的《论海瑞》,要我认真读一读,他说结尾处有一段文字十分重要,是一位中央领导加的。他告诫我,写文章不能没有目的,要古今贯通,才能有益。我回去后翻阅了《论海瑞》,文章后边说到真海瑞与假海瑞等,我不知所指是谁,再一次到府上请教,把疑问提出来,杨老也没有告诉我内情,只是再一次申述文章的重要性。到1965年姚文元发表批吴晗的文章时,我还认为既然吴晗的文章是中央领导审阅过的,怎么能乱批呢?一时转不过弯来。

我到杨老家多半不"空手",而是交一篇读书报告,也可以说是一篇论文初稿吧。那时候,我把主要着眼点放在政治思想上,杨老很支持我的方向。他说思想史太宽泛,并告诉我,他的《中国古代思想史》就侧重政治思想。但他同时指出,中国的政治思想与哲学、伦理道德等等紧密联系在一起,很难分开,所以目光还是要宽些为宜。杨老的点拨,对我以后的研究有很重要的指导性。我写过一篇论荀子的初稿,他看后说,其中重农部分写得不错。后来,我投给

《光明日报》发表了。

在中大时，我还旁听过刘节先生的"中国史学史"。此前，曾读过金毓黻的《中国史学史》，听了刘先生的课，有了另一种感受。刘先生个子不高，但声音洪亮。他的授课，大有居高临下、俯视全局之势，很能引人入胜。刘先生的助教送给我一份油印讲义，我回南开后转送给讲中国史学史的杨翼骧先生。稍后，我读到陶铸发表的公开讲话，说某教授把"大跃进"的"意气风发"污蔑为"意气发疯"，并给以严厉的批判。周围人窃窃私语，有人说是刘先生说的，又有人说是容庚先生说的。传言还说，容先生是"一头牛"，形容敢顶、敢说话。陶铸讲话之后，我们在教研室开会，看到刘先生潇洒超脱，若无其事。刘先生在当时的确是敢说敢做的，1961 年曲阜孔子讨论会，瞻仰孔子时，他带头行跪拜礼（此事是我的老师王玉哲先生告诉我的）。1963 年，刘先生提出不能用你来一枪、我回一刀这样的阶级分析论说古人，因此被视为大逆不道。我到越秀山五层楼参观，有许多青铜大器都是容庚捐献的，令人由衷敬佩。此间也拜访过容先生，那是同他的研究生一道去的。见到的容先生，也是一副不在乎的态度。"意气发疯"不管是谁说的，这样的言论如果发生在南开，我估计会引起轩然大波，相比之下，我感觉中山大学气氛比较宽松。

与杨老仅见过几面，到 1960 年 5 月，我查出患有肺结核，就再也没有去过他家。健康透支，应该是患病的主要原因。来广州之前，在天津已经供应紧张，我的口粮定量是三十六斤，还能吃饱。到广州之后，第一个下马威是每月定量成了二十四斤。我当时十分纳闷，广东是鱼米之乡，怎么反而供应更差？事情也没有深想，仗着一股英雄气，觉得别人过得去，我也行，何况比爬雪山过草地强啊，进修要紧。但一下子减到每天吃八两，我这个大个子，又是农村出来的大肚皮，怎么咬牙都感到饥饿。几个月不到，体重猛跌十几斤。即使如此，仍拼命读书，从来没有在午夜零点前睡觉，第二天按时起床，参加晨练。七点半准时去上课或到图书馆。中山大学图书馆极好，工具书很齐全，摆在周边书架上，可以到书库自己提书，数量不限，教师（包括进修生）有专门的阅览室，与学生相比有天壤之别。

中山大学对患结核病的人特别照顾，学校有专门供肺结核患者疗养的小院，我也住了个把月，但营养不行，举目无亲，又不是本校职工，很孤独，病情难以预料，于是决定还是返回南开吧。回去后，曾致信感谢杨老的指导，并附诗一首。他回信鼓励我要有信心战胜疾病，同时指出诗意不错，但不合韵。

我再与杨老联系，是"文革"后期的事了。1972 年 5 月，南开大学组织了一个到各高校的访问(取经)团,我有幸参加,其中一站是到中山大学"取经",其实那时中山大学文科还没有招生。到中山大学当晚,我就前往杨先生家拜望。当时他处于被"打倒"状态,被驱逐出原来的别墅,住在中山大学最差的小平房里。我一进门,先通报姓名,他迟疑了片刻,不知是忘了我,还是有其他的疑问。看上去,先生不仅老了许多,而且反应也迟钝了些。随后他让我坐下,出乎意料的是,他第一句话竟然说:我犯了错误,正在检查。事前我知道他卷入了两派之争,忙安慰他:您没有大事,今天革委会主任接待我们,还说到您,很快就会解放。他怔了一会儿,似乎有点意外。先生很拘谨,目光迟滞,似乎满腹心思。我不好再说什么,寒暄了几句就告退了。

想不到的是,时隔不久,杨先生竟又奇迹般地"崛起"了。1973年6月初,突然接到从上海发给我的电报,电文很简单:杨荣国先生想到南开访问。没头没尾,也不知是谁发来的。

杨先生对孔子一向持批评观点,说孔子是奴隶主代言人。这一看法形成很早,在20世纪40年代就写过文章。50年代初出版《中国古代思想史》,对孔子的看法依然如故。批林批孔兴起后,杨荣国名声大噪。

杨荣国要来南开,我个人无法接待,立即把电报转送给党委书记朱自强。朱书记也感到事关重大,又立即上报市革委会,自然也引起市领导的重视。市革委会派人向我询问杨老在上海的情况,我说,除了电报文之外,其他一无所知。还是市革委会的办事人员有办法,他们打听到杨荣国住在锦江饭店,这一下子更引起市革委会的高度关注——锦江饭店,是规格的标志。于是让我回信,转达市革委会意见,表示欢迎,并负责接待和安排等。没有想到,我很快又接到杨荣国随从的来电,说日程有变,要先到河南、山东,何时能来天津,一时定不下来。事情就此放下。

转眼间到了9月,忽然接到杨荣国随从发自沈阳的来电,说要来天津。1973年8月7日,杨荣国在《人民日报》发表了《孔子——顽固地维护奴隶制度的思想家》长文,在全国影响很大。市委专门成立了接待组。市委的工作人员都不认识杨荣国,于是让我到市革委会一间客房里暂住,准备随时做向导,到车站迎接。

杨荣国是半夜到达天津站的,两辆接站的车一直开到月台,说明待遇不一般。随即一行人来到睦南道一座别墅,车径直开到小楼门前。一进客厅,第一感觉是神秘:陈设高雅,古色古香,客厅宽敞,一应俱全,服务人员奉前侍后。我心想，这是什么地方？让我十分吃惊。稍事休息、盥洗，我们又被引到一个很别致的小餐厅夜宵。杨荣国被安排在一套很大的居室，我与他的随从也随后被引到相当不错的房间休息。后来听说，这是专门接待高级领导的寓所。

第二天，杨荣国给全市干部作了批孔的报告，由市委书记解学恭主持。晚上在住所由解学恭宴请，美味佳肴，场面雅致，从来没有见过，让我这个小助教大开眼界，留下深刻印记。参加晚宴的有十几位，我自然叨陪末座。从解学恭开始，依次向杨先生敬酒。我显得呆头呆脑。突然解学恭指着我说：你怎么不给老师敬酒？我从来没见过这种场面，身处卑位，哪里知道自己该不该敬酒，一时很尴尬，我急忙起身致歉并敬酒。

次日，杨荣国又给南开职工作了一次批孔报告，由党委书记朱自强主持。我依然是陪从，站在幕后等候。

当时我也多少有些疑问，问杨先生：您有什么现实的针对性吗？我不敢往上说，只问是否针对郭沫若。杨先生当即说，我谁都没有针对，只是批林批孔；郭沫若在重庆时，我们把他尊为老师，看法虽然不同，我怎么能批我的老师呢？！

结束天津之行后，我随车送杨先生去北京，但开始并不知道他具体要去哪里。出乎意料的是，他去的竟是北京大学"梁效"所在地。其后的事，我就一无所知了。

忆老友庞公（朴）

庞公离开我们已经一年了，我一直想写点往事，但总不知从哪里说起。

庞公在他的《文化与传统》一书序言中说到"我的老友刘泽华"云云。从哪说是老朋友呢？就从下边一事说起吧。

某年风波之后，我的日记（我的日记多半只有几个字）有这样的记载：

×日："黑色的星期天！！！极度苦闷。"

×日："精神崩溃。"

×日："到（历史）系，极端愤懑。"

×日："老朋友来。"

日记说的"老朋友"就是庞公。

"老朋友"来的第一时间我有些意外，只夹着一个小包；后来知道是替换的衣服。长话短说，他来是想找个避风的地方。我所以引日记是要说我们心绪相通，我回答了一句话："生死与共。"

我当时的居室分两处。一处是偏单，另一处是一个非常僻静的单间，与邻居合用厨房（我不用）、厕所，我的家人与邻居十分友善。那几天我的老伴赴日本访问，家中只有我与小女儿，平日往来的同事、朋友都是来偏单。为了躲清静，我多在单间居住和工作，即使我熟悉的朋友一般也不知道我有这个单间。因此我请庞公住我那个单间，真的很隐秘，也十分安静。庞公的到来我只告诉了张国刚，也请他帮我陪陪庞公，减缓点寂寞。本来的目的是躲一躲乱局，自然也不便外露。广播、电视很烦人，那时也不是读书的时刻，几乎天天相谈，我日记中记载：

×日："看望老朋友，心都碎了。"

×日至×日："与老朋友交谈。苦闷至极，难以支持。心烦、意冷。无所事事度过。"

一次相谈,我建议庞公写写经历的实录吧,他考虑了片刻接受了我的建议,没有几天写就了一篇"××梦华录"。稍稍平静之后,他离开时说:这篇稿子请你代为保存。我当然义不容辞接收下来。几年之后,我将原稿璧还,同时请他允许我留一份复印稿。有一次我同他的女儿谈到此事,他女儿都不知情。我相信这篇珍贵的文字目前仍属秘本,或许只有我们两人知道。真希望将来有一日能公诸于众。这里附带说另一篇文字,庞公对我说他有一篇"文革"前参加"社教"时(或是"文革"期间下放劳动?)"额外"写的一篇关于农村纪实的调查记录,农民有些原话难以向外人道。我曾建议做点技术处理,在我有发言权的"社会史集刊"上发表,他说改动就失真了,原始记录你也不能发表,感慨一声:难啊! 真希望有一天也能看到这篇文字!

说起老友,其实我到40岁以后才与他相识。1973年《历史研究》要复刊,为与"文革"前的《历史研究》划清界限,重新"组阁",编辑要从外边抽调,我也在被抽调之列,因南开校方不放,加之我也没有积极性,托故迟迟不去报到。由于上级的催促,经商议南开另派一位讲师取代了我。在事情的进行中,知道其中又从山大抽调了庞公。在此之前我读过庞公的大作,仅知他是一位写家。1974年七八月在前门饭店召开"法家著作注释会议",我也意外忝列其中。《历史研究》就驻在前门饭店。会议长达一个多月,后期是等待中央首长接见,会议本身没有固定议程,会议组织者安排出席会议的人到处参观,剩下的时间就是悠悠晃晃;宁可是出席会议者,同时又是《历史研究》的编辑,我与宁可相识,由他介绍认识了《历史研究》从各地抽调了的编辑们,其中就有庞公。由于都进入了中年,大约是从众,相识之始就称他为老庞或庞公。那年年底《历史研究》编辑部邀我与《历史教学》的编辑吉敦谕去参加关于曹操是否是法家的小型讨论会,我与吉敦谕的看法接近,主要从权谋角度进行分析。老庞也参加了那次小会,印象中他没有发言,但有一个表情给我留下深深印记——常把眼帘垂下,眯眯着眼,微微咧嘴露出笑意,别有一番潇洒风度。那时与后来不同,当时并不是没有作者,但多数有水平的作者大都收笔旁观、看景。我们这样的无名之辈竟被"抬举",小会结束后,《历史研究》要我和吉敦谕留住写文章,吃住由他们提供,现在看来肯定是不可思议的怪事。时间正赶上1975年元旦,编辑部举行欢宴,我们俩也被邀参加,备有美酒五粮液。我知道宁可爱喝酒,但酒量又太大,我联合几位熟人,轮番与宁可对杯,把他灌醉,老庞在旁看乐和。请作者到出版社写作不是《历史研究》的"独创",而是当时出版社的普遍的"壮举"。稍后一点,南开一群人曾被人民出版社邀去写《中国古代史》,还有其他项目请来的作者。人民文学出版社也邀请一批人驻社写作。两个"人民"在一个楼里,外来的作者多多,吃饭时,拥挤不堪,很多人立着吃。这真是一大景观,值得另说。

我们第一次的文字交往应该是我与王连升合写的评秦始皇一文。1978年年底我与王连升合写了一篇《评秦始皇》,以自流稿方式寄给《历史研究》,万万没有想到 1978 年第二期(那时是两月刊)刊出我们的文章,编辑们只把题目改成《论秦始皇的功过是非》,其他几乎一字未动。在我们之前不久曾发过一篇长文评秦始皇,我们的看法与前者不同,但也不是与该文争鸣。我们的文章是解析作为政治符号的"秦始皇",刊出后接到一批读者来信,有多位读者对文章进行了严厉谴责,说我们是醉翁之意不在酒,心怀"叵测",意在"砍旗"。"砍旗"与否放到一边,但我们的确是想把秦始皇这个"特殊符号"还给历史。后来与庞公见面,他告诉我,文章最先是由他审阅的,但他不敢做主发文,于是把稿子交主编黎澍审定,黎澍当即拍板,最快发表。由于这层缘故,我们之间的距离更近了。1978 年他的女公子考入南开大学中文系,成了我的校友,多有往来,在闲谈中对庞公也有了更多的了解。

1981 年庞公在《中国社会科学》创刊号上发表了震惊学界的《"中庸"平议》一文,提出了中庸的四种形态——A 而 B,A 而不 A,亦 A 亦 B,不 A 不 B,以反驳非 A 即 B 的僵化的二分法,可以说是稍后他提出的"一分为三"前奏,也是对"梁效"狠批中庸之道的驳正,在学界引起巨大的反响,我曾发起与南开部分同人对这篇文章举行过研讨会。庞公的思辨和文采令我高山仰止。

庞公从 1979 年出版《公孙龙子研究》始,其后每出一本文集都送我一本,每本都有他的潇洒的"泽华兄云云"的签名,让我难以承受。我的书是开架的,爱读书者随手可借阅,时间一长就忘记谁拿走了,借者可能爱不释手,现在摆在我书架的还有五六本,对未归还的实在有点遗憾。庞公的著作我都用心拜读,但有些也确实读不大懂,比如享誉盛名的"火历",我就无法用来纪年。在他看来比黑格尔早、又比作黑格尔的方以智的《东西均》,即使他加以"注释",读起来依然似懂非懂。这真是水平问题!一般地说,读他的著作总有一种特别的启发性,1994 年 5 月 9 日我的日记有一点读后感:"读庞朴的《解牛之解》,分析得十分精透,可谓'庞氏思考法'。"

我从庞公的著作中学到很多学问,但我更注重从"庞氏思考法"读他的著作。由于我关注的是政治思想,在有些问题上也并不是全认同庞公的论说。比如,在我看来孔子的中庸并不像庞公说得那么"圆融"(庞公很强调儒家学说的"圆融",我并不完全认同),在政治上是一种"保守的边际平衡"观念。庞公是重新高扬儒家人文主义的学者之一,但我对泛泛说人文主义并不满足,1986年我写了《中国的人文主义与王权主义》就是想接着庞公之说往下沉。庞公多次高扬儒家的基本精神是"成人之学",我也曾当面同他讲,这还没有到底,应接着往下说,是"等级人学",他笑眯眯地说,这是刘氏一说。2001年3月30日日记中有这样几句评述庞公的讲演:"昨天从电视中看到庞朴讲演,曰儒家精神:自强不息是也。他忽视了另一半:'顺从'。"庞公对我唠唠叨叨说王权主义。有这样一段评论也记载于我的日记中,2001年3月22日:"与庞朴电话言及'王权主义',他说:这个问题太大了,谁敢谈?年轻人要吃饭、要晋升。你没有这些问题了,可以自由谈了。"庞公说辞的含义是什么,尚有待我进一步去思考。在我看来,庞公对中国现实种种问题是非常关切的,他是从理论的更高层次上去解析的。就具体事说,有些也是直接的,前边说到的"避风"的内在含义可以为证;我再罗列他在南开讲演的两个题目:1985年我请庞公到南开连续几天做了几次讲演,我日记中有载。5月14日:"晚,主持庞朴讲演会,题目:'中国文化传统与现代化'。"5月15日:"下午主持庞朴讲演会(题目):'历史与现实'。"我认为细读庞公的鸿篇,他不仅是学术大家,同时是关注中国命运的思想家。他称自己是三个主义:文化上的保守主义,经济上的社会主义,政治上的自由主义!三个主义并举,该是有何等的胸怀!而他发起的文化研究就是诸种主义兼具的一件大事。

　　1982年人民日报发表了庞公《应该注意文化史研究》一文,可以说是1949年以后的第一声。因我当时连续写了多篇有关中国政治思想史的文章,引起庞公的关注。1982年年底,"中国文化史研究学者座谈会"在复旦召开,我有幸被邀与会。庞朴是这个座谈会的发起者、策划者和组织者。他在会上用的名义是联合国教科文组织《人类科学文化史》国际编委会编委、中国编委会负责人。会议由周谷城老先生主持,庞公报告会议筹备经过,他说到开展文化研究,曾寄希望得到历史学发展规划评议组(负责评审项目和资助,我后来曾是其中的成员)的资助,没有想到因担心倡导文化史观而被婉拒。他铿锵有力地说,既然得不到支持,那我们就自己搞!适逢复旦历史学科设有"思想文化研究室",又幸有朱维铮、姜义华、李华兴诸位干将的全力参与,更有史学界的耆老周先生举旗，又有社科院近代史所、上海人民出版社等单位大力支持，事情顺利启动。会议期间，庞公宣读了钱锺书给他的信，除了表示支持之外有一句话引起会议参加者极大兴趣，钱先生引元曲中一句话：你不问我还清楚，你一问反而糊涂了（大意），与会者笑着频频点头。由于大家发表了种种不同意见，越争越说不清，还是周谷老站得高，说了一句：草鞋无样，边打边像，得到出席者一致认同，先行动起来。上海人民出版社负责出版"中国文化史丛书"，请十几位学者组成编委会，我也附骥充数。商定先出五十本，并拟定每位编委写一本，另每人负责约两位作者，实行以长江为线南北分治，江北由庞公统筹，江南则由朱维铮统理。同时又拟出版《中国文化集刊》，由方行和丁守和轮流任主编。推动文化研究固然是多人的共同努力，但第一声我认为是庞公。庞公为而不名，他只是充当一位编委而已。由此逐渐兴起的文化热是中国学术和思想观念的一个大转变，涉及很多方面，其意义需要专门论说。

接着说 20 世纪 90 年代出版的百卷《中华文化通志》，这部大书是以"炎黄文化研究会"名义发起的，是"文化热"中一桩大事。"炎黄文化研究会"会长是萧克老将军，《通志》是在老将军直接领导下做起来的。具体策划者主要由姜义华教授、萧老秘书张国琦担当。这又是一次民间大的文化工程，靠民间筹资启动，没有用纳税人的一分钱。1990 年以后有一批游离的学者，萧老以其博大的情怀，唯才是用，收在麾下，庞公是十位主编之一。在这群学者中，庞公是最为显眼的高手之一，比如最后起草百卷本的总序，大家的眼光都自然集中于庞公，他也自觉，立即操笔起草，不过半个时辰即拟出初稿，然后诸位评议，依然由他博采众议成稿，显示了庞公的超常之才。

下边再回头说学术合作的往事。1978 年《南开学报》开辟专栏讨论古代史的阶级，我们的基本思路是从原来硬邦邦的阶级划分中走出来，重在讨论等级和身份，大概引起了庞公的注意。1982 年年底他向我提出召开一次专门的地主阶级问题讨论会，我当即表示同意，他又同云南大学历史系联系，由三家共同发起。拟定于 1983 年秋在昆明召开。由《历史研究》负责邀请学者，南开负责进行此前的学术成果综述，云南负责开会接待诸事。这次会请了国内很多位著名学者，出席会者已经报到，传来北京大反"精神污染"之风，正当风头，我们开会的主题受到质疑，因为从来没有开过这样的讨论会，是否要为地主阶级重新评价和翻案？有精神污染嫌疑，也引起云南方面的顾虑。当时开学术会必须成立临时的党支部，庞公为召集人，谢本书与我为委员。我们商议如何应对质疑者,庞公告诉我们沉住气,说这个题目是胡乔木在一次讲话中提出的,一下子我们有了底气,并请庞公在开幕词中点明。云南有关媒体还对庞公进行了专访,堵住了质疑者之口,议论平息下来。返回头看,我们依然很可怜,当时只能拿出大人物做屏障,难道历史事实不是最有力的根据吗?这次会有多位学者提出,地主尽管是剥削者,但又是当时不可逾越的生产方式的组织者,因此对其在历史上的作用不能简单一概否定,应给予适当的历史定位,这相对以往的认识"模式"确有突破性。这次会对历史学的进一步放开确实起了推进作用,引发了中国历史中阶级关系、社会矛盾的再认识。

下边一件事是我听说的。大约在1983年哲学史开过一次有影响的会议,在会上,庞公等人提出,哲学要从"唯物与唯心两大阵营对立"的思维定势中走出来,此论一出就引起坚持者的反对,认为是哲学的大原则问题,被称为"摘帽论""剃光头论",是取消哲学党性。据说引起了有关方面的关注。我曾当面问过庞公,他笑而不答。就我个人来说,我并不全然否定唯心唯物之分,但我接受打破僵化的"两大阵营对立"。

在学术上我们尽管有大大小小的分歧,但我们的友谊却是一贯的,这里说点细节看庞公对我这个小老弟的情谊。20世纪80年代初,他到巴黎出席联合国教科文组织《人类科学文化史》国际编委会会议,这类公费出国发给的零用钱是极少的,庞公用省下来的外汇买了一个镀银的水果盘。回来之后他与我曾教过的学生、也是庞公最要好的少年朋友小高说,这个盘子送给谁呢?我想还是送给你的老师刘泽华吧,请你回天津时(小高是天津人)给我捎去如何?小高高兴地说,那是我的老师,回去我都会去看望他。这是小高见了我叙说的。庞公把我视为他要好的朋友,让我感到格外地称意。90年代以后我因被"罢黜"有了点空隙,开始逛旧物市场,收集点古钱和铜镜,我的一些小玩物当然请庞公鉴赏过。对这些小玩物他并不入行,但他仍惦记着我,他到西藏拉萨讲学,乘隙逛八角市场,看到一面类似铜镜的小东西,特地买回来送给我把玩。也是90年代一次开会后,特约我到他家吃他做的拿手菜红烧鱼。当时他的儿女都在他乡,嫂夫人也去省亲,他就留我过夜,正好第二天一早我要去潘家园"淘宝"。没想到庞公一定要同我一起去。庞公虽然依然潇洒,举止如青年,但毕竟是七旬之年,我横竖阻止,他坚持去看看热闹。我告诉他那里是真骗子和假骗子交手的地方,我也会加入"骗子"的行列,他说那我正该去看看。从皂君庙到潘家园可算得上长距离了,公交车上的人比较多,没有人把我们当老人让座,直挺挺地站了一个多小时。那天真得托庞公的福,我捡了一个可遇不可求的"漏"——一面战国的阳燧。庞公当然知道阳燧,但他没有留意过是什么样子。摊贩只知道是个老东西,但是什么他也不知底细,更不知是难得之物,我也充当骗子只与摊贩来回拉价,最后收入我的囊中。庞公事后说,这么一个小东西,怎么就入了你的视线。阳燧的确很小,直径也就是四、五厘米,过往人那么多,都忽略了。我说得益于你的"解牛之解",他抿嘴一哂,意色萧然,别有风度。还有一桩事可以看到庞公为人的诚恳。90 年代初我开始学电脑,起初我不知道他是电脑迷和业余的专家。有一次提起电脑之事,他立刻得意地自报是"里手",主动伸出援手给予帮助。那时中文软件是很少的,似乎也还没有相关的市场,仅有的一些零星的软件在朋友圈中交流。他立即把他自己编制的文本和收集到的软件给我拷了一份,并嘱咐我不能外传,因涉及"版权"之类的问题。那时他与阎步克往来甚多,除学问事之外就是共同研究中文软件编程,他说阎步克当兵时从事电子方面的事,是位强手。因我也认识阎步克这位老弟,他便把阎步克编的软件一并送给我。过了几年他积累的软件更多了,一次他到天津办其他事,顺便背着一部手提电脑来到我家,合盘输入我的电脑。那天比较热,他汗淋淋的,让我感动不已!

　　进入 21 世纪后,我多在异乡漂泊,直到 2013 年我去山东大学访学最后见了他一面。他当时住在医院,我与老伴前往探视,他卧床未起,我走到他身边,问他:我是谁?他迟疑一会儿,啊,你是老刘!我扶着他吃力地慢慢起床,我们并排就座于沙发,我只能向他祝福,愿他长寿。合影之后,我和老伴与他告别。走出病房,我感到一阵阵凄凉!

代序——怀念老同学刘佛丁①

1957年我们考入南开大学历史系。他比我小两岁,却先我而去,屈指已经六十年了,而我已过八旬,老天何其不公!每每忆起佛丁老同学,心里都有理不清的惋惜。正当他壮年,学术之路已经开拓,猝发了无可挽回的心脏病,眼看着一座学术高峰的升起,却戛然而止,能不令人悲痛!

入南开之始,学生干部都是临时指定,佛丁被指定为三班班长,我被指定为一班小头头。由于开年级学生干部会,我们很快就相识了。佛丁为人十分谦和、认真负责、人情味很浓、说话简要得体,很受同学们的欢迎,在大家熟悉之后选举时,又被选为班长。同学们整天混在一起,打打闹闹,也开始互相起绰号,我因为对甲骨文好奇,一段时间入迷,抱着几本书不离手,加上我老气,于是被称为"老夫子"。世界史课讲到印度佛教,大乘教派以菩萨为最高境界。佛丁因有"佛"字,加上他的"菩萨"之心,不知哪位同学奉他为"大乘",于是这个雅号很快流行成他的称谓。说起来修炼成菩萨都要经过三灾八难,这里我只说他经历的两难吧。

佛丁十分聪慧,又非常用功,是我们年级的出类拔萃者。不幸于1960年染上肺结核,我在他之前也得过肺结核。当时虽然已经有了一些有效药品,但仍然是很麻烦的一种病。他不得不休学治疗,好在他家的经济条件比较富足,住进了"亚非学生疗养院"。我的恋人阎铁铮与他同班,佛丁是班长,铁铮是团支部书记,他们交往很多。铁铮的家在北京,当时的粮票十分珍贵,不敢邮寄,铁铮每次回北京都把粮票给他捎到他家,也去过疗养院看望他。佛丁很感激,从疗养院出来后曾设家宴款待铁铮和同去的同学,还有一次请她们到北海仿膳打牙祭。佛丁的病拖了一年,再回校时,只能跟从下一个年级。但我们一直把他视为同年。毕业后他被留校,任南开经济研究所教师。

---

① 这是为王玉茹编纂的刘佛丁遗著所写序言,应作于2016年。

真正的劫难是1976年的唐山大地震。他当时在开滦煤矿从事企业史的档案整理和发掘原始史料。死里获救后，他告诉我地震中的经历。当时他住在三层楼的顶层，整个小楼坍塌了，他被坍塌的房顶压住，开始还有一点空隙，随着频繁的余震，身子被压得越来越紧，好像被铁箍紧紧缠住，呼吸也逐渐感到困难，虽然熬到了一丝晨光，但已没有求生的希望，脑子变成一片空白，生命已到临界线，突然听到有人呼喊：有人吗？有人吗？顿时使出最后的力气回应：这里有人，请来救助！当被救出时，眼前看到的是望不尽的瓦砾，那时既无暇感恩，也没有眼泪，头上流血不止，人已木然。在我们朋友圈子中，有人说佛丁已经遇难，有的说下落不明。当我们听说佛丁回到南开园时，我与铁铮前去看望，当时他头上还有纱布缠绕，说起话来仍有些恍惚。事后我们总说佛丁"命大"。

"文革"乍起，由于我们不在一个单位，互相都不知情。稍后知道佛丁是一位旁观者，逍遥派，但他基本上没有浪费自己，抓紧机会提高英文，能达到阅读、翻译自如的水平，很有远见。1970年后，也想不起是什么缘由，我们往来多了起来，我们俩对"文革"的看法大体相同，有时我很苦闷，对老同学无所顾忌，多次打开心扉说了不少当时"出格"的话。佛丁比我沉稳，他耐心地听，但不插话，也不反驳。不过最后总是劝我要注意"场合"，要管住自己的嘴，千万不要给阎铁铮和两个孩子带来麻烦。

南开的经济史是学界公认的重镇和开拓者。根据我的了解，作为行外人贸然说去，我认为到现在大致可分为三代：第一代以方显庭、傅筑夫为代表；第二代以郭士浩为代表；第三代以刘佛丁为代表；第四代有王玉茹等。每一代都有新的突破，这里只说佛丁，他一生追逐创新，有生之年致力于运用经济学的分析方法构建中国近代经济史研究的新框架。他的研究从典型企业、村镇、行业、部门到近代中国经济发展的宏观分析，运用经济学理论和方法解析中国的经济发展，形成一个新的认识体系，已是行界的共识，被誉为"南开学派"。

到了90年代，萧克老将军组织编著百卷本《中华文化通志》，分十典，每典十卷。我意外忝列其中，任"制度文化典"主编。这项工程是民间组织、发起，资金来自社会捐赠。百卷作者实行招标筛选，但也不排除各典主编瞄准作者聘请。制度典中有一卷《工商制度志》。佛丁老同学并没有投标，不过在我看来，他与他带领的团队是最佳人选。我登门请他出山，但他很忙，颇为犹豫。过了一些天，我又去恳请，大概看在我这个老同学的份上，他应承下来。至于如何写，我无须多说,一切由他去安排。百卷本作者开过几次会,他都准时出席,予以积极的支持,并按时交稿。对他的认真负责的精神,我内心深深表示敬意。

　　玉茹教授是我这位老同学的知音,在佛丁独居期间,我不止一次建议佛丁完成婚事,也是老同学的心意。出乎人愿,在准备期间他却意外撒手而去,这对玉茹是莫大的打击。但玉茹是坚强的,她未及擦干眼泪,就投入收集佛丁的遗作。由于多种原因,未能如愿出版。可是十六年来,玉茹一直视为自己的天责,现在终于能实现了。人生得一知音足矣,老同学佛丁在天之灵亦应足矣!

刘泽华
丙申年初春于美国西雅图

巩绍英传

巩绍英(1920—1973 年),辽宁阜新市清河门镇人。少年时期除上学之外,由祖父传授《十三经》与古典诗词。巩绍英悟性极强,由此开始,终生迷恋文史与诗词。然而国难不已,山河破碎,又使巩绍英政治早熟。九一八事变时,年仅十一岁的巩绍英就参加了小学生的反日活动,宣传抗日主张、抵制日货。十五岁的巩绍英发誓"抗心存国脉",瞒过家庭,背着学校,只身到北平,寻求抗日之路。在北平庆安高中读书期间,爆发了"一二·九"运动。巩绍英立即成为一位积极的参加者。南下宣传回来之后,开始学习马克思主义的著作和书刊,同时与中共地下党员开始接触。1936 年 6 月回家"诀别",誓死抗日。回到北平后,即转赴西安,拟投奔陕北苏区,因"关系"不畅而"溪深无路入桃源"。无奈又回北平,即参加了朝阳大学的"民先"工作。1937 年元旦,经"学联"和"民先"介绍,与同志结伴赴山西太原,参加民训干部训练团。卢沟桥事变后,被委派为山西"牺牲救国同盟会"安泽县特派员、总动员委员会副委员长。同年 11 月加入中国共产党。1938 年 8 月参加抗日决死队,开始金戈铁马生活。1945 年调赴东北。在三年解放战争中,历任昌北县委、奈曼旗委、四平市委书记或副书记。1948 年 12 月任辽北省教育厅副厅长。1949 年 5 月至 1952 年年底任辽西省文教厅副厅长、厅长。1952 年 12 月至 1984 年 2 月任东北师范大学研究部副主任、主任。1954 年调北京人民教育出版社任副总编,主持中学历史教材的编纂工作。1961 年 9 月调中华书局任副总编。1954 年 4 月来南开大学历史系任教,兼任图书馆馆长。1971 年年初借调到中国历史博物馆,逝世前任命为副馆长。

巩绍英从少年起就热爱文史,在抗日烽火和三年内战期间也未曾间断。20 世纪 40 年代初,他曾想到延安学习和研究历史,但为了前线的需要,把个人的志趣放在了一边。读书是他戎马生涯之外唯一的爱好,他在马背上披览了《二十四史》和能收集到的文史著作。他是所在革命队伍中有名的文化人，能诗善文。1948年11月2日东北全境解放，12月他便被任命为辽宁省教育厅副厅长，厅长则是著名的文化人林汉达先生。

巩绍英1952年在东北师范大学任职时讲授过中共党史，然而他更钟情于中国古代史。1954年他调入人民教育出版社任副总编辑，分工领导历史编辑室，实现了工作与志趣的契合。当时最重要的一件事是组织专家、学者编辑中学历史课本。他对专家极为尊重，发挥所长，协作共事，以友相交，以身作则，很快与编纂人员结为同志与密友。在他的主持下，经过两年夜以继日的辛勤劳动，比预计的计划提前完成了课本的编辑与出版。著名历史学家邱汉生（编纂者之一）在巩绍英逝世二十后作了如下的深情回忆和评价："在巩绍英的领导下，编辑出版了新中国第一套历史教科书，得到史学界及历史教师的赞扬。他史学理论修养深邃，尤长中国古代史，治学勤奋，利用工作间隙，读完了二十四史，这在史学界也是罕见的。"1956年《历史教学》刊载了由巩绍英主笔，署名"人民教育出版社编辑部"的文章：《中学历史教科书编写工作中的几个原则问题》。文章系统、全面、深刻地论述了有关总体把握中国史的基本问题。文中提出的"历史分期""历史上的民族关系""历史基本线索""个人在历史作用""中外关系"等九个问题，至今仍有重要的参考价值。

1958年巩绍英与邱汉生、陈乐素共同著文提出中学历史教学要"补充乡土教材"，这是具有重要意义的远见卓识，对今天的中学历史教学仍有现实意义。

1958年在思想和学术界掀起了"厚今薄古"的狂飙，随之出现了"打破王朝体系""打破框框""打倒帝王将相"等革命口号，所向披靡，锐不可当。其影响之一是把古代史和历史人物几乎一风吹掉。在当时的形势下巩绍英也不可能不张扬"厚今薄古"，但相比之下，他是比较清醒的一位。他在狂飙把人们吹昏了头的时刻，于1958年写了《历史教学改革中几个认识问题的商榷》一文，有针对性地提出："重视近代史和现代史，也重视古代史，使古为今用，吸取其精华，剔除其糟粕，而不是存今废古，割断历史。"又说："正确对待个人在历史上的作用，把历史看成具体的历史事件和具体人物的活动所构成的，具有丰富、生动的内容的一门科学，而不是抽象的社会学公式。"离开那个时代，是很难理会其中蕴意的。

1963年4月他来南开大学历史系任教，家未安顿好即投入紧张的备课，秋季伊始即给毕业班讲授"中国政治思想史"。巩绍英把教师职业视为圣事，也是多年的夙愿。这次再登教席,格外高兴。这在《采桑子—1965 年 9 月 5 日南开大学历史系第一次授课后有感》中有真切的记录:"十年不识灵山路,鹫岭云深,碧海波深,闲却禅关一片心。拂衣重上青莲座,贝叶经新,桃李枝新,散尽桃花不箸尘。"开设《中国政治思想史》是历史系建系以来首创,据知,也是国内历史系仅有的。1949 年以后,特别是 1952 年院系调整和新的教学计划公布后,"中国政治思想史"的教学与研究不绝若缕。巩绍英能在短期开出此课,是他长期积累的结果。他从 50 年代后期开始即有志研究中国古代政治思想史,在中华书局工作期间,即着手编辑、并拟出版《中国古代政论文选》。他系统地披览了浩繁的有关历史著作,从《二十四史》和众多的文集中选出了百篇名作。由于成竹在胸,所以能在很短时间内把授课所需要的一切准备妥当,除了课堂讲授外,他还印发了讲义、参考资料和书目,当时能做到如此齐全的是不多的。特别是印发讲义一事,经过 1958 年的教学大揭批之后,教师们一般是不愿留下任何墨迹的,可以说当时是一个"口头史学"时代。而巩绍英无所顾忌,无所保留,和盘奉献给同学。巩绍英讲课并不太善言辞,也缺少幽默,但他以严密的逻辑和不着虚言的丰富内容,像磁石一样吸引住同学。他也在教学中获得了无限的乐趣和难得的心灵的满足,《答同学新年赠诗兼以自慰》记述了这种情怀:"一灯瑟瑟欲穷年,敢拟南华天下篇!月上卢沟思鼓角,枝围栎社倦丹铅。盘桓皂栎犹前导,焯烁荆山望后贤。仆扑齐梁惟此乐,春风弦诵自陶然。"

巩绍英与同学相交越师生而任朋友,他常到同学宿舍促膝谈心、话家常;同学们也是他的座上客。学生不仅把他视为可敬的师长,更视为朋友,向他诉述心中的喜、怨、哀、乐,融融之情,感人肺腑。当时师生之间的关系相当紧张、互相戒备,箭在阶级斗争的弦上!而他却漠然视之,吹起一股暖和的熏风,荡漾于峭寒的季节。在日后的回忆中,他对这次的教学感到十分惬意,是他人生中的一大乐趣,是最美好的一页。他与同学的情交与日弥深,曾作《采桑子——忆 1964 年毕业生》,表达了依依之情:"白云浩浩青鸾杳,海北天南,雁碛蛮烟,看遍江帆无数山。红霞烂漫东风老,翰墨香传,杨柳枝妍,春去春回又一年。"在"文革"中不能说没有他授业的学生起来造他的反,但多数一直与他保持着深厚的友谊。

时不我与,事不我依,1964 年以后,人们又被拖进新一轮的阶级斗争旋涡,教学再次失序,巩绍英的课被"运动"所取代。他与其他教师一起参加同学们的"半工半读",又到乡下参加"四清"等。人们普遍有风雨飘摇之感,为了向"革命"靠拢,视专业如敝屣,而巩绍英对未来,对自己的追求仍充满了希望和信心。在运动之余,他对中国古代政治思想史进行了更深入、更系统的研究。到"文革"之前,写了近二十万字的文稿,已刊和未刊的重要著作有:《商周奴隶主的政治思想》(刊于《中国历史博物馆馆刊》1976年)、《春秋战国时期的封建主义文化变革》(《南开大学学报》1964年)、《先秦两汉儒学的宗教化运动》、《汉武帝的独尊儒术和汉朝的杂霸政治》(刊于《人民日报》1965年9月17日)、《魏晋南北朝时期的思想源流》《唐太宗政治思想简论》《唐中叶以前的反佛斗争——谈佛教在中国的发展道路》(刊于《中国哲学》第一辑1978年)等。以今日看,这些文章固然有程度不同的时间差,但对中国古代思想史的把握具有高屋建瓴之势,每篇文章都上下纵论数百年,脉络清晰,知识渊博,显示了大家风范。其中对儒家宗教化的讨论,在当时可谓空谷足音;对佛教在中国发展道路的勾勒,一泻千里,纵论了佛教与专制王权、与儒家、与阶级斗争的复杂关系。每读他的遗稿,都感到有鸿篇巨作在躁动,而此时此刻痛感老天不公!

巩绍英爱读书,也爱藏书。但他不求珍本而求实用好版本。每收集到实用的好版本,他便把"古本"处理掉。他兼任南开大学图书馆馆长时,由于经费有限,他提出不要重收藏,要为教学和科研服务,针对当时藏书情况提出"成龙配套,填平补齐"的购书方针,组织人员到各地采购了一大批书。其实他对收藏也很注重,1964年他批准用重金收购一套明版《历代名臣奏议》,一时遭到来自各路"外行"的猛烈抨击,成为"崇古""浪费"的典型。时过境迁,稍稍恢复清醒,连那些"外行"也念起他的胆识和果断。现已成为"镇馆"宝之一向人展示。

巩绍英喜爱古典诗词,又是一位诗人,他只作古典诗。从十五岁起,直到逝世,连续不断。东方出版社1998年出版了《巩绍英诗词全编》,共收527篇,由其弟巩绍贤作注。全诗分三个时期,即1935—1949年;1949—1966年;1966—1973年,记述了他的情感,喜怒哀乐、悲欢离合,跃然纸上,同时也是他经历的史诗。巩绍英的诗词严格遵循古典诗词的格律,语言也从古,用典极丰,从一个侧面反映了他的博学。

1971年巩绍英被借调到中国历史博物馆参加通史陈列修改工作。当时学校仍处于无事生非之时,工宣队占领了学校,清理阶级队伍已暂告一段落,大批的人下乡落户,留下的人整天空谈"斗批改"、反右倾,真是百无聊赖。正值此时,历史博物馆来借人。就实而言,巩绍英对借调到博物馆搞陈列不能说没有兴趣,但更主要的是他想做事,想摆脱无聊的空谈才赴京的。由于他是专家,又是老革命,被指定为通史陈列修改的负责人。当时的"史学革命"之风吹得正劲,天天大喊"要重新改写历史",今天批这个,明天批那个,而巩绍英上不着天(上"无线",没有口衔天宪的人物作靠山),下不着地(不是博物馆的正式人员,也没有正式头衔),如何修改?实在不易,应该说是一件处处充满险情之事。他对这些很少理会,凭着自己所认定的马克思主义和史学的良心,群策群力,当断而断。当时正值"批林批孔"的高潮,孔子是钦定的千古罪人。跟着跑,一骂到底,百事了无。可是他认为,历史评价与"运动"应有所不同,要一分为二,于是由他决断,对孔子进行批判的同时作了必要的肯定。没有想到,犯了大忌,在他去世之后仍遭到"鞭尸"之祸!文物系统一位显赫的人物指斥他是"资产阶级专家""历史博物馆用错了人"等等。在打倒"四人帮"之后,才为他重新恢复了名誉。出于对他的怀念,《中国历史博物馆馆刊》发表了他的遗文,并特地加了"编者按":"巩绍英同志自1971年主持我馆中国通史陈列的修改工作,对重建通史陈列付出了辛勤劳动,做出很大贡献。"

在借调博物馆期间,他还参加了"出国文物展"的筹备工作,地点在故宫武英殿,时值隆冬,没有取暖设备,又不准烤火,手脚生冻疮,但他每天都用温暖的手轻轻地抚摸着那些国宝,乐以忘忧,亦且忘食,还忘掉了自己患有严重的糖尿病和心脏病。他曾作诗抒怀。其中一首曰:"晓日曈曈青琐开,九天阊阖看春回。商彝周鼎新文苑,玉砌雕栏小钓台。四壁沧洲尘外趣,一张云锦日边裁。夜珠照乘蒲轮稳,夹道香飘御苑槐。"

翻开巩绍英的日历,从1949年以后,有一个一直使他难以解开的"结",这就是所谓的党性和个性关系的问题。巩绍英作为一名"老革命",无疑有着相当高的党性,他服从"党的决定",对党的领导人一向十分尊重,即使他在身陷逆境时也没有发生过动摇。然而他又是一位颇有个性和自我追求的人,有着相当强烈的独立性与独立意识。其实他所追求的个性很简单,这就是从事文史方面的研究和教学之类的事。但是像他这样的高级干部似乎不能不做政治工作。于是一直有纠缠不清的政治与业务的关系问题,有所谓的"个人主义"问题。受到批评后也不能说他没有接受批评的诚意,但是又割不断执迷于文史的情结。这样就长期处于两难选择的窘境。用他自己的话说:"别人要升官,我自己要丢官。"然而在那个极端突出政治的时代,想"丢官"也不是一件容易的事，他必须背上"不关心政治""重业务，轻政治""个人主义"等重压。果真，麻烦接踵而至。

1955 年巩绍英主持中学历史教科书的编纂工作，他与其他专家一起同心协力，全心投入，编纂工作进行得十分顺利。正当此时掀起了一场新的政治运动——由反胡风而兴的"肃反"运动。巩绍英身为单位的领导人对这场运动竟视有若无，要他与身边的"胡风分子"谈话、交锋，他推诿再三，不得已草草几句而了，于是有"搪塞"之责。他以"既无经验，也无信心"为由，数次提出辞去运动领导人的职务，都遭到拒绝，并被给予口头批评。更为严重的是，他竟不顾形势说出这样的话："要我领导搞历史课本，我拼命也要完成任务；要我领导运动，我就躺倒。"今天如何看反胡风运动？姑且不论，反正胡风和"胡风分子"是平反了。巩绍英的话说得太早了，在当时他的言行也犯了大忌，用古代的话，这是"抗旨"，于是遭到撤职处分，通报国家机关，最高领导人也下达了严厉的批评，大意是：像巩绍英这样的高级干部而不愿做政治工作，是绝对不能容许的。

这之后一个接着一个运动，巩绍英似乎并没有从严厉的处分中吸取足够的"教训"，也没有学会圆滑应世和透迤的能力，他还要坚持能坚守的自我意识和个人兴趣。在众口一词、轰轰烈烈批判个人主义是万恶之源的日子里，他又慢条斯理地说："个人主义对自己有鞭策作用，其中也有为党工作的一面。"巩绍英说的个人主义自然不是对个人主义的庸俗理解，更与损人利己等毫无关系。关于巩绍英的人格与品质评价在历次的组织或行政鉴定中有载，如"虚心踏实，生活俭朴""作风正派，平易近人，能团结同志""对工作认真负责，没有领导架子"等等。他说的个人主义只是就个人的起码的独立性而言的，如他说过："业务是个人的理想，不要计较一时的是非与毁誉，要把理想寄托于未来。"说到自己的选择时："我个人希望对古籍工作有所贡献，并结合这一工作对历史研究有所成就。"1958 年之后，他对大跃进、"三面红旗"也有点跟不上，说了几句疑问，怀疑事情是否过了头。上述这些言论自然是不容于时的，于是编发了"巩绍英错误思想与言论"汇编，供人批判，以儆效尤。回首往事，如果稍微冷静一点，也多少尊重一点人，巩绍英的上述说法该是何等的合理、合情、合适呀！然而在那个精神发狂的时代，巩绍英不能不被置于被批判的地位！

其后，有关领导多次要巩绍英出任相当重要的领导职位，应该说这不仅仅是为了落实政策，也应该说是一种钟爱。然而巩绍英更恋于文史研究，都一一谢绝了。可是在突出政治的时代,像巩绍英这样的高级干部,不入政治之毂,无论如何也是无法摆脱"轻政治,重业务""革命意志衰退"等恶名的。"文革"中遭难应该说与此有着密切的关系。

巩绍英对人十分重才学。对那些有才学而遭不公正际遇的人,只要有机会就会伸出友谊之手。有两位著名的历史学家因遭疑度日艰难,巩绍英竟以身作保,力荐来南开。但终因犯疑而未成。每忆及此事,他都为摧抑人才的现象而长叹。有一位博学老先生,多有物议,巩绍英不计小节,请他到图书馆任职,让他发挥所长,愉快地工作到逝世。"文革"初期,他的老友、北大的一位著名教授"畏罪自杀",噩耗传来,他悲痛万分,作《哭友人》二首以寄情。

巩绍英的耿直在"聪明人"的眼里是属于"呆"和"迂腐"之列。"文革"期间,红卫兵让"牛鬼蛇神"们自报身份,多数人报以恶名。问及巩绍英,他干脆地答道:"共产党员!"音未了,劈手一记耳光,再问,依然如故,又是一记耳光。如是多次。巩绍英的浩然正气坚不可摧,行凶者悻悻而去。1967年巩绍英出外旅游被抓回来,遭到革命群众的批斗,他若无其事,手中摇着扇子,斯文地说:"看看祖国的山河比看武斗好吧!"一位激烈分子上去把他的扇子夺走撕坏,他又斯文地说:"有理慢慢说,不要撕东西嘛!"中国的传统文化和体制酿就了国人的主奴综合征,身沦为"牛鬼蛇神"者也不乏其人。有位"牛鬼蛇神"而又被指派充当"牛首"者,此公对同类管制颇严,又不停地向上打小报告。这究竟是向革命认同,还是其他什么?姑且不论。巩绍英甚为鄙视。一次此公训斥同类,他书"奴才"二字,以示同列,使难友极度压抑的心情放松了许多。"文革"中不说假话者不多,巩绍英当属不多者之一。

"牛棚"给巩绍英结识新朋友的机会。过去,一些人因他是"高干"而仰视之,多少有些距离。而今才知道他不只是铁骨铮铮,也是一位人情味十足的血性之人。有些大教授在劫余之后,心事茫然,他劝慰他们往前看,尚有来日。对"少年"则多方鼓励,他特别关心一位"小牛"(如今已是知名的数学家),伸出友谊之手,结为忘年交。一位有成就的中年学者被迫害致死,留下孤儿寡母,又被下放农村落户,回校无落足之处。巩绍英当时已到北京工作,他得知后,主动将自己的房子借给可怜的母女暂住。那时的孤女,如今已是有成就的学者,忆及此事,不胜感激!看管、审查他的人员,有忠诚可靠的老师傅,有革命意气风发六亲不认的少年,开始都充满敌意,越审查越怀疑自己,于是由敌意转为敬意,尤其对他的真实的人格,无不佩服,遂后结交为亲密的朋友。人们有时会相信虚幻,从长远看会更珍重真实!

巩绍英身患多种疾病,糖尿病与心脏病尤为严重,他每天都要自己注射胰岛素。照理,他本可以病为由免除任何过重的体力劳动和活动。然而在那个革命湮没人道、不分轻重倡导不怕死的年代,加之普遍的医盲和他自己从来不把病视为病,于是他与常人一样,参加下乡下厂,1970年还参加了战备疏散的千里行军。人们怎么会把革命与残忍混为一谈?说起来他对自己的要求也太严苛了,他常说:"革命者活着就是为了工作,与其活二十年做十年的工作,不如活十年做二十年的工作。"他这样说,也这样做,每天工作时间都长达十几个小时,写作时经常通宵达旦。这也加速了他健康的恶化。

巩绍英热爱生活,情趣广泛,酷爱诗词,以诗会友;迷恋自然风光,喜游山水;对戏曲有很好的欣赏力,尤好曲艺。在他的诗词中有多首题咏。有暇也收藏一点古字画,尤爱扇面。他说,我没有钱,只能收点二三流的作品,聊以弥补好古之心。

逝世前巩绍英从北京回南开再次登上讲台。像1963年那次讲课一样,把讲义、资料、参考书目印发给同学。在大批判的调门一日高于一日的情况下,有几人愿意登台?又有几人会把讲稿印发出来授人以柄?巩绍英全然不顾,敬业精神高于一切!他逝世的前一天(1973年11月2日)到医院做例行检查、取药,医生要他立即住院。他回来路过我家,转告了医生的建议。当时他患感冒还未痊愈,仍咳嗽,说话带喘。我也劝他把课停下来或由我代替。他说:"不要紧,待我把课讲完后(还有两周)再住院。"第二天,即逝世那天上午,他照常去上课。傍晚心脏病猝发,溘然长逝!

巩绍英没有留下一句遗言,然而他诚实的一生是一篇永恒的遗言!

巩绍英把讲坛喻为"青莲座",他就"圆寂"在"青莲座"!

我们不须为他"招魂",他永远安详地坐在"青莲座"上与我们相对论学!

魏宏运先生与历史系的发展——外记我的幸遇①

1957年我考入南开，虽未及聆听魏先生课，算不上及门弟子，但他无疑是我的师辈。那时他是讲师和支部书记，但在很长一段时间里，他没有与党员们直接面对面，大家有点不可理解，怎么这么"官僚主义"？很多人向年级分支部书记提出要求，希望魏先生能与新生党员见见面。一天新党员开会，魏先生突然出现了，大家一起鼓掌欢迎，我印象他迎头说了几句十分低调的话，大意是，不要鼓掌，我与大家一样，近来"反右"等事情很多，没有及时与诸位见面，请大家原谅。大家都是同志，今后会有很多机会往来。今年报考南开的人不少，你们能考取不容易，希望大家把学习搞好。没有谈及政治上该如何如何，几句话就结束了。印象中到了1958年春天大鸣大放，大字报铺天盖地，其中就有不少贴魏先生不突出政治的大字报。

1958年夏我被抽调出来做助教，从那时开始与魏先生又成了同事，屈指一算，到今天我们相处五十五年有余了。

五十五年以来，除1966年到1967年"文革"的第一年，我与魏先生各有不同的遭遇，相见似不相识之外，我们之间的关系，总的说来，一直像一种特别的师友相处与共事。

一、我的幸遇

考入南开前，因我工作过几年，在他的学生辈中，算"老资格"，他从共事之始便称我为"老刘"。最初我称魏先生，后来因一起工作，称"先生"又有点疏远感，称"同志"怪生硬的，于是随大流，更多的时候称"老魏"，这样的称呼几十年，直到我也变成老朽后，感到"先生""同志""老魏"统统不顺口，背后我总是称"先生"，但当面多半把这些都省略，照面本身就压倒了种种称呼。因

---

① 此文为未刊稿。

为我们之间不限于同志之交，说"师友"也不足，我们是"心交""莫逆之交"，他赠我著作每每题"挚友"两字。

我初中毕业后工作了六年，1957 年糊里糊涂考上"名门南开"，时年 22 岁。刚刚上完一年级（那时是五年制），1958 年夏开始"大跃进"，破天荒地被抽调出来当上了助教。当我接到通知时都傻眼了！怀疑是否搞错了？

在我之后又抽调了一些同学，1961 饥荒时期大调整，他们都重新回班学习，还有不少正牌助教调离历史系，而我却被留下。此时具有重要决定权的我想是魏先生。其实当初他对抽调我是持保留态度的，此时只要他说一句：你同大家一样回班继续学习，我没有任何理由说"不"。把我留下后他随即指派我做王玉哲教授的助教。为什么把我留下来，我从来没有打听过，直到我退休之后才问起，他的回答竟是如此简单："事实证明留下你没有错！"

我这里要特别说一下我当时的身体状况，1959 年我被派到中山大学拟进修两年中国思想史。没有想到，广州市的粮食定量比天津少五分之一，我的定量是每月 24 斤，每顿饭不足三两，让我这个大个子，又是农民出身的大肚皮整日处于半饥饿状态，举目无亲，没有任何解决之路，可是又要争分夺秒苦读，几个月人消瘦了十几斤。消瘦也无所谓，没有想到，普查身体，发现患了肺结核，大面积浸润。天呀，无可奈何，时间不到一年，只好中断进修，回天津治疗。幸好，及时住进专门治疗肺结核的疗养院，三个月下来病情由浸润期转为吸收期。我刚刚出院就赶上大整编、大压缩，如果此时真的让我回班学习，别的不说，我的结核病尚未痊愈，原有的工资要减少一半，我该怎么办？在那一段时间里，我惶惶不可终日，生怕有一天接到回班学习的通知。至今我不知道，魏先生的决定是出于关照我的身体，还是出于对我德能的判断？魏先生从没有向我细说过，但我敢断言，就当时的情势而言，把我留下只能由他定音！就我身体状况而言，能让我留任，对我是莫大的关爱！

更让我感到意外的是，1961 年仲春，王玉哲先生突然患肺结核病吐血，不能给 1961 年进校的学生授课，魏先生竟要我给新生讲授古代的先秦史部分。万幸，没有砸锅！为后来能"站住脚"奠定了基础。

"文革"初期，我们俩都先后被揪出来，当然他比我的"罪过"严重得多，一批接一批的大字报说我是他的"红人"、是"修正主义苗子"，回想起来主要有两条要害性的依据：一是揭露 1663 年我被学校写了学术小传，是重点培养对象。事情的起因是当时中共华北局进行学术"摸底"，要对老专家和少数青年写学术小传。古代史老先生等的学术小传是我执笔写的,每人限定三百字,要写出学术特点与今后可能的贡献。"文革"伊始就被揭露出来,这是为资产阶级知识分子树碑立传的铁证,万万没有想到其中也有我的小传,说我是修正主义苗子,也是无可辩驳的铁证。另一个是,大字报揭露我被当作第三梯队接班人,拟提升为副系主任。这些我都不知情。但不难想象,这与历史系党的第一负责人魏先生会有直接的关联。我既然是他这个"走资派"的"红人",所以被揪出来也在情理之中,我无言辩驳,那时也不能辩驳,只能默默地忍受。在革命群众敦促之下,我也曾反戈一击,但终不得要害,反而落得个假批判真包庇之罪。在长达一年多的时间里,我们只能道路以目!稍稍宽松之后,我们又逐渐恢复了往来,有时也说点悄悄话,当1970年大批下放农村之时,我们俩也在最后一批名单中。说来也有点放肆,我们俩,再加上李义佐,三人联合共同提出"抗议",竟然达到了我们目的,不再下放。回想起来,真是有点蹊跷。

1971年开始招收工农兵学员,此时魏先生再次出山,我依然为先生所重,即使对我的"5·16"嫌疑尚未解除(不能参与政治事务),却又被任命为古代史教研室副组长,并由他指定为《中国古代史》教材的主持人。那时老先生们是"一批二用"的对象,是不能担当任何职责的。

在党性高于一切的时期,所有的事情都被认为是组织的安排,其实,哪有什么抽象的组织,即使有,也是由人组成的。在我头顶上的组织成员中,魏先生一直起着重要的或定音的作用,然而过去我从来没有向魏先生道一声谢,而今到了这把年纪了,我要说一句:深深感谢我的恩师——魏宏运先生!祝愿魏先生长寿!

二、"文革"前魏先生的"中左路线"是历史系发展的重要因素之一

南开历史系创建于1923年,但前三十年历史系在南开是蕞尔小科,有时只有一两人维系,不绝若缕。20世纪50年代开始了迅速发展,到今天已发展为南开的"四大支柱"学科(化学、数学、经济、历史),这是校方的提法,也是全国的史学重镇。这一变化的标志要从1987年全国评定重点学科说起。那年首次评定重点学科,南开全校共获得12个,而不足百人的历史学科竟占3个。当时着实引起了轰动,历史系名声大噪,人们刮目相看。一些人评论:历史系向来不显山不露水,原来水有潜龙,山有卧虎!这一势态无疑也为同行瞩目。出现这样局面的因素无疑是多方面的,有大局和小局因素等等。大局是共同

的,这里省略,只说小局,即具体到历史系的"路线"问题。

说起来,我们既无"天时"之利,也无"地利"之便,剩下的只有"人和"一项。孟子说的"人和"就是称意的"人治"。就南开历史系的发展史而言,也只能从"人治"的角度去分析。因为直到目前为止,我们的"天时""地利"都还是相当有缺的,似乎也难以与北京、上海等地领头的兄弟院校相比。20世纪50年代直到世纪末,历史系是著名的穷系,别的不说,一个教研室都分不到一间办公室,有一个时期系主任都没有一间办公室。因此"人治"就显得十分重要。1985年我被民主选举为历史系主任,我第一次发言就说,历史系有今日之显赫,我们不要忘记学术带头人,尤其不要忘记郑天挺、吴廷璆、杨生茂、魏宏运几位多年的老领导,此后我在不同场合又多次重复。在那个政治运动不断的年代,这几位先生也多次跌宕起伏,但他们四位一直居于系领导中心。郑天挺、吴廷璆是党外的民主人士(到20世纪80年代初加入中共),杨生茂先生虽是党员,因某个历史问题,就是不能转正,预备期长达十几年之久,尽管杨先生为人起着模范作用,但正面的政治作用就只有魏先生来承担。杨生茂、郑天挺、吴廷璆交替任系主任或副主任,魏宏运先生是老资格的地下党员、长期任"党代表",到"文革"后期和80年代前期又继任系主任。他们之间的组合可以说是一种奇遇,配合得也很默契,像个"不倒翁",在外力的冲击下不免左右摇摆,但他们有一个重心是不变的,这就是他们实行的"中左路线"。在那时"极左"的大形势下,不可能避开"左",所以我称之为"中左路线",作为"党代表"处在风口浪尖,他也不能全离开"左",但实际上更多的是"偏右"。当时的"偏右"多半是符合实际的,是实事求是的。

在一个小单位的小"路线",无疑主要是由"党代表"定位,他是"中左路线"的核心和关键人物。这个"小路线"我认为主要有三个特点:

一是在政治上"跟而不紧",不搞新花样。那个时期不少系揪出过这种"集团"、那种"俱乐部",相比之下,历史系却显得风平浪低,有关的"事件"很少。所谓"跟而不紧"近似庄子的"应帝王"。这里我讲一点趣闻。1964年学校也搞起了"四清",历史系没有什么经济方面的事,主要"清思想",就是让大家"交心",也可谓公开的"诛心"。魏先生是总支书记,得带头在大会上进行自我清查。当时明面提的是"洗温水澡""搓背"(批评帮助)等。"四清"在暑期进行,天很热,魏先生自我检查那天,穿着短袖背心、短裤、拖鞋走上讲台,说到"搓背"时,他转过身来,撩起背心,请大家帮助"搓背",逗得大家哈哈笑,这个幽默又近似滑稽的小动作却使所谓的"四清"变得不那么沉重。我之所以至今记忆犹新，是因为事后在总支曾受到"左派"们的严厉批评，说他不严肃等。在我印象中，非硬性的政治方面的事，他传达一下就"了"，不再过问或督促、检查。

二是有机会就抓业务。郑天挺先生、雷海宗先生、吴廷璆先生是大专家，不用多说，他们在业务上起着样板和指导作用。但他们的作用能否有效发挥，这要取决于当时的"政治"安排。魏先生、杨生茂先生总是谆谆告诫年轻人：有时间多读书！魏先生常以郑先生为例说，郑先生白天忙于公务不能读书（任西南联大总务长、北大秘书长），夜间、假日要补回来，要向郑先生学习。新一轮"千万不要忘记阶级斗争"的号角已经吹响，他还热情地要青年向沈元学习（沈元，一位学历史的少年"右派"，在家励志苦读，写出了出色的学术文章）。这个班子还商定，要每个青年教师订出进修计划，并指定导师负责，定期检查和汇报，有点像在职研究生。

其三是尊重、（尽量）保护和招纳人才。

魏先生十分尊重专家的带头作用，并依靠他们推进教学与研究。20世纪50年代，这个领导班子狠抓教材建设，在当时是一项全新的学术事业，王玉哲、杨志玖、杨翼骧诸先生的中国古代几本断代史相继出版，雷海宗先生的《世界中古史》也交出版社，后因被划为"右派"而终止。其他先生也都有相应的讲义印发给同学。师辈们的努力为南开史学的发展打下了扎实的学术基础。然而风云突变，一场急风暴雨席卷南开，雷海宗被康生点名定为大右派。说起来有点蹊跷，这位大"右派"摘帽很早。随后又给他配备了助手，进行专业"抢救"，1961年又被请上了讲台。魏宏运先生在这之中无疑起了关键的作用。杨志玖先生因为雷先生辩护遭到大报署名文章的批判，如果在其他单位难逃"右派"的厄运，但由于魏先生再三说服有关人员，说杨先生出身劳动者之家，此前又是党的依靠对象，不要因一时之误把他划为"右派"，于是杨先生免遭一劫。杨志玖先生多次同我说起，没有魏先生的庇护，后果不堪设想，别的不说，一家七口（五个未成年的子女，夫人为家庭主妇）不知如何生活下来。感激之情溢于言表。王玉哲先生一向不问政治，不知从哪来了一股激情，在讲授中国上古史时竟兴致勃勃地宣扬铁托在普拉的演说，这不能不招来批判。由于杨志玖先生得到庇护，王先生也就较平稳地过了关。如果真的把杨志玖先生、王玉哲先生划为"右派"，我敢说，南开中国古代史后来就不可能被评为重点学科。

在招纳人才方面,魏先生也有特别的眼光。有几位颇有才学的先生,由于所谓的"政治原因",原单位都视为"包袱",魏先生和杨生茂先生竟请来在历史系安家落户。这里我只说一下对周基堃先生的引进。周先生是50年代外文系出类拔萃的教师,只因与几位教师对某位领导有过稍微尖锐的批评,就被打成"反党小集团",其实那位领导还不是中共党员,只是一位高级的统战对象。这个小集团涉及多位才华横溢的人才,周基堃先生就是其中之一,从此走入背运,60年代初魏先生和杨生茂先生把周先生请入历史系,当时人们多有议论,魏先生多次出面说明周先生是一位很正直的人,敢于承担。他多次证明,新中国成立前夕,周先生公开走上反蒋群众集会的台子,支持学生的义举,慷慨激愤地自报姓名、并向特务们叫板:有种的请向我开枪! 周先生精通英文和德文,俄文也有相当水平。魏先生说,这样的人才别处没人理,我们要用! 引进和启用周先生在"文革"中是魏先生的一大罪证。

凡此种种,每次政治运动一来,"革命者"都要批魏先生的"右"。在1958年的大鸣大放、批资产阶级知识分子和大跃进中,魏先生不能说不加入,但他比较低调,不赞成一、二年级的同学去编写大学教材,对某些教师的过火的大字报持有异议,提出要讲道理,不能扣大帽子和人身攻击等。就是因为这些,1959年他差一点被戴上"右倾机会主义"的帽子,处于半倒状态,被"挂起来"。"文革"乍起即把魏先生打成"走资派""牛鬼蛇神"的保护伞,这无疑是很合乎当时的政治逻辑的。

在历史系一群人中,魏先生的革命资历比较长,又没有"历史问题",出身"贫农",他的言行多半属于重业务、依靠专家之类,也说不上什么大的政治问题,即使一时被打倒,到落实政策时又能勉强站起来。"文革"中期结合干部时,还只能是他,并且继任系主任。1971年开始招收工农兵学员,他"痼疾"依旧,抓的第一件事就是动员大家编写教材,把多数人又引入"业务"之中,成就了"文革"后的一批教授。

我讲这些就是要说明,没有以魏宏运为领头的"中左路线",就没有"人和"、就没有相对平静的读书环境、就没有学术气氛、就难有学术积累和学术梯队,我也敢断言,历史系也不会有三个重点学科的降临。有人说,还是"左"了一点,或许是这样。但有一个事实:魏先生两次是因"右"而倒台。再"右"一点会如何? 有道是:"人生长恨水长东"!

打倒"四人帮"魏先生兴高采烈,仅是小道消息,他就约我在家举办家宴,喝了第一杯庆祝酒! 在随后的平反冤假错案中,魏先生做得坚决彻底。有些错案过去他也参与其中,但他敢于面对,勇于纠错,赢得了多数被冤枉的人的谅解。

在前后三十年中,作为系主要负责人,无疑在一些小问题上也有是是非非,但未影响大局,这已经是很难得的了。我们应该为此庆幸!

魏先生在学术上的成就由行家去说,无须我这个外行唠叨。其实我是知道一些的!

忆承柏①

承柏兄离开我们已经快一年了。我在漂泊之乡得知噩耗时,我与老伴阎铁铮携两个女儿发过一封电子邮件致哀,请办公室代转,可是直到今天,当承柏兄的公子宇新转述他母亲的意愿,约我写点回忆时,才知道他们并没有看到我的唁电,心中不免更加沉重。我们两家老少两代有四十余年的交谊,对承柏兄西归道山,唏嘘不已!这些年我知道承柏兄的健康状况欠佳。记得多年以前,宇新就曾同我谈到对他父亲健康的担心、对他不听规劝的感叹与无奈,希望我有机会进行劝说。我知道他是一个不停歇的探索者,是一个"工作狂"和"拼命三郎"。我不止一次以老同事、老朋友的身份进苦言劝诫,建议他缩短"战线",放慢节奏,他口头称是,实际上依然如故。

承柏兄是20世纪60年代初调来南开的,开始在历史系外文资料室做资料员,时间不长,给我的印象是一位尽心职守,效率极高的人。他来之前,没有专门的外文资料室,他来后时间很短就把资料室建立起来,不管什么时候去系里,包括节假日、星期日、每个晚上,他几乎都稳坐书桌旁,除管理外,就是埋头读书和补习英文。闲时我想打乒乓球,总可以找到他这个对手。我当时都有点奇怪,怎么他就不管家务事,长在了资料室?他给我的第一印象就是两个字:用功!

我们俩第一次编在一个组里面面相对,是在"文革"初期的"中间组"。"文革"乍起,承柏因被打成"阶级异己分子"而遭冲击,被收编入"中间组"。"中间组"的人既不是"牛鬼蛇神",也不是革命群众;不算是被专政,但也不准"乱说乱动"。"文革"前,我虽然是一名助教,但身兼支部书记,总支委员,"半工半读"试点的负责人,当时主要负责人下乡搞"四清",我又被指定为系留守的临时负责人。我万万没有想到,"文革"一来,贴了我不少大字报,罪名多多,要之是"走资派的红人"

---

① 此文为未刊稿。

"修正主义苗子"等。六月下旬全系有一场革命群众大辩论,为纯洁队伍,要把"牛鬼蛇神"驱除会场,我也在被驱除之列。这之后我也被编入"中间组",与承柏兄成为同类。后来两派争斗得越来越厉害,加之大串联的兴起,"中间组"就没人管了。承柏、郑克晟与我商议,我们是否也可以出去串联见见世面呢?议了多日也不敢行动。到了1966年11月中旬,学校几乎已成空城,我们仨才壮起了胆子,商定骑自行车去北京。我们一早出发,刚出天津,迎面刮起了西北风。风越刮越猛,黄尘滚滚,广阔的大地除了我们仨以外,渺无人踪。时过中午,我们才到杨村,屈指一算,才不过三十公里。稍作打点,继续上路,没想到风刮得更狂,仨人已不能同力而行,承柏一往无前,我居中,克晟殿后。承柏后来放慢速度等我们,我们仨一看时间已过下午四点,从路标看还没有到河西务,只走了三分之一的路,当日根本不能到北京。我们没有红袖章,没有介绍信,没有身份证明,到哪里投宿呢?三个人胆怯无方,此时的风似乎也格外肆虐。前途无路,只好扫兴返回。承柏这次给我留下的印象是:健壮。

"文革"期间"批林批孔""评法批儒",资料室要配合,我到资料室一看,他搜集了那么多中外资料,有些英文资料还翻译出来。我是搞中国古代史的,他陈列的一些书,有些我没有见过。这件事也给我留下很深的印象:学识宽阔。

20世纪80年代初,他要到美国做访问学者,临行前来我家告别,同时询问我,到美国以进行研究为先,还是突破英语的说、听这一关?我是一个门外汉,说不出可供参考的意见,但我向他转述了王玉哲先生给我多次讲述过的一个故事。北大有一位教授,到德国做访问学者,他的德文可以阅读,但不能说、听,这位教授在德国访学的时间不是很短,回来之后依然如故,于是被刻薄的同事和学生嘲笑,评曰:"过去是一头牛,回来还是一头牛!"承柏兄当即表示,我明白了。他返国之后对我说,到美国之始,在中国人的圈子里,很难说英文。于是他下决心,多花一些钱,到美国人家里租了一间屋,开始憋坏了,不得不硬说,半年之后好像突然开朗。返国之后,他站在讲台上能流利地进行英文学术翻译,令众人刮目相看。承柏兄当时已过天命之年,对此我由衷佩服。有的行家说,老冯的发音不那么标准,我常为之一辩,中国人说话也不都是标准的。

20世纪80年代中期,经民主选举我任系主任,我请承柏兄同我一起主持系务。由他负责世界史专业的教学、外事和博物馆专业的日常工作。当时有个想法,要想方设法把世界史专业的外文水平提高一步,根据条件,提倡用外文讲课,尽量读原文参考书。承柏同志负责这方面的工作,他首先进行双语教学试验。再加上其他一些措施,那几届世界史专业的学生英文水平有明显提高。当然也有人不大赞成,认为冲淡了专业。孔子说:"工欲善其事,必先利其器。"搞世界史,外文不太好,总是一个缺项。

承柏兄的学术兴趣比较广,他对博物馆学投入了不少精力。他主要研究美国博物馆的建设与社会文化传播问题。他除给博物馆专业本科生授课、指导研究生外,还在全国博物馆系统进行了广泛的交流和讲学,产生了很好的影响。他对西方的社会科学广泛浏览,眼界比较宽。当时母国光校长同我谈话时,要我推荐有事业心和有世界眼光的两用(专业与行政)人才,无疑承柏兄是我首荐的人之一。时隔不久,承柏兄到社会学系兼任代系主任,后来又任副教务长、图书馆馆长等。

承柏兄对新鲜事物很敏感,也舍得投入。还是80年代中期,在我们系任教的美籍华人教师关文斌先生赠送了一台电脑,当时很新鲜,据我所知,这是南开文科系的第一台电脑。如何使用?我们请关先生开了一门课:"电脑的使用与史学研究"。当时大陆在史学领域还没有中文资料库,只能用英文资料。承柏兄是最老的"学生"。从那以后他就迷上了电脑。后来他任南开大学图书馆馆长,时势与英雄相逢,便下大力气从事数字化建设。后来又任天津市图书馆界有关专门委员会的领衔人和专家顾问等,直到他逝世一直坚守在这个岗位上。

承柏兄是冯文潜先生的哲嗣。冯文潜先生是南开的元老教授,与周恩来是南开同窗与好友。周恩来的"我是爱南开的"名句就是"五四"前从日本给冯文潜先生信中的一句话。冯先生20世纪20年代从美国与德国留学返国后,一直在南开执教和创业,曾任文学院院长,一度兼任历史系主任,50年代后一直任南开大学图书馆馆长,人们尊称冯老。冯老有数十年不间断的日记,这对学术与教育以及南开校史有着很高的史料价值。承柏兄退休之后,用了不少工夫整理这份遗产,写了多篇校史。我因兼任"南开史学家论丛"主编,曾与承柏兄商议过冯老遗稿诸事,议定将冯老的日记付梓。2005年我漂泊他乡,这件事暂时搁下来了,不知承柏兄整理妥否?但愿不要成为遗憾!

承柏兄虚心于学,尽心于教,热心于事,安息吧!

忆洪涛①

洪涛老弟小我七岁,却先我而行,苍天实在不公啊!

我曾在不同场合多次说过,刘洪涛是一位奇异之才。从大的方面说,他兼通文、理、医(中医),从小的方面他兼通文、史、哲,他还倾心过文学创作,尤其对武侠体裁小说相当热衷,据我所知,他写过武侠体小说《葛洪外传》,出版社已拟采用,不巧,正赶上出版社搬家,把孤稿遗失,使洪涛叫苦不迭。闲暇时刻他迷恋于戏曲和书法,虽说不上精,但颇通品赏之道。有时又从事篆刻,他曾为我刻了一颗藏书章,没有想到竟成永久之纪念。在日常生活应对方面他也是一把好手,木匠活可以与专业的木工媲美。20世纪70年代家具极难买,也买不起,他家的衣柜等都是用当时凭条供应的劈柴杂木自己做的,与市场所卖无异,令人眼馋!

说起他来南开大学任教,实在有点蹊跷。那是在"文革"后期。大约是1975年秋季的一天,一位陌生人突然来到我家,他就是刘洪涛。第一印象至今仍历历在目:敦实的身材,一身土气,浓重的河南腔,无客套话,开门见山,内藏灵气。话没说几句,便道明来意:我极喜欢历史,想来南开从事历史教学与研究。我当时一下子发懵了,不知如何应对!他毕业于北京工学院,在一家军工厂做技术员,与历史这一行山水相隔,我心想,提的要求有点不着边际!当时希望来南开的有多位专业人员,都因人手不缺而未办成。你这位非专业人员如何能来南开历史系任教?我稍稍沉默了一下,一转念,自疑自问,他既然敢来"跳龙门",说不定有奇招!我问他读过哪些历史著作,有否文章或读书札记之类的东西?他说了几本流行的书目,至于文章则一无所有。我一下子把"门"就关住了,顾左右而言他。在即将结束谈话时,他无意中说到自己有一部《宋史》,翻阅过,我也不经意地随便

---

① 此文为未刊稿。

问一句,怎么读的?他说,边读边点。这一句话使我立即兴奋起来。我说,能让我看看吗?他说,可以。没有过几天,他抱来两函。当时《宋史》标点本还没有出版。我看了一部分他的标点后十分吃惊,他的古文水平不是一般的好,像《天文志》《律历志》他也点了;对我而言这些都是"天书",根本不会读。由此我认定必须认真对待他的请求!

在我当时并不清晰的意识中,隐隐约约感到历史学中应有理工科背景的人参与;又模模糊糊有一种希望,即能有人开科技史方面的课程,踏破铁鞋无觅处,得来全不费功夫,刘洪涛不正是最有可能的人选吗?就实而言,在当时的环境中,"阶级斗争"还讲不够,怎么竟然想起要开设科学技术史,纯属想入非非!我当时向一些朋友试探,不止一位说我不看时候,没事找事,有毛病。他们都是我的挚友,我也承认确实是这样。但我的毛病有时也难改。反复多次,我还是决定试着把洪涛调进来。

我当时仅仅是中国古代史教研室主任,根本不参与人事,还有,如何让周围的人能支持或理解?首先想到的是要征得我的老师们的支持,于是我把洪涛标点的《天文志》《律历志》《职官志》等请他们审阅。他们阅后几乎异口同声说好,说是个人才。我又把洪涛的标点本放在教研室请同事们审阅,也获得多数同事的支持或理解。然后我向上司介绍、游说。在上下商议过程中虽不无疑虑和担心,但最后还是批准调入。南开大学是有不拘一格用人才的传统的!

洪涛同志调入之后,立即开始准备开设中国古代科技史,1980年在南开的教学史上首次开设了此课。他的博学与纯朴性的幽默,很快把学生征服了。我不止一次听到学生对他的赞扬。多年之后,一次与几位事业有成又有点高傲的老学生聊天,他们在回忆历史系的老师时,最为膺服的为数不多的老师中就有刘洪涛先生。

洪涛同志十分勤奋,1986年写毕长达60万字《中国古代科技史》一书。他在《前言》中有一段论述涉及中国近代史上的一桩"公案",写得极其精彩,不妨引述如下:

> 近代以来许多志士仁人寻找救国道路,他们给自己贫弱的祖国写下的第一份诊断书是:中国受列强凌辱的原因是兵不利、甲不坚、科学技术不如人。因此开列了'教育救国''科学救国'的药方。我们曾不止一次嘲笑他们是庸医:在一个腐朽的封建政权下怎能指望发展教育和科

学！所以选择了另一条路:经过数十年奋斗,用武装推翻封建政权,建立人民自己的国家。但是,建国以后的历史,特别是十年浩劫的历史把一个更为严峻的问题提到我们的面前:在一个科学、文化落后的国度里,如果不以科学技术、现代文明武装我们的民族,单靠行政手段、口头说教,能不能从两千多年的封建势力形成的社会基础中解脱出来?于是,深沉的反思又把我们带回到原来起步的地方:解决我们贫弱的大问题,最终还是要靠发展教育和科学。志士仁人们没有全错,他们开出的药方虽不可施之于前,却可施之与后。在举国上下都意识到发展科学才是国家出路的时候,另一个问题自然就产生了:我们这个古老文明的国家,曾经处于世界科技的前列,是什么原因使它落后了?怎样才能避免重蹈覆辙?这正是中国古代科技史应该回答的问题,于是它成了受人重视的学科了。

应该说洪涛同志很好地回答了这些问题。其后又有多篇科技史的论文和著作问世。他同时又长期从事中国古代史的教学,对有关问题也多有创见性的成文。这里我仅举一例。20世纪90年代初他写了一篇《从赵宋宗室的家族病释"烛影斧声"之谜》在《南开学报》发表,我虽粗翻了一下,没有引起注意。过了几天我的老师杨志玖先生给我打来电话,问我看了刘洪涛的文章没有,接着说:"这篇文章写得极好,有见解,仅凭此文,我看可以晋升为教授!"杨先生是研究唐、宋、元的著名史学界耆老。刘洪涛能得到杨先生如此高的评价亦应足矣!

有一件遗憾的事,在这里说几句。2000年进行博士生导师遴选,洪涛也提出了申请。别人都是长篇大论,他在介绍自己时只有几句话,大意是:我这个人老大不小了,还提这个问题,没有出息,实在有些惭愧。如果名额有限,不须大家为难,有或没有,不碍事。我没有钱(项目),现在也许钱比学问更有效?我实在不知行情。请大家批评! 在我的印象里,刘洪涛得了全票。我以为这次不会再有问题,遗憾的是,上一级又没有通过,据说还是因为没有"钱"的缘故。我听后怅然不已,果真"钱"比学问更有力量! 我想起更早的一件事,当时刚刚提出,有否"钱"是能否指导博士生的基本条件之一。那次也让我去投票,可是我本人就没有"钱",我怎么有资格投别人的票呢?! 于是我声明自己没有资格,起坐退席。事后不止一人批评我不知时务,我深深感到自己过时了。我至今不解的是,历史学科的博士生没有哪位是用导师的经费来支持的,为什么要把"钱"作为具有否决性的条件? 洪涛同志比我豁达,他依然是乐呵呵的。

洪涛同志没能赶上他的《古代历法计算法》出版先行而去。但他把"天书"渡给我辈，实在是功德无量，他在西天会看到我们的致敬。

洪涛的夫人窦爱芝要我写一个跋，我没有能力评论洪涛的大作，仅以此文以志永怀。

附 演讲与访谈

南开大学历史系讨论刘知几的史学①

南开大学历史系古代史教研组为纪念唐代史学家刘知几诞生一千三百周年,对刘知几的史学进行了学术讨论。

在讨论中,大家一致肯定刘知几对我国史学的发展曾有重大贡献。(一)他创立了一套系统的历史编纂学,其中一些主张在今天仍有参考价值;(二)他创立了史学评论这一新学科,在继承前人成果的基础上对过去的史学作了全面的批判和总结,对其后史学的发展有很大影响;(三)他在研究历史的方法上也提出了一些卓越的见解,如"实录""直书"和"博采"等。但是,关于刘知几的历史观点,意见则有较大的分歧。

关于论述命运与人事对历史作用的估价问题

一种意见认为:刘知几的史论贯穿了反对命运说,强调人事在历史上的作用。所以,他在《史通》中以大量的史实驳斥了《汉书》《五行志》灾祥感应人事的谬论。持这一看法的同志们也不否认刘知几承认灾祥对人事的感应与征验。但他们认为,刘知几所说的征验与感应是服从于人事的。如果没有人事本身的作为,也不能造成成败的结果。因此,他极力反对"推命而论兴灭,委运而忘褒贬",主张"夫论成败者,故当以人事为主"。

另一种意见认为:刘知几虽然强调人事在历史上的作用,并认为"时""势"比个人作用更具有决定性意义,但是他不能更深刻地了解"时""势"的客观经济与阶级斗争的内容,因而就把"时""势"归结为"运"与"命",结果就掉入了宿命论的泥坑。既然刘知几相信"命""运",他就从如下两个方面对灾异祥瑞的感应说作了维护:(一)刘知几在理论上论证

---

① 本文作者为刘泽华、汤纲,发表于《人民日报》1961 年 5 月 25 日。

了灾祥感应是"不易诬"的。(二)刘知几更以史实作为灾祥感应"不易诬"的论据。另外,刘知几认为灾祥感应可以成褒贬,并认为写历史的根本目的就在于此。持这种看法的同志们认为,刘知几的灾祥命运感应说,比之董、刘、班的更具隐蔽性与欺骗性。

关于历史发展观点的估价问题

一种意义认为:刘知几虽然承认社会历史是变化的,但是并无历史的进化观与发展观。在刘知几看来,社会精神的本质是不变的,这就是"孔门之教义"。并且,刘知几认为古今社会是一样的,他的理论是"以今方古,千载一揆"。从这一观点出发,他认为历史上根本没有什么禅让,禅让都是篡夺。这从讽时来说有其积极的一面,但从史观来说则比古人朴素的历史进化观是落后了。

另一种意见认为:刘知几反对三代禅让说深刻地揭露了统治阶级的内部矛盾,并有反复古的进步意义。持这种论点的同志们更认为,刘知几对古今社会变化的论述是具有明显的发展观点的。例如,他在叙述春秋、战国到汉代的社会变化时说:"当春秋之时,诸侯力争,各闭境相拒,关梁不通。""及汉氏之有天下也,普天率土,无思不服,……远近无隔。"这些对社会变化的认识可充分说明刘知几的历史发展观点。

关于史学批判精神的估价问题

一种意义认为:刘知几虽然对古人作了很多的批判,然而他的批判完全是从儒家的正人君子的立场出发的。他一方面抨击贪君庸吏,其目的是要改造他们成为圣君贤臣;另一方面他更严厉地攻击了对封建制度具有叛逆精神的人物,如陈胜、项羽等。因此,刘知几维护的正是儒家的"正名""君统",即封建秩序。他的《疑古》与《惑经》正是从这一目的出发的;《疑古》在于贬弑君之臣,《惑经》是因为"经"没有完全坚持"正名"的原则。

另一种意见认为:历代封建士大夫皆以儒家的经书作为准则,很少有人敢提出异议。但刘知几在《疑古》《惑经》两篇中,对儒家经典作了大胆的批判。再说为"贤者讳",这是我国封建社会内史家公认的历史观点,目的是为了维护封建统治者外表上的尊严,而对史实则作任意的歪曲。但刘知几主张写史应"苟爱而知其丑,憎而知其善",要"善恶必书"。所以他极力反对《尚书》《春秋》对史事所进行的讳饰,指责他们不合乎作史的"实录"标准。因此,在刘知几的史论中,批判精神是极为明显的。持这一看法的同志们也并不否认,刘知几因受其历史条件与阶级地位的限制,仍有着浓厚的封建正统思想。

知识分子与政治——与刘泽华先生一席谈①

记者：知识分子问题已成为一个热点，您有何看法？

刘：我先谈古代知识分子的来源及其限定。古代知识分子叫士，萌生于春秋时期，但严格来说，士不完全是知识分子。当时的知识分子主要不以知识为专门职业，而是在政府内任职，春秋以前像史，巫等，都是具有一定职能的职能官，我把他们叫职事知识分子，这时还没有独立从事专门知识劳动的知识分子。春秋以后才有了以知识作为产品，参加社会交换的专门的知识劳动，以孔子老子为代表人物。我对知识分子的看法与新儒家不同，新儒家强调知识分子是关心社会命运的人，这实际上是提高知识分子层次。战国以后，主要从事知识劳动的人与士这个阶层有关系，知识分子多半是由士阶层出身的。大家或许知道，士作为一个独立的等级消亡了，士变成一个社会阶层。不过，士在各个时代始终还不是现代意义的知识分子，真正现代意义的知识分子是从近代工业发展起来以后才开始出现的。

记者：古代知识分子与近代有何不同？

刘：关于古代知识分子和近代知识分子的关系，我认为，古代知识分子(或儒生)与近代知识分子的差距有两个方面：一是社会环境上的差距。因为从总的社会环境来讲，古代知识分子所处的环境没有形成人格独立和思维独立的条件。当然，这是从整个历史环境来讲，自然并不否定个别时期的知识分子具有某种程度的人格独立和思维独立，如春秋战国时代的士就比较具有独立性。到近代以后，随着个体的解放，知识分子才真正开始认识到人格独立和思维独立的问题。二是从知识分子的思维内容和对象来看，古代知识分子的思维内容和对象比较狭窄，知识结构狭窄，这与历史因素有关。古代知识分子要求的知识都是从政治需要出发的，都是着眼于为政治服务的，古人称之

---

① 发表于《南开大学研究生讨论》，1988 年第 1 期。

为"干世主"。条条道路通政治，所以知识缺乏独立性，知识分子越是关心政治就越是从属于政治。近代知识分子则不同，他可以把科学技术作为独立的问题来探讨，所以近代以后，伴随知识的独立，思维也具有独立性，进而表现出古代知识分子和近代的知识分子在性格上有很大差异。当然，我们也不是说近代知识分子与古代知识分子毫不相关，中国近代第一代知识分子与古代知识分子有承继关系，不过我个人认为，近代知识分子是在另一种条件下产生的，从这一种意义上来讲，中国古代知识分子和近代知识分子在性格上有很大不同。但由于种种条件的限制，中国知识分子的近代化并不充分，从另一种意义上而言，可以说近代知识分子没有从古代走出来，仍具有儒生性格。我们身上浓重的儒生气质，说明我们还没有完成近代化。

记者：请您谈谈知识分子和政治的关系。

刘：中国的知识分子一直和政治纠缠在一起，这是中国知识分子的一个基本特性。古今中外的政治，无不强调秩序性和规定性，这是由政治要维护社会秩序所决定的。所以古代的圣人，思想家们（主要是儒家），在解释国家的起源时，多从这一点出发，把社会纳入一定的规范，当然政治还有其他方面的功能。政治究竟是何时产生的呢？我想它恐怕不是我们今天所讲的，政治是伴随着阶级的出现而产生，政治现象是在阶级产生之前就出现了。我更强调政治的社会性，政治不会随着阶级的消失而消失，阶级是社会发展到某一阶段的产物，几十年来阶级斗争的观点使政治狭隘化，过分强调了政治是一群人对另一群人的特种关系。我不否认在阶级社会中，在对抗性社会中，政治具有这种对抗关系，但是把一切政治关系都看作是利害关系、压迫和反压迫关系就不对了。然而，任何社会的政治首先都是讲规定性，这种规定性牵扯到整个社会的利益，这远不是某个社会集团的利益。

知识分子在考虑政治问题时，所遵循的是知识运动的规律。知识运动的规律呈现出错综复杂的多元性；与政治的规定性、秩序性正好相反。我之所以强调思想文化的多元性，是因为它是一种反映——是精神领域的活动。第一，任何一种反映都具有个性化的特征，是个体对客观的反映。同样的事物，在不同个性的眼中，结论会迥然不同。这种个性化的反映不可能抽象到数学公式那样客观，同时人们对事物的认识也不可能达到完全相同的地步。而且事物的复杂性本身就造成了反映的多样性，这种反映的多样性，是与个人所处的环境、经历以及复杂的随机性等因素综合形成的个性化反映交互作用的结果，

269

表现出五彩缤纷的结论。第二,思想家或知识分子特殊的知识逻辑关系也造成了思想文化的多元性,不同的知识有特定的逻辑判断。比如,古代对人性的认识,有人性善和人性恶,这就是知识逻辑判断的不同。第三,知识的逻辑发展过程也是导致多元化的一个原因。在这个问题上,如果我们考虑到每个人所承受的历史的知识积累,就更能说明思想文化的多元性问题。人类知识都有承继关系,我们每个人都要承继前代人的知识,承继哪一代、哪一家的知识学说,迭加上自己种种因素,便产生了思想文化的多元性。知识文化发展是多元的,这是不以任何人的意志为转移的。

强调认识的统一,其实是不可能的,统一的主观目标与知识运动多元化趋势背道而驰。因此,知识与政治的关系变得复杂了,一个要求统一,要求秩序,一个则要求多元,要求自由。在一定条件下,知识的多元性与政治的规定性可以表现为同向关系,也可以表现为部分的叠压关系,还可以表现为相背的关系,这几种关系都会发生思想与政治的冲突。即使从同向关系来看,也会发生冲突,如儒家学说与封建政治是同向关系,讲君臣父子的封建道德,但是,在中国历史上相当多的悲剧人物恰恰出于儒家。他们丝毫不怀疑现实政治制度,常常与帝王的权力发生冲突,这是由知识分子的理论思维理想化所造成的。例如,董仲舒与汉武帝的矛盾。文字狱也是两个规律——政治规律和思想文化撞击的结果。另外,很多知识分子要在多元的思想文化中思考问题,这样就会与现实的政治规律发生冲突。

记者:这个问题有极其重要的现实意义。

刘:为什么会发生冲突,这涉及下面提出的几个问题:第一,思维的超权力性和权力的冲突。按照思想的基本规律来讲,思想不承认权威,而现实的政治规律却要求承认权威。

记者:知识承认的权威仅是建立在科学知识基础上的相对权威。

刘:儒家思想也同样体现了这种冲突,如在现实中承认君主的权力是最高的,但儒家在理论上却追求高于君主的东西,对君主并不一一肯定,而是把君主分为许多类,好的、坏的、上等的、下等的。把君主作为认识的对象,就可能导致与现实政治的冲突,所以思想的超权力性与现实是冲突的。

第二,理论的超前性与政治现实之间的矛盾,或者说权力与理想之间的矛盾。

第三,理论思维的直接性和直线性与政治过程的曲折性复杂性的冲突。

一般地说,理论家在考虑问题时,比较直接,与政治家思考政治问题注重曲折过程不同。许多理论家要求政治符合他们的直接原理,这就会与政治家发生冲突。

第四,思想文化的多元性和政治要求统一性之间的冲突。这种冲突,过去有,现在有,将来也会有。那么一般来说,在什么情况下会得到改善,是不是无法调节?我认为改善和调节是可能的,近代和现代较发达的国家已注意这个问题,提倡言论自由,以解决这种冲突,不许有思想罪,对思想少干预。实行言论自由比较好地解决了这种冲突。

为什么政治对思想要少干涉?因为思想文化是人类社会的精华,是人类社会最富有生命力的一部分。如果政治总是在前面截它,会使真理萎靡不振,聪明的办法是让开一条路,让思想文化向前发展。至于政治家采取什么措施,怎样选择理论家的理论,是政治家的事情。政治和理论的关系是自由地选择和被选择的关系,对此我是很乐观的,哪一个国家在这方面觉悟得早,哪个国家就发展快些。任何规定都是有时间性的,要求思想文化与政治统一是不合时宜的。

记者:刘先生,有人提出为科学而科学,强调知识的独立性,强调学问从政治中解放出来,不被政治所包容,您有何看法?

刘:我不这样认为。我强调二者要自由地发展,不是一定要分化开来,而是强调要留有选择和被选择的余地。不是说政治不干涉思想文化,思想文化反过来就可以不关心政治,思想文化脱离政治是不可能的,古往今来的思想文化都要关心政治。政治既然是人类不可缺少的,有那么一些知识分子关心政治也是正常的,这也是思想文化发展不可缺少的。问题是思想家不能要求政治家必须选择你的思想,思想家的思想落实到现实中,也必须根据民主方式或立法的方式。不能说我的思想就是合理的,如果这样认为,那么这种思维方式还没有脱离专制的思维方式,把我的思想强加给你,实际是一种专制的反映。但也不能说知识分子就可以不关心政治了,现在流行的"学问离政治越远越好",一句话,我不赞成。政治是一个非常严肃的问题,思考政治设计政治也是知识分子的使命,远离政治不过是对原来政治过分抑制思想的一种简单颠倒。

记者:政治包括硬件和软件部分,请您谈谈软件部分。

刘:政治的软件部分就是我们目前讲的政治文化,我所讲的政治文化就是政治文化化和文化政治化。政治不仅仅表现为权力,它的确与文化有关系,但这种关系又不是一种简单关系,而是双向关系。政治的硬件,在一定情况下又转化为软件,即政治文化化。

记者:请举一些具体的例子。

刘:传统观念中的帝王是一种特定政治规定,是一种政治权力,是不折不扣的硬件,然而经过各种教化的作用,它可以逐渐变成人们的心理,这种心理导致对皇帝的盲目崇拜,这种心理使人们丧失了对皇帝的是非判断能力。本身是制度所带来的问题,就会认为事情都坏在官上,因而反贪官不反皇帝。经总是好的,而坏和尚却总把好经念坏了。这虽然是一种嘲弄的说法,但它的确反映了人们的心理。这是政治权力的软件化,即文化化的一个例子。反过来讲,政治文化也可以硬件化。皇帝的权力在成为硬件以前,也有一个软件的考虑过程。如儒家的礼,便是软件硬件化,即文化政治化。再如,刘邦本来讨厌儒生,而儒生叔孙通,依据儒学经典为刘邦制定朝仪,这种软件硬件化,使刘邦感到做皇帝的威严。

从逻辑上来讲软件和硬件是可以分开的,但实际上二者交互在一起。从历史的发展过程来看,硬件需要不断再认识,在民主发展过程中,越是硬件越需要再认识。

记者:请您谈谈知识分子思想自由问题。

刘:思想不能由法律来规定,法律不能给思想规定界限。与法律打交道的只是人们的行为,思想不能从属于法律。前面说过思想不承认任何权威。如果法律规定了认识界限,那么就压抑了社会生活中最有生命力的部分。中国历史上屡屡发生文字狱,知识分子多悲剧,便是由于软硬件即思想和权力撞击的结果。精神的力量不是政治所能压抑的。历史上有作为的统治者也都考虑过这个问题,汉武帝在统一思想时,就吸收了秦朝灭亡的教训,除了独尊儒术以外,还为知识分子开辟了一条路——搞太学、尽量吸引知识分子。汉武帝的成功,就在于给相当多的知识分子让开一条路,当然这仍然不能容纳思想文化的多元化发展。多元化的要求,是从近代开始的,解决思想自由的问题,需要一个相当长的发展过程,即使在美国那样民主的国家里,也发生过麦卡锡事件。

记者:就整体而言,目前做学问和教书的人对前景沮丧,纷纷跳槽改行。有一个重要原因就是经济收入包括名义收入和潜在收入绝对下降,附带的恶

果是社会地位下降。请您谈谈知识分子的待遇问题。

刘：知识分子待遇问题，是人们议论较多的问题，这个问题是旧体制造成的。旧体制过于强调按照计划经济分配，以官本位来规定知识分子的待遇，这极不合理。知识分子待遇应该提高，但采用什么方式真正公平提高至关重要。如果遵循商品经济运行的规律，知识分子会在商品经济的发展中，找到自己适当的位置，领取自己认为合适的工资。企图以人为的规定来提高知识分子的待遇，其结果只能是缘木求鱼，哪一个社会也做不到。

记者：刘先生从市场选择角度谈待遇，与我们的看法一致。一刀切式的调资没有充足的根据。像目前大学里面普调工资或通过晋升职称提高收入，由于论资排辈、各种复杂人际关系、利益关系的制衡作用，相反是加剧了不合理和不团结，根本原因是没有以市场为基础的硬性标准。一刀切式的人为提高待遇，是一种没有刺激机制的利益平均，只会造成内部不公平和外部联动攀比涨工资。

刘：据我所知，发达国家大学教授、专家等，在待遇方面，也多属于中产阶级，与他们的知识相比，并不相适宜，这是社会的复杂机制造成的。如果不加分析地从马克思的定义出发，认为复杂劳动一定要比简单劳动待遇高必然会失之偏颇。有时，简单劳动比复杂劳动的待遇高，并不是不合理。我更强调从市场角度来解决知识分子待遇问题。当然，我们国家还处于经济体制改革的转折过程中，在很大程度上还依靠行政的办法来管理经济，在这种情况下，呼吁提高知识分子的待遇还是可以的，也是必须的。中国知识分子太可怜了。但我不认为复杂劳动就一定比简单劳动待遇高，从市场经济的角度来把握这个问题可能更好一些。

记者：请您谈谈知识商品化问题。

刘：许多人观念上有问题，一谈到知识商品化，就认为是对知识的一种亵渎。我认为这把知识看得太高了，太纯正了，其实，当前大量的知识都不能脱离商品交换，各发达国家的发展过程中，知识也是和商品经济相联系的。当然，这并不排除知识分子有超越商品交换的追求，而这种追求是由知识的内驱力决定的。有时，知识分子研究某一问题，并不是想交换某种东西，而是一种追求。这种追求可能社会化也可能不会社会化，不会被社会承认，所以知识分子的劳动过程，有一种内在的驱使力参与，正是这种内驱力，使知识分子不惜呕心沥血，死而后已。我认为，如果一个知识分子还没有进入这一角色，那么就很难在知识领域里取得成就。有了这种追求,我也不认为这些人就是超越了现实的不食人间烟火的怪物,他也要回到现实中来。这种追求往往体现了知识的超前性,这种超前性的知识,在当时或许没有意义,在将来会有意义。

记者:知识商品化是社会发展的方向,真正的理论是最有用的。极少一部分睿智之士才有可能做出超世纪工作,大多数智力劳动者应把如何有助于经济发展和提高人们生活质量,当作思维定势。

社会上广泛流传着三道之说:从政、经商、搞学术,存在是最好的教育,做学问的清苦已使许多并不具有从政、经商才能的人加入仕途商道竞争。在我们结束采访之前,最后就研究生出路问题请刘先生谈谈。

刘:关于从政,知识分子应该关心政治,如果知识分子都不关心政治,政治仅是几个政治家关心的问题,政治会更糟糕。同时,文以载道也是一个时代的产物,不能说文以载道的就不是知识分子,文不载道就是知识分子,不能离开历史来考虑问题。知识分子是多元的。所以只要求一种知识分子存在,这恐怕是过去的那种思维方式。充分发挥个性特点,发挥知识的多元性,各种社会角色的知识分子就是社会发展的力量载体。当你设计你自己时,你一定要考虑到你的意愿和周围多元选择的可能。大家都应有个豁达宽容的态度。不能单线条要求知识分子,知识分子要和社会各个阶层混合在一起。古代知识分子更多地与权力结合在一起,在商品经济社会中,社会进步的另一面是哪一行业、阶层都离不开知识。知识分子的出路在于商品化和社会化。

访谈人:刘刚　梁熙　杨映松　赖丹声

迎接社会的挑战
——刘泽华教授谈毕业生自由选择职业①

4月18日，历史系主任刘泽华就博物馆专业学生自谋职业中出现的一些怨言发表了自己的看法。他说，解放后对大学毕业生的分配，学校总是采取一包到底的做法，学生感到没有选择的自由。现在放开了同学却又不习惯，感到茫然不知所措。许多同学一厢情愿地希望要什么职业就会给什么，以为这就是自由，而这恰恰是个人特权的表现。要求社会主义解决一切问题，可社会主义没有那么大的力量，一旦自己的愿望满足不了，便觉是社会主义制度出了毛病，而实际是个人出了毛病。

今天，我们正处于一个改革的时代，这一过程不仅是创造的过程，也是痛苦的过程，中国不可能走一条让百分之百的人都满意的道路。环境要求我们做好思想准备，当时代制约了人的发展时，要努力去克服。

学校放开后，学生有了比较多的自由，而自由也不是绝对的，它越来越多地受市场机制的制约。因此，我们不要只把眼睛盯着京津沪这几个大市场，中小城市都是大有可为的地方。在自由选择中，优胜劣败的竞争是不可避免的。在未来的竞争中，必须要有本事，不要服输，不可自暴自弃。只要持之以恒，扎实地学习，是会有一个好的前途的。

刘泽华主任说系里已决定明年三个专业的分配全部放开，让社会来选拔。如果历史系的许多人被社会抛弃了，证明这正是历史的重新开始，无疑会使历史系的教学更适应社会的要求。随着社会选择性的强化，必须加强自我选择的意识，面对社会的挑战，我们必须练就过硬的本领。

---

① 发表于《南开周报》，1988年4月25日。

专制主义：中国传统思想文化的必然归宿
——访刘泽华教授①

记者：百家争鸣的春秋战国时期一向被视为中国思想文化发展史上最自由、最活跃、最富有生气的黄金时代，以至于常引起今人的企羡。人们通常把中国封建专制制度的延续和思想的长期禁锢归罪于秦始皇的 "焚书坑儒"和汉武帝的"罢黜百家"，您在《中国传统政治思想反思》一书中却独标新义，认为先秦诸子的学说虽然有对暴政的抨击和对百姓的同情，但其理论的归宿点都是维护君主专制主义的统治。这可是一个相当大胆的论断。

刘：我提出这一观点主要是针对当前在学术界有相当影响的新儒家学派。这一学派认为，以儒家学说为代表的中国传统文化中具有一种提倡天下为公、人格尊严、独立意志和以民为本的人文主义精神，这种人文主义精神可以成为新型民主政治的基础。对此，我不敢苟同。我认为中国传统思想文化，无论是儒家学说还是先秦诸子的理论，就其主流而言，导向的恰恰是君主专制主义。春秋战国时期是中国传统思想文化的成熟时期，君主专制主义思想也正是在这一时期发展起来的。百家争鸣的产生背景是政治多元化(主要是割据)，引起争鸣的现实问题是怎样实现政治的统一和建立完善的君主专制制度。诸子从理论上对此作了探讨和设计，秦皇、汉武封建专制体制的最终确立，可以说就是这场争论的实践结果。离开这个基本的历史过程，作新儒家式的判断，是大可怀疑的。

记者：但是，先秦诸子的学说浩瀚庞杂，包罗万象，不仅涉及政治，还广泛涉及哲学、文学、艺术、教育、伦理……

刘：中国古代社会的一个显著特点是"行政权力支配社会"(马克思语)。这种现实反映到人们的意识中，便是权力高于一切，决定一切。政治不仅是整个社会意识形态的核心，而且哲学、文学、经济、教育、伦理等学说最后也总是通

---

① 发表于《人民日报》，1988 年 8 月。

过各种不同的道路归结为政治。如果将春秋战国时期诸子百家的学说作为一个整体来看，我们就会发现，构成先秦思想文化内核的是人性学说，各派不同的哲学观、文化观、伦理观、教育观大抵是以此为基础的。但是，正是这种冲破了殷周神学统治而兴起的人性学说，非但没能走向人的个性解放，反而成为君主专制主义的理论根据。我统计了一下，春秋战国时期各家各派所提出的人性学说总数不下十二种，尽管互有分歧，但他们从各自不同的角度出发，思虑如何治人。他们把"礼"（尊卑、贵贱、等级）、"法"（君主手中的工具）、"孝道"（父权）等，视为人类社会生活秩序的根本。所有这些学说最终都必然与君主专制主义同流，使之充分的"理性化"，其结果势必扭曲人性。

记者：是的，中国历史上君权一向高度集中，绝对神圣，以至于一个皇帝的生死、废立、健康状况、品质性格、喜怒癖好，都影响到全国的方方面面，甚至家庭、个人的贫富枯荣。可是百家中的道家呢？难道崇尚人性自由、要求摆脱一切束缚的老、庄也导向君主专制主义吗？

刘：《老子》一书蕴含着深刻丰富的哲学思想，但从本质上讲，却是一部探讨帝王之术的著作，不然，这部充满智慧的书就不会鼓吹愚民政策了。庄子的思想与老子不同，他强调人的自然本性，主张返璞归真，退回自然，因为人在大自然中是自由的、平等的。但是，我们要知道，真正意义上的自由、平等，首先是指人类社会生活中的自由、平等，这种平等、自由是不可能通过皈依自然而获得的。因此，庄子的学说孕育不出真正的民主思想，也不可能对君主专制制度构成有力的批判，充其量，只能有助于发展一些牢骚情绪……

记者：您的论断使人想起了鲁迅《狂人日记》中的名句：中国历史满本都写着两个字："吃人"！不过，难道说中国古代思想家都患有"民主意识先天缺乏症"吗？

刘：中国传统思想文化的缺陷不应归咎于思想家个人，而应从历史发展的进程中去寻找原因。中国古代社会一向以自然经济为主，这使得人们之间的社会联系不可能广泛，而民主意识的产生首先是要以人们广泛的社会联系为基础。在春秋战国时期，商品交换已经有了相当规模的发展，但当时工商业的主要部门被置于行政权力的支配下。《管子》一书中就有过非常值得重视的"商业治国"的思想，但作者所主张的不是发展民间的工商业，而是发展国家垄断的工商业。作者认为赋税是明夺，商业是暗取，实际上，正是这种强权的剥夺与干预，不仅不断破坏着自然经济，而且抑制了商业的竞争，阻滞了商品经济的正常发展。而我们知道,当一个国家的经济领域里还没有一种物质力量可以超越行政权力和社会等级而使人普遍具有平等感的时候,真正的民主思想是不可能产生的。

记者:但是,随着社会的发展,中国传统思想文化也应该有自我更新的历史机会呵,譬如明清之际……

刘:先秦诸子的学说为中国传统思想文化的发展提供了一个难以超越的范畴。在近代西方思想传入以前,中国除佛学以外就再也没出现过其他新的理论体系,历史上最有思想和个性的思想家也很难跳出这个圈子去思考问题。当然,这并不意味着当时所有知识阶层的人都是现实君主专制政权的坚定拥护者,他们有过抗争,有过批判,但他们往往是以自己心目中的理想王权形式和理想"王"国来反对现实中残酷暴虐的王权……这就是中国历史上一代又一代知识分子的悲剧!所以,"五四"新文化运动高举起"打倒孔家店"的旗帜,表现出了对传统思想文化毫不妥协的批判精神,而我们今天就更应该从中国传统思想文化的怪圈中彻底走出来了!

记者:看来我们不能从"五四"倒退,而应从"五四"再往前走。谢谢您!

采访人:钱宁

278

没有普遍的公民意识，公民权利便形同虚设
——刘泽华教授谈中国臣民意识[①]

数十年矻矻孜孜埋首中国传统文化研究的南开大学历史系教授刘泽华，近来将触角伸入由臣民意识向公民意识转变的研究。听他评说传统文化，可以感受到一位历史学者鉴古悟今的忧思以及深沉的责任感。

公民意识、公民文化以及相应的政治制度的社会规范，是近代以来民主政治的基础，但是刘教授心里很清楚，时至今日，深植于人们政治意识之中的仍是臣民观念。作为君主专制政治的产物，臣民观念的本质特征是：只尽义务，不讲权利。臣民与公民无论实质、内容抑或表现形式都大相径庭。由臣民意识向公民意识转变，是中国近代政治观念发展中的一个基本问题，又是一个极为复杂、极为困难和痛苦的过程。在"文革"时期斑驳繁杂的诸种思潮中，可以看到传统的圣人崇拜和臣民意识在特殊情况下以变异方式的再现。圣人崇拜和臣民意识的结合，极大地阻碍和破坏了公民意识和公民文化的健康发育。研究传统与政治现代化、民主化的课题，剖析臣民意识与公民意识及其关系是十分迫切和必要的。

刘教授指出，中国传统在"君权至上"价值准则的规定下，臣民只有忠君义务观念，而无任何关于法定政治权利的自觉。这是一种基于君主政治条件而形成的传统——习惯型政治义务观念，其中并不包含人们对于法律责任的自觉意识。人们的政治期盼和利益表达不是通过权利规定的形式，而是通过尽义务、报皇恩等形式表现出来。

刘教授分析说，传统文化认为，虽说"人皆可以为尧舜"，但是，凡人、圣人之性的后天表现却有所不同，圣人之性先天至善，后天完美，因而无须改造，凡人则不然，后天表现为种种情欲，必须经过持续的修习改造，去恶扬善，才能趋向完美。在实际历史过程中，封建帝王虽然未必是"圣"，但他们可以自诩

---

① 摘自《社会科学报》，1991 年 11 月 21 日。

为圣,阿谀奉承的臣子们也要尊之为圣。在天子"圣明"的灵光普照下,根深蒂固的"负罪意识"使人们唯恐效忠君主而不及,哪谈得上什么政治权利!

在道德修身观念的制约下,人们崇拜圣人,皈依圣人,人人争做圣人之徒,在精神上和道德上与圣人融而为一,人的个体人格和独立精神便不可避免地消融在圣道之中,人们不是作为权利主体,而是作为道德义务主体,表现为一种忘我的追求和无偿的奉献。传统的臣民观念正是以无个人主体意识的道德义务观为动力的。

刘教授认为,近代以来,历史发展实现了飞跃,《中华人民共和国宪法》对公民的权利和义务作了详尽的规定,但"文革"却把宪法的有关规定抛到九霄云外,这种历史现象的延续说明,虽然国体性质和政体形式发生了巨大的变化,但中国人还没有能从传统政治文化思想的羁绊中完全解脱出来,公民意识尚未能完全取代传统的臣民观念。

为此刘教授再三强调,形成普遍的公民意识必须以每个人的具体实践为必要环节。换句话说,人们只有在具体的公民权利与义务实践过程中,才能学会做公民。公民权利的实现与公民意识的提升是同一个过程,因为,法律规定的公民权利如果没有普遍的公民意识作根基,那就形同虚设。缺乏必要的实践环节,人们没有真实享有权利的履行义务,在意识深处便难以真实理解并认可权利、义务的内涵与功能,在他们看来,权利、义务是一个"模糊概念"或"抽象名词",与个人的政治行为和选择无关。这种法制规定与实际政治意识的严重脱节将不可避免地造成这种局面:既不知如何享有和运用公民权利,也不会形成履行义务的自觉,结果导致社会普遍不负责任的实际义务感降低。公民意识的薄弱直接影响政治运行中制衡机制的形成和完善,阻碍政治民主化进程。

访谈人:陈杰

"老九"该如何面对市场大潮的冲击
——访南开大学教授刘泽华①

搞市场经济,不会给知识分子留块真空

记者:发展社会主义市场经济已作为经济体制改革的目标明确下来,这一重大变革将对经济社会生活产生前所未有的影响。人们的观念、行为价值取向也将随之发生重大变化。具体到社会各界各阶层,都将有不同的反映。

刘泽华:是的,十四大召开前,围绕着搞市场经济,我们的国家已经开始动起来了。最引人注目的,与每个人命运关联最密切的,就是各地方又出现了新的经商热、办公司热。据报纸上讲,北京的营业执照在一个月内竟发放完了,工商部门连连告急。近来又出现了新兴的第三产业,什么三T公司、点子公司都冒出来了,还有一个值得注意的,就是前些年所讲的第二职业及隐性收入(又叫灰色收入)问题,又热闹起来了,而且大有方兴未艾之势,还有种时髦的说法,叫"出官场,进市场"。

记者:我们那里也出现了"露水市场"。

刘泽华:各地具体情况不同,但大同小异,我把它称为"1992年的市场大潮"。

记者:这场大潮总体上看是好事。不知发展下去对知识分子阶层会不会有什么冲击?

刘泽华:搞市场经济,是全方位的变革,不可能给知识分子留块真空。从实际情况看,由于前些年就存在的所谓脑体倒挂现象,这次市场大潮对知识分子的冲击甚至要更大一些。

游离于市场经济之外的部门这几年吃了苦头

记者:是否新的市场大潮会加剧、加重脑体倒挂现象呢?

---

① 发表于《山西发展导报》,1992年10月23日。

刘泽华：不能这样认为。出现这种现象恰恰是因为没有早日走向市场经济。

记者：能具体谈谈吗？

刘泽华：首先，脑体倒挂现象近年来并不普遍存在。在沿海特区，在"三资"企业，在乡镇企业、私营企业工作的知识分子这些年的收入并不低，甚至比体力劳动者，也就是平常说的那些打工仔、打工妹的收入要高得多；再就是国营大中型企业中的科技人员实际收入也不能算低，对于他们来讲，档案工资已不是收入的主要来源，各种福利、补贴、奖金占了很大一部分。还有就是一些搞艺术的，搞实用技术的知识分子，这几年收入也不低。

说这部分人的收入不存在脑体倒挂，根本原因就在于他们所在的单位、部门、企业都程度不同地早一步进入市场经济，沾了市场调节的光。

记者：那么，又该怎样理解"脑体倒挂"呢？

刘泽华：让我们回头来看。真正倒挂的是些什么人呢？主要是基础科研人员，各级教师及党政机关、事业单位的部分业务干部。他们的收入之所以倒挂，就在于这些部门受计划控制，游离于市场之外。他们的主要收入来源于不按实际工作效益发放的基本工资。这几年机构膨胀、冗员充斥，给国家财政造成很大压力，单纯依靠国家拿财政收入来提高他们的工薪收入是很困难的。比较这两方面，可以知道，并不是发展市场经济造成了脑体倒挂，恰恰是游离于市场经济之外的部门吃了苦头，吃"皇粮"的人吃了苦头。

面对新的大潮，"吃苦头"的人该不该"下海"

记者：按照上面的思路，似乎吃"皇粮"的公教人员，就应该涌进市场。但有一个问题：公教人员都去跑买卖，或搞所谓的"第二职业"，他们还会有多少心思从事自己的本职工作？特别是政府官员也到市场上去翻江倒海，权力和金钱结合，后果又将如何？

刘泽华：你的担忧不是没有道理。社会分工决定，并非所有职业的人都能"下海"，在一些部门，商品经济的负面作用也不能轻视。例如教师和基础科学研究人员，他们的工作性质就远离市场，其劳动成果很难形成交换，但社会尚离不开这些非商品性的劳动成果，离开了，人类的文明遗产无人传授，科学技术知识无人普及；应用科学技术会失去理论支撑，尚未构成价值形态的新的认识领域的成果,便无人去开拓。如果是这样,就会直接导致国民素质低下,合格的后备劳动力不足,国民经济和科学技术的发展速度也要受到削弱。对于这些商品经济的"失灵区",理应由国家做出宏观调控,通过国民收入的再分配来保障这些人的合理收入。如果让他们也到市场去角逐,搞什么"第二职业",只会形成一种挖肉补疮的结果。应该知道,无论是人类灵魂的工程师,还是未知领域的探索者,他们的劳动需要呕心沥血、殚精竭虑和全身心的投入,特定的职业决定了他们没有精力去搞"第二职业",有些教师,把官商垄断,坑蒙拐骗那一套拿到课堂上搞:把一些滥竽充数的复习材料、冒牌教材对学生搞强制推销,既亵污师表,又增加家长负担,简直是误人子弟!

至于政府官员经商,这在资本主义国家也是不允许的。权力介入市场必然形成垄断,有悖市场经济平等竞争的原则。钱权交换,必然滋生腐败,国家权力就会运行无序。如果市场经济失去了秩序,失去了规则,市场经济的健康发展就会受到威胁。现实中这样的教训难道还少吗?

"老九"要敢于和工人农民一起下海沉浮

记者:如你所说,这些吃"皇粮"的"老九"就没有出路了?

刘泽华:不是这样的,应该说是出路很宽广。解决的办法就是人才分流,各得其所。一方面,国家不应该弄那么多吃"皇粮"的,应该把适合唱"市场戏"的人员请到市场中去拼搏,去实现知识的价值,用价值规律理顺"脑体倒挂"。这样既发挥人才的效用,实现人才资源的优化配置,又减轻国家财政负担,让有限的财力去办国家必须办的事。另一方面,国家作为全体人民和全民族利益的代表者,既应统筹兼顾当前全社会的利益,也要顾全国家和民族的长远利益;既要使承担复杂劳动的国家工作人员在收入上足以养廉,又要让为从事社会基础工程、牵涉国民经济未来发展的教师和基础科研人员的收入不至于太拮据。

记者:说到这里,我又得问:包括我这样一些吃"皇粮"的人,早已被"大锅饭"弄惯了;"铁饭碗"虽然寒碜,但毕竟旱涝保收,不担风险,要是一下子把我推到市场去,还有点不习惯呢!

刘泽华:这就涉及某些知识分子的消极心态了。农民早就进了市场,工人也将进入市场,为什么知识分子不行?不是自命不凡吗?你为什么不敢和农民、工人一道到市场去沉浮?既孤芳自赏,又不敢去竞争,只有眼巴巴地望着上头去给你"落实知识分子政策"。这种缺乏竞争力,不敢到市场中去寻求价值的"知识",有多大用处,我感到怀疑。《国际歌》说得好:"从来没有什么救世主,也不靠神仙皇帝。"知识分子要有自己给自己落实政策的勇气。既畏惧竞争,又想依附权力;同时又自我感觉良好,成天牢骚满腹,我怀疑这是不是一种人格分裂症。

记者:先生真是猛药疗疾。好,我谢谢您接受我的采访。

采访人:王祥光

听刘泽华先生谈士人①

刘泽华,我校历史系资深教授,敢于坚持真理而为世所重。近著《士人与社会》在政治思想史领域是扛鼎之作。

问:在您写的一系列著作中,《中国传统政治思想反思》《士人与社会》等等,可以看出您一直很关心中国传统士人在政治与思想文化关系中的地位问题。中国传统社会的特点是用伦理道德来治国,我觉得这就使得传统知识分子必然站在一个文化立法者的地位上:士人通过儒家学说确立了一套上到君王、下及臣民都必须恪守的礼的秩序和规范,从而维持住了社会在一个较低水平上的稳定。可是现代的中国不能再停留在这种低水平稳定的层次上了,商业文明的冲击已使传统意义上的士人失去了过去优越的中心感和精英意识。许多的治文、史、哲的人,都感到自己仿佛成了商业社会中的边缘人,甚至是多余人。您认为现代社会中的士人在今天应如何做一次身份的重新定位呢?

答:文化立法是个西方的概念,拿它来比附中国传统社会的士人地位,并不太合适。士的作用的确有文化立法的方面,但他们更有臣于王权的依附性。新儒家也强调士在社会中的主体性,但他们恰恰忽视了依附性。士大夫的特点在于他们的知识结构始终是官僚化的,没能脱离开现实政治的控制。知识与官僚政治的结合就造成了一方面有文化立法的问题,一方面有依附于皇权的问题。因此,士人总是一边揣着神圣的使命感,一边又藏着愿意接受统治的奴性。这两方面反差如此强烈,而大多数人又不愿去做隐士走向超脱的死寂,就造成了极其痛苦的心态。体现在精英人物上,最典型的莫过于屈原。屈氏一方面崇圣,就是要给文化立法;一方面崇王,对楚怀王抱有一种不正常的眷恋。当他在圣和王之间找不到一个平衡点的时候,自己又要体现个性,就只

① 刘原根据录音整理,原载《南开大学生报》,1993 年 4 月 28 日。

有自杀。中国传统士人正是在崇圣、崇王和隐于市三者之间徘徊,找不到一致的地方。因而他们的命运注定是悲剧性的,而起因则要到体制里寻找。

儒家的礼义似乎是超越了王,成为超社会的力量,甚至连皇帝本人也似乎失掉了他的自由。那位美籍华人学者黄仁宇不是讲万历皇帝在位时的不自由吗?但是只看到这一点是片面的,中国的皇帝虽受到一定的制约,但有更大的专制权力,他可以在某种程度上随意赋予那些抽象的道德观念以自己需要的政治内容,使自己的行为合理化。所以从礼义来讲,君有道,士则敬服;君无道,士的作用也就是去努力改造一下。杜甫不就说:"致君尧舜上,再使风俗淳"吗?这么说来,使中国稳定,不只是个文化立法的问题,主要是涉及王权体制的问题。越是在交接的时候,就越容易看出体制的作用。

那么,现代知识分子应当牢记的一条,不是简单地依附于王权了,而是更要依靠社会。这是现代知识分子普遍应有的观念。他们应当在什么地方发挥作用?我反对把他们看成是工农兵的一员,或者走到另一个极端,把他们当成最先进的生产力的代表。这都会导致人为的社会阶层之间的对立情绪。我一直都强调社会生活在近代来说,是一个连续不断的社会知识化和知识社会化的过程。我想在这两个过程中可以求得知识分子在社会中的重新定位。因为古代社会一直没有这种进程,在社会人群的大多数中,比如农民,他依赖的主要是经验。知识里可以包含经验,但经验并不等于知识。现代社会则重知识,商业文明要发展,就得有各种知识的协同发展。

文史哲领域的普遍失落感,可以看作是社会在向社会知识化调整过程中出现的现象。应当看远一点。只要是达到了一个知识社会化、社会知识化的程度,问题就不难解决。四十年来,我们的问题在于,知识没有融合于社会,总是靠吃皇粮过日子,这就无法彻底解决人格依附的问题。当吃皇粮也成为社会化过程中的自然成员了,人格的独立怎么会不能解决呢?文史哲领域的知识分子也必须同其他领域的知识分子一样融入那一双向的进程中去。

治史观念与方法经验琐谈——刘泽华教授访谈录①

问：先生已届古稀，你在历史学科耕耘了近五十年。这五十年史学的变化可谓天翻地覆，你都经过了，你的感受如何？

答：人到老年，往往有一种反思和追忆过去的情结，我也不例外。但真要反思，又有些犹疑、怯懦、无奈和悔恨，多种滋味涌上心头，不知从哪里说起，也难以给自己定位。

我是一个普通的史学工作者，典型意义不大，但反思一下也能从小处说明一些问题。

就我而言，大体经历了三个阶段。第一个阶段是"紧跟"圣人的时期；第二个阶段是从教条主义蠕动出来的时期；第三个阶段是独立思考的时期。

问：请你说说什么是"紧跟"，现在的中青年对此相当陌生了。

答：时代有变，陌生是很自然的，但不要成为被遗忘的角落。20世纪50年代、60年代和70年代是教条主义盛行的时期。教条主义同"崇圣"互为表里。当时有至高无上的圣人，还有呈金字塔形的不同等次的代圣人立言的贤人群。底层是一群自觉或不自觉的，主动或被动的"紧跟者"和"随从者"。每人的情况可能很不一样的，就我而言，我是自觉的和虔诚的信徒，时时事事都以圣人之教为准则来要求自己、衡裁自己。那个时期我还是一个初学者，成果不多，只写过几篇小文，70年代由我主持编写过一部《中国古代史》，我的主观追求依然是代圣人立言，在我看来史学的功能就是为圣人之论作注。也许在一些具体问题上有一点这样或那样的小个性，但大体决无二心。那时节是政治挂帅、突出政治的时期，所谓的学术观念和理论都是从属于政治的，而对"政治"的立场和态度则是"紧跟"。所谓"紧跟"：一是唯圣人与贤人的著述、教导、指示、讲话是从；二是权威报刊的社论、重要栏目的文章要细心领会；三是没有"理论依据"的话尽量不讲；

---

① 发表于《历史教学问题》，2006年第2期。

四是随时准备自我检查和认错，后一点极为重要，即使有点风雨，也能大体保平安。这时期知识分子的主流是被动性的思维和防御性的思维，盛行的是"唯上"和"紧跟"。但"紧跟"也未必保险，比如吴晗写《论海瑞》与《海瑞罢官》应该说就是"唯上"和"紧跟"的典型之作，后来成了惨剧的由头，实在是历史的误会和圣人随机转念的牺牲品。我在"文革"伊始被革命群众揪了出来，而后又被投入"牛鬼蛇神"的行列，说实在的，也属"误会"之列，因为我从根本上是属于"紧跟"派。看看历史不难发现，越是教条主义盛行，就越易产生宗派和发生"窝里斗"。"窝里斗"与教条主义有不解之缘。

问：你是怎么从"紧跟"转向怀疑的呢？

答：这个过程很缓慢。我当时说不上有自己的学理追求，因为学理源于圣人，又从属于政治，因此产生疑问也由政治引发而来。在一个时段我对无产阶级专政下继续革命和整"走资派"的理论是接受的，但革命司令部一次又一次的残酷斗争使我百思不得其解，他们都是圣人和贤人，怎么还闹个不停？特别是"9·13"事件，从另一个角度对我有着"启蒙"意义。啊，原来"内幕"是这样！从那时起，对"文革"和"圣人"渐渐有所疑问，进而引起理论上的再思考。在极端教条主义时期把马克思主义权力化，形成了权力意志格局和相应的专政体制，任何发疑的想法都是很危险的，其极端表现无疑是"文革"。"文革"给人带来了蒙昧，但从另一方面说，也为觉醒提供了土壤和条件。我从教条主义走向独立思考的过程，就是从崇拜"权威化的马克思主义"逐渐向"马克思主义在我心中"转变。这里讲一个例子。1974年夏我有幸参加了"法家著作注释会议"，这次会是为落实毛主席指示而召开的，会议的主调是"用儒法斗争重新改写历史""儒法斗争贯彻古今，也表现在共产党内"。与会者多数跟着跑，我记得有人还激动赋诗歌颂，大意是，东汉有白虎观会议，这次会议是新时期的白虎观会议，只是反其道而行之。8月7日政治局委员接见了与会者，江青、张春桥等有长篇讲话。江青开头问，今天是几号？今天是8月7号，历史上有"八七会议"，今天我们也是"八七"会议，要斗修正主义、要批儒等等。

我政治上十分愚钝，不理解会议精神，对上述说法在大会、小会、私谈中均持反对意见，我认为不能用儒法斗争取代阶级斗争，坚信自己的想法符合马克思主义。在一次大会上，知识分子的克星迟群（当时的科教组长，相当于后来的教育部和科技部部长）打断我的发言，要我立即停止。我不知从哪来了一股犟劲，竟敢说应让我把话讲完，而且硬是说个不停。会议主持者整理了我的专门材料。由于政治形势的变化，我没有被派上用场，便宜了我。"四人帮"垮台之后，《历史研究》和

《人民教育》编辑部清理这次会议时，把我"反潮流"的事发掘出来，还把我请到北京小住，看了会议档案，并要我写批判文章。由于我实在不知会议内幕，说不到点子上，只好作罢。这件事多少说明我开始有点自己了，不无条件的"紧跟"了。

问：你能对"马克思主义在我心中"做一点说明吗？

答："马克思主义在我心中"的念头是在20世纪70年代后期萌生的，对我来说这是一个很大的转变，"我心"不是很容易就能有的，像长期关在笼子的鸟一样，打开笼子让它自主地飞都难得飞起来。长久习惯于"紧跟""听喝"之后，人的自主性能力变得很弱，从被动性的思维转向自主性的思维也不那么容易，要有一个过程。对"四人帮"的垮台，说不出有多么激动，写了一篇又一篇批判"四人帮"的文章，一日我突然发现，我的思维方式、路数、文风、语言与"四人帮"没有什么大的差别，只不过把矛头对准"四人帮"而已。我开始冷静地反思，到底问题的症结在哪里？想来想去，问题出在阶级斗争理论上。我开始对阶级斗争为纲、阶级斗争是历史发展的唯一动力说萌生了疑问。啊！这是一个天大的问题，众所周知，此前，这一理论是极其神圣的，关系革命的生命线。历史的经验告诉我们，谁敢对这一神圣观念发疑，谁就倒霉，有多少人因触犯它而陷入囹圄！到了1978年，在痛定思痛之时，我深深感到必须对这一理念进行反思。当时还是"两个凡是"的时代，人们的怒气发向了"四人帮"，但还没有在理论上向这一神圣理念提出质疑。当我对这一理论生疑时，心里依然是胆战心惊。如何提出问题，很费心计。1978年的后半年我与王连升同志全力以赴写出了《关于历史发展的动力问题》一文。我们依据马克思、恩格斯有关生产是历史发展的"根本动力"说，来修正当时神圣的阶级斗争说，对阶级斗争做了诸多限制，使其降到次要的地位。1978年底作为自流稿寄给《教学与研究》杂志，时间不长得到主编王思治同志的来信，这是我与王思治同志相交之始。他支持我们的大思路，认为立意极为重要，并提出了一些修改建议。稿子上还有一些审稿者的批语，都予以支持。正当此时，全国史学规划会议筹备处发来征稿启事，我们应征将此稿也寄会议筹备处。时隔不久，会议筹备处来信，采纳了我们的稿子，并拟由我作大会发言。1979年4月会议在成都召开，会议期间发生了一些戏剧性的情节，秘书处的负责人一会儿通知我在大会上发言，一会儿又通知我不发言，隔了几个钟头又通知我在大会上发言，由此推想出会议主持者的犹疑心态。当然这有更大的背景（"左"风骤起）使会议主持者难作决断。我佩服会议主持者的胆量，最后仍决定要我在大会上发言。与会议几乎同时,《教学与研究》也刊发了本文。这篇文章是我开始缓慢而艰难地从教条主义束缚中向外蠕动出来的标志。这篇文章与稍后发表的戴逸、王戎笙先生的文章成为史学界和理论界关于历史动力问题大讨论的由头文章。现在看,文章还有浓重的八股气,但在那个时代是相当"冒犯"的,直到 1983 年"反精神污染"时,还遭到斥责。关于历史发展动力问题的讨论的意义与影响,有多篇文章论及,认为是 20 世纪 80 年代史学思潮转变的起点。总之,从这时起,我才进入独立思考和自主写作阶段。

问:你进入独立思考后还信奉马克思主义吗？独立思考与用马克思主义统一意识形态的意图有否矛盾？

答:你提的是一个很尖锐的问题,也是一个很难用几句话能说清的问题。在我个人看来,不能认为独立思考与马克思主义是绝对的对立。如果把马克思主义作为一种学理和方法,那么它同独立思考完全可以相辅相成。后来我对马克思的著作和论述,是作为一种学理和方法来对待的。对外开放以后,从西方传进许多理论和方法,足资参考,但我还是认为马克思主义有更强的解释力,所以从总体上说我仍信奉马克思主义。对其他的理论我从多元的立场出发,持平等以待的态度,实行百家争鸣。

问:马克思主义很强调阶级理论和阶级分析方法,现在史学界很多人把它淡漠了,或者置诸一旁,根本不用阶级分析,你如何看待这种现象？

答:前边提到的我与王连升合写的《关于历史发展的动力问题》一文,可以毫不夸张地说,这在理论上是对阶级分析绝对化时代的一次具有突破性的冲击。其后在历史研究中,我又进一步对阶级分析进行了限制,提出还有超越阶级的社会性问题,比如我在 1984 年写的《关于中国政治思想史研究对象问题》一文中,有如下一段论述:

> 在阶级社会,政治思想的核心部分具有明显的阶级性质。但从政治思想的总体看,又不能全部归入阶级范畴,比如关于处理人与自然关系的理论,除有阶级烙印外,还有人类与自然的共同关系问题;关于社会生活的认识,也有一些超出了一个阶级的范围,比如调和阶级关系的某些论述,便包含了不同阶级、不同阶层的要求;还有一些社会规范是人人需要遵守的,也不好简单划入某一个阶级范畴之中。就每个思想家而论情况更为复杂,虽然每个人都无法游离于阶级生活之外,但在观念

上，并不妨碍某些人会提出超阶级的理论和主张。……在这里不是讨论阶级分析方法问题，目的在于说明，即使在政治思想史范围内，也不能把每一种思想命题统统还原为阶级的命题，因为政治思想对象本身并不都是阶级的。

　　放在现在，上述看法似乎是常识，但如果回到那段历史，在体制内的人能提出上述看法的似乎也没有几人。我上述的话至少在学科范围内，把"政治"与"阶级"做了适当的区划，"政治"还有社会的"共公性"。拙作《先秦政治思想史》就贯彻了上述理念，在写作过程中我尽可能从定型化的阶级分析中走出来。我当时的心情是战战兢兢的，一本政治思想史的专著却淡化阶级分析，可以说是一次大胆的尝试。我希望有兴趣的读者对当时的著述做一点比读，会理解我的用心。在当时这样做还是有几分危险的。

　　我反对把阶级分析方法绝对化，但我认为阶级分析依然是有效的，而且在我看来，在某些方面和领域仍是最有说服和解释力的。在论述经济关系时，现在许多人把阶级分析方法置于一旁，而多用"阶层""利润分配""博弈关系"把事情了结。我认为这是一种泼脏水把小孩一同泼掉的现象，很值得冷静思考。阶级区分的事实无法否认。有阶级存在就要进行阶级分析，而且不可避免要揭示人际关系中的不平等性和不公正性，同时也会涉及价值判定和选择，也会涉及历史定位等等问题。在我看来，不进行阶级分析，就不能揭示历史的深层关系。现在有一个热门话题是社会公平问题，大家都反对社会不公。不公的背后深层是什么问题？难道仅仅是道德或人道问题？在我看来不公的背后主要是一部分人侵占了另一部分人的合理权益，也就是说，其间有剥削与被剥削的关系。不讲"剥削"不符合历史实际，有大量的史料根本无法解释。有剥削就要说阶级。

　　问：你在文章中提出过"阶级－共同体综合分析"，能否谈谈你是如何想的？

　　答：这个问题应再写专门文章论述。我的意思是对阶级分析法要做些补充和修正。对"修正"一词要有一种开放的理解。从历史看，任何一种学说和理论在其传承过程中都有和都要进行"修正"，不修正就不能发展，就会失去活力。过去把"修正主义"搞臭了，这是教条主义的产物。其实应把"修正主义"作为一个中性词使用。提出"阶级－共同体综合分析"就是对阶级分析进行"修正"，是一种尝试。"共同体"是社会学中常用的分析方法，有其依据和道理。"共同体"与"阶级"不同，但又交织在一起，不能用一个否定一个。共同体主要是说人们的"共同性"，阶级则主要说经济、政治和社会利益的分配问题。过去很长一段时间内过分强调阶级分析，这些年来多着眼于共同体的描述。我想应该把两者结合起来，既要讲阶级斗争，又要讲阶级调和，在一定条件下"斗争"是动力，"调和""妥协"也是动力。在历史上出现了许多既搞斗争又搞调和的人和事，由于我们把阶级斗争绝对化，这些人和事都被遗弃和否定，不能不说是我们史学的一个大缺陷。

问：现在以"剥削"为切入点分析社会关系的文字比较少，在现实关系中谈得更少，似乎有意避开，对这种现象你有何看法？

答：是的，很多人已不把"剥削"作为分析社会关系的切入点。在现实中更忌讳说"剥削"，怕把"资本"吓跑。中国的发展的确需要资本，但在学理上我认为是不能避开"剥削"二字的。"剥削"是汉语中一个老词，古人就有"剥削黔黎"之类的话语。马克思的剩余劳动说给"剥削"做了经济分析。"剥削"是不是一种事实，是不是一种社会关系？对此不能回避。如果是一种事实和社会关系，对历史的叙述无疑具有极其重要的意义，会导致截然不同的历史景象和面貌。大量的有关"剥削"的资料摆在人们的面前，不能视而不见。剥削是历史中普遍的事实，因此也是历史中的一个基本范畴。

但我想对"剥削"现象也要从学理上进行再认识。过去我们把剥削视为私有制的产物.由此得出的结论是消灭私有制，并为此做过前所未有的大试验，并形成了一个历史时期。结果呢，出乎人们(不是少数人，曾有以亿计的人相信这一理论，并为之而奋斗)的意料，除了衰败的结局之外，似乎没有其他希望。所谓衰败，其一，以权力强行实现的消灭私有制又带来了权力经济，权力经济只能是更普遍、甚至是更严酷的一种剥削。所谓的全民所有或公有是一种无法落实的抽象，能落实的只是一种权力经济，即掌权者具有实际的支配权。且不说体制上的种种弊病无法克服，仅就掌权者而言，其中固然有不少好人，但又无法根除贪欲之辈，应该说一次又一次的政治运动把矛头指向了这些人，但结果并不理想，总是前边打了狼，后边又来了虎。于是出现不反就烂，一反又乱的恶性循环，经济无法正常运转。一句话，权力经济除其他弊病外，它不能消灭剥削，没有生长活力，注定要衰败；其二，以为取消了私有制后大家就"平等"了，就会各尽所能。的确有过一段时间的兴奋和激动，然而时间一长却出现了普遍的社会性怠惰,所谓"出工不出力"是也,后来随着特权、腐败又出现了"大家拿"。不停地进行这个教育,那个学习,大抵都是形式主义,无济于事。在所"依靠"的人中无疑有模范,但多数人失去了活力和创造力。我想这与我们不承认人的复杂性有极大关系,认定所有的人都应是特定"道德化"或"理念化"的人,都应是某种"神化"了的阶级性的体现,"六亿神州尽舜尧"是也。如果达不到某种道德要求就进行"改造",乃至"专政",结果罪案遍寰中。

在人类的现阶段,要消灭私有制、消灭剥削,只能是一种乌托邦性的试验,不可能成功。于是明事理者在实践上不能不再恢复私有制、恢复剥削。经济学界对剥削的界限也做了许多新的划分, 提出私有制与剥削是两个范畴.又进一步区分这不是剥削,那不是剥削等等,这相对于我们坚持的消灭私有制和消灭剥削的观念和实践来说无疑是个突破,很有启发,但他们又认为,凡属剥削就要反对,而且在理念上仍坚持消灭剥削。以我浅见,到此是远远不够的,应该说,承认私有制,就要承认剥削;其实应更彻底些,只要是一定的大所有制,不管冠以什么名义,一概会有剥削。如果说某种所有制能消灭剥削,在现实与遥远的未来还都无法实现。

基于消灭剥削理念在实践上的失败,我们应该对"剥削"做必要的反思,应该承认剥削可能是与人类俱来的一种事实,根源于人的贪欲本能(动物性)及其外化。以强凌弱是动物的法则,人是从动物变来的,也承继了这一点。两千年前的智者猜测人类最初是强凌弱、智欺愚的霸权世界。恩格斯曾指出不要忽视人的动物性。在历史的进程中,人的贪欲与政治优势、经济优势、文化知识优势、心智优势、信息优势等等结合,都可能用来作为剥削的手段和条件。总之,每个人生性不一,本事不同,想法不同,人各有志,从历史的角度看,在历史的进程中剥削是不可避免的,是人的本性的一种表现,不能人为地强行消灭,现在不能,在遥远的未来也做不到。我们应从消灭剥削的美好幻想中走出来。当然,人类不能没有幻想,但又不能把幻想作为实践的理论依据。

从历史的角度看,剥削关系是生产得以进行的基本形式之一和社会的基本组织体系之一。由于主客观的种种因素,人一定要分化,一些人拥有经济等等优势,一些人失去了生产要素,剥削关系有可能把两者组合起来,组成一定的生产方式,使生产得以进行。以此为基础又会形成阶级、阶层、集团以及许多社会组织。

在一定意义上剥削是历史发展的动力之一,恩格斯曾指出,人们的贪欲是历史进步的一种动力,剥削则是贪欲的主要表现。

剥削关系的演进在很大程度上决定着人们的社会关系和地位的演进。

当我这样说的时候,也不是要全盘肯定剥削,无论从历史的角度还是从道德的角度,对剥削都应一分为二,大致说来,"剥削"可分为两部分:一部分是历史适度剥削。这有两层含义,其一是说"历史性的",即不以人的主观为转移的历史过程,亦即历史主义的事实;其二是"适度"。什么是适度,这是一个很大的问题,古人一再提出的"取民有度"就是在探讨这个问题。马克思讲的"必要劳动"和"剩余劳动"从某种意义上也是在说明这个"度"。"适度"是一个历史的范畴,只能在历史过程中判断。大致说来,历代主张的"轻徭薄赋"就是"适度"的。过去实行的"二五减租""劳资两利"应该说是很好的政策。"历史适度剥削"也是人们道德所允许和接受的;另一部分是过度剥削,这也是人们道德所痛恨的、在事实上是难容忍的。由此而来,剥削既可能是善(即先贤所说的"剥削有功"),也可能是恶;既可能是历史的动力,也可能是历史的阻力。剥削者与被剥削者之间既有双方相安的时候,也有冲突、斗争和关系激化的时候。相安状态大致就是"适度"的。从以往的历史来看,程度不同的过度剥削更为普遍。因此,对被剥削者的反抗斗争应给予更多的同情和理解。

我个人现在的认识是,笼统的反剥削和消灭剥削是不实际的,人们所能做的只是如何改良剥削,而不是消灭剥削。迄今为止,人类的历史的主要内容之一是剥削制度的改良史。改良剥削有着说不完的历史内容。

在过去的很多年,我一直坚持"反对剥削"和"消灭剥削"这一理念,并以此为指导来写历史。上述看法无疑是对自己原来看法的修正,如果贯彻上述观念,肯定要对历史的认识和解释作许多修正。

问:眼下很多人倡导对历史要多些"温情和敬意",你认同吗?

答:温情和敬意是作为一种立场,还是作为一种认识论和方法论,其含义我还不是很清楚,希望倡导者多做些论述。就倾向而言,我基本是怀疑的。提出温情和敬意是有针对性的,是反"五四"精神的,尤其是反对马克思主义的阶级分析。从多元的角度说,当然可以反这反那,这是自己的自由选择。"五四"时期对专制主义的批判和其后马克思主义者对中国历史的阶级分析,其中无疑有片面或过头的现象,但主流是合理的,我认为更接近历史的真实。不承认君主专制的事实,说中国没有阶级差别,只有大贫、小贫之分,这些看法无论如何离历史真实更远。敬意和温情是单向的,而历史是矛盾体,有时是对抗的,面对着矛盾、对抗,试问,敬意和温情指向何方?马克思说过要在矛盾中陈述历史,我看这是比较科学的。我们研究历史的人首先应把历史的矛盾揭示出来,在矛盾的叙述中选择价值取向。现在有人不承认农民起义、农民战争,而定位为破坏性的暴民暴乱,我看就是对被害者缺乏应有的敬意和温情。试想一想,当统治者把老百姓剥夺得一干二净,无法生存下去的时候,面对"朱门酒肉臭,路有冻死骨",不让老百姓造反,这能说得过去吗?是的,造反者常常又会过头,造成另一种破坏,也真是无可奈何!这里只有用矛盾的方法才能把历史陈述清楚。

问:学界价值中立的思潮影响很大,你赞成吗?

答:价值问题是一个很复杂的问题,在 20 世纪 80 年代我与张国刚合写过一篇《论历史研究中的价值认识》。价值是一种历史事实.是一种历史存在,其核心是"关系"和"意义"问题。说到"关系"和"意义",就不可能有什么所谓的"中立"。面对"朱门酒肉臭,路有冻死骨",你怎么"中立"?这二十多年,我把主要精力用于研究君主专制主义和古代政治思想,面对剥削、压迫之类的问题,我个人感到根本无法"中立"。梁启超说要"客观"云云,但又坦率地说:"吾能言之而不能躬践之。"我认为面对关系复杂的历史问题,所谓的价值"中立"根本无法操作,实在是自欺欺人之谈。韦伯倡导价值中立,他关于新教伦理精神的论述就不是价值中立。在我看来,重要的是如何确定价值以及如何作出自己的选择和陈述。

问:价值问题是否是一种预设? 能否谈谈你在历史研究中是如何确定和选择价值的? 是不是每个史学家各有自己的价值选择?

答:这一连串的问题很难回答,试着说一下。首先一点,我认为价值是一种历史存在,人是有思想的,有道德的,又是社会关系的综合,因此人的活动都是有价值的。由于价值是历史过程中的一种实在,自然应是历史认识的重要对象。任何否认价值是一种历史实在的说法都是对历史整体性的阉割。研究历史上的价值问题,是历史研究的重头任务之一。

其次,历史认识主体也是在价值中生存的。有人标榜自己如何超"价值",这就像自己拽着自己的头发离开地球一样,是不可能的。

再次,历史是一种价值的存在,历史认识的主体又有自己的价值,因此对历史价值的判断和确定便成为历史客观价值与认识主体价值的混合物。这种现象是无可奈何的事实。我把历史研究视为一种历史认识,而只要是认识,就是主客观的混合物。稍作考察和比较，不难发现，对任何一个关系复杂的历史现象的认识，都会有多种不同的看法。比如对秦始皇，能避开价值认识吗？认识能统一吗？

我认为价值中立也是一种乌托邦，因此与其把幻想作为目标，不如切诸实际，力求把历史的价值与认识主体的价值有机地结合起来。有价值认识才有智慧和启发。

说到我个人，我的大思路还是遵循马克思主义来确定和选择价值的。我认定生产力、生产方式、剥削、阶级等等相关理论既是历史真实的概括和抽象，又是认识历史的门径和方法。我认为用马克思主义研究历史能更好贴近历史和解释历史。除马克思主义之外还有许多其他价值评判理论和方法，也足资参考。

问：在中国政治思想史领域，你的研究成果多多，20 世纪 80 年代出版的《先秦政治思想史》《中国传统政治思想反思》、2000 年出版的《中国的王权主义》，还有你主编的三卷本《中国政治思想史》等等，颇受学界关注，成为青年学子的主要参考书和教材。你为什么要研究政治思想史？

答：学术方向的选择是在学习进程中逐渐明确的。说起来可分作两个阶段。20 世纪 70 年代末以前出于个人兴趣和课程建设，其后还有一种使命感，就是重新认识封建主义的问题。就实而论.封建主义的东西在五六十年代也很盛，但当时不但没有知觉，而且还作为"党性"加以接受。"文革"时期封建主义的大泛滥和大刺激，才引起了反思。批判"四人帮"时大家常用的一个词是"封建法西斯主义"，由此引发我清理历史上的封建主义的冲动。在这里我要说一下黎澍先生的贡献和对我的启发。1977 年秋在辽宁大学召开了"文革"后史学界首次学术讨论会。会上维护"文革"和"最高指示"的声音还十分浓重。然而使人振聋发聩的是黎澍先生提交的一篇批判封建主义的论文，黎澍先生没有与会，由别人代读。不久在《历史研究》上发表。如果我的记忆不错，我认为黎澍先生是中国学界和理论界在"文革"后最早系统批判封建主义的先行者。黎澍先生的文章把我带入了自觉的理性思维境域。

问：你研究政治思想史的目的之一是批判封建主义，这是否是"理念"先行，违背了学术独立的原则，是否有实用主义的毛病？

答：我想，或许有不食人间烟火的纯学术，但我不是；也或许有不要思想的纯学术,但我也不是。人是要吃饭的,是有思想的动物。在我看来,历史研究不外是一种历史认识。我不排除"我"的因素和目的,也不排除"理念"先行,不贯彻某种"理念"的历史认识几乎是不存在的。我所写的东西表达的是我的一种认识。"文革"以及前后那么多的封建主义,不全是新冒出来的,很多是中国历史的延续,对此不应袖手旁观和熟视无睹。清理的办法最好直面对垒,但形势有所不便,那么清理历史,摆出一面镜子,对照一下,也不失为一种必要的方式。比如我写的《道、王相对二分与合而为一》《圣、王相对二分与合而为一》,就是想剖析一下中国自古以来的一种"文化模式"及其现代影响。在思想史界颇为盛行的一种看法是,认为古来的道与王,圣与王是二分的,道与圣由儒家体现,对王进行制约和规整。在我占有的资料和视野里,情况不是如此,而是如我的题目所标示的那样,其主流是合而为一的。这一"文化模式"没有受到批判,以致在"文革"时期达到登峰造极的地步,至今仍流毒甚广,还有很多人继续沿着这一"文化模式"制造新词。又比如我写的《春秋战国的"立公灭私"观念与社会整合》《先秦时期的党、党禁与君主集权》《臣民的罪感意识刍议》《君尊臣卑:中国传统思想文化的大框架——析韩愈、柳宗元的表奏》等等,都是在揭示中国传统文化的王权主义精神及其思维方式的影响。我们应该充分认识,就我们民族的整体观念而言,还远没有从中世纪走出来。"文革"固然是有人发动的,但闹起来后何尝不是民族观念的一次大展现。诸如"生为某某的人,死为某某的鬼""三忠于,四无限"等等,就是普遍认同的一种意识。更为悲惨的是,许多被打倒的、被折磨致死的"老革命",最后竟留下要"紧跟"之类的遗嘱。这些思维方式在传统文化中有深厚的根据。我写的多篇文章,从历史角度说,是对历史的描述,但放到现在则是想照照镜子。有人说,从我著述中看到了某些现在的东西,能有这种感受,可谓得吾心矣!有人说是影射,平心而论,不能直言的环境,影射便是必要的一种表达方式。古往今来影射何其多,足可以写多篇博士论文!

问:你有一本书名曰《中国的王权主义》,请对这个题目作些简要的提示如何?

答:多年以来我写过不少文章,从不同角度论证中国古代的一个基本特点是"王权支配社会",由此我名之曰"王权主义"。我在一篇文章中对王权主义做了如下的概述：

> 中国从有文字记载开始，即有一个最显赫的利益集团，这就是以王－贵族为中心的利益集团，以后则发展为帝王－贵族、官僚集团。这个集团的成员在不停地变动，而其结构却又十分稳定，正是这个集团控制着社会。这是一个无可怀疑的事实，我的问题就是以此为依据而提出的。
>
> 这种王权是基于社会经济又超乎社会经济的一种特殊存在。它是社会经济运动中非经济方式吞噬经济的产物，是武力争夺的结果，所谓"马上得天下"是也；这种靠武力为基础形成的王权统治的社会，就总体而言，不是经济力量决定着权力分配，而是权力分配决定着社会经济分配，社会经济关系的主体是权力分配的产物；在社会结构诸多因素中，王权体系同时又是一种社会结构，并在社会的诸种结构中居于主导地位；在社会诸种权力中，王权是最高的权力；在日常的社会运转中，王权起着枢纽作用；社会与政治动荡的结局，最终是回复到王权秩序；王权崇拜是思想文化的核心，而"王道"则是社会理性、道德、正义、公正的体现，等等。过去我们通常用经济关系去解释社会现象，这无疑是有意义的；然而从更直接的意义上说，我认为从王权去解释更为具体，更便当。
>
> 王权主义是上述现象的总称，我所说的王权主义既不是指社会形态，也不限于通常所说的权力系统，而是指社会的一种控制和运行机制。大致说来又可分为三个层次：一是以王权为中心的权力系统，二是以这种权力系统为骨架形成的社会结构，三是与上述状况相应的观念体系。

1983 年史学界举行"中国地主阶级学术讨论会"，我在提交的论文中提出，文明以来的传统社会是"权力支配经济"，地主的主干是"权力分配的产物"，主要不是"地租地产化"，而是"权力地产化"。此论一出便受到史学界重量级人物的批评，说我是杜林"暴力论"的翻版等等。就实而论，在一定的历史时期，暴力确实能够支配经济，特别是支配分配，这是无可辩驳的事实。近些年来经济学界提出"权力资本"，应该说这是有传统来支持的。其实用"权力经济"可能会说明更多的问题。

问：你上边说到的"阶级""剥削""权力支配经济""中国的王权主义"等问题，事关历史的全局，你有进一步的计划吗？

答：我的《中国的王权主义》一书，把主要想法都收容进去了，现在忙着组织同人写多卷本的《中国政治思想通史》，其中"通论"部分由我负责，会对上述问题作进一步讨论。如果有可能也想写点文章进行论述。

访谈人：范思

儒学成为世界"领导力"质疑①

梁启超回国后发表的《欧游心影录》对这种情形有如下描述：

> 记得一位美国有名的新闻记者赛蒙氏和我闲谈，他问我："你回到中国干什么事？是否要把西洋文明带些回去？"我说："这个自然。"他叹一口气说："唉，可怜，西洋文明已经破产了。"我问他："你回到美国却干什么？"他说："我回去就关起大门老等，等你们把中国文明输进来救拔我们。"我可爱的青年啊，立正，开步走！大海对岸那边有好几万万人，愁着物质文明破产，哀哀欲绝的喊救命，等着你来超拔他哩。我们在天的祖宗三大圣(指孔子、老子、墨子——引者)和许多前辈，眼巴巴盼望你完成他的事业，正在拿他的精神来加佑你哩。

这里梁启超申述的不仅是"中国文化救国论"，而且是"中国文化救世论"。梁启超 1904 年批评东亚社会及文化，其出发点是"现代化的诉求"；而 1920 年呼唤以东亚智慧拯救西方，拯救现代文明，其出发点则是"后现代的探索"。梁启超的结论是："解决物质文明靠西方文化，解决精神文明靠东方文化"。

严复戊戌时期在《救亡决论》中历数中国传统文化弊端，并倡言："天下理之最明而势所必至者，如今日中国不变法则必亡是已。"而严氏晚年力主回归传统，高唤："回观孔孟之道，真量同天地，泽被寰区。"

梁漱溟先生在 20 世纪 80 年代一次结束演讲时说："我 60 年前就说过，将来的世界文化必定是孔子与儒家文化的复兴，我现在仍然坚持这一观点。"

钱穆在最后完成的《中国文化对人类未来可有的贡献》一文里，用毕生体悟，对"天人合一"提出新解，认为"天人合一"观，是中国古代文化最古老最有

---

① 2010 年 10 月发优秀论文集时的演讲。

贡献的一种主张,认为此下世界文化之归趋,恐必将以中国传统文化为宗主。

成中英说:"儒学价值体系应如何发展为全球的领导力。"

冯天瑜则既肯认中国智慧创造辉煌古典文明的既往事实,又研讨中国智慧未能导引出现代文明的因由,从而不回避现代化的"补课"任务。同时还要开掘中国智慧疗治现代病的丰富内涵。

这几年还有中美共同领导世界论。

问题可以归结为一点,就是儒学成为世界的"领导力",以救世界。

这个结论是如何出来的?事实依据和逻辑是什么?有些我还不摸底。但有些也略知一点。

大致说来有如下几点:

一、西方没落了,轮到东方和儒家了。最近的说法是三十年河西,三十年河东。21 世纪是中国的世纪。在人类的历史进程中有没有中心? 对这点似乎没有异议。

1.人类进程中有否中心?有不平衡性,就会有先进与后进,就会有中心。

上古有所谓的四大或五大文明古国说。目前国际学术界公认的文明古发源地有五个。《世界文明史》(美国威廉·麦克高希)称,"古巴比伦(公元前4000 年—公元前 2250 年之间)、古埃及(公元前 3500 年—公元前 600 年)、古印度(公元前 2000 年)、古中国(公元前 2070 年)、古希腊(公元前 800 年—公元前 146 年)是世界上的五大文明发源地"。这是学术界认同最多的说法。目前中国学术界公认的说法是:中国是世界文明的发源地之一,有着 4080 年的文明史,与古埃及、古巴比伦、古印度一起并称为"四大文明古国"。

"四大文明古国"指古代文明的发源地中国、古印度、古埃及和古巴比伦。这一说法,最早是由梁启超先生于 1900 年的《二十世纪太平洋歌》中首次使用这个定义。梁启超的说法来源于当时世界学术界公认的"四大文明发源地"。但遗憾的是,除中国之外,其他三个文明古国的文化已在地球上消失了,只留下一些历史痕迹。

后来的历史如何就更复杂了,近代以来有西方中心论。

列宁说有革命中心转移论,即英国——法国——俄国。

2.在走向所谓的地球村时代,还有中心吗?

一种说法是没有中心了,世界一体化了。至少反对中心论。

一种说法是多元并存。

一种说法,中心是事实,或分为不同的中心。

3.我猜测,只要还有国家与民族体,就不可避免有不平衡,仍然会有或显或隐的"中心"或"单项中心"。

未来的"什么"中心会不会转移到中国?我期盼着。但就思想文化而言,我估计肯定不会是儒家的。除非现代就以儒家为指针引导中国走向现代化,不然怎么会在将来就变成以儒家为旗帜呢?

梁启超说:"唐虞以前为胚胎时代,殷周之际为乳哺时代,由孔子而来至于今为童子时代。"让童子时代的思想领导青年、成年,可能吗?

法古必衰,1903年署名君衍写了一篇《法古》云:"从前因为法古,弄到今日这般田地,今日既晓得从前的错处,应该拿从前的法儿立刻改变。"才能复兴。

二、儒家成为领导力的依据是:儒家是普世价值的原创者,与时下说的普世价值是一致的。

时下很多学者从普世价值角度评价孔孟与儒家,我一方面感到有意义,但从所论内容看,又感到过于抽象,从历史的角度说,又感到太玄。真不知从哪里说起。比如成中英先生又有如下的论述:"我们看到了几种有关人的发展的价值:一是维护社会存在的价值,一是促使社会发展的价值,一是关心人生福利的价值,一是充实社会生活的价值,一是结合全体向未来发展的价值,最后是统合这五种价值为一体的而又促其发展作用的整体价值。第一种价值自然是上面讨论过的义,其次就是仁,再其次就是合理的制度及法律可称之为礼,再其次就是信,最后的总体价值就是和谐的价值。此处我把和谐当作动词看待,或可曰"和谐化"。这些价值正好是中华文化中儒家孔子重视的价值,其实也就是人与社会存在与繁荣的原理与原则。"

稍微具体点的则说人格独立、独立的理性思维、平等、民主、大同、仁爱、人权、正义等等,这些都是儒学的基本精神。

关于普世价值问题,中国学界有争议,有的认为没有什么普世价值:"普世价值还停留在神话阶段,它所具有的价值是神话价值、理想价值。""普世价值也许不错,像巧克力,或咖啡,或卷烟。这玩意儿,摆着玩可以,尝尝鲜儿,也成。当饭吃,不靠谱了。"

"他们鼓吹的'普世价值'并不是人人所固有的,或上帝赋予的,而是由资本主义的社会经济关系决定的。看一看他们'普世价值'的具体内容,就可以明白这一点。他们正是把西方发达资本主义国家里的民主、自由、人权、公平等等称之为'普世价值'的,而这些价值观念的内涵不就是反映了资本主义的政治经济关系吗?"

中国社会科学院院长陈奎元在2008年10月的一次会议上进一步威风八面地强调:"现在西方话语权的声音高,把他们主张的'民主观''人权观'以及自由市场经济理论等等也宣称为普世价值,我国也有一些人如影随形,大讲要与'普世价值'接轨。""我们要树立民族自尊心和自信心,不搞任何盲目崇拜,不能将西方的价值观念尊奉为所谓的普世价值。"

"把资本主义文明看作不可超越的终极存在,是'普世价值'热播者的意识形态前提;把当代中国的改革开放纳入资本主义世界文明的轨道,是他们热衷传播'普世价值'的根本目的。""通过'普世价值'干预我国的民主政治建设,以期终结共产党领导的国家权力结构,是这一讨论的核心,因而其在本质上是当代西方话语霸权及其价值渗透方式的表达。""今天我国某些人大谈'普世价值',既表明了其挑战社会主义主流意识形态而又信心不足的虚弱本质,又表明了其臣服于当代西方强势话语而又极力加以掩饰的矛盾心态。"

"只要阶级斗争还在一定范围内存在,我们就不能丢弃马克思主义的阶级和阶级分析的观点和方法。这种观点和方法始终是我们观察社会主义同各种敌对势力斗争的复杂政治现象的一把钥匙。""当前出现一股宣扬'普世价值'之风,并不是偶然的。一股思潮的出现总有它的根源,我们可以从国际国内尖锐复杂的意识形态斗争的形势中找到鼓吹'普世价值'这股风的源头。""把西方发达资本主义国家的民主、自由、平等、人权等封为'普世价值'",这"是要求彻底西化"。我们"必须剖析鼓吹'普世价值'的阶级实质,明辨思想上政治上的大是大非"。

在这些论者中,有的人却十分提倡儒学、经学,我感到很奇怪。在同一个世界频繁交流中没有"普世价值",却与对立时代的思想有更多的共同性。

按照这种说法的逻辑,在现在的世界如此走向"趋同"的时代(我不大赞成"一体化"),都没有普世价值,怎么能与古老的孔孟、儒家有共同普世价值呢?

把普世价值说成是西方或资本主义的,也很成问题。难道社会主义中没有普世价值吗?

那么,如何看待普世价值呢?

我个人还是倾向有普世价值的。因为人毕竟是一类。普世价值是古今中外长期积累和升华的宝贝。古代的也有当下说的普世价值的因素。但我不赞成过度抽象,所以在论说普世价值时,我要强调如下几点:

其一,普世价值是历史的范畴,社会对立程度与普世价值成反比;社会化程度越发展,普世价值就越明显。

其二,要在矛盾中寻求普世价值,普世价值不是一家一派之说,而是多元说的"最大公约数",普世价值是社会矛盾、博弈、妥协的产物。

其三,普世价值本身是利益性与社会性的交错组合(既有"阶级性",也有社会性)。

其四,普世价值的实现程度与社会发展程度大致成正比,而更多表现为历史的指向性。

从历史进程说,孔子和儒家是前现代社会的一说,其中含有普世价值的因素。但不能把现代社会的普世价值与孔子、儒家等值化。现代的普世价值是现代社会环境下社会关系与人的地位的精神升华。孔子的时代社会矛盾对立是很强的,孔子尽管对民众有一定的同情心,比如他讲的仁者爱人,无疑具有普世价值的因素;但他又坚持贵贱有序,"民可使由之,不可使知之""唯上智与下愚不移""唯小人与女子为难养也"等等。面对这些对立,过分突出孔子的普世价值是不符合实际的。礼固然是社会秩序,但怎么能与现代追求的"合理的制度及法律"直接对应呢?

还有不少学者从更具体的价值上说孔子等与现代价值相契合,比如,说孔孟等学说中有民主、人权。有人说从民本观念中可以引申出现代的民主,张分田的论著详细进行了反驳。民本与民主是两个不同的观念,民本中有民主的因素,但与民主又有着质的差别。至于说人权,实在太勉强了。人权的含义很多,但最基本的是人人平等,儒家中有吗? 基于此,孔子、儒家的价值说只是一说,我认为也不能把孔子、儒家与历史进程中的普世价值画等号,还应充分关注诸子和社会思潮,从中概括出历史的普世价值问题。比如均贫富、等贵贱是普世价值吗?以人为本是法家提出的,含有普世价值因素吗? 一断于法有普世价值因素吗?兼相爱,交相利有吗?从个别词句要推断,含有普世价值因素的多得很,怎么只是儒家呢?

也有比较具体层面上的概括,如国际社会公认的基本和普遍价值,如科学、民主、法制、自由、人权、平等、博爱等,这些在不同的利益群体中各有自己的含义,即有阶级性,但又是人类在漫长的历史进程中共同追求的价值观和共同创造的文明成果。谈论这些普世价值,那在孔孟以及儒家那里只能说有某些因素,绝对不能直接对应。

三、儒家高扬道德,具有至上性。

儒家高扬道德,救时下的中国,也救世界。中国与世界是一派道德沉沦。诺贝尔奖得获者的弘扬孔子论据说是编造的。但我们的甲申文化宣言是真的,用儒学救世界。

1.儒家以及所有古典的道德无疑都有贯通古今的因素,大概不能只高看儒家一派。

2.道德是否是历史性的? 我认为其主流含义都是在历史中存在的,是一种历史形态。抽象不能抹杀历史性的具体内容。

孝为仁之本,历史中孝的内涵是哪些? 这点必须确定。

3.现在是社会的转型时期,也可以说是大转型,即从农业转向工业化与信息化;在大陆范围而言又是从计划性时期转向市场化与多元化时期。道德同样也处于转型期。从传统的臣民化为主的道德向公民化的道德转型。鲁迅讲过一句很有名的话,这句话非常厉害,他就是想揭示这个现象,他说中国的文化说到底是"侍奉主子的文化"。"侍奉主子",就是服从,就是臣服,一层一层地侍奉上去,是臣服的文化。这样一个社会,就叫臣民社会。中央各部的大官在皇帝面前下跪、称臣,都是臣。公民文化氛围中道德就是"个人"的权利的不可动摇性。每一个人生来就有他的权利,人的主体是平等的。卢梭所言,"公民社会注重个人自由"。

当下更具体地说是从党国主义为主导的工具化道德转向个人主义与社群主义磨合、协调的道德。

4.政治与道德要适当分开。

儒家的基本思路是道德政治化——内圣外王,主张人治。从话语上看,的确很吸引人。

但政治不是道德的延伸和外化。政治的主体是权力与利益问题。这点古人早就指出来了。在现代化的社会,随着对个人利益的承认以及信息流动的日益自由和信息流动成本的日益降低,神化、圣化领导人或者政府机关更不可能了。由于中国的传统和长期的党国体制,一直沿袭了道王合一,道就是真理与道德,现在各种制度规定恨不得把官员们打造成圣人,而越是把政府政治合理性建构在官员的真理与道德性上,与实际就越相悖。毕竟,真实的人绝大多数不会是圣人,这不仅表现在"高尚的人并非没有卑劣的品质(罗曼·罗兰语)",还表现在自由的价值评判和信息的不对称必然导致统一的真理和道德形象的消解。领袖已经是具体的人,是邻家大哥,不是天子。

更致命的问题是,打造道德权威付出的成本往往更大。政府是由一个个具体的人组成的。这些人尽管承担着与普通公民相比更多的责任和义务,但是,绝大多数人在自己对自己的评价或者公众对他们的评价中都是普通人,他们不可能都具备高尚的道德修养或者说完美无瑕的行为举止。在市场经济时代,从资源配置角度看,从操作层面看,政府组成更是陷入了悖论:从道德角度看,道德高尚的人、行为完美的人应该是对物质利益要求较低的人,而从实际人力资源配置角度看,这些人又是高素质的人,必然需要更多的物质和精神资源才能吸引高素质的人参与政府。当然,中国共产党作为执政党团队,仍然能够通过共同的信仰和精神来鼓舞激励有着共同价值观的人完成政府既定的目标,执行政府的意图。现代的政府固然不能不讲道德,但绝不能以此为己任,调唱得越高,就越相反。调高了,就下不来,而下不来,只有更高,越高,越腐蚀自己的执政基础——因为在执政期间,你所依靠的主要是普通人的内在动力(主要靠物质激励),而不可能是革命时代的激情(主要靠文化和信仰激励),由此,政府往往产生控制信息的内在冲动,进而形成恶性循环。

随着利益的多元化也无法维系。政府决策往往陷入两难——即一方得利,而另一方受损失,或者甚至尽管从长期看,是有利的决策,却无法得到公众的支持,进而导致政府的决策或者论说陷入被不同利益群体围攻的局面。而且政治实际多被少数拥有强势话语权的人所控制。政府由此进一步陷入公信力危机。

四、中国要复兴,要对人类有更大的贡献,而儒家在历史上是中国文化的主体。中国的复兴会把儒学推到顶峰。(原稿未完)

306

反思中国传统政治思想要有现实观照意识
——刘泽华先生访谈①

学术选择：对历史与现实要有承担

问：您是著名的政治思想史专家，近三十年来成果丰厚，您当初为什么要选择研究中国政治思想史？

刘泽华先生（以下简称刘）：之所以选择中国政治思想史，既有个人经历的原因，也有学理上的考虑。在学理上，我主要出于两方面的考虑：一个就是我感到政治思想在中国整个历史中的地位举足轻重，影响全局；另一个就是分析国情的需要。

梁启超的《先秦政治思想史》，可以说是中国政治思想史的奠基之作。书中有一句话，对我影响尤其突出，他说："所谓'百家言'者，盖罔不归宿于政治。"章太炎先生也说："周时诸学者已好谈政治，差不多在任何书上都见他们政治主张。……中国人多以全力着眼政治。"再后钱穆也说过中国士人以政治为宗教。我感觉确实是这个样子。你们可以看看《吕氏春秋》，它可以说是诸子百家的一个总汇，全书比较多的是从政治角度去论述问题。到了司马谈的《论六家要旨》也归结为一个"治"字，再后班固也是这样讲的。所以，我想梁启超等人的说法是符合历史实际的。

因此，从学理上讲，我们要研究政治思想，我绝对不是说政治观念囊括一切，但确实占主导地位，1949年以后在这方面的研究却变得比较薄弱。

葛荃等人合作写了一本《认知与沉思的积淀——中国政治思想史研究历程》，把政治思想史的研究历程梳理了一下，还有一本书《中国政治思想史研究》，这个挂了我的名，实际上也是葛荃做的，这本书对中国政治思想史研究有一个概述，同时也选了一些这个领域当中有影响的文章。有兴趣的话我建议你们翻翻这两本书，就能了解过去的研究情况。

---

① 发表于《历史教学》，2011年第4期。

问：确实，1949年以后国内的政治思想史研究比较薄弱，直到"文革"结束后，才有了比较系统深入的研究，而您又是其中比较早的，您刚才说到，对于中国政治思想史的研究是出于分析国情的需要，为什么这样说呢？

刘：啊，分析中国的国情，的确是我的一种承担。我觉得我们这一代人经历的曲曲折折很值得反思，其中我认为政治思想的反思尤为重要。"文革"后期我开始萌生了怀疑，更觉得应该对政治思想进行清理。

"文革"可以说是中国历史发展进程中的一个浓缩。它里面的问题太多，有诸多元素，其中一个重要的问题，我们姑且用"现代封建主义"（目前关于"封建"这个概念争论分歧很大）这几个字来概括。"现代封建主义"的大泛滥是个影响全局的问题，几乎全民都程度不同地、主动地或被动地卷进去了，在"地下"固然有先知者，但公开在报章上进行批判的史学家，我感到要特别提到黎澍先生，他在1977年写了一篇论述现代封建主义的文章。这篇文章对我启发很大，有很强的共鸣，并坚定了我研究政治思想的想法。

现代封建主义的大泛滥，是重要的国情，我们应该揭示这种封建主义的历史背景，明确它在现实当中的表现，这些现代封建主义的东西，管它叫历史的积淀也好，叫历史的传承也好，确确实实，在当时的很多人身上存在，而且以特殊的理论形式征服了或者是说服了中国的多数人。征服和说服这两者性质不一样，我个人在相当长的时间就是信服的；也许有些人是被征服的，不管怎样，关键在于"服"，这就很麻烦了。有些人曾加入现代封建主义的合唱，现在又在他们的文集中把这些东西都删掉了，我想，怎么能删得掉？以后有人翻出来，即使已仙逝也会很尴尬的！我想要清理我们这个时代，就要首先清理我们自己。

总之，学科学理与反思国情就是我研究政治思想史的两个主要依据，也是我三十年来循而不改的一个主因。

王权主义：中国古代思想文化的主旨与全局控制力

问：正是因为这样，先生在"文革"之后，就进入了政治思想史的研究，并且取得了丰硕的成果，先后有《先秦政治思想史》《中国传统政治思想反思》《中国的王权主义》等著作出版，2008年又出版了三卷本《中国政治思想史集》，都产生了很大的影响，建构了以王权主义为核心的政治思想史体系，那么您为什么选择用"王权主义"来概括这一体系？

刘：我讲王权主义，的确引起了一些人的关注。我自认为我是承继五四而来的。初多用"君主专制主义"。后来多用"王权主义"这个概念。20世纪80年代开始很多学者大讲中国的人文主义，认为中国的传统是人文主义。1986年我就写了一篇《中国的人文主义和王权主义》，我认为要分清中国传统的人文说和西方启蒙时代的人文说，两者历史背景不一样的，内涵也不一样。不能把西方的人文主义内涵植入中国古代。我认为中国传统的人文主义恰恰导向了君主专制主义，导向了王权主义，而没有走向科学、民主、自由等等。古代哲人确实研究了人，也对人提出了许多善的要求，但这只是一面，在政治上它没有走向民主。

问：那么您讲的这个王权主义，仅仅是思想层面上的吗？它有哪些内涵？又包括哪些深层次的内容？

刘：我所讲的王权主义，它既不是指社会形态，也不限于通常所说的权力系统，而是指社会的一种控制和运行机制。大致说来又可分为三个层次：一是以王权为中心的权力系统；二是以这种权力系统为骨架形成的社会结构；三是与上述状况相应的观念体系。

我讲的王权主义首先是一个事实判断，而不是在评价它的历史作用与历史价值。现在批评我的多把这两个问题搅在一起，好像我就是简单地对王权主义一笔否定。不是这样的。对于王权主义我强调要在矛盾中陈述，我不会简单的全盘肯定，也不会简单的全盘否定。

问：您刚才说您讲的王权主义首先是一个事实判断，那么就观念范围内说，是什么支撑您做出这样一种判断？

刘：下边只限说政治思想，我的主要的支柱可以有几点，也可以说有四条腿吧。

第一点，我断定先秦诸子百家争鸣，争的不是不同的制度，像柏拉图概括的几种政治制度，先秦诸子基本上没有这些内容。在《左传》里面，有一点点关于体制问题的讨论。老子、孔子开始以后的诸子百家，对这个问题的讨论就很少，除了农家以外，其他各家，基本上都是讨论要什么样的君主专制，实行什么样的政策。这是中国历史上的一个大事实问题。

法家不用说，儒家也不例外。孔子讲的是"天无二日，民无二王"，"礼乐征伐自天子出"。这一套观念是儒家政治上的核心内容。至于孟子，的确讲过，"民为贵，社稷次之，君为轻"，很多人就从这里引申过来，认为这就是中国最早的民主思想，完全可以开出现代的民主观念，但是看看《孟子》，他很赞同孔子"天无二日，民无二王"这句话，另外，他也讲君权神授。所以，只强调"民为贵"这三个字不行。到荀子那里君主专制体制的东西就更多了。

总而言之，我感到先秦诸子的争论点，是在争论要什么样的君主专制，君主应该实行怎样的政治路线，怎么调整社会关系，这是个框架。后来佛家进来了，佛家讨论的问题很多，但首先讨论的是佛拜王不拜王的问题，印度的佛是不拜王的，在中国，佛家在这个问题上屈服了，出家人是要拜王的，所以要讲中国化，这是最大的中国化。这是支撑王权主义的第一条腿。

问：除农家外，各家都讲君主专制，那么在思想观念上君主专制有哪些特点，您能概括一下吗？

刘：君主专制观念包括许多内容，其要点我归纳为帝王的"五独"观念，具体讲就是"天下独占、地位独尊、势位独一、权力独操、决事独断"。

天下独占在商代卜辞与《盘庚》篇中已见雏形。到西周发展为"普天之下，莫非王土；率土之滨，莫非王臣"。秦始皇讲得也很清楚，"六和之内，皇帝之土，人之所至，无不臣者"。到了宋代，理学家最强调"理"的权威，但也在强调这种观念，程颐就说，"天子据天下至尊，率土之滨，莫非王臣，凡土地之赋，人民之众，皆王者之有也"。《公羊传》讲，天子对于臣下的东西是"有取无假"，我拿来就是了。当然天下独占并不是说要体现在每一点上，但是这个观念具有最高性，而且多数人是接受的，并逐渐发展为中国的主流观念。至于独占到什么程度，首先涉及人身与私有权等问题。人身自主权、私有权没有得到很好的发展，一遇到皇帝，就失去意义了。

地位独尊，是说在一切社会关系中，君主的地位是至高、至尊、至贵的，荀子说，"天子无妻(齐)"，没有可以和他相比较的人，这点应当说是被社会普遍认同的。

势位独一，是说在权力体系当中，君主是独一无二的，社会当中有很多权力系统，而最高的权力归于君主，要一而不二。很多人提到一和多的关系，但强调要以一御多，这种理论和权力结构是一致的。孔老夫子讲"天无二日，民无二王"，也体现了这种观念。所以说势位独一的思想也是普遍的。

权力独操，是讲最高权力由帝王独操。中国古代的权力机构，应该说都是皇帝的派出机构和办事机构。有些人用分权这个概念来解释，我不赞成。权力的分工当然是有的，但分工不同于分权。宰相是百官之首，但只是一个辅助，与帝王不是分权。还有些人高扬谏议制度，认为是民主制。我在1980年和王连升同志合写过一篇论谏议的文章，我们认为不是民主制度，它有点像今天说的民主作风，但它只是一种收集信息的渠道，而不是一种决断制度，所以强谏多悲剧。因此，把谏议制度看作是一种民主制度，是不符合实际的。

决事独断，就是说君主是最高的决断者，掌握着最后的决断权。中国有一句话，"兼听而独断"。当然掌握决断权的并不总是皇帝，有时候是皇帝的转换形式，如权臣、宦官、母后等，这个无关紧要，重要的是最后有一个独断的人。司马光有一段很典型的话，他说"古人有言：'谋之在多，断之在独'"，"谋之多可以观利害之极致，断之独可以定天下之是非"，决断要独，这是一个普遍的观念。

帝王的"五独"观念，你们看看是不是包括在中国思想观念甚至于普遍的社会文化当中？如果是，这就成为支撑王权主义的第二条腿。

问：您说的帝王"五独"是一个事实，那么它对社会观念的影响最主要的是什么？

刘：与帝王"五独"相匹配的是"君尊臣卑"观念。余英时曾经写过一篇文章，他认为君尊臣卑是法家的思想，这点我不赞成，我认为君尊臣卑观念是普遍性的，包括儒家等等都在提。不要小看这四个字，这四个字具有全局的控制意义。我写过多篇文章论述君尊臣卑观念。这是支撑王权主义的第三条腿。

问：您讲帝王的"五独"与"君尊臣卑"观念，有一些人认为不是这样，他们认为中国古代的士人有独立性，对于君主有相当大的制约作用。

刘：是的，士人对于君主有某种意义的制约性。但我认为要看主要面。从主要面看，我认为帝王基本上控制了"学"和"士人"。这种控制应该说由来已久，西周的时候叫作"学在官府"，当时的学叫作王学，后来从王学分化出诸子。在诸子时期，君主对士人的控制相对来讲可能少一些，但是士人的出路，也还在政治，因此又不得不向君主找出路。到了秦始皇时就干脆以吏为师。汉武帝时独尊儒术，立"五经"。你们可以看一下，李斯讲焚书和董仲舒讲尊儒的时候，他们两个的用语几乎是一样的，都强调"定一尊""持一统"，而这些则由皇帝操作。正像唐太宗说的："天下英雄尽入吾彀矣。"汉武帝、朱元璋等都讲过，士人不为所用，不如杀掉。这样一来皇帝就控制了学，控制了士人，也就控制了社会的文化。这是第四条腿。

如果说谁要反驳我，他就应该把这四条腿除掉，这四条腿如果不能成立，我这个提法就可能落空了。希望批评我的先生稍加留意。

方法探索：把马克思主义当作认识论的一种，人人有选择和修正的自由

问：除了对中国政治思想史的具体研究，您还注重对相关的历史方法论

的探索,最近关于历史唯物论的许多问题也比较热,您如何看待历史唯物论等马克思主义在历史研究中的运用?

刘:从我个人的知识结构和经历来讲,我自认为自己还是沿着马克思主义进行思考的,我仍然认为马克思讲的一些基本的道理,具有很强的解释力,比如经济是基础这一点,我到现在仍然认为是正确的,社会的其他方方面面都是在这个基础上发展的。

如果说我和过去有什么不同,过去我视为立场、信条,与宗教教义相近。近三十年来我把马克思主义作为一种认识论来看待。马克思主义是自由认识的产物,因此也以认识自由来看待它。历史在变,对马克思的一些论述进行修正当属自然。修正有大修正、小修正。大修正,我没有那个本事,也没有那个学识。但你应当有这样的认识:别人能修正,我也能修正! 我只是在我研究的范围内做一些小修正。马克思是伟大的思想家,是人类的精神财富,但不是教条。作为一种学派,它的发展一定要有修正,没有修正就没有发展。历史在变,不能不修正! 三十年前我对当时占统治地位的、具有教义性的绝对性的阶级斗争说就进行过修正。对“先进”的问题在 20 世纪 80 年代我就提出过一点点修正。过去把先进阶级化、固定化,这本身就有很多问题。先进与否,我认为应从社会运动的角度来考虑,是一个动态的东西,社会上面临着什么样的问题,谁能够在这个问题上疏通或者解决,这种力量就是先进,不一定是特定的一群人,也不一定是哪个特定的阶级,对先进的观念要做一个调整。

方法论的问题,应该是以自己遇到的问题来给自己找方法,在这个过程当中当然要有一些借鉴,要吸收别人的成果。

问:您在“政治理念与中国社会”丛书的总序中提出“阶级共同体”的综合分析方法,应该说就是有继承有修正,也算是在方法上思考的一个结果吧。

刘:对。共同体就是讲人们普遍的共同性。那还有没有阶级呢? 我到现在也不否认,因为有利益的问题。现在有一派只讲共同体不再讲阶级;只讲分配,不讲分配当中谁占了便宜,谁被剥削,所以我就强调阶级和共同体的综合分析方法,我想把这两种东西结合起来。

问:我们还注意到,您在担任中国社会史研究中心主任的时候,曾主持召开一次思想与社会互动研究的会议,在会上您强调要加强思想与社会的互动研究,也产生了不小的影响。

刘:我强调社会与思想互动的问题,主要是从学理上考虑的。我们那个时代强调社会存在决定社会意识,这个大的道理如果从长时段来看,我基本上还是认同的,但是在一些具体的情况下,特别是在每个人的具体活动中,就不一定是这样。那么社会和思想是什么关系?我想是互动的,是鸡生蛋,蛋生鸡的关系,很难说哪个在先,所以从这个意义上来讲,我是要讲一些可操作性的提法,也就是社会与思想互动。

存在与意识是一个共存现象,相对于个人来讲,意识物化了的东西具有较强的持续性,但从个人受社会的影响来讲,个人的可变性就要强一些,所以在这个意义上,我更强调思想与社会之间的互动,而不再单向强调社会存在决定社会意识,甚至有的时候恰恰相反,是人们的观念主导了社会的存在。另外,在提出这个问题时,还有学科研究上的考虑。我们在学科上常常把一些东西分开,这是研究物的,那是研究精神的;研究物时不见思想,不见观念;反之,也不见物。历史现象基本上是混成的,它既是思想的物化,又是物化的思想。说实话,提出这个问题以后,我也没有进行更深入的研究。我觉得应该多关注物化的思想和思想的物化的组合,比如写政治制度,不要只写制度,还要分析制度当中体现着什么观念。希望你们今后有突破。

您接受"刘泽华学派"的说法吗? 还是自由的学术联合体?

问:除了您之外,还有许多您的学生也从事中国政治思想史研究,已经构成了一个学术团队,发表出版了许多著作、论文等,产生了很大的影响。人们称之为"刘泽华学派",您是怎么看待这一学派的?

刘:我与合作者在某些观点上相近,并构成了一个学术团队,但叫"刘泽华学派",我想是批评我的人加给我的。

问:也不全是批评您的,前几天《史学月刊》的主编李振宏先生在《社会科学报》上发表了一篇文章,题目叫《期待中国思想史的蓬勃春天》,在文章中,他指出学派的出现表明了学术的进步, 使中国思想史研究进入一个新的阶段,并且把侯外庐学派和刘泽华学派,作为两个代表来论述。

刘:是吗? 看来也不全是批评我的。但最早称"刘泽华学派"的是批评我的。从我的本意来讲,我没有要建立一个学派的意思,因为我一直主张独立思考,强调学术个性,我和学生们之间的关系是平等合作关系,你们看我很早以前写的文章,就是这个意思,强调要争鸣。我1984年写的《先秦政治思想史》的后记里,就说谁对我批评,我给谁高分,确确实实,我给了一些学生高分。我从来没有要求同学、要求同事听我的,我强调争鸣首先要敢于与自己的老师争鸣!

问:虽然您的本意并不是要创建什么学派,但事实上正如李振宏先生所说形成了具有"独特言说方式"的学派,而且学界的很多人,无论是批评的还是支持的,也在用"刘泽华学派"这个词。

刘:我的学识、能力很可怜,零打碎敲,即使有点学术个性,也说不上学派。我认为我们是自由联合体,有分工合作,又各自写自己的东西,这未尝不是一种推进学术研究的方式。

如果说派,不管别人怎么批评,我个人是沿着"五四"的文化批判派接着往下走的。

问:说到"五四",2009年是"五四"90周年,很多人回顾"五四",也有很多争论,很多强调弘扬传统文化的人对"五四"更多的是批评,这与您有很大的不同。

刘:我的看法确实和现在的弘扬潮流不一样,我自认为我是持分析的、批判的态度。这样,我也就理所当然地成为弘扬派批评的一个靶子,因为我讲的确实是比较多一些。其实与我观点相近的人也不少。

我欢迎来自任何方面的批评,即使用词很严厉,我也高兴。我也希望所有的学人都应该突出自己的个性,这样才会真正形成一个百家争鸣的局面。只有通过百家争鸣,才能在不同方面提出问题,只有不同认识的综合才更接近历史,更接近实际。如果只是沿着一条线认识,多半走向偏颇。

过去我写过一篇说偏激和相激的文章,相激一定会出现偏激,只有这样才能使问题深入。

国学观:反思而不是弘扬,是资源而不是本体

问:说到争鸣,这些年围绕着您的许多观点,产生了不少争论,前几年与文化保守主义在网络上的论争,以及今年与弘扬国学派关于国学的论争,他们都是把您当作批评的主要对象。

刘:就我的观点与思路来讲,我作为弘扬派的批评对象,应该说他们没有选错,我应该是靶子之一。大思路我是承继前辈人的,当然时下与我持大致相同观点的人也不少。

批评我的也不尽相同,有的讲我是全盘否定,是虚无主义,把中国传统妖

魔化等等。还有人虽没有点我的名,大概我也属于他说的数典忘祖,杞人忧天之流,说到数典忘祖,我想有些祖,该忘的还真的要忘,不是所有的祖宗都一定要供奉起来,都供奉,后人能承受吗?会把后人压死的!至于说杞人忧天,我想是一个很值得重新认识的命题,应该有忧天的意识。

问:我上大学时有一个老师讲了一个笑话,他说杞人忧天是好事,他说再想下去,也许中国的天文学就发展了。

刘:对比"天不变道亦不变",杞人忧天是有怀疑精神,值得提倡。至于说我是虚无主义,是全盘否定,主要是没有看我的书,稍微翻翻我的书就会知道我还不至于走到这一步,但我也不想去辩解,因为这涉及每个人批评的角度不一样。

我和现在提倡弘扬国学的一派,的确在路线上不一样,我承认这一点。但是我不反对研究国学,我虽不举国学的名号,但研究内容在他们说的国学之中,所以不能笼统地说我是反对国学。

问:那么,您和提倡弘扬国学的人的主要分歧是什么?您又主张该如何对国学进行研究?或者说您的国学观是什么?

刘:我们的分歧主要是如下两方面:一是弘扬还是分析?二是把国学当作我们的文化主体还是作为一种资源?笼笼统统讲弘扬,我就不赞成,太多过时的东西如何弘扬?

我强调分析,强调反思。瑞士的一个汉学家毕来德写过一篇评当前中国的思想流派的文章,他把我归为反思派。我自己也认为我是反思派,更强调分析。

问:怎么分析?是取其精华,弃其糟粕吗?

刘:我也不是简单地用精华糟粕来区分,过去我接受这个说法,现在也不是完全否定,但是怎么分?哪是精华?哪是糟粕?分起来是十分困难的事情。一个人有一个人的价值取向,你认为是精华的,在另外的人看来就是糟粕,所以在价值判断上就有很大的分歧,能分出精华和糟粕,那当然很好,可是能做到吗?而且历史的精华大抵只是历史的东西,只有放到历史的条件下,才能给它一定的意义,离开那个历史条件就很难说了。所以精华糟粕很难以区分。笼统地讲弘扬,就是所谓的精华我感觉也有问题。当然有很多精辟的话语,完全可以进入现代的环境当中去,可以化腐朽为神奇,也可以化神奇为腐朽。这不是思想体系的问题,而是另一个层次的问题。问题意识与启发性问题自然更多。

另外,现在有的人把国学等说成是中华文化的本体,要到传统那里寻根、找自己等等。我认为我就是我自己,我为什么要在古人里找自己?我认为传统的东西是资源不是主体或本体,我不认为孔子思想里能包含"我"。孔子就是一个历史资源,而"我"就是我!中国文化的主体应该是一个活的过程,应该首先生活在现实之中。至于作为资源怎么采集、使用,则由每个人自主决定。把孔孟作为中华文化的标志,真是匪夷所思!如果一定要说标志,标志就是"我们"自身,是我们这个时代。这是我和弘扬者的一个大差别。

此外,也涉及中外的讨论和中西的讨论,中体西用啊,西体中用啊,如果讲到体和用,我就讲先进为体,发展为用。只要是属于先进的东西,不管来自何方,都应该学习,拿来为我们现在的全方位发展服务。

寄语后学:要有世界眼光,贯通精神与责任感

问:最后,对于有志于从事历史研究,特别是中国政治思想史研究的青年学生,您有什么建议和期望?

刘:说实话,我已经是落伍了,现在的知识这么复杂多元,没有能力给你们提出什么建议,但是我的一些教训和问题,从另一个角度也许可以成为你们的参考。

我的一个问题和弱点,就是视野太窄,没有比较的眼光,没有世界眼光。现在要有世界眼光,要写世界史的中国史。我自己是一身土气,你们要纠正我这个缺陷,这是一条。

另外,研究政治思想史要有贯通精神。现在学界有一个大的问题,就是碎化现象,深入具体问题当然很好,但一定要有从一滴血看全局的眼光。说起来容易,做起来很难,但必须强调这一点。

我想还要有责任感和使命感。研究思想史说到底是一个观念问题,因此从这个意义上来讲,要关切中国观念的变化,和时代的观念不能脱节,在研究中要有比较的精神,要表现出一种独立的个性。

这三点都是我没有做到,或做得不够的。对你们有没有一点启示,由你们自己来考虑吧。

采访人:王丁　王申

关于天安门前竖孔子像问题答客问①

前记：这篇稿子是二月份寄给《史学月刊》的，承蒙不弃，表示采用，没有想到 4 月 20 日，孔子像被悄悄迁走了。于是我给编辑致信，拙稿还用吗？编辑回应说，孔子像是迁走了，但文中涉及的"历史观念与价值"问题，依然是应该讨论和争鸣的，仍拟发表。我也有同感，孔子像迁走与否并不重要，内含的理念确实仍需讨论。试看，竖立孔子像时的说辞与迁走的说辞根本不搭界，恕我直言，操作人实在是愚弄舆论和民众，令人哀叹！

缘起：一日怀益君来敝舍聊天，谈到天安门竖立孔子像。怀益君问，我试答，遂有以下问答录。

问：天安门前矗立了孔子像，引来纷纷议论，还有重量级学者发表联合声明，从理论上阐述其重大意义，我想就此事与您讨论涉及历史观念和当前一些理念问题，不知先生有否兴趣？

答：我知识有限，有些问题可能说不清楚，但很愿意切磋。

问：让孔子像屹立于天安门合适吗？

答：这个问题我说不清楚。天安门是人民的广场，人人都可以去，按说孔子也可以去。不过现在不是孔子本人去，而是有人在那里竖他的雕像，这就是问题了。天安门是什么地方？我不知有否法律或法规的明文规定？如果你知道，请告诉我。就我直观的印象说，在天安门范围内竖立什么永久的东西，应该有法律授权。

问：听说是中国国家博物馆立的，这不应该有问题吧？

答：如果中国国家博物馆在其展览厅的什么地方立孔子像，我想合乎他们的权限，但他们把孔子像竖立到天安门广场，那仍有问题。中国国家博物馆只是一个事业单位（应该说不是权力单位），如果其作为是合法的，就应该能

① 发表于《史学月刊》，2011 年第 7 期。

引例，比如天安门周围的各个单位都可以竖立自己想立的什么雕像，比如在某个地方不妨竖立秦始皇像，表示大统一；在某个地方竖立陈胜像，表示抗争，等等，我想也是可以的。

问：我看别较真啦，就算是中国国家博物馆的行为如何？

答：可以这样说，但还是有问题。中国国家博物馆门前为什么要立孔子像呢？竖在大门前，是什么意思，是"中国"的形象？是"国家"的象征？我真的说不清。但不管如何，我认为孔子像不能与"中国国家"相匹配！

问：难道在"中国国家博物馆"门前竖立什么像就是国家名片？

答：按说，一座博物馆，不管有多大，也不管它的行政级别（博物馆列入行政级别是中国特有的现象）有多高，不必与国家的名片相联系。但"中国国家博物馆"这个名字的确很庄重、严肃，也很政治化，在它门前竖立谁的雕像，显然就有"名片"的意义，即使有人出面给予界定也无用，因为"九五之尊"的形象摆在那里，不能不让人家联想。

问：的确有很多联想和解释，比如有人说标志着多元化，对面有毛泽东的像，节日有孙中山的像，还有马克思、列宁的像，这样说你认为如何？

答：这只能是民间的一种希望和解释，没有看到中国国家博物馆的说明。如果真的是你说的那样，这可是一个大举动。民间观念的多元化一直在发展，如果中国国家博物馆能与这种势头相呼应，可谓是大气魄！

如果真的是标志多元化，那肯定还有其他"元"的雕像也应该来，其他"元"的雕像是哪些，我说不清，但肯定不会少，而且各"元"的位置怎么摆放又会引起一场争论。中国传统非常看重礼仪的，金銮殿的龙椅不是任何人能触摸的，人物出场，谁在中间，谁在前，谁在后，都有严格的规范，一点都不能乱，那孔夫子为什么站在中间？这就会有说不完的话语。

问：照你这么说，孔子像屹立于天安门广场与礼仪的关系甚大，是否可以说，孔夫子屹立于天安门广场是历史以来最高的礼遇？

答：历史上孔子的牌位、画像或雕像在各级学校、书院以及文庙中都有，还会按时供上冷猪头、进香、膜拜，当然很神圣。不过我没有发现孔子像竖立在皇宫前的广场。现在的天安门虽不同于帝王时代的意义，但是举行国家大典的广场，因此把孔子像竖立于天安门范围内，我想是历代儒教徒想都没有想过的。儒生们一直想把孔子虚拟为王，于是制造出"素王"的神话。后来的真帝王也还真的采纳了信徒的意愿，加封孔夫子为"褒成宣尼公"，不过按汉代的礼仪,"皇帝"是至上的,"公"要比帝低得多,是皇帝的下属,直到唐朝,才加封为"文宣王"。因此从形式上说,孔子以"九五之尊"的气势屹立于天安门广场,真可谓前所未有,可以有无限的遐想空间。

问:有学者说,竖立孔子像表明我们"已经走出了近百年来全面否定中华传统文化的精神误区"。还说:"当前网上对于立孔子像有一些反对之声,其理由不过是近代以来'反孔'思潮的重复。从'打倒孔家店',到'文革''扫四旧''砸三孔''评法批儒',孔子及儒家思想遭到无情批判,对中华民族的精神家园造成严重摧残。"还有一些人连"五四"一锅煮,说是"激进",你认同吗?

答:这一段论说不能说没有一点道理,但其中有多个问题有待讨论:

第一,什么叫"近百年来全面否定中华传统文化的精神误区"?怎么界定"全面否定"的"误区"?"中华传统文化"包括哪些?谁"全面否定"过?比如政治人物袁世凯、蒋介石、毛泽东等,哪位"全面否定"过?袁世凯、蒋介石尊儒肯定与全盘否定无涉,毛泽东尊法难道就与"中华传统文化"没有关联?难道只有儒家才是中华传统文化"?问题是,"中华传统文化"是多元性的还是只有儒家一家?至于学者们更是多种多样,你倡导那个,我倡导这个,谁能与传统文化无关联?因此"误区"是怎么界定的?还望有关先生进一步论述,如果说批评儒家和孔子就是"误区",就是否定传统文化,显然是不能成立的。

第二,以"反孔"为标志,把"五四"与"文革"说成一系,这是一个大历史题目;否定"文革"让"五四"也来陪绑,这更是一个大题目;在中国漫长的历史中,"反孔"的声音一直没有中断过,难道都是"五四""文革"老祖宗?这又是一个大题目;是否以"反孔"为标志来给历史划线?这些学者提出的问题很大,希望他们能详论一下,我们再来讨论。

第三,说到"五四",谁都不能简化为"反孔",不能把"五四"与"反孔"画等号。人所共知,"五四"思潮是多元化的,笼统说"五四"激进也很片面。其实"五四"中的激进派也很复杂,从大体上说,在我看来,"五四"时期的激进派是历史进程中必然要出现的,是推进历史向前的积极因素。中国再也不能沿着传统文化的路子往下走,社会要转型,思想文化也要转型,不"激进"就无法推进转型。"激进"的主流是倡导科学与民主。从历史认识角度说,在大的趋势上,我是肯定"五四"中的激进派的。

第四,至于"五四"是否可以否定?历史是否可以有不同看法、是否可以重新改写?这是历史认识问题,是学术问题,有人愿意否定或改写,是一种学术选择。

至于竖立孔子像这件事就要看人们怎样理解其象征意义了。如果以后还会后续竖立各式各样的雕像,比如与孔子像并列的有对孔子进行批评者的像,应该说让人很惬意。庄子假盗跖之口说孔子是"伪巧人",如果让孔子与庄子对唱,历史真正成为人们自由认识的对象,实在是件大好事。庄子可以来,影响中国思想转型的陈独秀、鲁迅、胡适等也应该可以来。但如果像某些尊孔的人那样,为的是尊孔,搞独尊儒术,那就是一种观念专制和霸道了,怎生了得?

第五,把"反孔"说成是"对中华民族的精神家园造成严重摧残",显然是搞儒家独尊;试问儒家对其他学说的打压,算不算是"对中华民族的精神家园的摧残"? 应该说这是一个大问题,我也盼望提出"摧残"论的专家出来说明一下。

问:还是这些专家说:"事过境迁,历史已给'文革'以全面否定的宣判,但是'文革'思维尚需清理。围绕立孔子像引发的大讨论,应当是一场摆脱'文革'思想影响,卸下精神镣铐,更新文化观念,弘扬与建设中华文化,群众性的思想动员。"这种说法似乎也有一定的道理,你怎么看?

答:清理"文革"真是一个大课题,非常遗憾,对这个课题尚没有认真进行研究,尤其史学没有承担其应有的责任。但把竖立孔子像视为清理"文革"思想的标志,有点匪夷所思。其中有若干问题值得思考:

第一,竖立孔子像或张扬孔子就能摆脱"文革"思想影响? 如果真的如此,不妨全国到处多竖立孔子像! 但切不可忘记,历史上正是独尊儒术之后,形成了"非圣无法"的思想专制。大大小小的文字狱多多,兴文字狱的理论依据大抵与儒家观念都有程度不同的内在关联。从思维方式来说,"文革"思想的核心之一是"非圣无法"的思想专制的老路数。

第二,"文革"思想究竟有哪些? 看来人们还处在懵懵懂懂的状态,这是对"文革"缺乏研究导致的后果。"文革"是一个巨大历史现象,但研究却很薄弱,这种状况实在应该改变。"文革"思想的确是有点光怪陆离,成分复杂,这里很难说清楚。但有一点,应该说是封建主义(政治要人胡耀邦、叶剑英、李维汉、邓小平等;理论界的黎澍、孙冶方等,都非常严肃地批评过"文革"中的封建主义,所以我在这里也还沿用"封建主义"这个概念。目前学界对是否沿用"封建主义"一词争议很大,这里不论)的空前发作。从表面看,孔子是受了委屈,可是孔子与儒家思想却大行其道,不应忘记"三忠于""四无限"席卷中国大地啊!

第三,清理"文革"思想有一个重要内容,就是清理封建主义。儒家的主体精神是不是封建主义的? 这需要认真研究和对待;若说"文革"封建主义大泛滥与儒家精神无涉,我真切希望有关先生给予论证。

第四,"文革"中的孔子被政治家变成一种特殊的符号和代称,用来影射和整治政治上的异类或不同道者,这是人所共知的,孔子是代人受箭。把这种中国特有的政治争斗方式看作是思想、学理上的对立,恐怕有违老谋深算者的本意。

第五,"摆脱'文革'思想影响,卸下精神镣铐,更新文化观念"的确是一个大课题。在我看来,竖立孔子像与"摆脱'文革'思想"和"更新文化观念",从某一点上说似乎有点关系,你看,"文革"批孔,竖孔子像是尊孔,能不是"摆脱"和"更新"吗? 前边说了,这种说法还真的有点懵懵懂懂,无论从哪个角度说,都不过是隔靴搔痒的皮相之论,会把人们引向歧途。"摆脱"和"更新"需要的是科学与民主观念,是宪政和法制观念,是公民观念,是人权观念,要从儒家"非圣无法"和培育"顺民"的意识中走出来。上述这些新观念恰恰与儒家和孔子的主旨相矛盾,是儒家所没有的。竖立孔子像绝不会带来观念"更新",可能更多是相反。

第六,清理"文革"思想主要应重在清理"全面专政"理论以及影响至深的"非圣无法""和尚打伞,无法无天"等观念,这些问题不清理,任何思想观念都可能随时变成被专政的对象。

问:你说到这点,我想到一个与此有关联的问题。也正是这些力挺竖立孔子像的专家当中的一些人,同时发出呼吁,要求孔子故里曲阜"尊重中华文化圣地,停建曲阜耶稣教堂"。你看,一方面力挺竖立孔子像,另一方面要禁止建教堂,这两种声音在逻辑上是一致的,还是相悖的?

答:把两个问题放到一起,是很值得思考,我难于回答,但不妨提几个问题:

第一,把曲阜说成"中华文化圣地"有点难以理解。"中华文化"这个概念应该是中华文化的全称,包括 56 个民族的古今文化,曲阜仅仅是儒家的圣地,把儒家文化圣地冠上"中华文化"的大帽子是否太大了一点? 反过来说,是否把"中华文化"压瘪了?

第二,从习俗上说什么"圣地"固无不可,但从学理上我不赞成"圣"呀、"圣地"之类的称呼。崇圣观念是前现代社会盛行的观念,进入现代社会,在公民面前,一切都是可以再认识的对象,更不应把"圣"作为认识的前提。当然从宗教上说,还是有认识前提的"圣"。但由于信仰自由,所以不存在人人都必须尊崇的

"圣"。孔子是儒家、儒教的圣,无论如何不能把他加在"中华"的头上。

第三,曲阜是行政县,地面不小,住着"百姓",人们的信仰也不会相同,怎么一下子都归入孔门,并上升为"圣地"?如果说是"圣地",显然多少带有宗教性的味道,不宜作为学术词汇。

第四,"三孔"是文物单位,当然应该按文物法进行保护。对"三孔"应以"文物"相待为宜,不能超越"文物"的范围,另加其他的特别尊号。

第五,我不知道耶稣教堂要建在哪里,如果侵占"三孔",肯定不可。如果在"三孔"之外,有合法的建筑申报程序,曲阜有合法的耶稣教会和教民,怎么就不可建耶稣教堂?

第六,中国传统文化是多元性的,历史上有不少三教同堂的庙宇。这些重量级的专家都主张文化多元与和谐相处,如果以文化多元为由,为孔子屹立于天安门进行辩护,那就应该坚持文化多元的理念,也应该支持在曲阜建耶稣教堂。看来力挺孔子屹立于天安门不是为了推动多元文化的和谐发展,而是要独尊儒术。

问:这些专家又说:"历史一再表明,经济成果和政治主张,都不能成为民族认同的基础,只有在自己的历史文化中,才能找到民族认同,以至国民身份认同的心理依据。"把文化视为民族认同的根本,你认为是否有些偏颇?

答:这都是些宏论,也都是有待深入论述的重要问题。其中的许多问题我也不清楚,试着说几点:

首先,文化含义至今也不十分清晰,上述提法,文化似乎是经济、政治之外的一种独立存在。过去把文化说成是由一定经济与政治决定的,固然有简单化、机械化的偏颇,但作为观念性的文化,我依然认为其主要精神应该说还是由经济与政治主导的。因此对你引述观点的思路我是不赞成的。

其次,我仍然认为,文化主体应是一个历史的范畴,而不是凝固不变的。陈寅恪曾说过传统文化的旨要是"三纲六纪",同时又说,到近代已经过时了。近代以来的文化旨要应该是逐渐发展起来的公民文化和市场文化。对中华文化应该用历史眼光进行考察。

再次,说到"民族认同的基础""国民身份认同的心理依据",我认为不能只看文化,而是经济、政治、文化的综合因素,随着历史的变化,其精神会有转型和新的含义。且不可把中华文化凝固化,更不能凝固于传统文化和儒家与孔子。

再说一点，从说孔子雕像开始竟然一步一步上升到"民族认同""国民身份认同"，实在是夸大其词，难道对孔子持批判态度者就是民族与国民的另类？论述问题不能无限推演，把孔子与"民族认同""国民身份认同"搅和在一起是很不适宜的。

问：现在不少人把竖立孔子像与弘扬中华文化、传统文化联系在一起，看来这与你的理解有很大的不同，是这样吗？

答：是的。中华文化、传统文化、儒家文化、孔子等，这些概念的内涵相差很大，这还用说吗？张扬儒家就打儒家的旗号好了，不要打着传统文化来说事，更不要拿中华文化作大旗。传统文化是多元的，儒家只是其中的一元和一项；至于中华文化，那就更加宽广，怎么能用儒家或孔子来代表呢？

问：有人说，当前由于传统文化的缺失，造成了"社会上信用缺失、物欲横流、价值紊乱等等弊端，并开始威胁经济的可持续发展"，因此提倡儒家和孔子是治救之方，你认同吗？

答：提这个问题，我感到很奇怪，难道在"传统文化"盛行时期，中国就是君子国？就没有类似的种种"弊端"？

时下社会道德方面的问题的确很多，但怎样看待，可能对形势估计有比较大的差别。我认为与社会转型大体一样，道德也处于转型时期。传统的道德当然含有普遍（普世）意义的因素，可以作为资源来开发。但我认为应该关注的是，那个时代的道德与现代的道德在体系上有原则的差别。传统儒家的道德以忠孝为核心，很少有人格独立的空间，鲁迅用"吃人"概说旧道德，这两个字很刺目，让旧派人物受不了。就实而言也确实有点极端化，因为除"吃人"之外，也还有"成人"的某些内容，成就了"民族的脊梁"。

改革开放以前的道德，从社会层面上说，占主流的是"驯服工具论""螺丝钉论"，这与传统的"臣民"道德是一系相连的。改革开放引发了社会的转型，也引发了道德的转型。所谓道德的转型，就是主体意识在成长，公民意识在发展，博弈意识在发展，维权意识在发展，利益交换观念在发展，等等。在这种转型过程中，过去的道德观念肯定要受到冲击，也会出现诸多找不到"北"的盲区和混乱。但我认为要首先看转型的大势，对一些混乱、盲区现象要分析，要创建新的道德进行引导和治理。孔子能创建一套道德，难道我们就不能创建适应新时代的道德？从历史的角度说，儒家的老药方多半过时了。比如，"忠"于帝王的观念显然已经过时了；孝当然是要的，但基本精神也发生了变更，孔子讲孝的最高境界是"无违",这还能适应时代吗？摆在面前的是创建公民道德与公民文化,还有现代市场道德与市场文化,把儒家倡导的道德作为一种资源来对待不无补益,但用来救时弊,无异于缘木求鱼。

问:孔子像重在表达的是颂扬一个人的丰功呢,还是一种社会价值的符号呢？

答:孔子这样的人自有其历史的魅力,但竖立在那里,不管谁出面进行界定,其更重要的意义只能是一种价值宣示。说到价值,孔子的价值是前近代社会的一种,因为那时就有争论,就有与儒家不同的道德观念和规范。随着近代的到来,从大体上说,孔子的理论已经是隔世的价值了,作为一种价值体系还有多少是我们时代的"必需品"？有许多词汇当然有用,但其价值含义显然发生了重大的改变。

问:你的意见是否是说,在中国国家博物馆门前不宜竖立具体人物的雕像？

答:是的。中国国家博物馆不是专门博物馆,任何一个具体的人都不能充当中华整个历史的标志;中华民族多多,各民族都有自己的英雄,中华的历史无论如何不能让一个人做代表。独树一人实在让他负担太重,任何伟大人物也承担不起。一定竖某个人,必定扭曲历史,让整个历史做他的垫脚石,这无论如何是不宜的。把历史人格化的惨痛教训还少吗？我们都该醒醒了！

问:孔子像已经竖立在那里了,动也难,一动又引起哗然,还不如就在那里待着吧！

答:这的确是一个问题,待在那里也许有好处,就是引起人们不断的争论,我们能争论的题目不多,作为一个问题留在那里,让人们去思考,去争论,去选择,可能也不错！

因为有孔子像矗立在那里,谁也不能禁绝多元性的争论吧！？

走出"王权主义"的阴霾
——访南开大学刘泽华教授①

刘泽华,著名历史学家。1935年生于石家庄,南开大学历史系教授,曾任历史系主任、中国社会史研究中心主任、历史学院学术委员会主任、校务委员会与学术委员会委员等。长期致力于中国古代政治思想史、政治史、知识分子史、历史认识论等方面的研究,取得了一系列有影响的成果,形成了自己的学术个性,在学界或有"刘泽华学派"之称。著作有《先秦政治思想史》《中国传统政治思想反思》《中国的王权主义》《洗耳斋文稿》《士人与社会》(先秦卷)等。

他自称自己没有学历,没上过高中,大学只读了一年,历史的误会提前抽调当了助教,后来又破格提升为副教授,晋升为教授、博士生导师。他称自己是在"误人子弟"。

面对贫乏时代的成长传奇,他说,自己一直是个农民,是个笨人。在外人眼里,他真是个"堂吉诃德"式的人物。他在思想的荒原上寂寞耕耘,坚持独立思考,坚持怀疑身边的一切思想和事物,勇于向权威和世俗的定见发出一次次挑战,不畏打压,不畏上黑名单,始终秉持一颗学术良心。

在那个非常时期,他宁愿丢掉"乌纱帽",也不愿对处于困境中的学生"落井下石"。他对南开大学的领导说:"只要我在,休想处理我的学生。"他一定要保护学生,宁肯自己遭受"开水烫"!他请人写了一个条幅挂在家中:"死猪不怕开水烫"。他属猪。他的学生说,那幅字带给他们的震撼,至今仍在心中留下波澜。

以前,他的书房名"再思斋",六十五岁乔迁新居,改名曰"洗耳斋"。有人问他"洗耳斋"的真实含义,他笑而不答,据说既有洗耳恭听之意,又自励在学术上要藐视"权力话语"。

现在,年逾古稀的他需要助听器才能与人正常交谈,有位朋友开玩笑道:这下好,书房尽可改名为"充耳不闻斋"。他说,充耳不闻是无奈,心不可不问

---

① 发表于《学习博览》,2012年5月。

天下事。他一生都在追求通古今之变，时时不忘的是关切现实。无论是对国学的质疑，还是对《矛盾论》的怀疑，都是力图在这个瞬息万变的时代里发出清越的声音。

在郑天挺诞辰一百一十周年的纪念会上，他笑谈，自己已经"老糊涂了"，却放言"'剥削'问题与历史的再认识"，引起出席者的热议。

尽管他的诸多观点遭到某些同行和国学家们的批判，可是有人深信，他的笔耕与反思，他对权力的剖析、对圣人的警惕，在信仰缺失的当今，依然关乎国家和民族的命运。

他叫刘泽华，几经浮沉，如今他的"王权支配社会"的思想体系声望日隆，已成为观察中国历史不可或缺的理论维度。他梦想中国未来可以建立起一套完备的权力制衡制度，既对普通大众起作用，也能防止伟人天才的过度膨胀。这是他批判王权的最终目的，也是他作为学者需要去捍卫的神圣净土。

带着使命感做研究

学习博览：您当初为什么要选择研究中国政治思想史？

刘泽华：主要有两个方面的原因。一方面，研究历史离不开政治，政治又离不开政治思想。这么简单的道理却长期被我们忽略。从学科来讲，从1952年院系调整之后，就没有政治思想史了，它被边缘化了。我认为研究历史，如果不讲政治思想，就失去了灵魂。另一方面，"文革"中泛起的封建主义对我刺激很大，促使我思考，以"文革"时期为代表，表现出来的现代专制主义的原型是什么。这种现代的专制主义和古代的封建主义又有着千丝万缕的联系。要深入剖析现代专制主义原型的使命感，使我必须要下大力气来研究政治思想史。

学习博览：您是从什么时候开始产生这些想法的？

刘泽华：确切地说，从1968年就开始了，后来"林彪事件"等一系列事件让我更加清楚。我对"文革"的看法，对"文革"的基本判断，当时也不可能说出来，只能写在日记里面，遗憾的是这个日记不可能全发表出来。我后来研究政治思想，实际是要表达一种对现实的关切和忧虑。

对权力制衡，走出王权主义

**学习博览：您是怎么发现中国传统政治文化的核心是王权主义的，能阐述一下吗？

刘泽华：研究中国政治思想史，会得出一个基本的结论：它最核心是为君主服务。除了极少数人主张"无君论"以外，都不约而同地主张各式各样的君主制度。君主制度本质是人治，归根结底都会走向专制。比如说儒法道墨，他们都在呼唤理想的君主，对君主制寄予很多的理想。寄予的理想越多，给予的王权就越多。希望王权拯救人类，必须赋予它权力，赋予它各种资源，甚至把天下都赋予它，然后靠它去拯救世界。它到底能不能救这个世界，是另外的问题。

中国从有文字记载以来，就是君主制，从开始就走上了王权专制的道路。先秦只能叫"王"，从秦始皇开始才叫"皇"。我提出"王权主义"包含了后面的皇权，反之则不然。由"王"到"皇"有一个转换的过程。周虽然实行分封制，好像是分权，但是周天子和各诸侯还是专制体制，只是范围大小、区域有所不同而已。所以我用"王权主义"来概括整个中国历史的特征。

学习博览：有一种观点说明朝有几位皇帝被内阁架空，有很多不自由的地方，会不会影响到您对王权主义的判断呢？

刘泽华：这不是制度的问题，是皇帝个人能力和兴趣上的问题。崇祯都到明朝末年了，在他当权的十几年中，可以换掉五十个宰相，这反映什么问题？一个末代的帝王，竟可以时间不长就换一个首辅，权力又是从何而来？嘉靖为"大礼仪"之争，打死了那么多人，最后还是皇帝胜利了。

当然，历史上也不乏大臣、太监专权，太后、皇后专政，他们不过是扮演了皇帝的角色。这只是王权的另一种转化形式，它的本质还是"王权主义"。北京大学祝总斌教授研究丞相制度得出一个结论：丞相、宰相就是皇帝的大管家。田余庆先生写《东晋门阀政治》，表面是司马和王氏共天下，实际上最终还归结于皇权、王权。

学习博览：您是在哪一年形成"王权主义"这套理论的？

刘泽华：应该是在 1979 到 1982 年这几年基本形成的。我当时有几篇文章，比如最早的一篇《清官问题评议》。1978 年、1979 年，当时要求清官出来，平反冤假错案。我认为"清官"观念不是好东西，本质还是人治。这篇文章竟然在《红旗》上发表了。当时还讲纳谏、进谏，有人认为是民主，我认为它只是专制主义的一种补充形式。进谏和纳谏，讲的是兼听而独断，允许人进谏，但决断归当政者，这怎么能算民主呢？

1982 年，我写了《战国诸子百家争鸣》，认为先秦诸子争鸣不是在"争"什么样的体制,而是争哪一种君主专制。它的归宿在君主专制。像孟子说的要"定于一",最后归结于要有一个圣君。秦始皇完成了"大一统",他是先秦的政治文化和政治观念的必然产物。秦始皇是一个"杂家",他吸收了儒、法、道、墨等许多家,不能简单地说是法家,我认为更多的是儒家,至少是儒法混合的。其实,儒家一直没有离开政治舞台,即使在先秦法家最盛行的时候,一些诸侯打着"王道"的旗号,实行的也是儒家之道。韩非说得很清楚,六国为什么灭亡?因为六国尚仁义,就是崇信儒家。这个观点从考古发掘里也可以找到实证。汉初也是崇尚儒家的。第一个祭孔的是我们的老祖宗刘邦,他需要儒家的这一套礼仪来维护统治。

学习博览:中国怎么才能走出王权主义?

刘泽华:王权主义很简单,就是独裁。要走出王权主义,必须要解决权力制衡的问题。让外科医生给自己做手术大概也不那么容易,但还是应该逐步推出不同层次的制衡机制,不要让权力过分膨胀。顶尖的大格局不变,也可以有分级,实行权力制衡的空间。譬如不要采取简单的归口政治,不要搞一把手说了算,人民代表大会切实行使否决权,总书记上任要竞选,权力结构不要搞统一的,如公检法不要统一在一个口,官员财产申报制度透明化,媒体监督真正放宽等等。还是有很多可以运作的空间的。

另一方面,要让社会成长起来,成为独立的一种力量,实现博弈,逐渐培育出公民社会。社会如果不发展,想有制衡力量也很难。政府不能包办一切,想包办社会就会出来黑社会。其实,美国的社会问题也很多,但是那个社会在多年的磨合中有一个博弈。比如工会要求增加工资,可以罢工、上街游行,这都是自由的。我在美国经常会看到一个人在拿着标语抗议,他就用这种一个人的抗议方式表达自己的想法。社会总是要发展的,这是一个漫长的过程。只有社会发展起来,我们才能够实现对权力的制衡,才能够走出王权主义。

强调实证,甘做"文抄卒"

学习博览:南开大学历史系的泰斗郑天挺先生说,没有两万张卡片的积累,不能写书。这句话成了您青年时代的座右铭。据说您存的卡片有四五万之多,是这样的吗?

刘泽华:郑先生的话,强调资料对历史研究的重要性。没有足够的资料,研究从何谈起?我属于平庸之才,脑子也不好,所以我就拼命抄。别人可以称"文抄公",我就叫"文抄卒"吧。

我受南开大学影响最大的就是强调实证,有几分材料说几分话。南开大学的传统是形而下的东西比较多,形而上的东西比较少。我力争从形而下向形而上发展。尽管我讲了一些形而上的东西,但我欢迎在形而下领域对我进行批评。希望批的人用材料来推翻我。到现在为止,我认为还没有人从材料上把我推翻。

学习博览:1961年,您在南开大学开讲中国古代史的时候,您的同年级同学还在隔壁听课,当时是什么情况?

刘泽华:当时我的老师王玉哲先生突然生病了,主管教学的魏宏运先生通知我,让我接替王先生讲课。魏先生用人比较大胆,我自己也是不知深浅,竟然敢于冒险。后来,我讲课还可以,也没砸锅。如果当时砸了锅,恐怕一辈子都翻不过身来。

要说我这个人,助教的资格肯定是不够的。我没有学历,没上过高中,大学只上了一年。为什么选我当助教呢?我也说不清楚。大概是我在南开小报写点小文章,还有就是认真学了点理论。大一的时候,有个全系的大辩论,很多人说学历史没有用,我出来发言,侃侃而论历史学的重要,给人留下了一点印象。我的一位老师,50年之后还记得那次发言。到了1960年,抽调出来的人都重新回去再学习,唯独留下我一个。退休以后,我才问当时有决定权的魏宏运先生:为什么单单留下我?他的回答很简单:我留下你,没留错。他也没多解释。

到了1978年,我又破格提升副教授,如果当时古代史的四大教授有一个出来反对,我也过不去。这可能与我写过不少文字有关系,也与我"文革"中没有整过人没害过人有关系,总之很顺利通过了。

打破禁区,开设"文革"史与人权史

学习博览:20世纪80年代,您在担任南开历史系主任期间,做了几件今天看起来仍然颇为大胆的事情,譬如开设"文革"史课程等,使南开成为全国首开"文革"史的高校,做这些事情的时候,有没有感受到压力?

刘泽华："文革"史是中国历史的一个浓缩，它包含的东西太多了，有乌托邦、有大专制、有大破坏、有各种极端的方式。如果不研究"文革"的历史，中国历史也不用讲了。不讲"文革"史，我认为是最大的缺陷。既然对"文革"已有结论，为什么不能讲？作为系主任，我如果这点权力都没有，这个主任我宁可不当。于是，我就请左志远教授讲"文革"史。全校学生都来选，上课的人非常多，很受欢迎。实际上，当时上面的干涉也没有多少。中国知识分子总喜欢自己吓唬自己，老怕犯错误，自我禁锢，这是很要命的。如果你不敢大胆去做一些应该做的事情，又怎么能进步呢？

后来，"文革"史课停了，我问那个新授课者，为什么不讲了？他说没饭吃，因为写出来的文章没法发表。前几年，我对历史系的领导说，为了一碗饭就生生地把这一段历史的课程给取消了，你们心安吗？我说我给你们找一个副教授，他愿意讲"文革"史，也不要职称，什么也不要。我这一将军，课又开了。现在听说北大等高校都开了这门课。

学习博览：当时您还开了一门人权史课程，这门课也是相当敏感啊，为什么要开这门课呢？

刘泽华：1986 年，美国一位西方马克思主义学者来中国访问，希望能讲人权问题，从社科院到各个大学，总共有十六个学术单位，统统拒绝讲人权。他非常疑惑，怎么中国就不让讲人权呢？一个偶然的机遇访问我，我说，马克思就讲过人权，怎么在马克思主义为指导的国家就不能讲人权？可以讲，我主持，一切由我负责。他从生存权、政治权和现代环境权三个方面讲，很受欢迎。此后，我就请陆镜生教授开设人权史课，也是全国第一家吧！

1989 年 5 月份，在华沙召开世界性的人权讨论会，那个学者是会议的参与者，在中国只邀请我一个人去参加。我说我不会英文，无法参加。他说，你可以带一位翻译，由会议负责。为什么请你一个，因为我在中国跑了十六个单位，没有人敢让我讲人权，你竟然敢让我讲人权。后来还是因某些因素，没能参加。没想到 90 年代，我们也开始讲人权了。我在南开大学历史系开创了几个第一，开"文革"史课是全国第一，讲人权史也是全国第一。

学习博览：您做这些事情，难道不怕丢官吗？

刘泽华：我不为做官，最多就不干了。这个系主任是大家民主选举出来的，不对上头负责。不管对校长还是其他人，我都用道理来处理问题，而不是诉诸权力。第一任结束，第二任又选的时候，我当时想推行教授治校制度，系主任应由教授决定。组织部把所有的教授叫来征求意见,当时二十八位教授有二十七位支持我。

我还提出政治课改革,想大大压缩政治课的时间,为提高和培养公民意识,提出开一门公民文化课。校长说,这个绝对不行,我们不都是公民吗?我说,校长,你我都不够公民资格。公民发展有一个历史过程,公民文化有一套东西,要将臣民观念转变到公民观念。我认为自己是个臣民,一天到晚要高呼万岁。我想成为一个公民。

学习博览:您觉得一个合格的公民应该具备哪些条件呢?

刘泽华:不说别的,就说宪法规定的那些公民权利和义务,你能做到吗?很多权利都没有争取,还谈什么做公民呢?当然,公民总得有一个发展过程。中国很早就把公民观念移过来了,但是还没有生根,需要加速培育和实践,让它长成参天大树。

保护学生,死猪不怕开水烫

学习博览:听说校长曾要取消一名学生研究生资格,您给顶了回去,有这回事吗?

刘泽华:当时有一个学生考上研究生,学校进行考察,有个特殊机关上了一份材料,说这个学生"生活作风有问题",不能培养。校长就批字取消他的研究生资格,要我执行。我说,处理学生没有经过系里相关负责人的审阅,违反程序。作为系主任,我得对学生的前途负责。再说这个材料没有可信性,又违反程序,校长批了字,我也不执行。

校长给我打电话说,老刘啊,这个事就执行吧。我担任校长的时间也不长,你要是给驳回了,我以后说话还有权威吗?我说校长,您的权威可不能建立在违反程序的基础上,也不能建立在没有材料的基础上。您要行使这种权威,对您来讲不是有益的,而是有害的。对不起,我不能执行。这样把他顶回去了,那个学生也上研究生了,毕业之后发展得很好。

学习博览:在爱护学生上,郑天挺先生当年面对国民党特务,每次都挺身而出,保护自己的学生。有人觉得你们在这点上很像。

刘泽华:郑先生的做法,我都知道,也很钦佩。作为教师,总要给学生一个比较大的宽度,让他们充分自由发展,对他们当然是以爱护为主。只要他们不出大格,就不要轻易使用行政手段。我被撤职以前,对学校领导说:"只要我在位,休想处理我一个学生。"学生们不就是上街游行嘛,有什么不正常的?

学习博览:您是怎么带学生的?

刘泽华:我主张放羊式的教育,大体有个方向,任其自由发展。我和学生的关系就是平等的关系,到了研究生、博士生阶段,我强调独立思考,要有自己的见解。我对他们说,不要跟着我走,跟着我走没有出息,我希望你们批驳我。有几个学生来读我的博士的时候,之前受新儒家的影响很重,观念和我不一样。我对他们说,你们可以沿着原来的路子走,但我也希望你们读读我的文字,毕竟跟着我学,要知道我的学术观点。没想到后来他们都转向了,放弃了新儒家那一套。我问他们为什么放弃,他们说材料在那摆着呢。我对学生的要求是言必有据,用材料说话,独立思想,自由发展。

采访人:郑士波

与青年朋友聊天——刘泽华先生通讯录①

昏头助教，勤能补拙

问：先生经历了内战，没有经历过完整的启蒙教育，却在工作六年后考入南开。大一刚念完就因"大跃进"当了助教。您在这一过程中的心路历程如何？

答：我所知道的祖上都是文盲，我在农村上学也仅仅为了不当睁眼瞎而已，从来没有任何志向。上了四年半小学就因内战而辍学，回家务农两年。1949年糊里糊涂考上了初中。靠助学金和打零工挣点钱，得以毕业。我们那一年级全部分配工作，没有上高中的。从此开始了自学生涯。自学也没有想考大学，因为我的家庭负担很重。l957年高考前，几位同伙一时心血来潮，想试一下，报名最后一天(离考试仅有15天)报了名，喜出望外，又糊里糊涂考上"名门南开"，时年22岁。刚刚上完一年级(那时是五年制)，1958年夏开始"大跃进"，破天荒地被抽调出来当上了助教。当我接到通知时都傻眼了！怀疑是否搞错了？

我们年级1962年毕业，魏宏运先生竟要我在1961年给新生讲授古代的先秦史部分。侥幸，没有砸锅！

在我之后又抽调了一些同学，他们于1961年都重新回班学习，还有不少正牌助教调离历史系，而我却被留下。其根据是什么，我从来没有打听过。魏宏运先生是当时主要的决定人之一，直到我退休之后才问起魏先生，他的回答竟是如此的简单："事实证明留下你没有错！"

到这把年纪了，我要说一句：深深感谢我的恩师——魏宏运先生！祝愿魏先生长寿！

就实而论，让我当助教有压力，但没有胆怯。我决心用事实证明自己。此前工作期间，我十分用力学习了马克思主义理论的ABC，1956年我被调入石

① 发表于《史苑传薪录》，2013年3月。

家庄市委宣传部"讲师团"当了一名理论教员,现趸现卖,我讲授过哲学、政治经济学和苏共党史。1958 年历史系举行几天的大辩论, 争论历史学有什么用? 我是一年级唯一的发言者,引起掌声和笑声。五十多年后,杨生茂先生已过九十高寿,我去看望他,出乎意外的是,他竟提起当年我的发言。大约是有一点点理论性吧。

我的才智不及中人,但知道以勤补拙。1960 年饥饿时期依然发奋,得了严重的肺结核,在病院里仍然以书为伴,以思索为良药,粗粗读了先秦渚子。1961年陆续在《光明日报》等刊物上发表文章,这在当时青年教师中是不多见的。

后来多年患心跳过缓症,最低纪录每分钟只跳三十一次,所以成年累月昏昏沉沉,为了给脑子多供血,我常常倒躺,有多篇文章是在倒躺状态下构思出来的。我在《洗耳斋文稿》说到,这个集子应该叫《昏头昏脑集》。一位老学生说我有"自虐症",大体不误。

让我助教,有否"羡慕忌妒恨"的? 我很难说没有。但时间证明,我也不是矮人一截。我是否沾了"政治"的光? 应该承认有,我自揣不是主要的,因为政治上优于我的有很多。高年级提前抽调出来的也有些人没有回班再学习,但都没有从事教学。话说得稍微长一点。1963 年根据华北局要求,给教授们写学术小传,"文革"中这些都是为资产阶级知识分子树碑立传的罪证。万万没有想到,竟然也有我的小传(青年教师还有一两位,显然是培养对象),自然是修正主义苗子的铁证。1989 年之后,我被罢免,著名史学家北大的田余庆教授、人大的戴逸教授同我有一次畅谈,给我以鼓励。田余庆先生说到,1963 年他随华北局调查组到南开,曾向南开有关负责人建议,应把刘泽华作为重点培养对象。我联想,写我的小传,可能与田先生的建议有很大关联。

我相信"实力",直到我主持系务,反复说,靠实力证明自己,有本事的人应该做到:别人有的,我有;别人没有的,我还有! 官场等等的路都可能被挡住,只有学问,在一般情况下,谁也堵不住。只有自己堵自己。

如果做点自我评价:我有自信,但不傲人。对他人的品头品足,我历来置若罔闻。我就是我自己!

平庸的思索者

问:先生一路走来,波折不断。其中有很多波折是先生自己"创造"的,比如在"文革"大环境中依然言别人所不敢言，写别人所不敢写。遭遇波折，您会不会后悔自己先前的做法呢？

答：第一，我的"波折"都在"波"之边缘，"文革"初始被轰出革命队伍，后又当了"牛鬼蛇神"，只是劳动，没有挨过专门的批斗；被怀疑"5·16分子"长达四年，但没有面对面的审查；被抄过家，事前把"罪证"毁掉了，也逃跑了，没有被抓住挨打。1973年因稍微批评了点秦始皇，被视为政治错误，党委书记出面批我，我也不得不检查。但我还是挺感激党委书记的，因他也是出于无奈，而另一面他又设法保护了我。1974年我参加毛主席批准的"法家著作注释会议"，会上一窝蜂地鼓噪"以儒法斗争重新改写历史""儒法斗争贯彻到党内"等。我的确站出来提出异议，当场被知识分子的"克星"迟群打断，我竟然敢与迟群抗争，被整了"专项材料"。大约是暂缓批党内的"大儒"（周总理），我侥幸没有被派上用场。

"言别人所不敢言，写别人所不敢写"，"敢"与"不敢"界限难界定，但我有自己的界限。自从萌生了"马克思主义在我心中"这一理念后，自己心中就有了底数。这个理念也让我逐渐地抛却了神明，找到自己的立足点，获得了心理平衡。

说到"后悔"，我在《我在"文革"中的思想历程》一文中说自己是"怯懦、圆滑和世故"。我不是"敢死之士"，只是一个平庸的思索者。

体制内的鸵鸟

问：近期先生在《炎黄春秋》发表了一篇题为《我在"文革"中的思想历程》的文章，看过之后感觉震撼极大。但是您在其中所表达的很多观点又把自己置于舆论的风口浪尖，给我们一种"虽九死其犹未悔"的感觉。您难道不害怕"枪打出头鸟"吗？

答：你引屈原的名句发问，我也就接着说。我的心境与屈原有很大的差别。屈原是以"九死"来表明他对楚怀王的忠贞，而我则是对英明领袖的"叛逆"。我的诸多话语都可列入当时的"恶毒攻击罪"，如果落入专政者手中，有可能会毙命，或者认罪求饶而坐牢，绝不会宽恕。我的生命无足轻重，可我有两个幼小心爱的女儿，有恩爱的妻子。上有老母，还有兄妹、甥侄，那时盛行株连，他们的命运会是什么？回想起来，我为什么要把隐秘的思想落实在文字上？就我这样的区区小助教怎么竟如此放肆？想起来都有点后怕和恐惧，我也理不清楚是什么原因驱动我非要写这样的日记？从日记的文字上说是从惜党、哀民的角度说事，但当时最高领袖就是党的化身，人民的救星，我在日记中却说党变成了"私产"，真理在"舌尖"上等，如果给我戴帽子，除"恶毒攻击罪"外，也必然有"反党""反人民"的大罪。

从历史研究说起，党内有各式各样的"反党分子""反党集团"，现在大部分都平反了，但审视一下当时能构成"反"罪究竟是什么？比如彭德怀反党集团的"反"的逻辑在哪里？1959年安徽省副省长张恺帆在无为县放粮和解散食堂，救民于死亡之沟壑，也是被领袖点名的反党分子，其"反"的理论逻辑又在哪里？很多这类的案以个案平反了，但理论逻辑却含混不清，这是真正的平反吗？现在还高举"思想"为大纛，能允许认真地一分为二吗？这是研究党史应该面对的重大问题之一。

说到"出头鸟"，我说不上，因当时是隐秘的，倒像个"鸵鸟"，但又没有鸵鸟那种分量。在当下某些人眼里，我可能有异己嫌疑，但自己认定我大体仍属体制内的，不过我希望体制能不断进行改革。时代有了相当的变化，尽管会遭到一些人的异议、詈骂，但与1976年大不一样，没有"枪打"的危险了。

我的日记在当时确实是够"罪大恶极"的，其中既说到"神明"，也说到"秦始皇"，还说到了乌托邦等等。我对"文革"的看法大体也形成于此时。当时有"站不完的队，请不完的罪，做不完的检查，流不完的泪"的顺口溜，很说明问题。

后来又有一件惹祸的事，虽与"死"不相关，但也遭到整肃。因为我属猪，曾请我的一位学生写了一条横幅"死猪不怕开水烫"来自嘲和壮胆！用"横"而不用"竖"的，多少也寓一点心思。

老子说过："有敢为奇者，吾得执而杀之。"也就是"枪打出头鸟"的意思。老子倡导"无为"，看去很宽容，20世纪80年代初我写的《先秦政治思想史》，在评述这句话时我用的是"残忍"两个字！

"为奇"就杀，加之"愚民"等，所以我说老子也是专制主义者，这与学界许多人的看法相径庭。

我写的《我在"文革"中的思想历程》一文，是实实在在的个人经历，有人证、物证，在法律、党纪面前，我没有违犯任何律文，没有任何可怕的。千万不要自己吓唬自己。

传统关照现实

问：虽然您的研究领域主要是传统思想，但是，我们觉得，你研究的传统

还是与当下相关联的。所以，希望您能够谈一下对当下思想动向的看法。

答：研究思想史不可避免会有当下关照，因为思想这个东西传承性很强。你们提的问题很大，我也只能大而化之试作一点回答，这里只说三点：

第一，依宪治国。依法治国，已成为共识。我则强调应是依宪法治国。我们的宪法改来改去，就目前的宪法说，尚有待全面落实，我们应该成立类似宪法法院的仲裁机构。有人说这个"不能"，那个"不能"，权力制衡的原则应该是不容否定的吧？应该研究和探索有效的制衡机制，它的形式是什么样的，可以创制、试验，但必须切实有效。

第二，应该向普世价值方向推进。在论说普世价值时，我要强调如下几点：其一，普世价值是历史的范畴，社会对立程度与普世价值成反比；社会化程度越发展，普世价值就越明显。其二，要在矛盾中寻求普世价值，普世价值不是一家一派之说，而是多元价值的"最大公约数"，普世价值是社会矛盾、博弈、妥协的产物。其三，普世价值本身是利益性与社会性的交错组合（既有阶级性，也有社会性）。其四，普世价值的实现程度与社会发展程度大致成正比，而更多表现为历史的指向性。

第三，要认真清理封建（姑且用"封建"这个词）主义。封建主义的影响不可低估，无处不见其身影。权力崇拜、权力支配社会、世家政治等是其大者。政治世家未必没有优秀者，但政治世家普遍化，甚至制度化就会成为历史的赘瘤。北京大学一位博士写了一篇论文，刊载在网上，他以一个县为对象，研究了带"长"字的人出身，其中更大"长"的后辈比例很高，形成普遍化现象，这种世家化现象对历史进程不是一个好兆头。

学术"叛徒"，感恩先师

问：我们采访了几位先生门下的弟子，他们都表示您在他们学术乃至人生道路中起到了重大作用，同时，我们又了解到先生您一向秉持学术自由的观点。请问您是怎样协调学术个性与师生传承之间的关系的呢？

答：从我教书以来，即使在"以党校精神办文科"之时，我也倡导学生要敢于质疑和争论，后来则提倡学术个性。的确有些同人大致同意我提出的"王权支配社会"和传统思想的主流是"王权主义"的看法。这是在事实、证据面前取得的大体性共识，但每个人都有自己的独立见解。我们有过很多自由的争论，我讲课改名曰"学术沙龙"。我可以自豪地说,在证据面前我们是人人平等的,我也经常接纳他们的意见,修正自己的看法。

合作的事情很简单:一是自愿,二是名利各得其所。你们可以观察,凡属闹矛盾者,基本是在这两个事上处理得有问题。

问:谈到师承关系,先生可不可以给我们讲述一下您当年求学的经历?

答:师承关系主要在治学态度、方法和为人,而不是具体的学问。我的老师们大致都重在考证,他们治学的基本态度是:无证不言。我在《历史研究中的考实性认识》一文中提出六种考实方法,多次以我的老师郑天挺和杨志玖先生的成功之作为例。我最接近的几位老师为人都很平易、实在、宽容。

我的指导老师是王玉哲教授,在他九十华诞时,我讲了先生的宽容:"容许和鼓励学生做学术叛徒!"我就是"叛徒"之一。但我们亲密关系长达五十年,直到先生西去,而且延续到下一代!我在忆先生的文章和先生著作的"后记"中有过叙述。

20世纪50年代以前,南开历史系没有开设过思想史方面的课程,1959年我提出历史系应开设思想史,并提出到中山大学进修,立即得到诸位领导的支持。进修不到一年,因患肺结核中途而退,返校之后,我还无能独立开课。于是分配我给王玉哲教授当助教,重点学习先秦史,由于王先生突然患病,我临时被派讲授先秦史。1963年巩绍英先生来南开,讲授中国古代政治思想史,我又被派作巩先生的助教,当时我是"一仆二主"。1964年我被指派负责半工半读一个点,因教师少,提倡"多面手",我交叉讲授中国古代史和政治经济学,还做过俄文辅导。"文革"来了,教书与专业全被抛到垃圾堆,我也不知向何处去。1971年招收工农兵学员,没有教材,从1972年开始由我主持集体编写《中国古代史》,几经修改,到1978年完稿,由人民出版社出版,当时教材很少,古代史的新作也很少,所以连续印行了十五万册,颇有影响。但我心中仍念念不忘思想史。1976年我又给工农兵学员讲中国古代思想史。思想史太宽泛,77届是恢复高考来的新生,水平比较高,是积压了十年考来的精华,我给他们系统讲授政治思想史(实际也就是到两汉),获得了热烈的回应。就是在讲稿的基础上1984年出版了我的第一部著作《先秦政治思想史》。此后政治思想史一直是我的主攻方向,之外,兼及政治权力与社会、士人与社会、思想与社会(都偏重两汉以前),还有历史认识论等。

我搞的这些,都是我的老师辈没有关注的部分,但也都得到老师们的鼓励和支持,杨志玖先生是隋唐宋元史大家,我写的多篇文章,他老人家看后都约我到他家议论一番。我文章中有错误,杨翼骧先生约我去,给我指出来。王玉哲先生还把他的哲嗣交由我指导,对我这个"学术叛徒"信赖有加。郑天挺先生过世(1981 年)前,曾任《中国历史大词典》的主编,约我做他的秘书,有幸更多聆听教诲,正是郑老支持我集中力量专攻政治想史,同时提出南开要大力开拓专门史,打破块块分隔的弊病。

1978 年我破格晋升副教授(都 43 岁了,也够难为情的,不过当时还是很稀罕的),其过程我至今没有打听过,但我可以肯定地说,古代史四位教授都伸出了援手。

南开的"笨鸟"

问:在南开,先生既是学生,又是老师,您可不可以给我们讲一件在您与南开历史共同走过的风雨之中,最让您难忘的事呢?

答:先说第一件,郑天挺先生的"两万张卡片"说影响了我一生。1958 年发动批判资产阶级知识分子。郑先生曾说过:没有两万张卡片,不要轻易动笔写著作。此时遭到狠批,说这是资产阶级的唯史料论,是反马克思主义的等等。我则暗暗认定有道理,因为我的记性不好,此前我就爱抄。郑先生经验之谈更提高了我的自觉性,我在回忆郑先生的文字中说:我要告慰先生,我抄录的卡片超过了您的教导!

问:在 80 年代,您曾经长期主持系务,对南开历史的根基和发展脉络一定是非常了解了。您觉得我们的优势在哪,我们的发展潜力又是什么呢?

答:我已退休,长江后浪推前浪,新人胜旧人,与 80 年代已很难相比了。南开历史学科基础很雄厚,所以进行学科扩展有支持力。说得早一点,南开以考实功见长,这是必须有的,言历史如果不实,形而上的一切都无从谈起。但形而上的也不是自发能产生出来的,它也要靠更深入的思索,才有可能达到。只有形而上达到一定高度,才能更充分显示学术个性。如果形而上的能切实有据,那可是"大真",万万不可忽视史学中的"大真",只有"大真"才能统揽全局!

我很强调学术个性,当年我曾提出"三个一",通一门外语不必说。另两个"一"是:一门有个性的课;一本有个性的著作。要做到独有,别无分号。新生代远远把我们这一代抛到了后边,令人可喜。追求学术个性和形而上的"大真"

应是个长期关注的课题。

另外我在1989年《求是》发过一篇题目为《历史学要关注民族与人类的命运》的文章，我现在依然认为这是一个需要关注的大问题。

问：可不可以请先生用一句话描述一下自己的学术历程？

答：我就多说一句吧。

一句是"笨鸟直飞"。我是先天不足，后天失调。年过四十才从政治笼罩中走出来。因此我只能集中精力盯住主要方向，咬住青山不放松，才略有创获。自我肯定一下，众多学者都论说战国时期的"授田制"，这几年人们追溯学术史，认定我是最先揭橥这一重大制度的人。有此一项发现亦可谓足矣。另外，我提出的"王权支配社会""中国传统思想文化的主流是王权主义"也成小小的一家之言。我是个笨鸟，不敢跨海，也不敢绕大圈纵横。

第二句是"才、学、识、德，再加一个'胆'"。刘知几提出"才、学、识"，章实斋加了一个"德"，我接着再加一个"胆"。有人可能会说"胆识"已包括在"识"中，再加个"胆"字画蛇添足。但我认为在框框比较多的情况下，应该把"胆"突出出来，亦不为过。胆大妄为固不可取，胆小萎缩可能把自己浪费了！

未曾谋面的小朋友魏颖杰提出诸多难题来考我，我格外高兴。小朋友给我以青春的活力！我说"小"指的是年龄，在思想上不分"老""小"，我们都是公民，现在需要大力提倡和践行公民价值和理念。我上述所谈都是从公民文化来说事。过去我是总不见长的孩子，后来才慢慢长出了公民观念。学会做公民是一件不易的事，恩赐观念笼罩下不会成长出公民！

所答未必恰当。请青年公民同志们指正。谢谢！

采访人：魏颖杰

刘泽华教授专访①

　　洗耳斋,是一处书斋的名字,也是著名的中国古代政治思想史家刘泽华先生工作的地方。近日,刚从海外归来的刘泽华先生接受了历史学院学生通讯社记者的采访。

　　记者(以下简称"记"):刘先生您好,感谢您百忙之中接受我们的采访。

　　刘泽华(以下简称"刘"):同学们不必客气,我最喜欢和你们年轻人交流,今天大家随便发言,不必拘束,咱们畅所欲言。

　　记:今天来采访您的都是历史学院大一的学生,都对您如何走上历史研究的道路很感兴趣,您能否为我们介绍一下您的求学经历呢?

　　刘:可以说,是时代使我走上这条路。我上小学的时候、国共还在打仗。只上了半年小学,1949年考上了中学。初中三年过后,直接工作了六年,当时都是初中毕业就参加工作。我教过俄语、历史。后来1957年考大学,考上了南开大学。为什么来历史系呢,因为听说南开历史系有保密专业,后来来了才知道,原来学校想开保密的党史专业,后来没有开起来。

　　后来就是1958年"大跃进",学校缺老师,就把我抽调了出来当老师,教历史学概论。那时候从大一到大四都有抽调当老师的,但是只有我是大一学生。后来我发现,咱们系没有思想史。我就提出去中山大学进修一年。现在想起来,还是要感谢当时主持工作的魏宏运先生批准。回来之后就到了三年困难的时候,所有抽调的老师都要回去当学生,只留下了我一个人,教中国古代史。想来,这都是因为老师们的厚爱。后来"文革"结束,我1979年当上副教授,后来又当上教授。可以说是那个特殊时代造就了我。我自己的努力奋斗、个性也起到了一定作用。还要感谢魏先生等老师们不拘一格地提拔我。

---

　　① 发表于《史苑》,2013年第3期。

记：我们读过您的著作，也知道在历史学界，有些人称呼您为刘泽华学派，能不能给我们讲一讲这段故事呢？

刘：呵呵，那都是他们骂我的。那时候是 20 世纪 80 年代，他们叫我什么来着，哦，是"刘泽华学派文化保守主义"，说我是老顽固，还有……还有记不清了，别人骂我什么我都忘了，呵呵。

研究历史其实有两种道路，一种是职业历史，一种是事业历史。以历史为职业者，研究历史是为了求生存，这正和当下的社会风气相契合。以历史为事业者，乃是追求历史中的至真至理，把历史看成终生奋斗的事业，像马克思与恩格斯这样的伟人，以追求真理为事业，追求的就是"历史之理"。马克思说过，我们只知道一门科学，这门科学就是历史。

记：您觉得历史对于人类社会的意义如何呢？

刘：历史对人类认识的地位啊，外行人不懂。外行人都以为，我们学历史的，就是研究过去的学问。我觉得，历史是人类各种知识的综合，所有知识都可以说得上是历史知识。章学诚就说过嘛，六经皆史。在中国古代啊，史书就是一部大百科全书。历史是人类最丰富、最具有挑战性的学科。而在我们当下的生活中却不是这样，我们现在太强调生存，强调功利。

记：是这样的，在这个时代，每个人都不可避免地浮躁了起来。

刘：其实历史学本身与现实生活也是密切联系着的。司马迁说过："究天人之际，通古今之变。"司马光命名自己的史书为"资治通鉴"就是这个意思。通过对过去历史所总结的经验，借鉴来形成一定的历史、政治、文化理论。历史也是有丰富内容的，天文地理、政治经济无所不包，对现实也有非常深的认识。古代的天文历法、农田水利啊，修史的太史令都懂的。这点我们现在的历史研究者就与前辈有一定差距了。

我一直认为啊，对现代社会的研究，最重要的一条就是研究历史。因为历史与现实联系非常密切。我们的学科分类也有近现代史、当代史的划分嘛。

但是我不得不说的是，现在的历史研究也有些局限的反面因素。我们有些地方，确实"不太开明"。有很多东西不让研究。像以前我学习的时候，除了三面红旗，别的都不让研究。其实在理论界，唯一能说清的就是历史了。

记：非常有道理。

刘：记得在 80 年代我当历史学院领导的时候，就开了"文革"史、人权史两门课。那在当时可是全国独一份，没有哪个大学敢开、敢讲这个。有人对我说,刘泽华你这不是找麻烦吗？我说了,我就找麻烦！呵呵。

记:您很有眼光,也很有魄力。

刘:就像"文革"一样,不能简单地说一句错误,就把历史抛开了,这不是我们历史工作者的作风。还有人权史,当时人们都劝我,你讲什么人权啊,人权总能与资本主义联系起来。我说,我们怎么就不讲人权?!我们需要人权。当时啊,开这门课的是一个美国左翼学者,来中国找了十六个单位,没人敢让他讲人权。最后我说来我这里讲吧。我当时还说了一句话,越是不让讲的我们就越要研究！讲"文革"史的,最早是左志远先生。当时啊,全校都选,一上课教室满满的。我就提倡,政治和学术不要分开,不能孤立地去看。

记:您研究的是中国古代政治思想史,您对近代以来对儒学的提倡有什么看法呢?

刘:我们不一定要把观念强加在人类头上,只要有自己的认识就可以了。对于儒家,我从信仰上反对,它是过去的东西,没有必要强行拿到现在来推行。

记:您对于当下儿童读经、政府主持大规模祭孔有什么看法呢?

刘:我的看法就是,劳民伤财。完全没有必要。虽然我们现在提倡和谐社会,而儒家也有过对于和谐的主张。但是历史上儒家所强调的和谐,是封建社会等级式的和谐。追求自上而下稳定的等级结构。而我们现代的和谐,是公民之间的和谐。人与人之间并不是没有分歧,所以需要博弈。和谐,就是各个阶层的公民之间通过博弈达到的一种状态。历史是一个发展,新时代要有新时代的创造,当然也有历史的影响。

中国周围有儒家文明圈,亚洲四小龙也被称为"儒家现代化四小龙"。我不赞成。儒家是古代的,而文化之根始终在现实生活之中。新加坡前总理李光耀也说过:"我们国家的崛起与儒学没有关系。"日本也是这样的,儒学对日本民族也许有影响,但是日本现代化的过程是一个西化的过程,我有一些日本的朋友也对我说过这种看法。

记:您觉得在南开最大的收获是什么?

刘:从历史上说,南开是不得了的,是私立大学中最成功的。清华,用的是赔款。北大,是国立。而南开,完全靠的是自力更生。当时张伯苓向社会招募筹款时,很多人批评他,说他用的是军阀、财主的钱,不干净的钱,就是凭着那种对信仰的狂热,他硬是把学校办起来。张伯苓先生提出"允公允能,日新月异"的公能教育,可以说是非常符合我们现代社会对人才的需求。而张伯苓先生在九十多年前就提出了这一思想，是非常难能可贵的。

记：您能否介绍一下您在学术上的成功都有哪些心得呢？

刘：我啊，就是笨鸟先飞，勤奋。读书必抄，抄材料，抄的过程也是一个理解记忆的过程。这么多年我大概抄了几万张卡片。还有就是做一个候鸟，不仅先飞，还要有一个方向。我可以用两句话概括自己：一身土气，坐井观天。"一身土气"是什么意思？我不懂那些洋玩意。看书都是抄下来积累出来。为什么老先生们，前人们做学问功力深呢，全在这里。这正是我们现在的研究者赶不上郑天挺、雷海宗这些老先生们的原因。"坐井观天"呢，井要深挖，看不到大天看小天。这就是我的经验。还有，我是一个怀疑论者，做学问要从怀疑开始，不要盲从。

记：最后，我们想知道，您对学历史的后辈有什么寄语吗？

刘：学历史分两种，一种是职业历史，一种是事业历史。我希望真正想学历史的人都能把历史当作自己的事业，我希望你们都可以为寻找真理而奋斗，学历史注定要穷。穷，又不求历史之理，那穷的意义就小了。

采访就这样意犹未尽地结束了。老先生已年过七旬，与我们对话时要借助助听器，但老人的耐心与热情并没有因此而减少。老人就像一部用岁月写成的书，厚重而博大，需要我们细细地品读。

采访人：赵家骅　何青　刘彬

漫谈历史学院史与学术研究①

记者：刘泽华先生您好，首先非常感谢您接受我们的采访。时值历史系建系九十周年，我们想先请您介绍一点您的南开历史系情结。

刘泽华先生（下简称"刘"）：谢谢您的采访。你们出的一些题目我看了，有些我可能很难回答。我算是还在的老的一批了。说起来，我是个不成体统的人。先简单地给你们讲些系史，算作开篇吧。

记者：好的，很感谢刘先生。那么，您认为南开历史系的发展可以分作几个阶段呢？ 每个阶段又有哪些特征？

刘：我把南开历史系的发展大致分为六个时期：初创期、恢复期、成龙配套期、错乱期、恢复再造期和研究型教学期。

初创期，包括不绝如缕的 20 世纪三四十年代，我就不说了。

恢复期大致是 1945 年、1946 年到 1952 年院系大调整。起初还没有正教授，系主任是冯文潜先生，他是搞哲学的，是文学院院长，兼历史系主任。副教授有杨志玖先生、王玉哲先生，杨生茂先生从美国回来也加盟南开，有一段代理系主任。1950 年，吴廷璆先生也从武汉大学调来，是唯一的正教授。我看到当年杨生茂先生致吴廷璆先生的信，至诚、至信，从心里发出来的欢迎。吴廷璆先生到南开来以后，做系主任。当时的规模，相比较而言，算是有点眉目了。

1952 年以后到 1958 年初，我给它起名叫成龙配套期。我是 1957 年入学的，赶上了一个尾巴，加之 1958 年我抽调出来，有些事知道一些。1952 年院系调整，郑先生、雷先生来了。有了两棵大树，荫恩一大片。成龙配套有三层含义：一是接着引进多名教师，各个历史时段的教师都配齐了。中国史与世界史从古至今的课程都开齐了，这很不简单，一改过去零儿巴碎的局面。二是成龙配套地开

① 本文系根据刘泽华先生访谈录音整理，基本保留刘先生原意，整理后经刘先生再次审阅，有润色、删节之处。——孙熙隆注

设专门化课程。现在的年轻人可能不大知道什么是专门化了,专门化近似现在的几个专业,1957年开始实行五年制,到高年级才分专门化,要有成组的课程,很不容易啊！三是进行全面的教材建设,当时没有教材,撰写教材是大事,是高水平的学术创作。郑先生和雷先生是全国大学历史教学大纲的参与制定者,落实到南开,就是郑先生等系领导鼓励和大力支持教师们进行教材的撰写,先是油印的,因质量高,先后出版了王玉哲先生的《中国上古史纲》、杨翼骧先生的《秦汉史纲要》、杨志玖先生《隋唐五代史纲要》、来新夏先生的《北洋军阀史略》,雷先生写的几十万字的《世界中世纪史》,本来就要出版,因为1957年被打成右派,夭折了,但我们上课还是用的雷先生的油印本。杨生茂先生当时被人民教育出版社借调去编写中学世界史教材,这也是学科建设的一件大事,后来杨生茂先生担当了大学世界近代史教材的主编。

比这一时段略早,杨生茂先生等发起创办了同人刊物《历史教学》,吴廷璆先生任主编、郑先生等南开一批先生任编委,在外界看来,主办者是南开。在这时段,南开多位先生发表了多篇有影响的学术文章。

郑先生、雷先生来到南开和多种书、文章的出版在史学界影响很大,上述著作被很多学校选作教材,南开历史系名声大噪,一跃成为史学界刮目相看的重镇。

从1958年到"文革"结束,我给它起了个名,叫"错乱时期"。错乱到什么程度?我一时还概括不清楚。其一是,从大的方向来说培养什么样的人是一乱再乱。我们来的时候,是讲培养专家。到1958年"大跃进",批判资产阶级,这一段就改称为"史学工作者"。接着"史学工作者"也不行了,再改成"有文化的劳动者"。1964年开始半工半读,"有文化的劳动者"也不行了,要改变成"普通劳动者"。许多师生提出疑问,"普通劳动者"与历史学是什么关系,教师们也不理解,但有饭吃。同学们反感到极点,有同学就提出:"培养普通劳动者,我来上大学干啥?如果招生时说清楚,我就不来历史系,当然我也就不来南开了！"从培养专家到史学工作者,到有文化的劳动者,到普通劳动者,再到"文革"大乱,反映了这个时期错乱到何种程度！年轻的朋友们,你们是无论如何也想象不出来的！其二是开展两条路线的斗争,"兴无(无产阶级)灭资(资产阶级)",打破"王朝体系",推翻原有的一切教材和教学用书,甚至连范文澜的书也不行了。组织"大兵团"重新编写教材,师生一起组成编写组,学生多半是为召集人,折腾了两三年,编写出来的东西后来都当废纸处理了,回想起来,能保存几份该多珍贵呀！其三是课程或打乱或取消，课不讲了，都下乡、下厂，去写工厂史，写农村合作化史、写人民公社史。农村搞人民公社是遍及全国，不新鲜，天津市区鸿顺里也搞起了人民公社，这是天津的独创，系里立即派学生去写鸿顺里人民公社史。非常遗憾，除"五公公社史"出版外，其他的"史"都没有保存下来。如果保存下来，作为一个时代的记录该多珍贵呀！那个时期课程是无所谓的事，只要"运动"一来，师生就去参加"运动"，那时"运动"不断，"运动"就是阶级斗争，阶级斗争是主课，农村搞"整风整社"，就分派一部分师生去参加；农村搞"四清"，更多的师生都去参加了。一切服从"运动"，"运动"空隙，安排一些课，这就是革命的教学秩序啊！1964年一、二、三年级去工厂"半工半读"，那时我家只一间房，有小娃娃，夜班后在家无法睡觉，我就到教研室桌子上睡，每一小时必有上下课的电铃哗哗响，但历史系一层楼空无一人，冷清地让人凄凉。

接下来"文革"来了。直到1971年开始招收工农兵学员，他们不叫学生，而称"学员"，他们的任务是"上大学、管大学、改造大学"，教师们很怕上课。在这种环境中，只能一浪高过一浪地突出"阶级斗争"，今天反"回潮"，明天反"复辟"，课程内容自然统统是突出阶级斗争。学生来源非常不齐，有的小学毕业，有的初中，也有高中毕业的。当然也有好学生，认真学习，后来有些人成为很不错的史学工作者和干部。但从教学来讲，基本上还是错乱期。

这里我要说一点，在错乱时期，有圣人的最高指示，有全民族的个人崇拜大气候，有些教师程度不同地卷进或不得不跟着"错乱"转；但历史系也有相当多的教师还是比较理性的，他们在高压下或保持沉默，或"阳奉阴违"，或"打太极拳"，在"运动"之余耕耘自己的"不合法"的"自留地"。坚持营造"自留地"的人，说明他们对历史学的坚信和恪守，出乎他们意外的是，后来都因此而"发家致富"！

1976年以后，从1977年恢复高考。77届学生入学开始，到1986年我称之为恢复再造期。随着思想解冻，重新评价"文革"等，人们逐渐走向"正常人"和"理性思维"，教学秩序和课程逐渐规范化。当时又是新一轮的抓教材，隔了这么十几年，学生没有教材怎么行？在以前教材的基础上，进行修改补充，古代史出来了，第一次就发行十万册，后来又加印，这是"文革"后出版的第一部完整的古代史教材，被很多院校采用，影响很大。稍后近代史与别的学院合作也出来了，现代史与别的学院合作也出来了；世界史稍差一点，也都有内部铅印本。这个时期随着学术界的逐渐活跃,历史系的同人们积极参加了各个学科的学术活动,积极地进行学术创作,发表了一批有分量的学术论文。历史系呈现蒸蒸日上之势!

1986年历史学科一下子在全国得了三个重点学科,这是个转变的大标志,从此进入研究型的教学期。搞重点学科干什么?当时也不大清楚,起初以为无非是看看教学体系是否齐备,科研成果是否明显,教师队伍是否整齐和有适度的名气。世界史中有一个学科叫地区国别史,我们的美国史和日本史联合起来,在全国是很强的,第一轮就通过了。但中国古代史差一票没过,中国近现代史更远。没有别的办法,只有向教育部翻来覆去说明中国是古代大国,极端丰富,应增加一个名额,第二轮总算过去了;接着又反复说近现代史不能都是以近代为主,应该有以现代史为主的,我们的现代史相对比其他学校要好,教育部最后也接纳了我们的建议,近现代史也入流了。这样一来,牛气了。并驾齐驱的只有北大和南开有三个重点学科。重点学科会带来什么?从此以后,资源源源而来,所有的:什么基地呀、中心呀、重点这个、重点那个,都以重点学科为依据。于是陆续组建了多个基地、中心和很多项目。这些都以研究为主,从那以后,历史学科基本上进入了研究型教学期。现在应该叫什么"期",我就不知道了。

记者:非常感谢您给我们讲述了非常详尽的系史,那依您看,南开大学历史系发展过程中,有哪些史学名家对南开历史系的贡献最大,最为关键呢?

刘:过去我一再讲,历史系有几个人不能忘,郑天挺先生、雷海宗先生、吴廷璆先生、杨生茂先生、魏宏运先生。我声明一下,强调这几位不是从专业学科来说的,在专业上有很多先生作出了贡献,对此应当另论。我这里说的是历史系的大局和发展问题。郑先生在北大任秘书长,胡适不大管事,也跑了,实际上是代行长的职务,同时兼任历史系主任,郑先生为人极好,对于进步的学生,他作为老师,是保护的,是超越党派阶级的,爱护学生高于一切。像戴逸、田余庆,当时都是共产党,知道要抓他们,郑先生立刻给他们写信,"你们不要回来"。后来戴逸和田余庆先生和我讲起这件事,都非常感激郑先生。不然的话,他们回到北京就会被抓的。在郑先生主持下,把北大安安全全地交给了共产党,所以新中国成立初,北京大学学生会给郑先生送了一个匾——"北大舵手"。郑先生当时不是马克思主义者,当局认为不宜在北大这个圈子里,但教育部又明确指令,把他安排到南开大学做历史系主任,所以他来南开有点被贬的意味。雷先生是清华的历史系主任，清华取消了文科，他的情况稍微复杂些，也不宜在北京，也调来南开。南开一下子得了两棵在史学界影响很大的大树。郑先生、雷先生是学人，以学生为重，把办学视为第一，来南开后办学的宏志依然如故，后来同我说过，"我一定要把南开历史系办成一个与国内强者并驾齐驱的历史系"。郑先生、雷先生在南开与在北大、在清华的办学理念没有差别，都是全心投入。南开的"天时、地利"无法与京、沪相比，但南开的"人和"由于前边提到几位领军的教授的互相支持，是稳定大局的关键。你看，杨先生任代理系主任时迎来吴先生任历史系主任，郑先生来了后吴先生愉快地把位子让开而改任校总务长。在几位先生的带领下，历史系能不突飞猛进吗？这里要特别说几句魏宏运先生。不要看他当时只是助教、讲师、系助理，但他是"党代表"，年轻朋友们，你们知道"党代表"的意义吧？魏先生的作为，我从他两次被肃整和被打倒来说，一次是1959年由整彭德怀开展的全党反右倾，魏先生因不大赞成"大跃进"和历史系大搞的两条路线斗争（大字报普遍批判教授），遭到肃整，实际上被戴上右倾机会主义的帽子，一段时间被迫离开了历史系（1962年被平反）；"文革"中被彻底打倒，其罪过是什么呢？概括起来就是两句话："牛鬼蛇神"和资产阶级知识分子的保护伞；突出业务，反对突出政治。从他的"罪过"中，我想年轻朋友们不难推断出，他对郑先生、雷先生、吴先生、杨先生等教授是何等态度？他有机会就告诫青年教师和学生："郑先生白天忙于公务，但晚上和假日一定要补回来，我们要向郑先生学习！""有时间读书去！少生事！"后来他当系主任，狠抓教师撰写教材，结果"抓出来"一批教授！魏先生有没有"左"的问题，在那种环境里，我想一点"左"也没有，就他的身份来说，大概是不可能的。相比他被整的"罪过"，我们这些人还能怎么要求他呢？

记者：通过您的讲述，我们可以说，南开大学历史系走过了许多沧桑岁月，也经历了太多的风云变幻，走到了中国历史学界的前列。那么，您认为现在咱们南开大学历史系的发展到了一个什么程度？是依然徘徊不前，还是有不断突破之处？

刘：我已经退了，近些年的情况也大不清楚。在我退休之前，评重点学科，中国古代史曾在全国排第一。我历来低调，那时我就说，不要和北大争锋，北大屈居其次是暂时的，天时地利没法比，下次就可能超过我们。听说现在我们已经落在北大后面，这正常。以后我们如何发展，我实在说不出道道，但有两点感言：

一是，由于天时地利的不足，我们能拼的主要是"人和"。"人和"的主要表现我认为是"学术群"问题。在人才流动的情况下，南开的拔尖人才常常另谋高枝。就我经历过的事情来说，我们的优势多半不是靠一两位超级人才支撑，而是靠"学术群"，比如第一次评重点学科，后来所以能补上，我们申辩的理由是：南开的综合"通史"是别的学校没有的；后来古代史名列前茅，主要依据也是几个"学术群"的优势。我估计今后大概也只能看"学术群"的发展情况，能否冒出一两位绝学人才打开局面？我老朽了，可能看不到，但愿能有绝学者出现！

二是史学专家与史学思想家的关系问题，这两者有关联，但也有角度的差别。史学专家无疑是值得珍重的，但史学思想家在另一个层面可能影响更为突出，南开前辈有三位史学思想家，一位是梁启超先生，他虽不在编，但曾致力于南开，在南开讲的"历史研究法"影响至今；二是南开史学科的创办者蒋廷黻先生，他在南开打下基础的"中国近代史"（在清华成书），字数不多，不是一本史学专家性的著作，而是史学思想家的著作，其影响应该说是很大的，几经磨难，到现在重新为人所重；三是雷海宗先生，他提出中国没有奴隶社会等异说，也是几经磨难，现在也为人所重。希望在史学专家的基础上再成长出一些史学思想家，南开历史学科会更醒目。

记者：讲过了一些历史系的发展历程，以及您在历史系的点滴经历，我们受益匪浅，再次感谢刘泽华先生。那么，作为史学研究的前辈，您能否在治史方法上，为我们年轻史学学人提供一些指点？

刘：（指向墙上的拓片）你们看看这个照片，是什么？

记者：是两只羊在斗角。

刘：没错，正好有这么一个汉代刻石拓片，我就名曰"学术之道"。学术之道在于撞击，这是我的基本学术思想。我和我的老师关系都很好。我曾给王玉哲先生做助教，庆祝王先生90大寿的时候，我在会上有个发言，很简短，我说："王先生有个气度，允许学术叛徒。"台下掌声四起。我跟王先生辩论，他从来不计较，这是王先生的学风。我们历史系有影响的几位老先生，像杨志玖先生，也非常鼓励学生提出自己的见解，认为学术面前人人平等。他的一位研究生在一个问题上对陈寅恪先生提出质疑，主持答辩的是以陈先生继承者自居的名教授，他认为怎么能质疑泰斗呢？拒绝通过。杨先生谈起此事，很不以为

350

然,怎么就不能与陈寅恪商榷呢?

撞击首先从师生做起:教师应该有雅量鼓励学生提出与自己不同的看法,学生要敢于提出与自己的导师相左的见解。

我反复讲要有学术个性,没有学术个性,就没有学术了。

记者:史学研究最关键的就是确定选题,老师们也经常说,好的选题是成功的一半。您认为我们在做史学研究之初,选题的时候应该注意些什么呢?

刘:选题确实十分重要。选题首先有个目的性问题,选什么样题目?为什么?现在有诸多实际问题摆在面前,是为眼前的功利?是为了获取什么项目?是为了迎合某人或某个机构的青睐?是为了某种追求?是为了某种担当?总之,立场、责任、价值不同,会有不同的选择,史学也应该多元化的。司马迁写《史记》大概不是汉武帝给他立的项目,他要"藏诸名山",他的追求是"究天人之际,通古今之变,成一家之言"。从司马迁的说法引申下来,历史学的主旨似应该是一门关乎人、群体、民族、国家、人类的命运之学。从这个角度说开去,我曾写过一篇文章:《历史学要关心民族和人类的命运》,前段我又有一个小文:《再说历史学要关心民族和人类的命运》。

我自己搞中国古代史,但在我主持系时,更关注发展近现代,因为近现代史与我们现在的命运联系最多。你们是否看重"命运"问题?由你们自己选择。出于这个目的,不管三七二十一,冲破不知从哪里来的"禁区""冷冻区""定论区""垄断区(史出一孔)",我不请示,不汇报,80年代在历史系开了文革史,是全国第一;开设了人权史,也是全国第一。承认"禁区""冷冻区""定论区""垄断区(史出一孔)",历史就失去了"整体性"。凡是这些"区"中的问题,都是最值得独立研究的问题。80年代我写过两篇文章:《除对象,争鸣不应有前提》《史家面前无定论》,曾遭到一些人的反对和清理,但我至今不悟,依然坚持。当然历史也可以"瓜分"去研究,但"瓜分"要以"整体"为前提。

不管你们搞什么题目,你们一定要记住,你们是现代人,如果自己被研究对象吞噬,你还有什么意义?还有,我提倡多研究近现代史,特别是当代史,但不等于排斥研究此前的历史。历史的重要性就在于它提供了所有现代问题的历史过程,这就是历史学的厉害之处。当代史是整个历史学的龙头,龙头趴着,历史学难免"边缘化"。历史学有各种分支,但一定要注意古今贯通,没有这种思想是不行的。

记者：先生您对我们《春秋》杂志社有什么寄语吗？

刘：要多发学生的文章，要发冒火、冒尖的文章。编辑的眼光更要锐利一些，要抓住每篇文章的特色和个性。希望把我当成老学生来看待，今天是交流性对话，如果有教师味，请批评指正。

记者：是的，这也是一直困扰我们的问题，就是杂志的特色性不足。

刘：我还有一个愿望，希望以你们《春秋》杂志社编辑部的名义举办各种讲座，如果邀我来讲，我会很高兴。有时要逼着（诚恳去请）老师来讲，你们自己也要讲或举办辩论，这也是你们的任务之一。你们看，好多成名的人在求学期间都办过学生刊物、主持沙龙等。这些是挑战，祝你们勇敢担当！

采访人：鲁迪秋　孙熙隆

政治思想史是中国历史的灵魂

编者按：不久前，由著名历史学家、我校荣誉教授刘泽华主编的《中国政治思想通史》新书发布会在省身楼举行。该书共九卷、逾五百三十万字，是国内首部完整、全面、系统论述中国政治思想的通史著作。近日，记者对刘泽华进行了专访，话题由新书的出版而展开。

记者：九卷本《中国政治思想通史》是在什么样的背景下完成的？有何特点？

刘泽华：这套书是由一批学者在 30 年摸索的基础上，共同撰写的。此前，这些学者已经出版了几十本著作，数百篇文章，以此为基础，写了这部九卷本。我只是一个牵头人，"跑龙套"。我们采用分主编负责制，各卷观点不强求一致。虽然各位作者都同我有些师生关系，但本书的写作是自由联合，得益于各自进行的专题性研究。书中我们把王权主义作为中国政治思想史的一个重要现象来研究，但不作价值判断，是好是坏留给读者自己考虑。我只对各卷作者强调，资料要丰富，要靠得住，不许说虚话，言必有据，不要超出材料作凭空分析。

记者：您认为政治思想史在中国历史研究中处于怎样的地位，您为什么选择从这个角度来研究中国历史？

刘泽华：研究中国的政治思想是了解中国历史与现实的重要门径。中国历史的一个重要特点是宗教性相对较弱，政治性高于各种民间信仰。政治在中国最具全局控制性。所以一些著名学者提出过中国"以政治为归宿""以政治为宗教"的观点。如果不研究中国的政治，就很难研究中国的历史；不研究中国的政治思想，就捉不住中国历史的灵魂。

中国政治思想史的研究在新中国成立前的三十年中出过十几部著作，但在 1949 年以后的前三十年几乎中断，只有少数几个人研究中国近现代政治思想史,出的成果很少。改革开放后的三十年逐渐恢复,但目前整个学界在这个领域的研究还比较欠缺。

我个人在这个领域下工夫也有三四十年了,这既是个人志趣,也是自我使命的选择。政治思想史研究需要百家争鸣、共同讨论。现在看来,还是缺少不同角度的分析。我们的研究只是一个角度,这个角度对不对,是一个可以争论的问题。这一次,我们九卷本的出版让人欣慰。但我们也深感这一领域仍有待于进一步挖掘,需要更多学者继续探索。

记者:王权主义是您著作中的一个主要概念,怎样理解这个概念?

刘泽华:王权主义是中国政治思想的一个重要传统。我们以此作为分析整个中国历史的一个基本思路与框架。

中国从有文字记载以来,就在王权统治下,历代主要思想流派都没有想出西方那样的共和制、民主制等。我想,中国人讨论王权的形成,往往是从秩序这个角度来说的,只有王权能使社会得到相对的平静。可是秩序建立了,社会怎么运转呢? 人治。人治有好的时候,比如文景之治、贞观之治。不过这是靠不住的,没有权力制约。出来一个好一点的皇帝,社会可能会好点,但相反就乱了。所以中国总是处于翻来覆去"折饼子"的过程中,好一段坏一段。人们期盼的只是明君、清官,还是人治。另外,王权把主要精力用于控制,而不是发展,造成了中国社会的停滞。

我用王权主义来概括这种一以贯之的历史现象,有三层含义。一是指以王权为中心的权力系统, 二是指以这种权力系统为骨架形成的社会结构,三是指王权至上的观念体系。这种王权是基于社会经济又超乎社会经济的一种特殊存在,是武力争夺的结果。就总体而言,王权支配社会。

记者:作为中国政治思想的研究者,您怎样看国学复兴?

刘泽华:因为我强调王权主义,从 20 世纪 80 年代开始,就有些人批评我是虚无主义、全盘否定,后来又说我反对国学。实际上,我是研究国学的,只是和他们的思路不一样。我的学术主张是从马克思主义出发的。马克思曾经说:"真理是通过争论确立的,历史的事实是从矛盾的陈述中间清理出来的。"分析历史要按阶段分析、在矛盾中分析,现在有人不讲历史阶段,不讲矛盾,好像古今是一贯的,忽略了意识形态的阶段性和不同意识形态的差别。

国学当然有好的方面,可以开发。但是有些人持一种很强的复古主义、狭隘的民族主义思想,过分地强调古今直通车,直接把古代的东西拿到现代来。

354

比如,他们说中国历史什么都是和谐,这就搞成了和谐史观,我不赞成这种观点。儒学有讲和谐的一面,但讲等级制度、贵贱制度,是其根本。有些人只看到"和为贵",可下面还有一句话呢,"小大由之,有所不行,知和而和,不以礼节之,亦不可行也"。"礼"是什么?是等级制度啊。只强调"和为贵",不讲"礼"对"和"的控制、规范,这就离开了历史。用这种方式来"和",与现在讲的人人平等是不在一个层次上的。再比如对"孝"也要分析。孔子讲孝有三个层次,我想"养"和"敬"都是做晚辈应该有的,但盲目的"顺",我认为不可以。而这却是古人讲"孝""无违"的最高层次。

总而言之,我是强调,对儒学、国学要分析地、历史地、全面地看。我们的著述就是要展示中国传统思想的真实历史内容。

记者:学界把您和弟子们的学术团队称为刘泽华学派、王权主义学派乃至于南开学派,您怎样看这些称呼?

刘泽华:我认为我们没有学派。最初把我们作为学派的是批评我们的人,后来才出现一些支持者也称我们为某某学派。我个人坚决不赞成叫"刘泽华学派"。我没有这个能力和学识,而且我一直主张学术个性、学术自由,把人家的学术都附在我名下,有点侵权的性质。也有人叫我们"南开学派"。南开有那么多人,我们又怎么能代表呢?如果做得不够好,还会给南开添污。还有人叫我们"王权主义学派"或"王权主义批判学派"。不过,我们并不是提倡王权主义,也不是简单地批判王权主义,而是作一个事实判断,即王权是中国历代具有全局性的控制力量。我的基本思路是对王权主义进行分析和反思。我认为,我们是"王权主义反思的一群人",反思当中可以是肯定的,也可以是批评的。至于说我们是不是一个学派,这需要每个人自己来决定。

访谈人:陈鑫

刘泽华先生访谈记

　　有一个段子,这样描述人老的状态:"六十岁告老还乡,七十岁搓搓麻将,八十岁晒晒太阳,九十岁躺在床上,一百岁挂在墙上。"人老了,似乎就是日薄西山,不再有正午,更不复有晨光。说老骥伏枥,志在千里,也一定只是有千里之心,未必有奔驰千里之力。

　　刘泽华先生年过八旬,也可谓垂垂老矣。然而,先生人老了,思维却不保守,依然保持着对历史的深邃反思和对现实的敏锐分析。不能说他依然志在千里,但他也绝非伏枥不能动的老骥,他还在学术的莽原上奔驰不懈。

　　前些日子他的弟子们张罗为他八十岁生日祝寿,他不同意,可众弟子不听,坚持要搞。刘先生没办法,感叹:"女大不由娘啊!"贺寿仪式上,有弟子献上一幅甲骨文书法寿联:"寿望彭祖八百岁,文追老子五千言。"刘先生说:"上联吹吹寿望彭祖,这样夸张倒无所谓;但文追老子,那可说得太过头了!我区区小人物,哪敢站在思想巨人的身边去啊!"

　　门生吹捧,老师无奈。称与古代圣哲比肩,确乎口气太过。好在只是小范围如此说笑而已,不必当真。然而,在缺少大师的今日中国,刘先生作为中国政治思想史研究界的一杆大旗,却是不争的事实。由他主编的九卷本《中国政治思想通史》,正表明了以他为中心的南开大学中国政治思想史研究群体已形成这一领域令人瞩目的重镇。有人说,刘先生创立了南开大学学派,刘先生摇头表示反对,说南开有那么多学科,自己不能代表南开;即使在历史学院,也不能说只有自己这一家之言。但学界已有"刘泽华学派"之说,更有甚者,一位叫李振宏的学者发表文章,直接称呼"中国政治思想史研究中的王权主义学派"。

　　而刘先生不以为然,说:"我知识有限,眼光也不广博,叫什么刘泽华学派?每个人都有自己的优长,哪能都归到我的名下来呢?我们研究王权主义,

356

就叫王权主义学派吗？那好像我们提倡王权主义似的！叫反思中国的王权主义的一群人，倒还差不多。"

对于王权主义，刘先生认为这确实是学术史上的重要问题，对它的关注，是解释历史的一个重要思路。"我在国内最早提出王权主义这一论题，从王权支配社会来说，我是论述得最多的人。"多年来，为这个论题，刘先生常常遭遇他人的误解。尤其是改革开放之初，还曾被认为对中国现实社会有"恶毒攻击"嫌疑。1979 年，他发表《论秦始皇的功过是非》，在社会上产生了强大的冲击力。刘先生后来回忆说，"有多封读者来信，从政治上进行猛烈批评，指责是'砍旗'行为"。也就是说，评论秦始皇的是非功过，就是在影射毛泽东的是非功过。好在时代发展了，思想的解放，让刘先生对中国传统政治、社会和文化的研究没有受到干扰，并且还使思想论点日臻完善。过去学界均是从经济关系的角度来解释社会现象，而刘先生则抓住王权主义这个纲，指出，在诸种社会结构中，王权结构居于主导地位；在社会诸种权力中，王权是最高的权力；在日常的社会运转中，王权起着枢纽作用；王权崇拜是思想文化的核心，而"王道"则被视作社会理性、道德、正义、公正的体现。

将王权主义在历史上的作用提升到如此高度，形成广受关注的一家学说，称以他为中心的王权主义研究群体为一个学派，其实也恰如其分。近来，当《文史哲》杂志英文版要出一期讨论王权主义的专刊时，就一定要刘先生写一篇这方面的文章。刘先生说，"我哪有时间和精力写啊，后来在两位杂志编辑的帮助下，根据我拟的纲要和我著作中的主要论点，整理出来了一篇文章。该期杂志的目录清样我看过了，他们把那篇文章放在了专刊的第一篇"。刘先生关于王权主义的论述的分量，于此可见一斑。

世人对刘先生有些误解，以为他研究王权主义，研究君主专制，就一定是传统文化或者说国学的全面否定派。刘先生对此颇感无奈，他说，自己当年发表的处女作就是《孔孟的富民思想》《荀子的中庸思想》；1978 年写的《打碎枷锁 解放史学》文中，有一条就是"解放孔孟"。后来写过的好多文章中，虽说对独尊儒术的文化传统多有抨击，但绝不能说是全盘否定。刘先生强调，事物总有两面性，不能用极端的眼光去审视。即使是"王权主义"，在他主编的《中国政治思想通史》中，他也坚持"把王权主义作为中国政治思想史的一个重要现象来研究，但不作价值判断，是好是坏留给读者自己考虑"。

以上，是天津市国学研究会田立青、朱彦民和我于 2014 年 11 月 23 日去拜访刘先生时,与他谈到的一些话题。我们请刘先生为天津市国学研究会题词,先生所题,也表明了他对传统文化所持的批判地继承的观念:"国学是个巨大的宝藏,要善于开发,认定为精华者固然要开采,对所谓糟粕也要善于化腐朽为神奇,要有开阔的眼界。"

我们盛称先生为"青年人的精神领袖",先生很不以为然,说:"像我这岁数,还能做什么?别说引导别人,常常自己想做些事情,也总感到无能为力。"刘先生确实岁数大了,耳朵有点背,匆忙出来接待我们时把毛衣穿反了也没感觉到,以致先生的老伴慨叹他糊涂。而我们说,先生是小事可能糊涂,大处极为敏锐。这不,只要一说到传统文化,说到王权主义,先生便两眼发光,思路极为清晰敏捷,并且还常喜欢就思想学术问题与人争论。先生家中的厅墙上挂有一张汉画像石拓片,拓片中间有两羊相顶的图案。先生指指那图案,将自己的两拳做出相顶的架势,笑称他就常处在顶牛的状态中。这样一个睿智的老人,思想不老,精神不老,确实可以给青年后学无限的思想引导和启发。

采访人:陈益民

2014 年 11 月 30 日

358

洞察中国古代历史的王权主义本质
——访南开大学荣誉教授刘泽华

正确地继承和发扬中华优秀传统文化是一个理论问题,也是一个现实问题。南开大学荣誉教授刘泽华主编的九卷本《中国政治思想通史》于 2014 年 9 月由中国人民大学出版社出版,这是一部系统梳理和考察中国政治思想史、由统一的历史观和方法论相贯通的通史性著作,对于我们科学地理解传统文化及其当代价值具有重要的借鉴意义。近日,中国社会科学报记者专访了刘泽华先生。

历史学应该关注"命运"问题

"命运"问题不是某些人的个人见解和规定,而是历史进程中的必然性。对必然性的认识,需要众人反复论证和探索,才有可能逐渐明晰。如果认为历史是偶然的堆积,也就无所谓探讨"命运"问题了。我认为,历史还是有它的必然性和规律性的。

《中国社会科学报》:20 世纪 80 年代《红旗》杂志刊登了您的一篇题为《历史学要关注民族和人类的命运》的文章,引起学术界广泛讨论。您如何看待历史学所讨论的"命运"问题?

刘泽华:时代的发展会促使人们反思历史,而反思是为了更好地面向未来。这就是历史学对"命运"问题应有的关注。《历史学要关注民族和人类的命运》刊发后,有人认为这种提法把历史学提得太高,也有人认为历史学有诸多问题与"命运"关系不大或说不上有什么关系,而这种提法限制了历史学的视野。其实,我说的是"要关注",并没有排斥其他种种。作为历史认识的主体,我依然认定应该关注"命运"问题。如果把"命运"问题抛掉,历史学就失去了它的骨架,成为一种"软体"闲谈。

"命运"问题不是某些人的个人见解和规定,而是历史进程中的必然性。

对必然性的认识,需要众人反复论证和探索,才有可能逐渐明晰。如果认为历史是偶然的堆积,也就无所谓探讨"命运"问题了。我认为,历史还是有它的必然性和规律性的。

我关注的"命运"问题是逐渐积累和扩充的。20世纪五六十年代,政治思想史研究处于不绝如缕的发展低潮,但不研究政治思想,历史就很难说清楚,它的灵魂就被遗弃了。半个世纪以来,我一直在政治思想史领域盘桓,而反思封建主义观念又给我以"使命"感。1984年拙作《先秦政治思想史》出版了,此书提出政治不仅有阶级性,还有社会性,逐渐形成了阶级–共同体综合分析认识框架。同时还提出,中国从有文字记载以来,即是君主专制主义,先秦诸子争论的主流是实行什么样的君主专制主义,这铸就了中国传统政治观念的基础。应该说,这两个主要观点对学界后来的政治思想史研究产生了一定影响,也引起了相当多的争论。

政治权力是考察中国古代社会结构的钥匙

我讲的王权主义至少包括三个方面:一是讲它的制度,主要是政治制度体系;二是讲王权和社会的关系,主要是强调王权支配社会;三是讲中国传统政治思想的主流是君主独尊、君尊臣卑。

《中国社会科学报》:研究政治思想,不能不涉及对政治或政治权力的看法。在中国历史上,您认为政治或政治权力究竟发挥了什么样的历史作用?对于认识和把握中国传统社会结构的历史本质和政治思想的主旨要义,具有怎样的特殊意义?

刘泽华:以往的政治思想史研究要么是只关注政治思想本身,要么是主要谈实际政治和制度问题,而我的研究则是同时关注这两个方面,并试图将这两方面的问题结合起来,探究其对整个社会的控制与塑造,也就是说作一种整体的历史观察和理论思考。

在中国历史进程中,政治的作用太大了,君主对所有臣民和整个资源具有最高的掌控权,王权支配社会是无可否认的事实。与之相应,政治思想必然处于社会观念的主导地位,而王权神圣则是其核心。20世纪80年代,我和两个学生合写了一本书叫《专制权力与中国社会》。

在系统研究和全面反思的基础上,我提出传统社会的主导力量是王权支配社会,其主导观念是王权主义。我讲的王权主义至少包括三个方面:一是讲它的制度,主要是政治制度体系;二是讲王权和社会的关系,主要是强调王权支配社会;三是讲中国传统政治思想的主流是君主独尊、君尊臣卑。

在我看来,中国传统的王权主义如铁板一块,十分坚硬。颇具改良观念的张之洞在《劝学篇》中所强调的"中学为体,西学为用"就反映了中国传统政治思维的本质特点。"中学为体"的核心便是"三纲",他说:"三纲为中国神圣相传之圣教,礼政之原本,人禽之大防。"这是刚性原则,动不得,刚性的前提不能动,其下又有柔性,刚柔相济,这主要就表现在政治思维的阴阳组合结构上。所谓阴阳组合结构是说一个主命题一定有一个副命题来补充,形成相反而相成的关系。我们可以列出一系列这样的命题,如天人合一与天王合一、圣人与圣王、道高于君与君道同体、天下为公与王有天下、尊君与罪君,正统与革命、君本与民本、等级与均平,等等。在上述阴阳组合结构关系中有对立统一的因素,但与对立统一又有原则的不同;对立统一包含着对立面的转化,但阴阳之间不能转化,特别是在政治与政治观念领域,居于阳位的君、父、夫与居于阴位的臣、子、妇,是一种主辅关系,不允许被转化。如果对这种"阴阳组合结构"的思维方式问题认识不清楚,就无法把握中国传统政治思想的王权主义本质,甚至会导致历史认识的偏颇和含混。我强调传统政治思维方式"阴阳组合"的结构性特点,目的就是要更深入地揭示传统政治思想与政治文化的王权主义实质。

中国传统社会是"权力 – 依附"型社会结构

社会利益问题无疑有许多内容,但主要的还是经济利益。在长达数千年的中国传统社会中,经济利益问题主要不是通过经济方式来解决,而是通过政治方式或强力方式来实现的。这样,政治权力就走到了历史舞台的中心,并在相当长的时期内成为社会控制和运动的主角。

《中国社会科学报》:如果再进一步深入分析的话,您认为中国传统社会究竟是一种什么性质的社会形态?应如何看待和解读中国传统社会与政治思想的历史本质?

刘泽华:社会形态是很难概括的问题,我强调应对中国传统社会形态作分层研究与综合分析。首先需要区分三个层次的问题:一是基础性的社会关系形态问题,二是社会控制与运行机制形态问题,三是社会意识形态与范式问题。

关于第一个层次的问题,在社会生产力发展缓慢的历史时期,在生产力还没有突破现有社会关系以前,社会的运动主要受日常社会利益关系矛盾的驱动。社会利益问题无疑有许多内容,但主要的还是经济利益。在长达数千年的中国传统社会中,经济利益问题主要不是通过经济方式来解决,而是通过政治方式或强力方式来实现的。这样,政治权力就走到了历史舞台的中心,并在相当长的时期内成为社会控制和运动的主角。

在第二个层次上,中国古代社会结构属于"权力-依附"型结构。这种结构广泛存在于社会生活的各个层面。其中,在政治关系上,帝王、官僚、庶民之间等级分明,君支配臣,臣支配民。官僚队伍内部也等级分明,形成上对下的支配、下对上的依附。在其他各种社会关系中,类似的"权力-依附"关系也普遍存在。这就使除帝王以外的一切社会角色都在不同程度上具有"奴"的属性。"尽人皆奴"是生产关系、社会关系、政治关系及相应的文化观念所共同构建的社会现实。

在第三个层次上,与普遍化的"权力—依附"型社会结构相适应的是普遍化的绝对权威崇拜。为了维护社会政治上的绝对权威,总是力图剥夺服从者的人格独立乃至一切权利和自由;权威者与服从者的关系实质是人身依附关系,即主奴关系。这类权威成为全社会的信仰。

在社会诸种权威中,帝王权居于顶端。中国传统的权力运动有一个基本大势,这就是向王权集中。王权的集中主要源于稳定的君主"天下独占,地位独尊,势位独一,权力独操,决事独断"的"五独"观念和兵、刑大权的强化。"五独"观念是社会的普遍观念,从而牢固地支持了君主的集权。君主"五独"观念的全局控制对中国古代的权力运动和权力结构的变迁、调整等意义不可忽视。

《中国社会科学报》:有人用历史上流传的《击壤歌》"凿井而饮,耕田而食,帝力于我何有哉"的说法来说明王权作用的有限性,您是如何看待这个问题的?

刘泽华:我建议,提出这样问题的人们,可以读一些有关中国历来户籍制度的书。我们在《专制权力与中国社会》一书第二章第二节有一个总体性的概述。如果反驳我们书中的论点,可以把问题具体化。用一首《击壤歌》就敢下这么大的结论,在学术上是否有点不严肃或轻率?

日本学者西嶋定生的名著《中国古代帝国的形成与结构——二十等爵制研究》1992年第一次译成中文(成书在1961年)。我在看到译本之前,曾提出专制王权是"一竿子插到底",直接掌控所有居民。西嶋定生的结论是"秦汉帝国的基本结构是由皇帝施行的对农民的个别人身支配"。该书的论证很具体、充实。

编户齐民或户籍制度是皇权的基础,它不是一般性的社会管理,而是一种人身支配制度。户籍登记的内容十分详细,包括形貌特征,这是为了征发徭役。文字记述的户籍制度可以追溯到商周,战国的记载很细致了。秦汉的竹简更提供了"铁证"。刘邦进咸阳,萧何的第一要务是掌控全国户籍。所以历来有"黄籍(户籍册),民之大纪,国之治端"之说。

个别脱籍者是有的,但有很多记载,要把脱籍的人归入户籍掌控之中。怎么能把一首《击壤歌》当作历史的基本事实呢?县以下的小官吏的确不是皇帝任命的,但是没有小的官吏。我们读读杜甫的"三吏""三别",还能说皇权是高高在上、不理民事吗?

至于说到士绅和基层自治,也有待商榷。瞿同祖先生的《清代地方政府》一书,对这个问题有精深的研究。在谈到"地方自治"问题时,他明快回答:"答案是否定的。"他明确提出,士绅享有与官吏相似的身份和特权。尽管官吏与正式的权力相连,而士绅仅与非正式权力相连,但两者的权力却同出于一个政治秩序。所有这些集团,都在现行体制下获得了最大的回报;唯一例外的是普通百姓。

冷静分析传统文化"复兴"

学界观念的多元化是学术思想发展中的正常现象,复古主义历来是不可忽视的一元。复古主义有很多种,有的是真的复旧,有的是打着古人的旗号演出历史的新场面。当下某些复古主义借着弘扬传统优秀文化兜售过时的意识形态,对此不可不辨。

《中国社会科学报》:当前学界思潮纷涌,尤其在传统文化"热"的社会背景下,一些复古主义思潮也随之而起。请您谈一谈继承、弘扬传统文化与复古主义的关系。

刘泽华:学界观念的多元化是学术思想发展中的正常现象,复古主义历来是不可忽视的一元。复古主义有很多种,有的是真的复旧,有的是打着古人的旗号演出历史的新场面,但在思想形式上都有复古的特点。当下某些复古主义借着弘扬传统优秀文化兜售过时的意识形态,对此不可不辨。

谈论一种意识形态首先要关注历史定位问题。历史进程中的阶段或形态上的区分,这是个大前提。我认为,意识形态与社会形态大致是相匹配的。就意识形态而论,不管如何评论,古典的儒学是前现代社会中的一种意识形态。中国的前现代社会最主要的一个特点是帝王体系支配着社会,而古典儒学正是帝王选中的意识形态,"三纲"就是它的"纲"。撇开这个"纲"说儒,可谓言不及义。

其次,要把一些至理名言与思想体系加以区分,对思想体系要从思想整体上进行判断。儒家或其他诸种学说,都有极其高明的话语,一些人把儒学说成是"爱人",是"善",是"和",是"刚健自强",是"民本",这些作为因素无疑是有的,但视为整体观念就曲解了儒家,比如"民本"从来就不是一个元命题,它与"君本"是交织一起的,是从属于"君本"的。"和"与"分""别"是相辅相成的,"分""别"是讲等级贵贱,是"和"的主导。从学理上说,不能只引几句至理名言就说成是他们的主导思想。

再次,不能把一些大概念随便搅和在一起。有些学人常常把中华复兴、中华文化复兴、传统优秀文化与儒学复兴等概念搅和在一起,互相推导、互相包含、互相置换,把古典儒学抬高到吓人的高度,诸如把儒学抬高到是现代社会的"根""主体""纽带",更有甚者竟说其是中国和世界的"领导力",是很不适宜的,也不符合逻辑。近期有一篇文章,提出孔子是中华民族的精神导师。众所周知,"中华民族"是梁启超 1902 年提出的,现行的含义大致是:生活在中华大地上所有民族(56 个民族)以及海外华人的统称。56 个民族当下生活在什么时代? 其精神是什么? 把孔子请出来做"导师",会把我们的观念导向何处? 个人尊崇孔子固无不可,怎么要用老先生充任中华民族的导师?

复次,对"返本开新""创造性转化""综合创新"等提法,我不反对。因为他们转化出来的"新",都不是古典儒家所固有的,是他们"创造"和"开新"的成果。我与某些新儒家的分歧在于,有些人把自己开创的"新"说成是古典儒家固有的,这不符合历史事实。我们不可低估一些思想家的一些思想具有超前性,但思想主体不会超越他那个时代。

《中国社会科学报》:这是否意味着中国传统思想在当代已经没有价值?

刘泽华:在我看来,传统思想主要是一种资源,如何开发和利用这些资源,关键要由"我"创新。首先,古人提出过许多命题,我们可以借来发挥。比如"以人为本""民本""法制""法治""调和""性恶""性善"等,举不胜举。命题是人类高级抽象认识的一种,可以从思想整体中提取出来"借题"进行自己的开拓和发挥。其次,借用前人的概念。概念是认识的"结",有"结"才能连成网。人类认识史表明,概念在不断地被创造,但也有相当大的部分是承继前人而来的,我们现在的许多概念就是来自古人。从字面上看字词可以相同,但其含义却可以修正、补充,甚至可以改造。再次,可以从分析古人提出的种种问题与解决问题的方式中,寻求智慧和借鉴。古人在自我与超越之间的种种思索同样为我们现实中遇到的问题提供了镜鉴。复次,可以摄取某些具有科学意义的方法论。我说的仅仅是举例性的,面对丰盛的思想资源切不可像守护文物那样保持其原汁原味,更不能以旧修旧,重要的是开发和创新。对现在盛行的"弘扬"与"复兴"论应冷静地分析,要看"弘扬"和"复兴"的是些什么?

　　　(本文得到中国政法大学林存光教授的大力支持,特致谢忱)

　　　　　　　　　　　　　　　　　　　　　　访谈人:张清俐

王权专制主义与中国的现代化①

记者:您在《中国政治思想通史》一书中对于"道"有一个定义:"概而言之,指宇宙本根、规律、理论原则和道德准则等。"现在很多人讨论一个政权的合理性、合法性等问题时,经常运用到"道统""法统"的概念。但是,这两个概念的具体所指又比较模糊。在您看来,什么是"道统",什么是"法统"?

刘泽华(以下简称刘):现在一些人用"道统""法统"论证一个政权的合理性、合法性问题,如果从历史进程上说,有诸多问题。说起朝代的合法性的理论依据,是西周兴起之时,最早提出的天命说,这一理论贯穿整个中国古代历史;其次是春秋以后兴起以有道代无道说,这一理论与天命说相配合,不但贯穿古代,近现代不讲天命了,但还持以有道代无道说;再次是战国兴起的五德更替说,影响很大,但到魏晋之后此说衰落下去;第四,东汉班固提出"正统"观念,东晋史学家习凿齿著《汉晋春秋》辨析正统,以蜀为正统,以魏、吴为篡逆。正统论影响至今。

道统这个概念始于北宋,但直到朱熹才上升为儒家的一个核心概念。道统这个概念具有神秘性和极强的排他性。问题不在于道,诸子百家都讲道,也都主张以有道代替无道,朱熹的道统把"道"独占了,更关键的是这个"统"字。道统不是泛称的儒家或儒学,也不是一般意义上的儒家传承,而是儒家中传承儒家"道"的特定的"圣人""贤人"。朱熹排的道统是:"自唐虞、尧、舜、文、武、周公,道统相传,至于孔子。孔子传之颜、曾,曾子传之子思,子思传之孟子,遂无传焉……迨于宋朝,人文相辟,则周子唱之,二程、张子推广之,而圣学复明,道统复续,故备着之。"再后就是他本人了。陈亮就曾揭露"道统"说的私密性:所谓道统"'殄灭不得'者便以为古今秘宝,因吾眼之偶开便以为得不传之绝学。三三两两,附耳而语,有同告密;划界而立,一似结坛"。明清之际的费

① 发表于《社会科学论坛》2017 年,第 1 期。

密对"道统"说进行釜底抽薪式的批判："'道统'之说,孔子未言也。不特孔子未言,七十子亦未言,七十子门人亦未言;百余岁后,孟轲、荀卿诸儒亦未言也……流传至南宋,遂私立道统。"清朝的袁枚在《代潘学士答雷翠庭祭酒书》中提出:"道人人可得。""后儒沾沾于道外增一'统'字,以为今日在上,明日在下,交付若有形,收藏若有物。道甚公,而忽私之;道甚广,而忽狭之。陋矣!"

正如1903年《国民日日报》刊载了一篇题为《道统辨》的文章,其结语是:"中国自上古以来,有学派,无道统。学派贵分,道统贵合;学派尚竞争,道统尚统一;学派主日新,道统主保守;学派则求胜前人,道统则尊尚古人;宗教家有道统,学术家无道统也。吾非谓宋儒之无足取,吾非谓理学之不足言,不过发明宋儒之学为学派,而不欲尊宋儒之学为道统耳。"

朱熹倡导的"道统"是按照他的标准讲儒家的传承,符合他的标准的大儒才能进入"道统"之列。朱熹之后,儒家内部为争谁能进入"道统"之列,打得一塌糊涂,主要表现在谁能入孔庙陪祭。这个事情儒家内部无法解决,只有靠皇帝来决定。

由于元朝之后把朱熹倡导的理学尊为官方的意识形态,道统这个概念既含有谁是儒家正统传人,又有意识形态的意义,从意识形态角度说,"道统"就成为论证朝代合法性的理论之一。面对当朝与帝王,儒生多半歌颂治统与道统合一。就拿朱熹来说,他把三代以后的历史全否了,但面对宋朝,尽管也有诸多批评,但总体上却是"圣"呀,"圣"呀,称颂不止。汲汲求仕与在朝的儒生和在野儒生可能有些差别,在野的和一些儒者隐士可能高扬道统,但正如明末著名儒者刘宗周所言:"臣闻古之帝王,道统与治统合而为一,故世教明而人心正,天下之所以久安长治也。及其衰也,孔孟不得已而分道统之任,亦惟是托之空言,以留人心之一线,而功顾在万世。又千百余年,有宋诸儒继之,然人自为书,家自为说,且遭世丧乱,为力愈以艰已,而究之治统,散而无归,则亦斯世斯民之不幸也。洪惟我太祖高皇帝,天纵聪明,即位之后,即表章朱熹之学,以上溯孔孟,直接尧舜以来相传之统。"在刘宗周看来,三代以下,孔孟等等"亦惟是托之空言,以留人心之一线"而已,即使到了宋代诸儒也不过是"人自为书,家自为说",只有洪武皇帝才实现了治统与道统的合一。其实在帝王眼中治统与道统是合二为一,他们就是两者的体现。嘉庆说乃父乾隆"心法、治法、道统、政统,靡不赅备"。

"法统"这个概念在古籍中未检索到。随着近代立宪运动的开展,而逐步形成了法统观。政统、治统是唐出现的概念。讲的是政治规范、律例等。有"唐帝王政统"之说,元朝忽必烈称:"朕新即大位,肇统万机。国事实为未明,政统犹惧多阙。""治统"大约出现在宋朝,与"政统"基本是同义语。其核心都是讲"三纲五常"。

新儒学常常把道统与政统、治统和新词法统二分,强调道统的独立性和对政统的制约性,严格说是不准确的。一是道都归于儒家门下,这不符合思想史的事实;二是道统的"统"更狭隘,由神秘兮兮的若干人体现,与政统没有什么关系;三是从汉武帝之后儒家一直居于统治地位,但一直到宋代没有体现道统的儒者,当然也说不上道统还有什么作用,又怎么制约政统呢?以道统确定政统是否合法,完全是儒家程朱理学派的一家之言。现在诸多学者推而广之,实在太任意了,不可取。现代知识分子不应守住什么道统,而应该独立思考。

记者:现在很多搞儒学的人,一般都会强调历代士人"从道不从君"的一面。您在《中国的王权主义》一书中认为:"以往学者对道的论述,特别是新儒家,大抵多强调道的理性规范和批判意义,强调其理性的独立性及其与王的二元关系,对道的王权主义精神很少论及。就历史实际而言,我认为这类看法有极大的片面性,甚至可以说忽略了主要的历史事实。"您强调,道、王二分是相对的,道对王起着整合作用,同时又为王提供了一个新的武器,得道即能王天下。王对道的占有是问题的一面,另一面更应注意道本身的王权主义精神。这是从根本上否定了"道"相对于王的独立性。但是,中国的很多朝代,又不乏以道侍君的例子。那么,中国的传统士人中,是否存在一个"从道不从君"的政治传统(及文化传统)?

刘:"从道不从君"是荀子提出的,有没有这种情况,在历史上的确有一些人实践了,这其中有不同的情况:一是如方孝孺、海瑞等为数不多的人,宁肯被杀头,就是不从君命;二是道不同而退隐,如东林党的一些人(其实他们不是反皇帝,而是反对阉党);三是一些假冒名节拒绝出仕,这些人多半是自抬身价,有些人很荒唐,实际情况很复杂。

如果说"从道不从君"是政治、文化传统,应该说是很有限的一个小传统。为什么这么说呢?其一,儒家是坚定的尊君论者,他们主张的"道"的核心思想就是尊君,尊君的主流是"君命无二"。撇开儒家的思想体系,孤零零地看"从道不从君",的确是很了不起,但置入儒家的思想体系中,他们又强调:"唯天子受命于天,天下受命于天子,一国则受命于君。君命顺,则民有顺命;君命逆,则民有逆命。故曰:一人有庆,兆民赖之。此之谓也。"(《春秋繁露·为人者天》)天是泛宗教性的崇拜对象,而天子则是这个泛宗教的教主,其他宗教基本都处于王权之下,司马光的说法大体代表了儒家的主流认识,"王者受天命,临四海,上承天之序,下正人之统"。类似的表述很多,与"从道不从君"形成悖论。

其二,"天王圣明"这个词是儒家提出的,不要小看这四个字,它有覆盖性的政治、文化意义。我曾写过《天、道、圣、王四合一》《从"天王圣明"说最高思想权威》等文章,论述了王不仅占有"道",很多情况下王就是"道"的体现。王者参通天地人,"天胙之,为神明主""天子至尊也,神精与天地通,血气含五帝精"。帝王通神或即是神。以明代大礼仪之争为例,明世宗嘉靖以藩王身份继皇帝位,登基后不顾礼制,追封自己的生父兴献王为睿宗。由此引起了"大礼仪之争"。首辅杨廷和等认为生父只能为皇叔考。另一些人为了迎合世宗心意,上书应尊兴献王为帝。双方争论激烈,朝臣二百余人跪于左顺门前表示抗争,认定不合儒家之"道",激怒了嘉靖,下狱者一百三十四人,廷杖而死者十七人。按说,嘉靖是违背儒家的"道",嘉靖颁布《明伦大典》,宣布"非天子不议礼",他的旨意就属礼,就属"道"。大臣张璁总结是:"揆之以天理人心,定之以中正仁义,皇上一人而已。"说得多么直白,皇上就是天理人心、中正仁义的最高权威!

其三,儒家以修齐治平为最高追求,那就是积极参与政治。但政治最高权力被君主独占,儒生们进入仕途,更多是追求利禄,班固把这个问题说得十分透彻了。

其四,在皇帝制度、等级制度、父家长制度综合因素,几乎整个社会成员都是程度不同的主奴综合人格,特别是拼命挤入仕途的儒者官僚表现得更为突出。哪还会有"从道不从君"的勇气。

其五,言官制度似乎为"从道不从君"开了一扇门,其实情况决不是如此,言官是君主体制下的一种官僚,有些言官敢于犯颜直谏,但大都冒着被惩处的危险,真正冒死进谏的为数甚少,就连最著名的魏徵也总是采取"顺谏",先把唐太宗抬得高高的,皇帝如何圣明云云,而后再说自己的建议,而且多半要加上以待斧钺。汉武帝、朱元璋都说过,士人不为所用,留着干什么?要加以惩处,直至处死。在这样的社会环境里"从道不从君"能有几何?

儒生们常常把"道"举得高高的,但只要分析一下,其特点是对本朝和当头帝王,多半高高颂扬,批判的多用于针对他朝和他王。当然其中不乏以史为鉴和"影射"的含义。现在一些学人把"从道不从君"说成是儒家的主流,这可离历史事实太远了。历史上有多少儒生官僚,看看其中的多数是如何玩官场的,有几个是"从道不从君"的?有些人可能认为数量不重要?此言差矣!

这里说几句"文革"前期的事实,破"四旧"、与传统彻底决裂等等,都是表面的事,在思想观念上是前所未有"封建主义"(姑且用这个词)大横行,有几位是"从道不从君"的?敢于"从道不从君"的又有几个逃脱了牢狱之灾?只是到了"文革"后期人们才逐渐觉醒,于是才有"四五"事件和1976年粉碎"四人帮"的变动。但说实在的,就思想而言也远远没有达到"从道不从君"的地步。

作为重要传统不可缺少的是有广泛实践基础,实践者了了,就不可能是个大传统。现在一些学人提倡这一观念无疑是有意义的,但不能视为历史上的儒家的主流观念。具有讽刺意义的是,这观念是荀子提出的,但道统畅行之后,把荀子视为杂学,荀子却被革除教门。

记者:您强调,包括儒、法、道等中国古代的诸子百家,都有尊君的思想,这是否可以说明,在古代中国的农业社会,这种尊君有一定的合理性?

刘:是的,在古代尊君有一定合理性,在上个世纪末,"文革"观念还很普遍时,我就开始思索这个问题,1979年我在《论刘邦》一文中就提出:"继农民起义之后,'恢复封建秩序'是不可避免的唯一的前途……封建的生产关系是当时唯一能使生产得以进行的形式。恢复封建秩序更是不可避免的……秦末农民起义和楚汉战争结束后,社会的主要矛盾是恢复封建秩序,以保证生产的恢复,是社会的存在得以保证。""刘邦'恢复'政策的高明处就在于他从当时社会实际出发,选择了一条既代表地主阶级利益,利于加强刘氏政权,又能为多数农民接受或不超过农民负担能力的政策。"我说的"恢复封建秩序",无疑包含着恢复王权体制,当时"两个凡是"尚居于统治地位,最高指示所谓农民起义之后只有"反攻倒算"论还没有得到重新认识,像我这样的说法是有点犯忌的。

1988年的我写的《专制权力与中国社会》一书,也曾就君主专制的必然性与合理性问题,作了进一步的论述:"对重大的历史现象,既要探讨它的必然性,又要讨论它的合理性。君主专制制度有没有合理性呢?我们只能说,它有可能为社会进步提供条件,即有合理性的因素。所谓为社会提供条件,主要指如下几方面:其一,经济、社会、文化的发展,一般说来,社会秩序的稳定是不可缺少的条件之一。君主专制体制与统一一定范围内相为表里。这种统一在一定条件下,对社会进步是有利的。其二,君主专制国家掌握了大量的人力和物力,如果用于社会发展,无疑会对历史进步有重要意义。其三,君主专制下,权力极端集中,如果集中的权力和好的政策结合在一起,对社会的进步起着推动作用。从历史事实看,中国历史上的君主专制制度并不是没有给社会带来任何好处,在某些方面对历史的进步是起过有益的作用,如中华民族的形成,地域的扩大,某些有利于经济恢复(相对于它的破坏而言)和发展的措施等。"

但是我们还应关注,反对君主体制的观念尽管不占主流,但一直也在流行。这就是虚君观念和无君论。先秦战国时期的农家就是虚君论,他们认为君主也应该自食其力,君主的职能应该是业余的事物。无君论无疑对君主制有更猛烈的批判。

关于君主专制的目的性问题,我认为是一个值得深入探讨的问题。"目的性"问题不是史学家主观强加给历史的,而是历史本身的问题之一。单纯从理论上说,有关"目的性"的说辞十分动听,如"以民为本""以人为本""爱民如子"等等,数不胜数。但"目的性"不是一个说词问题,而是须有成套的制度作保证,否则就多半流为假话、大话和空话。君主专制体制是无论如何也不会"爱民如子"的,这点早就被韩非揭破,是个伪命题。当然我也不是说专制体制下没有在一定程度上力求以"以人为本"的政治人物,中国历来是人治为主,在特定的人治之下,也会有较好的政绩,可圈可点。不过总的说来,人治中实施"以人为本"的是很少的。

历史是复杂的综合体,统治者的政策也同样是多种交织在一起,也需要进行综合的考察,衡量各种政策的交互作用,许多时候,一些"好"政策被"恶"政策冲垮或遏制了,如秦始皇就是一个典型。

记者:您认为,"先秦思想家可悲之处就在于,他们没有在君主专制制度外设计出一套与之抗衡的制度,而是从理想的、普遍的角度肯定了君主专制制度"。但是,欧洲各国现代化的过程,基本上都是从封建到君主专制,然后到民主。我们都知道,欧洲的君主专制远远不能和中国的君主专制相比。但是,这是否可以说明,在当时的社会条件下,君主专制有其合理性的一面?

刘:前边已经说了,在当时的社会条件下,君主专制有其合理性的一面。我们不能只说君主专制的合理性,君主专制还有极其残暴的一面,而且较之合理性更多。中国历史进程有否"停滞性"问题,学界有不同看法,我认为是有的。中国古代创造了更多的文明,比西方要先进。但是就是没有突破自身的限制,由自身走向近现代社会。没有世界先进文明的挑战,中国向近现代转型真的是个疑问。现在有人说从唐宋中国就进入近代社会,这种说法或许有点道理,但我要说这与近现代先进的世界文明不是一回事。

记者:欧洲从封建过渡到君主专制,但是君主专制的时间都不算长。而中国更为严酷的君主专制,从秦朝建立之后,竟然绵延两千多年。这一历史,堪称世界之最。为什么王权专制主义荼毒中国这么长的时间?

刘:这个问题要分几个层次说。其一,不能只说王权专制主义"荼毒"一面,正如前边已经说过的,王权专制也做过一些有利于中国发展的大事。

其二,王权专制不是从秦开始的,在秦之前也是程度不同的王权专制,大量的考古资料表明,早在殷商之前王权专制就逐渐形成。到了商代,从文献和甲骨文记述情况看,王权专制基本形成。甲骨文中的殷王是与"上帝"对应的"下帝",有的王直接称"帝"。殷王自称"予一人",《书·汤诰》:"王曰:'嗟!尔万方有众,明听予一人诰。'"《孔传》:"天子自称曰'予一人'。"《礼记·曲礼下》:"君天下,曰'天子';朝诸侯、分职、授政、任功,曰'予一人'。"《书·汤诰》虽晚出,但同《曲礼》表达的都是大权独揽,要听天子一人的命令。秦的王权专制是其前历史的集大成和进一步发展。

其三,王权专制主义为什么这么长?这是一个有待进一步探讨的问题,已经有很多说法,这里不能详细讨论。在我看来,主要有两点:(1)从进入文明期,中原大地就走上王权专制主义,除此之外没有其他体制,即使有些其他的苗头,比如春秋时期一些诸侯国有过"副贰"现象(诸侯有副职),也有过政事征询国人意见,通过表决看多数人的态度,君主决定弃取,但都没有成型。有人说这是原始民主制的遗存。实际上占主导的是"国"不可贰(不得有两个政治中心)和"君命无二"。《左传》开篇记述的郑伯克段于鄢即是事情的典型。王权专制在体制上逐步完善、功能覆盖整个社会。王权专制体制对社会资源有最高掌控权,其功能远远超越社会力量,我反复论证过"王权支配社会"。这个以君主为核心的庞大的以权力为依靠的利益团体,其体制是很难突破的。改朝换代,其体制基本不变。(2)社会占主流的观念起到了巩固君主体制的作用。西周已有的"普天之下,莫非王土;率土之滨,莫非王臣"观念没有受到挑战,天子独尊一直占据统治地位。诸子百家兴起为另辟蹊径探索体制问题提供了一个机会,但战国的客观现实是诸侯纷纷称王,是王权专制进一步强化。《庄子》的某些篇有突破性思考,但他寻求的出路是社会人的自然化,这对现实的王权专制构不成改造力量。农家主张君主业余化,但同样没有实践意义。其他显学争得固然很激烈,但争的是实行什么样的君主专制。

我曾写过专文,认定秦始皇的帝王体制是先秦政治观念的集大成,以后可以说百代都是沿着秦制做些加减而已。大一统的专制体制形成之后既不允许对体制进行正面挑战,也没有观念再思索的客观条件。虽然无君论一直没有断线,但只能局限在很小的范围内窃窃私语。佛家本来是不敬王的,但到了中国,它必须尊王。否则会招来沉重的打击,甚至多次出现过由王发动灭佛的大动作。

就实而论,儒家在巩固王权专制体制上是立了大功的,所以被帝王视为维系帝王体制的命根子。一个"三纲五常"就在观念上把人们牢牢套死。"三纲"不破,怎么会有王权专制体制的根本变革? 所以我认为,大一统的王权专制体制和主流观念的配合,是君主专制长期化的主要原因。

记者:我在阅读白钢先生《中国政治制度通史》总论卷的时候感觉,从秦到清,中国的皇权专制主义统治一直在自我强化,对于民众的压迫也在逐渐加深。大部分历史学者认为,鸦片战争是列强强行打开了中国的国门,是中国现代化的开端。有学者认为,列强的野蛮行径可以谴责。但是,如果没有鸦片战争,中国仍然会继续维持君主专制体制,国门也会继续封闭。对于这一问题,您怎么看?

刘:我大体同意这一见解。现在不少学者把中国进入近代化提到明末,作为社会层面有些近代化的因素,但在政治体制上没有什么变化,到了清代君主专制体制依然如故,加上民族因素更强化了一步。明清时期王权支配社会大的格局是一贯的, 即使有一些社会因素在冲击王权支配社会这个格局,但力量远远不如专制王权。事实摆在那里,没有西方的坚船利炮,格局很难有新的突破。近代文明的扩张几乎都与暴力相伴,其实古代先进文明的传播何尝不是如此。

我认为应在矛盾中陈述西方列强的侵入。挨打之后觉醒了、求进步,比老处于梦中浑浑噩噩要好。设想不"侵入"是不可能的,"侵入"的同时也被拖进了近代化,两者不能都否定。只讲一面不符合历史事实的。从某种意义上我更看重被拖进近代化的历史意义。中国人很聪明,开始是被动的近代化,时间不长就主动地投入，经过曲折的磨难而取得了今日辉煌的进步。

记者：资中筠先生在《知识分子对道统的承载与失落》一文强调，中国的士人"士"的精神传统有三大突出的特点：一是"家国情怀"，以天下为己任，忧国忧民。其依据的现实条件是"学而优则仕"。二是重名节，讲骨气。"士林"有自己相对独立的价值体系和判断标准。"三军可以夺帅，匹夫不可夺志""富贵不能淫、贫贱不能移、威武不能屈"的古训是赖以立身的道德准则，从而铸就了读书人的骨气，历经朝代更迭而不变。他们自认为是儒家道统的承续者和维护者。三是与以上二者并行的另一种传统，我称之为"颂圣文化"。就是把爱国与忠君合二为一，而且忠君是绝对的，"虽九死其犹未悔"。见用则"皇恩浩荡""感知遇之恩"，万死不辞；获罪则不论如何冤屈，"臣罪当诛兮，天王圣明"。您在《中国的王权主义》中也说到："中国传统的知识分子，只要他接受了士大夫这条路，他就逃不掉帝王设置的天网，他就要面对现实，皈依王权，为帝王服务，为帝王歌功颂德。翻开任何一位士大夫留下的文集，几乎都缺不了这方面的内容。"中国的士大夫为什么一致颂圣？不颂圣就不行吗？

刘：资先生是一位有独立思想的学者，但她这篇文章与我的看法有些相左。关于道统我前边说了，士人承载了道统不仅表明他是儒生，还是儒家中最具教条主义和宗派主义者。倒是有些个性的思想家多半在程度不同地冲破道统的束缚。中国古代没有知识分子这个词，现在大家都用于古代。如果分析其成员，知识分子有许多不属于儒家，所以笼统地把一部分持道统的儒者概括为知识分子，显然不妥。

资先生讲到的三个特点，如果是并列的，也不大符合思想史的实际。"家国情怀""重名节，讲骨气"只是一部分儒生有，多数是很缺乏的。众多的儒生标榜是一回事，实践是另一回事。就这三个特点来说，不是并列的关系，而崇圣或"颂圣文化"才是主导。最早重视这个问题的是顾颉刚先生，他在《"圣""贤"观念和字义的演变》指出，初始"圣""只是聪明人的意思，'圣人'也只是对聪明人的一个普通称呼，没有什么玄妙的深意"。没有后世"高不可攀的偶像或超人"的含义。我接着顾先生往下说，20世纪80年代初，提出圣贤观是政治哲学的核心问题。1990年，在合著的《中国传统政治思维》一书前言中我有这样一段论述："先秦时期政治思想发展的基本过程，可以概括为：从神化到圣化。"圣人"不仅是社会和历史的主宰者，而且在整个宇宙体系中也居于核心地位，成为经天纬地、扭转乾坤、'赞天地之化育'的超人。由先秦诸子所发起、在百家争鸣中充分展开的'造圣'运动,建构了一个以圣化为中心的政治思维的普遍范式。这一范式以'究天人之际'为起点,终于圣王合一"。

我提出"终于圣王合一"应该说把崇圣与颂圣文化最本质的含义揭示出来了,其后我又写了多篇文章论述这个问题。"臣罪当诛兮,天王圣明"是韩愈提出的,韩愈反对帝王迎佛骨,本意是对的,被流放到潮州,他是在遭到错误对待之后说的这句话,现在许多人论道统的几乎都把韩愈视为道统的发轫者。道统能与"天王圣明"平起平坐吗?!

记者:您认为,儒家没有不讲"三纲"的,即使是儒家中的在野派,甚或是所谓的"异端"也不例外。帝王制度就是建立在"三纲"这种等级之上的。儒学的主旨是维护帝王体系之学。那么,儒家的"三纲"与王权专制主义之间是一种怎样的关系?在中国漫长的王权专制主义统治中,"三纲"起到了怎样的作用?

刘:"三纲"这个词是董仲舒提出的,但就"三纲"的内容而言,从文献看,西周都有了。孔子承继了其内容,就实而论,墨子说的"上之所是,亦必是之;上之所非,亦必非之"也有君为臣纲之意。韩非《忠孝》篇说的与"三纲"没有什么区别,一些人认为"三纲"是韩非提出的。董仲舒提出"王道三纲",把"三纲"王道化,又把"王道"三纲化,使"三纲"成为儒家的理想,又是儒家的核心价值。儒家讲尊尊、亲亲,又倡导以孝治天下,似乎亲亲更重要,但他们又尊称君主为"君父",于是君主便置于尊和亲的最高点。

很多人认为朱熹具有批判精神,大讲道有变有不变,而一从自然回到社会,又宣扬"纲常千万年磨灭不得""君臣父子,定位不易"。"三纲"是天地之理。"三纲"对维护社会秩序有极大的作用,但同时也是一副精神铁锁,相应"三纲"的制度是硬件,两者牢固结合,而从仕的又多半是儒者,这样就形成了铁三角,使王权专制主义有牢不可破的顽固性。有人说"三纲"有历史合理性,当然有一定道理,但"三纲"维护王权专制的事实是不能否定的,"铁三角"把中国禁锢得太久了。

记者:除了"三纲"之外,儒家的核心思想还有"仁义礼智信"五常。一般的看法是,"三纲"缺乏平等观念,"五常"似乎没有多少可挑剔的地方。您怎么看待这一观点?

刘:"三纲""五常"固然有别,但"三纲"也是"五常"之纲,不能简单分开了事。这里只说说礼,有人说礼就是"人与人之间的平等交往和互相尊重",或说"是以人际交往与沟通为其宗旨,亦坚持人与人之间的平等与交互性",又说

"礼主交往间的平等"。更有简明的说法礼就是"礼貌"。这些真是皮相之谈。

礼的精神内核是什么？这点早在春秋时期晋随武子就说："君子小人，物有服章，贵有常尊，贱有等威，礼之不逆也。"北宫父子说，礼仪之本在于区分"君臣、上下、父子、兄弟、内外、大小"。时代虽然在变，君臣、上下、贵贱有沉有浮，但君臣、上下、贵贱秩序依旧存在。儒家基于贵贱等级的事实，认定礼的精神实质就是"分""别""辨"等。《荀子·王制》说："先王恶其乱，故制礼义以分之。"《礼记》把问题说得更加明确，《坊记》说："夫礼，坊民所淫，章民之别……"《乐记》说："礼义立，则贵贱等矣。"《史记·礼书》对礼仪的历史有个简练的概括："至秦有天下，悉内六国礼仪，采择其善，虽不合圣制，其尊君抑臣，朝廷济济，依古以来。至于高祖，光有四海，叔孙通颇有所增益减损，大抵皆袭秦故。"尊君抑臣，上下有等一直是礼仪的核心，直到清代，康熙说："礼乐何始乎？始于天地，而通于阴阳。何者？天位乎上，地位乎下，万物中处，尊卑灿列，而礼以行。"雍正上谕："《周礼》一书，上下有等，财用有度，所以防僭越、禁骄奢也。"

正因为礼在于尊君抑臣和等级秩序，所以孔子才反复讲"为国以礼"。有人说"礼尚往来"难道不是平等交往吗？不是讲"礼貌"吗？问题没有这么简单，同一个等级的人有平等交往的意思，但古代是等级社会，人是等级中的人，俗语说"官大一品压死人"，这是平等吗？帝王都提倡礼，试问谁能与帝王平等交往？

我只说礼是举一反三而已，不能一一论说。说"五常"似乎没有多少可挑剔的地方，这纯粹是又抽象化了，抽象到没有一点历史内容了，且不说从事历史研究，就是搞哲学抽象的人也不应离开历史呀！我不是要简单否定"五常"，而是说应该揭示其历史含义，然后做价值分析。

记者：很多人同意中国古代的统治是外儒内法，儒表法里。王权专制主义的罪魁祸首在法家，而儒家是好的。而您在《中国的王权主义》一书中认为，儒家也是王权专制主义的帮凶。那么，在王权专制主义的统治体系之下，儒家的坏作用体现在哪些地方？

刘：有几点意思需做点辨析：其一，外儒内法、儒表法里是人们常说的话语，但古代没有这个词。汉朝汲黯说汉武帝"陛下内多欲而外施仁义"，可能由此而引申出外儒内法等，其实汲黯的评价并不准确，汉武帝何尝外不多欲？儒法不是内外问题，而是结合和相互补充。法家突出讲法，但也不是不讲礼；儒家讲礼，也不是不讲法，特别到了荀子，礼法就结合为一体了。秦承继、充实了李悝的《法经》,张苍制定汉律又承继、充实、调整了秦律。汉代在行政上进一步落实了礼法结合。能说汉律是"内"吗?

其二,儒法都主张君主专制,表面词句有所不同,思路也有不同,但主旨没有原则的差别。

其三,说"外儒内法"似乎儒家只是表面的东西,真正实行的是法家,这岂不是说儒家成了摆设?

其四,是否有"外儒内儒"?哪个朝代、哪个帝王实行的是"外儒内儒"?汉元帝真的是"外儒内儒"?正是从此汉代走向衰败;王莽应该是大儒?王莽的一套胡来是否可证明"内儒"更荒唐?

其五,"外儒内法"给人的第一感觉是儒家宽松、温和,法家残酷。可是孔子主张"宽猛并济",为鲁司寇,上台七天就杀了不同政见者少正卯(朱熹发疑之后儒家内部争论),孔子的"猛"是法家还是儒家?孟子骂墨子是"禽兽",又主张对辟草莱、言战者用"上刑",他没有当权,如果一朝权在手,开杀戒,这算什么?《五经正义》主张"圣人作法,以刑止刑,以杀止杀",这几乎是从《商君书》抄袭而来,这是儒家公开的主张,是"内法"还是"内儒"? 一批理学家论证"典礼爵刑,莫非天理",主张"严刑以威",声称"以辟(刑)止辟""虽曰杀之,而仁爱之实行乎中"。历代王朝的刑法及基层社会组织的私刑均依据儒典制定并实施,违逆"纲常名教"属于必杀之罪。为践履儒家之礼而大开杀戒的儒者难道少吗? 是否也是"内儒外法"?

其六,把秦始皇的暴政简单归于法家是不准确的。"以人为本"就是法家提出的,法家也主张爱民、从民心、赋税要适度、刑罚要适中等,韩非是第一位提出"均贫富"的人。法家的重罚与重赏是问题的两端。这些主张与儒家大体相同。许多帝王的纵欲胡来很难说是法家或儒家,应该说是"昏家",我看倒与道家中纵欲派相近。商鞅变法十年秦民大悦,秦国坚持了法家的改革与法治,秦能统一六国,难道民众的生活比尊尚儒家的东方六国更坏?

儒法之间历来有争论,互相对骂,都具有理论的专制性,搞一言堂。儒家借着秦的速亡,把法家搞臭,泼水连婴,不可取。贾谊说的,攻守之势不同,秦始皇做了错误的判断,招致速亡,这点是很恰当的。法家以改革、进取见长,儒家以守成见长。其实两者都有大用,汉宣帝说汉家自有制度王霸杂之。王霸杂之与"外儒内法"是不同的,"杂之"是结合起来混合用,这才是政治艺术。

说到儒家的坏作用,我看主要是守成,这个"守"了不得,一直到清末才出现了转机。

　　记者：您提到过："两千年来的政治体制，其基本模式均因秦制；帝王观念，大抵亦袭秦也。"那么，历代沿用的皇帝制度，在王权专制主义体系中，起到了什么作用？

　　刘：皇帝制度是王权专制主义的中枢和最高权威。皇帝制度有很多内容，几句话很难说清楚。要之有如下几方面：①皇位的取得，开国皇帝基本都是马上得天下，禅让也是以武力为后盾。其后由其子孙世袭、终身制，形成家国一体，在皇帝制度下没有独立的"国家"概念，皇帝就是国家。②皇帝之下有庞大的官僚机构，但我从来不用"官僚政治"，因官僚不是政治主体，要听命于帝王。③我曾用"五独"概括王权：天下独占，地位独尊，势位独一，权力独操，决事独断。历史经常说的帝王"纲常独断"或对天下人有"生之、任之、富之、贫之、贵之、贱之"之权。天下人都是他的臣民、子民。④在观念上是天、道、圣、王四合一。

　　记者：中国社会的宗法、族权制度，与王权专制主义制度具有同构性。一方面，在王权专制主义之下，它有稳定基层社会的作用，另一方面，它又遏制了个人权利。我认为，"五四"运动从批法转向批儒固然是转移了目标，放过了法家。但是，从个性解放来说，这又有其合理性。现在，也有人认为，农村的宗法制度，有温情脉脉的一面，甚至对之理想化。您怎么看这个问题？

　　刘："五四"把主要矛头对准儒家，因为它是帝王体制的意识形态，合乎历史逻辑。有些人想重建宗法制度，我估计历史大势不支持。随着城镇化的发展、市场经济的深化、人口流动加速、权益博弈的活跃、农村人口的减少和农业集约化的发展、公民意识的成长等等因素，宗法制度只能走向衰退。即使有些地方还可能长期保存宗法制度，如祭祖、编写家谱等，但其内容和形式都会有大的变化，比如原来的族长制就难于继续，原来女性不能入家谱，现在男女都收等。把宗法制度理想化恐怕是理想者复旧的理想。

　　记者：另一方面，儒家的理想主义一直存在，到现在也未绝迹。儒学现在很热。在中国现代化的过程中，儒家必须经过怎样的转化，才能适应于现代社会？

　　刘：前不久《马克思主义研究》杂志社的记者与南开大学张分田教授有一篇很长的对话，题目是《科学认识儒学　正确判断本质》（见该刊 2016 年第四期），专门讨论历史上儒家与当前"新儒家"对历史上儒家观念的现代意义的阐释。张分田教授的基本观点是，把历史上儒典定义为"帝典"，即"天子之典、皇家经典及帝王法则"。他广征博引,资料充实无误,令人信服。他的论述与"新儒家"可以说针锋相对,我基本同意。我建议"新儒家"应该面对张分田的证据进行反驳,如能驳倒,"新儒家"才能有立足点;如果驳不倒或视而不见,那就只能说"新儒家"没有底数。

现在有许多说法,如"综合创新""返本开新",关键是一个"新",借着某一个命题或一句话语说下去,这固无不可,但说古代的儒就是如此,这怎么行?"新"已脱离了原来的儒家思想体系。我提出古代政治思想以一种"阴阳组合结构",包括儒家的思想都是"结构"性存在,这些组合结构如:

天人合一与天王合一

圣人与圣王

道高于君与君道同体

天下为公与王有天下

尊君与罪君

正统与革命

民本与君本

人为贵与贵贱有序

纳谏与独断

……

我开列了一串,为了说明这种组合命题的普遍性。这里用了"阴阳组合结构",而不用对立统一,是有用意的。在上述组合关系中有对立统一的因素,但与对立统一又有原则的不同,对立统一包含着对立面的转化,但阴阳之间不能转化,特别是在政治与政治观念领域,居于阳位的君、父、夫与居于阴位的臣、子、妇,其间相对而不能转化,否则便是错位。我上边罗列的各个命题,都是阴阳组合关系,主辅不能错位。比如在君本与民本这对阴阳组合命题中,君本与民本互相依存,谈到君本一定要说民本,同样,谈到民本也离不开君本,但君本的主体位置是不能变动的。下边就两个组合命题稍作说明,以示其概。如"道高于君""从道不从君"只是组合命题一面,还有更重要的一面,这就是"君主体道""王、道同体""道出于王"。

"阴阳组合结构"无疑是我的概括,但其内容则是古代政治思维的普遍事实,这种结构性的思维应该说是极其高明的,它反映了事物的对立与统一的一个基本面。也可以说是"中庸""执两用中"思想的具体化。这种"结构"的思维方式和认知路线对把握事物非常有用,也非常聪慧,正是所谓的"极高明而道中庸"。就思想来说,这种结构的容量很大,说东有东,说西有西,既可以把君主之尊和伟大捧得比天高, 又可以进谏批评,乃至对桀纣之君进行革命。由于有极大的容量,以至于人们无法从这种结构中跳出来,至少在政治思想史范围内,直到西方新政治思想传入以前,先哲们没有人能突破这种阴阳组合结构。最杰出的思想家黄宗羲虽有过超乎前人的试跳,但终归没有跳过去。

在政治实践上,这种阴阳组合结构的政治理念具有广泛的和切实的应用性。以古代的君主专制体制为例,一方面它是那样的稳固,不管有多少波澜起伏,多少次改朝换代,这种体制横竖岿然不动;另一方面,它有相当宽的自我调整空间和适应性。我想这些应该说在很大程度上得力于政治思维的阴阳结构及其相应的政治调整。

儒家作为思想资源大有用处,但无须标榜什么新儒家、新道家等等,我争论时回应新儒家种种说辞,但我认为儒家只有古典形态,如果借古说自己,不如自己说,尤其不能把古典儒学现代化,更不能改铸古典儒学,只说辅助面,把主导面抛去,那还是古典儒学吗?如果个人在生活中践履古典儒学,只能把自己变成古董。张分田教授说,现代标榜的新儒学基本是伪命题、是伪儒学,值得思考。

记者:谭嗣同曾经严厉批判法家。法家的统治术,现在还在祸害中国人。您怎么看待法家思想的流毒?

刘:谭嗣同批判法家倒不为奇,儒家批法家由来已久,他对"三纲"的批判应该说更加振聋发聩。现在不只是法家在祸害中国人,我们对整个传统思想观念都缺乏更深入的分析,都有余毒在流动。我们这把年纪的人都经历了"文革"的全过程,回首反思和自问,对"文革"中诸如"最高指示""三忠于""四无限"等许多荒谬错误的东西,我们当时有几人敢站出来对阵?敢提出疑问的多半都献出了生命。"文革"之后虽然有一定反思和批判,至今也缺乏理论的深度清理。

"文革"中颂法批儒,有深层的政治目的,在理论上属于闹剧。群氓如我辈都被愚弄了。这倒值得再反思。其实法家与儒家等在为君主专制体制制造理论上没有原则的差别,当然路数有所不同。这个问题另论。

记者:您的《中国的王权主义》对中国古代的王权专制主义批判尤为深刻。但给人一个感觉,王权专制主义是中国传统文化的核心,儒、道、法等多家的思想都笼罩在王权专制主义之下。那么，中国的传统文化中还有多少可以适应于现代价值？

刘：先说一个例子，"孝"在儒家至少有三层含义：养、敬、无违，如果笼统把孔子的孝拿来，现代社会能以"无违"为最高境界吗？肯定不当。

就儒家思想来说，其主体是君尊臣卑，是臣民文化，有人说君尊臣卑是法家的，儒家不是，这不符合历史事实，两家都是，稍有不同而已。现在兴起的是公民文化，与君尊臣卑有意识形态上的不同。一个时代（社会形态）大致说来也制约着一个时代的观念，社会形态与观念形态，古今有很大差别。时过境迁，古典儒家，之外还有古典的法家、道家、墨家等，其整体远远不能适应当代社会的需要，对此无须惋惜，世上哪有不散的宴席？把孔子视为千年不变的宴主可能吗？

在我看来，前现代的种种思想只能作为一种资源，而不可能成为现代社会的"根"呀、"主体"呀、"纽带"呀、"精神家园"呀，更不可能成为什么"领导力"。现在新儒家（还有新道家、新法家、新墨家等）有诸多"返本开新""创造性转化""综合创新"等提法，对这些提法我大体上都赞同，因为他们转化出来的"新"多半是当代价值，而这些都不是古典儒家所固有的，是他们的"创造"和"开新"的成果。我与某些新儒家的分歧在于，有些人把自己开创的"新"说成是古典儒家固有的，这不符合历史事实；另外，在他们所说的"新"中，排斥其他的思想观念，这点我又不赞成，因为现在的多元化更发展了。我们不可低估一些思想家有超越现实的超前性，但思想主体不会超越他那个时代。

古典儒学等作为资源其意义无疑是很大的。没有资源的世界必然是荒漠；有资源，但如何开发和利用则全靠自己。孔子能说那么多哲言，难道我们就不能自己说吗？无须言必称孔子，也不必把自己的话语往孔子身上贴，更不能不加分析地把孔子的话语转变成自己的行为。就实而论，真的想固守孔子的教导，在现实生活中也必定会变味，无可奈何，因为"你"就是你自己，是现代的"你"！要把儒家之说、古典的"困学"变成当今社会的"精神家园"，是不可能的。

把传统思想作为资源，如何开发和利用大致是"六经注我"的方式，而"我"是主体，"我"要创新。如何开发和利用资源，说以下几点以示其概：一是提取有普世价值意义的因素和内容。对普世价值争议颇多，对此我想说几点：①普世价值是人类积累的普遍性的理性；②普世价值不是哪个人和哪个集团特有的，而是在社会各阶级、各阶层长期博弈中取得的共识和共同的价值；③普世价值的多少与高低，大致与社会发展程度成正比，社会发展水平相对低、利益对抗明显，普世价值相对就少、水平也相对较低；④普世价值是历史性的，受历史条件的限制，普世价值实现的程度在各个国家和民族是不可能整齐划一的；⑤用普世价值说事，是另一个问题，但不能因此而否认普世价值，在中国传统观念中有许多普世价值的因素或雏形，许多思想家也有过精辟的阐述，比如"公正""衣食，人之生利也""天地之间人为贵""等贵贱""兼爱""己所不欲，勿施于人"等，其中都有普世价值的因素和内容，有待我们开发和发扬。

二是"借题"发挥。古人提出过许多命题，我们可以借来发挥。比如"以人为本""民本""法制""法治""调和""口之宣言也……夫民虑之于心而宣之于口""均贫富""性恶""性善"等，举不胜举。这些命题会伴随人类延传到永久。命题是人类高级抽象认识的一种，可以从思想整体中提取出来"借题"进行自己的开拓和发挥。"借题"是人们认识攀登的阶梯，是智慧的一个起点，是贯通古今的一种重要方式和形式。但不能把"借题"与"发挥"混为一谈。

三是借用前人的概念。概念是认识的"结"，有"结"才能结连成网。人类认识史表明，概念在不断地创造，但也有相当大的部分是承继前人而来的，我们现在的许多概念就来自古人。从字面上看字词可以相同，但其含义却可以修正、补充，甚至可以改造。

四是从分析古人提出的实质性问题与解决问题的方式中，寻求智能和借鉴。这些问题比比皆是，比如统治者与被统治者之间的关系问题，古人就提出了数不清的思路和解决方式，稍稍留意，对今天也会有相当的启发和借鉴意义。

五是古人在自我与超越之间的种种思索同样为我们现实中遇到的问题提供了镜鉴。其中有理性，有信仰，有伦理，有宗教，有术数，有巫术和幻化以及这些的综合与交叉等。低级的继承是简单拿来，高级的则要增加诸多新的因素和新内容。

六是摄取某些具有科学意义的方法论。比如对辩证法古人论述得很多，有些高层的概括超越了社会形态和意识形态，可以直接用到我们的思维中来。

以上说的仅仅是举例性的，如何开发和利用，还会有很多内容和方式。比如冯友兰先生提出过抽象继承法。抽象继承应该说是一种"开新"，具有创造性，但用之过分会把历史抽空，会脱离历史实际，因此用起来需要谨慎。

我再强调一点,在现实中,面对丰盛的资源切不可像守护文物那样,仅保持其原汁原味,更不能以旧修旧,重要的是开发和创新。有些学人常常把中华复兴、中华文化复兴、传统文化、儒学复兴等概念搅和在一起、互相推导、互相包含、互相置换。于是把古典的儒学抬高到吓人的高度,是很不适宜的,也不符合逻辑。试想,中华文化复兴怎么能与儒学复兴互相置换呢?古典儒学已经成为历史,特别是在社会形态已发生大变化的情况下,是不可能被全盘"复兴"的,道理很简单,因为我们是现代环境中的人!即使在孔子的时代,儒家也在程度不同地发生变形,其实稍加留意,孔子在世时,其忠贞的弟子就已经分化了。孔子死后儒分为八。由此也证明,让孔子直通古今是不现实的。

　　话说回来,思想史研究的基点就是把前哲作为资源。当务之急是为普及和提升公民文化提供某些参数。

采访人:张弘

王权主义与社会形态等问题的再思考
——访刘泽华先生[①]

问：刘先生，感谢您接受《中国史研究动态》编辑部委托我进行的采访。这次采访打算围绕以下几个话题进行：您对王权主义理论，对中国传统社会、传统文化以及对中国政治思想史未来研究方向有哪些新的思考？

答：这些都是需要不断再思索的问题。我很喜欢对话和自由谈，不必拘泥于写文章的格式。我希望你能"穷追"，这最能激发人思考。

一、王权主义与社会形态问题

问：对"王权支配社会"的揭示，是您对史学研究的一大贡献。很多学者认为，这是对中国传统社会形态最重要的概括之一。不过您却一再表示，王权主义只是社会运行机制，而不是社会形态，这是为什么？

答：王权主义对生产力、生产关系、社会关系、思想文化等发展进程有很大影响，甚至在一定程度上有支配作用。但我的底子还是马克思的基本理论。社会形态是整体性的大问题，是对生产方式的总体概括，包括生产力、生产关系、社会关系、思想文化的基本特征等。王权并不是形成生产力、生产关系等的根源，所以我用了"运行机制"四个字。"运行机制"主要指对社会的控制，而"王权支配社会"是说明其控制的程度。

皇帝制度是王权专制主义体系的核心，帝王控制了宗教、宗法、真理（道）、理性、秩序的制高点，并具有无所不包的综合性最高权力。帝王居于社会之巅，权倾天下，又有整套的思想与制度做保证，因此能支配社会。统治阶层的主要成员多半不是自然生成的，而是王权配给的产物。由于王权支配了思想和仕途，绝大多数士人也是依赖王权而求生路的。一些学者总爱说士人

---

① 发表于《中国史研究动态》2017 年第 4 期。

具有独立的人格和道义的担当。的确,有少数士人很高尚,但多数是王权的附属物。王权一竿子插到底,一般人都被户籍控制,户籍不是一般的行政管理,而是人身支配和占有的大法。由此,王权实现了对每个人的统治,社会没有独立性。因此有人评论说王权主义是社会形态,从某种意义上说固无不可。但我还是认为它属于"运行机制",而不是社会形态。

问:那么您对传统中国的社会形态问题是怎样考虑的?

答:社会形态问题曾经是史学界的热门问题。不过 20 世纪八九十年代出现对"意识形态"和"宏大叙事"进行非难的现象。在这股思潮的冲击下,社会形态问题逐渐沉沦。但我们南开一帮人对鄙视社会形态问题很不以为然,1999 年专门筹划了一次关于社会形态问题的学术讨论会,出席会议的有不少著名的史学家和一批少壮,这反映出社会形态问题依然是史学中的一个值得深入思考和讨论的问题。《历史研究》作为发起单位之一,刊出了一组文章,遗憾的是没有后继文章跟进。不过也有了一个共识,即认为社会形态问题不是什么意识形态的附属品和所谓的宏大叙事,而是如何对社会进行整体性的认识问题。后来《文史哲》也很看重这个问题,于 2010 年对社会形态问题进行了更深入的探讨,出席会议者多是史学界的名家。从报道看,这次会议把问题讨论得更加深入,对社会形态提出了多种看法,诸如"帝制社会""宗法地主社会""富民社会""科举社会"等。更令人兴奋的是《文史哲》还出了英文专刊,向国际史学界展示中国学者对这个问题的关注。

其实社会形态问题一直受到史学界的关注,只是提出问题的方式有所不同。就中国的历史而言,有唐宋社会变革论,有明代社会转型论,有重新界定封建社会论,等等,其实质都是社会形态问题。就实而论,社会形态问题是史学界面临的一个挑战性问题。比如多数人认定中国没有典型的奴隶社会,但又不能否定奴隶制的存在,所以部分学者依然认为中国有奴隶社会。又有学者认为可更名为早期阶级社会、酋邦社会,可是其所指又难以界定。总之初期文明社会叫什么,尚待深入探讨。封建社会从概念上不符合中国实际,但多年来研究者从来也不是从"封邦建国"这个具体制度来使用这个概念,而是从生产方式说的,所以依然使用封建社会这个概念。

如何概括中国的社会形态是对史学界的巨大挑战,至今很难形成多数人共识。我说的王权主义也很难概括社会的"总体面貌"。

问:您曾经提出将阶级和共同体综合起来考察社会形态问题,很有启发

性。对此您有哪些新的思考？

答：我提出"阶级–共同体综合分析"，意在补充和纠正只注重用"阶级"分析社会关系的弊病。在社会关系中，与阶级关系共存的还有共同体。共同体先于阶级关系，在史前的远古时代就有了，可以说有了人类就有共同体，甚至先于人类，在动物世界就有共同体，当然那是动物性的。阶级关系是社会发展到一定阶段才产生的。我这里说的共同体，例如国家、民族、地域性的种种关系、血缘、宗族、家庭与社会的各种组织等。阶级（等级等）会存在于共同体中，但又不是共同体的全部；共同体中有超越阶级的部分，不能全归入阶级之中。这要从具体的历史中来仔细分析。

日本有些学者过分强调共同体，忽视阶级关系，显然也是片面的，但对我还是有启发的。单就阶级或共同体都很难表达社会形态总体性，还需要更高的理论概括。21 世纪初我提出过阶级与社会是交织在一起的，这应该是后来提出"阶级–共同体综合分析"的初步见解，那时还不知道日本学者的意见。

阶级与共同体两者综合起来，对社会形态的某些方面有直接的影响。比如清朝，除阶级关系外，还有浓厚的共同体（民族）因素。孙中山以及许多革命元老，前期提出的民族主义，就是说的满汉民族关系。我收集了一份辛亥革命太原起义的《子夜宣言》，全篇都是说的民族关系问题。"反清复明"的话语在清朝的历史上一直很有号召力，孙中山领导的革命起初也是使用流行的革命话语。有一种颇为权威的观点，说民族斗争说到底是阶级斗争，这种说法是片面的，在实践上会把阶级斗争扩大化、绝对化。阶级是社会形态的内核，共同体更多表现为外在的存在形式。现在世界上存在不同阶段上的社会形态，这是历史问题，可以另说。即使社会形态大致在一个水平上，其外在形式常常有很大差别，这主要是共同体的因素起作用。

二、王权主义与文明的差异性

问：说到"发展阶段"和"外在形式"，请问您怎样看待不同文明的发展阶段和发展特色之间的关系？您似乎比较强调发展阶段，但这会不会将历史置于"现代化"的一元语境下，是不是有一点"西方中心主义"？您怎么看待不同文明的差异性？

答：在各民族和国家中都有历史发展的"阶段性"问题，在一定阶段会有自己的特色，但这种特色并不能表达为必然的道路。20世纪20年代末，郭沫若提出过中国人不是神，也不是猴子，当时是反对"中国的国情不同"的特殊论，是强调人类有共同的规律。就一个人来说，不分肤色等，其发展大体相同。过去我们一再说某某学说是"放之四海而皆准"的，同样是表达的世界发展过程有相当的"统一性"。如果把特色绝对化就肯定会产生排他性和封闭性。人类只有一条路，在这条路上如何走，各个国家、民族无疑会有很多差异，但归根结底不可能有第二条路。

翻开任何一个国家、民族的认识史，都有各式各样的思想超越和突破，没有思想的民族是没有前途的。

实现"现代化"应该是人类的共同性问题，谁不搞现代化，都会走向萎缩，甚至被淘汰。看看那些拒绝"现代化"的民族，是很可悲的。

应该从广义上说现代化，这与"西方中心主义"是不同的。从总的方向看，西方是走向"现代化"的领头羊，但"现代化"问题并不必定以"西方"为中心，也并非谁走在前头谁就是"中心"。无可讳言，在相当长的时间里，西方的确充当了走向现代化的领头羊。如果有后来者居上，"中心"就会转到后来者。

"文明差异"主要是发展阶段不尽一致，当然还有其他很多因素。有差异就会有矛盾，是很难处理的问题。如果都把自己视为"唯一"的必然而排斥其他文明，常常会带来冲突。冲突不只文明问题，还有很多利益矛盾，等等，一言难尽。

总之，特色主要是历史阶段性问题，还有民族形式问题，但不是固定的"道路问题"，把特色变成固定的、特有的道路，肯定有很大偏颇，必然导出自我封闭。

问：您认为，王权主义是中国社会，或者东方社会所独有的，还是不同文明在某个阶段都存在过的一种政治文化现象？

答：我对世界史了解有限，似乎其他重要的地区和民族、其他文明社会在不同程度上都有"权力支配"社会的现象，但像中国这样持久、彻底、牢固大概是唯一的。

问：为什么王权专制主义会在中国持续这么长的时间？

答：回答这个问题比较难。20世纪80年代曾广泛讨论过这个问题，我与陈学凯同志曾作过一篇综述，刊在朱绍侯教授主编的《中国古代史入门》（河南人民出版社,1989年)一书。当时就有很多说法,诸如中国地理特点、民族矛盾、小农经济、水利建设需要、地主制度等七八种说法。现在依然是个复杂的问题,难以回答。我试着说以下几点,不知有道理否?

第一,从传统上说,中国有文字记载的历史就是君主专制体制,这是一个原型,陈陈相因,很难超越。第二,中国的君主体制是军事争夺、兼并的结果,因此是军事的转化形式。历来是"马上得天下",汉初陆贾说不能马上治天下,其实他说的不尽准确和全面,中国君主体制历来是靠"马上"来做后盾的,所谓的"文治"背后靠的是"兵刑"二柄。以军事体制为基础的制度不大可能开出"民主"制度之花。第三,在君主体制下,对君主从来没有权力制约权力的制衡机制。没有制衡机制的因素或萌芽,就杜绝了民主制的产生。第四,我们的思想家面对君主体制时思想是相当贫困的。观念没有创新,也不可能有制度创新。

三、王权主义与儒家思想文化

问:有很多人认为,在中国长时期占据主流的儒家学说,并非主张王权专制主义,而是意在限制王权、规范王权。您怎么看?

答:我先引孔子说的几句话。"贵贱不愆"(《左传》昭公二十九年);"天无二日,民无二王"(《孟子·万章上》);"礼乐征伐自天子出"(《论语·季氏》);"唯器与名,不可以假人"(《左传》成公二年);"君君,臣臣,父父,子子"(《论语·颜渊》);"非礼勿视,非礼勿听,非礼勿言,非礼勿动"(《论语·颜渊》)。上述六句话(还有其他),在儒家被独尊之后都变成法律规定,违反者都要受到惩罚。时下有不少学者企图证明孔子不是君主专制主义者,但他们都没有能正面给上述几句话作出开脱性解释。老实说,解脱不了,就无法否认孔子的君主专制主义的政治框架。实事求是地说,孔子的专制主义不是最严酷的,他希望折中、调和,但没有这个大框架,他不会捞到至圣先师和文宣王的牌位。

有人认为中国古代统治者是外儒内法,言下之意是说,专制制度是法家,儒家不是。这种说法应该是从汉代汲黯说汉武帝"内多欲而外施仁义"脱胎过来的。就实而论,我是很怀疑这个说法的。什么是'外儒'?难道儒家都是无关君主专制的漂亮的说辞?就说"仁义"吧,仁义一方面说"爱人",另一面也公开要杀人,宋代理学家最高唱仁义教化,但他们常常把刑罚置于教化之首。《二程集》说:"圣王为治,修刑罚以齐众,明教化以善俗。"对下民尤其要以刑罚为先，"发下民之蒙，当明刑禁以示之，使之知畏，然后从而教导之"，"圣人之于民，虽穷凶极恶而陷于刑戮，哀矜之心无有异也"。朱熹说得也很干脆："虽曰杀之，而仁爱之实已行乎中。"(《朱子语类·尚书一》)又说："圣人于天下自是所当者摧，所向者伏。"(《朱子语类·易十一》)很难说外儒就是只讲仁义道德教化。是否有"外儒内儒"呢？汉元帝真的只行德政？王莽是大儒，应该是"外儒内儒"，然而其政是何等酷烈，竟未得善终！

历代帝王没有什么纯任德政的，汉宣帝说："汉家自有制度，本以霸王道杂之。"(《汉书·元帝纪》)这不只是汉家，历代帝王都是实行杂霸政治，没有什么内外之分。儒家维护的是帝王体制，所以有时我说儒术是帝王之术。至于其作用，只能从帝王体制的历史作用进行评说。

问：可是还有人认为，儒家创造了"道统"的概念，甚至提出过"从道不从君"的理想，这是不是用来与"治统"、王权相抗衡的呢？

答：就历史实际而言，我认为这类看法有极大的片面性，甚至可以说忽略了主要的历史事实。

关于"道统"，我最近在《南国学术》2016 年第 4 期上有专门的文章进行论述。我认为"道统"不是一个真实的历史问题，是朱熹提出的一个假定性的理论和生造的一个所谓历史问题，严格地说"道统"是个伪命题。在朱熹之前压根没有这个概念。之后，关键谁承"统"，朱熹说是他自己，他有时又把二程纳入。陈亮当时就指出，道统是一种神秘兮兮的玄说，是个人生造出来的。

其后谁承担"统"呢？众说纷纭，莫衷一是。最后要由帝王认定，即谁能陪祀孔子谁就是"统"的体现，许多儒者出出进进。论说"道统"的人很强调"从道不从君"，荀子是最明快提出这个命题的人，然而可怜的荀子几次被张扬"道统"的理学家鼓噪，革除"教门"，不能配祀。

论述王朝合法性的是"道"，秦朝开其例，其后诸朝沿袭(周取代商用的是"德")，当然还有天命。在朱熹之前没有用道统论说合法性的。朱熹之后一些人开始议论"治统"与"道统"的关系，如元代陈栎曾提出："二帝三皇时，治统与道统合，圣贤达而在上，道明且行，此时经即史、史即经也。帝王往矣，治统与道统分，道统寄于孔孟，穷而在下之圣贤，道虽明不行矣，是后经自经、史自史也。"(《定宇集·答胡双湖书》)这里说的"治统"和"道统"主要说的是政策，而不是说朝代的合法性。因为承担"统"的都是儒家内的一些人，都是臣子。所以难使用道统来论说王朝的合法性。清代帝王也说过，道统即治统。

单纯看"从道不从君","道"似乎在君主之上。"从道不从君"的事例虽然也有一些,但在整个君臣关系中是不多的。作为士大夫,对帝王不颂扬,就很难上升,只要进入颂圣的文化圈,自我主体性就必然要大打折扣。在圣王面前,更多的是依附性和从属性,个人意志没有立身之地。从道与尽忠搅和在一起。威武不能屈的人很少,构不成一个大传统。事实上能屈能伸又是儒家的经典和圣条,只强调"不屈"是不符合历史上普遍的精神状况的。

从理论上说,儒家经典中还有"君命无二"说,所以"从道不从君"与"君命无二"是一种阴阳组合结构,不能只说一方面。从实际和体制上说,所有的人都是君主的臣子,"君叫臣死,臣不得不死",显然君主之命高于"道"。如果说到传统,"从道不从君"是阴阳组合结构中的"阴"。它有一定的调节作用,但还是有限度的。

四、政治思想史研究的发展方向

问:当前,很多学者避谈宏观问题,而更愿意聚焦在一些具体的小问题上,这使得史学研究一定程度上存在碎片化的趋势。怎样在学术研究中将宏观与微观结合起来,您有怎样的心得?

答:过去的宏观很多是假大空,使人腻烦,于是一些人转向具体问题的叙说,在这个过程中一些人拘泥在一些细小的问题上打转转。如果从细小的问题透视全局,像从一滴血看人的基因,无疑是很有意义的。但过于细碎,只见树木不见森林,用了很大的气力,相比之下,事功不相匹配,对一个专门从事研究的人真是有点浪费。

在认识上,一些人把历史认识仅看作叙述过程和讲故事。这种认识有相当的道理,但也有很大的片面性。历史学不能只限于讲故事和叙事,在故事、叙述深层上,还有历史的规律、必然性等,这也是实在的事实,这就涉及宏观问题了。凡是大史学家都有对历史的宏观认识和把握,但他们绝不是不要讲故事和叙事。

宏观问题与理论思维有很重要的关系,一些人满足于讲故事或叙事,抛却或淡化理论思维,只关注资料的收集、累积,而不关心对问题之说明与解决,那就会丧失其对特殊历史问题意义的了解。对于宏观问题,需要用理论思维给予特别的关注和下大功夫。理论思维和具体思维有很大的不同,理论思维要特别关注抽象和概括,要提出许多新的概念和范畴,要进行价值分析,需要特别的创造性。这是比较难的,特别是高度的抽象,不绞尽脑汁,很难达到。说实在的,有些人缺乏这种能力。叙事固然也不易,相对说来对抽象能力要求的就比较低些。

问:学界还存在一种现象,旧的教条已经基本被打破,但新的教条却又不断产生。一旦有一种时新的理论成为风尚,便会被许多学者奉为圭臬,言必称之。真正能够坚持独立思考的学者少之又少。您怎么看理论与教条的关系?

答:教条主义的产生原因很复杂,而信仰、习惯、传统的影响不可低估。

造成教条主义更直接的因素是行政权力的硬性规定,以儒家为例,中国的儒家如果没有行政的硬性规定,作为子学的一种,固然也有教条主义趋势,但大体属于个人性的。儒家教条主义的普遍化始自汉武帝的罢黜百家、独尊儒术。其中主要有两点具有决定性的作用:其一,儒家成为帝王政治的一个部件,儒家经典被定为官方的意识形态,儒家经典的每一句话都被视为真理,尽管可以有不同的理解和解释,但对经典不得提出质疑(版本问题另说),更不准反对,进而儒家经典成为刑法的准则,形成了所谓的"非圣无法"。其二,儒家思想成为士人进入"仕途"的主要依据,正如汉宣帝时期的夏侯胜说的"士病不明经术,经术苟明,其取青紫如俯拾地芥耳。"(《汉书·夏侯胜传》)士人所以一心专于儒术,"盖禄利之路然也",正是受利益的驱使更助长了儒家教条主义。

你说的一旦有一种时新的理论成为风尚,便会被许多学者奉为圭臬,成为新教条主义。对成为风尚的理论要进行分析,可能认为它有道理才崇尚,如果是自由的选择不能说是教条主义。形成教条主义一般说有几个条件:其一,把某种理念视为唯一的真理,具有强烈的唯一性和排他性。其二,如果认定者握有某种权力,就会运用权力进行强制遵从。其三,利禄依然是强大的推动力。其四,有历史传统形成的思维方式的影响,这种传统有很强的惰性和习性。

到目前和今后很长时间内,都会有教条主义。有时自己思想范式形成之后,自己就会自我禁锢,也具有教条性,不过这无妨碍他人,算不上"主义"。

在思想自由和追求个性的环境中,教条主义相对就比较少。如果允许思想能进入自由的市场和能自由的传播,肯定教条主义更会少些。

问:感谢您的解答。采访的最后,我想请问,您觉得政治思想史研究今后的发展方向是什么,有哪些需要注意的问题?

答:中国古代政治权力支配社会,政治思想也格外凸显,已有很多学者论述过,甚至有人持中国士人以政治信仰为宗教之说。直到今天和以后,政治都是不可缺少的,政治思想也必然是重要的组成部分。把某种政治和思想作为信仰,甚至具有宗教性,仍会有很广泛的社会基础。

今后研究方向我也说不清,但有几个值得关注的问题:

第一是政治哲学与政治智慧。学界对政治哲学有不同的看法,我倾向:凡属探讨政治的起源、本质、规律、规范、目的和手段,以及有关"元理论"词汇和概念的含义、论证的逻辑、命题的根据等均属于政治哲学。简化一点,政治哲学的核心问题是研究建立什么样的社会秩序和由谁领导、掌控社会秩序。社会秩序问题很宽泛,包括社会形态问题、社会结构问题、人的社会地位问题,等等;由谁领导和掌控同样很宽泛,如建立什么样的政治制度,核心领导权归谁等。刚才提到,传统中有"天无二日,民无二主""天王圣明""纲常独断"等就有成套的理论和观念来支撑。政治智慧与政治哲学有交错关系,政治智慧主要是说处理政治的能力。面对同样一件事,人的眼光有高低之分,特别是战略问题,更能显示智慧之高低,古人说"圣人知要",就是说聪明人能抓住要害;如果眉毛胡子一把抓,肯定是能力有所欠缺。第二是政治文化。政治文化是一种主观的精神范畴,包括政治价值取向,政治认知、感情、态度等政治心理层次诸要素等。政治文化既然属于精神范畴,因此具有很强的个性,其中常常不乏诸多幻想、乌托邦成分,但它又有社会现实的烙印,与现实的政治体系、政治问题有密切的关联,所以尽管政治文化属于精神范畴,但又必须充分估计现实政治关系对它的影响。仍然说乌托邦,它就有诸多社会矛盾影响的因素,有相当的社会基础。所以许多乌托邦能在一段时间内具有很强的影响力,甚至能鼓动起相当的人群头脑发热,掀起某种所谓的群众浮动和运动。第三是政治观念的社会化问题。政治观念如何向社会传播,是一个大问题。现在的传播媒体各式各样,网络系统的发展更加促进观念多元化的趋势。如何面对多元化,成为政治观念社会化的一个大问题,是宽容还是搞舆论一致,很值得研究。第四是中国的政治思想结构问题。我提出的"阴阳组合"结构就是一种探讨。这种结构没有理论原点,不能仅抽出一个命题进行推理。第五是政治思想的社会效应和作用问题。

我认为,这些都是今后政治思想史研究中值得关注的问题。

采访人:陈鑫

弘扬传统与复古主义的关系^①

当前学界思潮纷涌，尤其在传统文化"热"的社会背景下，一些复古主义思潮也随之而起。请您谈一谈继承、弘扬传统文化与复古主义的关系。

学界观念的多元化是学术思想发展中正常现象，复古主义历来是不可忽视的一元。复古主义有很多种，有的是真的复旧，有的是打着古人的旗号想演出历史的新场面，但在思想形式上都有复古的特点。当下复古主义借着弘扬传统优秀文化招摇过市，对此不可不辨。

谈论一种意识形态首先要关注历史定位问题。历史进程中有否阶段或形态上的区分，这是个大前提。我认为，历史进程中有阶段或形态上的区分，意识形态与社会形态大致是相匹配的（至于如何区分，这是一个需另行讨论的问题）。就意识形态而论，不管如何评论，古典的儒学是前现代社会中的一种意识形态。中国的前现代社会最主要的一个特点是帝王体系支配着社会，而古典儒学正是帝王选中的意识形态。古典儒学有如下三个基本特点：一是等级人学。很多学人说儒学是"人学"或"成人之学"，我认为这种概括不确，而应该是"等级人学"。这是个大判断，由此会带来一系列的分歧。二，由此引出，古典儒学的主旨是君尊臣卑，倡导的是"天王圣明"与臣民文化。三，基于上述两点，古典儒学的主要功用是帝王之具，这点帝王们反复说过，无须举证。

其次，要把一些至理名言与思想体系加以区分，对思想体系要从思想整体上进行判断。儒家或其他诸种学说，都有极其高明的话语，一些人把儒学说成是"爱人"，是"善"，是"和"，是"刚健自强"，是"民本"，作为因素无疑是有的，但整体的观念这些概括有很大的片面性，比如"爱人"，它还有"尊尊"

① 采访人不详，题目为文字整理者后加。

"亲亲"为先。"民本"从来就不是一个元命题，它与"君本"是交织一起的，是从属于"君本"的。"和"与"分""别"相辅相成，"分""别"是讲等级贵贱，是主要的。比如法家说过"以人为本""均贫富"，但不能以此断定法家的主体思想。因此从学理上说，不能只引几句至理名言就说成是他们的主导思想，更不能把古典儒学体系全盘移至现代社会。道理很简单，作为一种意识形态它是前现代社会的，以片面当成整体，并"整体"移过来是反历史的。

再次，不能把一些大概念随便搅和在一起。有些学人常常把中华复兴、中华文化复兴、传统优秀文化与儒学复兴等概念搅和在一起，互相推导、互相包含、互相置换，于是把古典的儒学抬高到吓人的高度，是很不适宜的，也不符合逻辑。诸如把儒学抬高到是现代社会的"根"呀、"主体"呀、"纽带"呀、"精神家园"呀，更有甚者竟说是中国和世界的"领导力"。近期有一篇学者的文章，标题为"孔子是中华民族的精神导师"。众所周知，"中华民族"是梁启超1902年提出的，现行的含义大致是：生活在中华大地上所有民族（56个民族）以及海外华人的统称。56个民族当下生活在什么时代？其精神是什么？把孔子请出来做"导师"，会把我们的观念导向何处？个人尊崇孔子固无不可，怎么竟要老先生充任中华民族的导师？真是匪夷所思！

第四，当代新儒家有诸多"返本开新""创造性转化""综合创新"等提法，我大体上都赞同，因为他们转化出来的"新"都不是古典儒家所固有的，是他们的"创造"和"开新"的成果。我与某些新儒家的分歧在于，有些人把自己开创的"新"说成是古典儒家固有的，这不符合历史事实；另外，在他们所说的"新"中，一些人把"大"（不限于某个类型）社会主义排斥在外，这点我又不赞成，因为大社会主义中有相当丰富的普世价值。

总之，我们不可低估一些思想家有超越现实的超前性，但思想主体不会超越他那个时代。

没有资源的世界必然是荒漠；有资源，但如何开发和利用则全靠自己。孔子能说那么多哲言，难道我们就不能自己说吗？无须言必称孔子，也不必把自己的话语往孔子身上贴，更不能不加分析地把孔子的话语转变成自己的行为。就实而论，真的想固守孔子的教导，在现实生活中也必定会变味，无可奈何，因为"你"就是你自己，是现代的"你"！要把儒家之说、古典的"国学"变成当今社会的"精神家园"，这与痴人说梦相差无几。

把传统思想作为资源，如何开发和利用这些资源，关键要由"我"创新。粗略而言说以下几点：

一是提取有普世价值意义的因素。对普世价值争议颇多，有些人根本不承认普世价值，对此我想说几点：第一、普世价值不分"东""西""古""今"，是人类积累的普遍性的理性；第二，普世价值不是哪个人和哪个集团特有的，而是在社会各阶级、各阶层长期博弈中取得的共识和共同的价值；第三，普世价值的多少与高低，大致与社会发展程度成正比。社会发展水平相对低、利益对抗明显，普世价值相对就少、水平也相对较低；第四，普世价值是历史性的，受历史条件的限制，普世价值实现的程度在各个国家和民族是不可能整齐划一的；第五，用普世价值说事，是另一个问题，但不能因此而否认普世价值，或把普世价值说成某一方的特有，或因此而否认普世价值的存在。

在我们传统观念中有许多普世价值的因素或雏形，许多思想家也有过精辟的阐述。比如"公正""衣食，人之生利也""天地之间人为贵""等贵贱""兼爱""己所不欲，勿施于人"等，其中都有普世价值的因素，有待我们开发和发扬。

二是"借题"发挥。古人提出过许多命题，我们可以借来发挥。比如"以人为本""民本""法制""法治""调和""口之宣言也……夫民虑之于心而宣之于口""均贫富""性恶""性善"等等，举不胜举。这些命题会伴随人类延传到永久。命题是人类高级抽象认识的一种，可以从思想整体中提取出来"借题"进行自己的开拓和发挥。"借题"是人们认识攀登的阶梯，是智慧的一个起点，是贯通古今的一种重要方式和形式。但不能把"借题"与"发挥"混为一谈。

三是借用前人的概念。概念是认识的"结"，有"结"才能结连成网。人类认识史表明，概念在不断地创造，但也有相当大的部分是承继前人而来的，我们现在的许多概念就是来自古人。从字面上看字词可以相同，但其含义却可以修正、补充，甚至可以改造。

四是从分析古人提出的实质性问题与解决问题的方式中，寻求智慧和借鉴。这些问题比比皆是，比如统治者与被统治者之间的关系问题，古人就提出了数不清的思路和解决方式，稍稍留意，对今天也会有相当的启发和借鉴意义。问题是：我们的一些为政者可能从来就没有进行过必要的回顾和思索。

五是古人在自我与超越之间的种种思索同样为我们现实中遇到的问题提供了镜鉴。

六是摄取某些具有科学意义的方法论。比如对辩证法古人论述的很多，有些高层的概括超越了社会形态和意识形态，可以直接用到我们的思维中来。

以上说的仅仅是举例性的，如何开发和利用，还会有很多内容和方式。我再强调说一点，在现实中，面对丰盛的资源切不可像守护文物那样，仅保持其原汁原味，更不能以旧修旧，重要的是开发和创新。对现在时髦的"弘扬"与"复兴"论则要冷静地分析，要看看"弘扬"和"复兴"的是些什么？

那显然属于中国社会转型前的意识形态和种种观念及学问。就儒家而言，作为长达两千多年的专制君主制度的意识形态，其主旨维护的是君尊臣卑，而我们现代的观念是什么，能相提并论吗？

传统的观念体系与现代化的观念有否原则差别，请看前边张之洞的话，就一清二楚。

试想，中华文化复兴怎么能与儒学复兴互相置换呢？古典儒学已经成为历史，特别是在社会形态已发生大变化的情况下，是不可能被全盘"复兴"的，道理很简单，因为我们是现代环境中的人！

话说回来，思想史研究中的贯通性认识，其基点就是把前哲作为资源，而当务之急是为普及和提升公民文化和推进普世价值提供某些参数。

再次，一个概念的含义具有"混沌"性，常常有多层次性，很难从一种含义进行论说。比如孔子的"仁"含义多多，仅说其是"爱人"显然是片面的，它还有"克己复礼"等等。又如"孝"，在亲情上说至少有三层含义：养、敬、无违，如果笼统把孔子的孝拿来，肯定也不当，现在能以"无违"为最高境界吗？

现在还有些人动辄哀叹道德失范、人心不古，我认为有点言过其实，过虑了。但我并不全盘否定传统，我认为传统文化主要应该作为资源来对待。作为资源，可以说我们的积累最为丰厚，但开发的事应由当代人承担。开发与全盘肯定性的"复归""振兴""弘扬"等等大词有着原则的差别，不能混淆。有智者提出"创造性的转化""综合创新""批判继承"等，但都不是不加分析的"复归""振兴""弘扬"，我们必须把前代哲人说的某些至理名言与思想体系分开，无疑都是通过开发资源而获得新的观念。

现在颇为流行的说法是把中华民族的优秀文化、传统文化、国学、儒学不加分别地搅和在一起，顺手便把国学、儒学直通车开到当下当"神物"。从学术概念上说是很不严谨的，试问，国学、儒学能等于中华民族的优秀文化吗？传统文化难道就是儒学吗？

有一个基本的问题，作为一种思想体系，它是否是历史的产物，它有否历史性？我的回答是肯定的，没有一种思想体系能超越历史而是永恒的"真理"。

历史在变,而且会有社会转型的大变,中国一百多年来,一直在探索如何实现社会的转型,近三十多年中国大陆进行的改革开放是更加深刻的转型。社会的转型过程必然也包括观念的转型。国学是什么,众说纷纭,"大"的说是56个民族的古今之学,"小"的仅指"六艺"之学,更多的人说的是传统的"经史子集"之学。如果是"经史子集"(其中也包括了儒学),有着原则的差别,在多元化中也有那种观念更符合历史与现实的问题。传统文化"热"是个很复杂的现象,如果"热"在补缺(针对一段时间否定太多),当然可取;如果"热"到用传统的东西取代我们的主流观念和体制,比如实行"儒家宪政""通儒院"等,就不能等闲视之了。

儒家中无疑也有很多高明的话语,如"三军可夺帅也,匹夫不可夺志也"等。一些人据此说儒家主张人格独立、平等,但从孔子思想整体上看,绝对不能做出这样的结论,因为他还说过"唯女子与小人为难养也""唯上知与下愚不移",非礼"四勿""君子而不仁者有矣夫,未有小人而仁者也"等话语,怎么能说人格独立和平等呢?

就儒家思想来说,其主体是君尊臣卑,是臣民文化,而现在兴起的是公民文化,前后两者有着形态上的不同。一个时代(社会形态)大致说来也制约着一个时代的观念,时至今日,社会形态与观念形态,古今有很大差别,时过境迁,古典儒家,之外还有法家、道家、墨家等,其整体远远不能适应当代社会的需要,对此无须惋惜,世上哪有不散的宴席?把孔子视为千年不变的宴主,可能吗?

用分析的态度反思历史与现实
——刘泽华先生的访谈[①]

刘泽华先生是国内著名的历史学家，尤其用力于中国政治思想史的研究，取得了一系列有影响的成果，形成了一套独特的体系，被一些人称为刘泽华学派。近年来，由此而发生了不少论争，因此我们组织了这次访谈，希望通过访谈对先生的学术、思想等有一个更深入的了解，也更清晰地了解先生对于这些争鸣的看法。

学术选择：对历史与现实要有承担

记者(以下简称记)：刘先生，您好，十分感谢您能接受我们的采访。您是著名的政治思想史专家，也是较早进入这个领域，成果最多的，您当初为什么要选择研究中国政治思想史？又是如何进入这个领域的？

刘泽华先生(以下简称刘)：之所以选择中国政治思想史作为我的研究领域，既有个人经历的原因，也有学理上的考虑。在学理上，我主要出于两方面的考虑：一个就是我感到政治思想在中国整个历史中的地位举足轻重，影响也很大；另一个就是分析国情的需要。

我选择政治思想史这个领域，首先应该要感谢梁启超老先生，大家都知道他写了一本《先秦政治思想史》，这本书可以说是中国政治思想史的奠基之作。当然戊戌变法之后，他也写了一些专题性的文章，但这本书则是比较系统的。这本书中有一句话，对我影响尤其突出，他认为先秦诸子所论的问题，无不归宿于政治。

后来我在学习过程中，感到确实是这个样子。你读一下《庄子·天下篇》《荀子·非十二子》以及《吕氏春秋》(我希望你们要特别注意研究《吕氏春秋》，

---

① 访谈人不祥。

它是春秋战国整个思想界的一个总括,也可以说是诸子百家的一个总汇),他们比较多的还是从政治这个角度去论述问题。到了司马谈,他的《论六家要旨》,也归结为一个字,就是一个"治"字,以后班固也是这样讲的。所以我想梁启超的这种说法,和古人对当时人的学术史的论证是一致的。

不只是梁启超,章太炎在《国学概论》里面也讲,中国的士人谈论问题,就爱谈政治。还有钱穆,他在《中国文化史导论》里面讲中国没有太明显的宗教,但是他认为中国的士人以政治为宗教。你看他们都是大学问家,都是读书最多的人,他们都认为政治问题占着很重要的位置。从这些学人的判断,感到我们研究中国古代不能离开政治与政治思想。总而言之,从学理上讲,我们要研究政治思想,因为这涉及中国知识分子的主体观念问题,他们主要的集中点在政治领域,当然还有别的方面,我不是说政治囊括一切,但这方面是比较多的,而我们的研究恰恰在这方面比较薄弱。

当然,政治思想史的研究,在1949年以前还是相对较多的,1952年院系调整以后就基本中断了,应该说真正恢复发展起来,是到了1976年以后的事情。我的一个比较早的学生葛荃,他写了一本《认知与沉思的积淀——中国政治思想史研究的历程》,把政治思想史的研究历程给梳理了一下,有兴趣的话我建议你们翻翻这本书,你们就大概知道我们过去的研究是个什么情况。另外还有一本书《中国政治思想史研究》,这个挂了我的名,实际上也是葛荃做的,这本书对中国政治思想史研究有一个概述,同时也选了一些这个领域当中有影响的文章。

记:确实,新中国成立以后国内的政治思想史研究比较薄弱,直到"文革"结束后,才有了比较系统深入的研究,而您又是其中比较早的,您刚才说到,对于中国政治思想史的研究是出于分析国情的需要,这个分析应该是从对"文革"的反思开始的吧?

刘:对,我的另一个考虑就是应该有一种自我承担,所以我感到要分析中国的国情。我觉得我们这一代人经历的曲曲折折很值得反思,其中我认为政治思想的反思尤为重要。这些是我在"文革"中间就开始萌生的一种怀疑,给自己提出的问题,这些问题让我觉得应该对政治思想进行清理。

"文革"可以说是中国历史发展进程中的一个浓缩。它里面的问题太多,有诸多元素,其中一个重要的问题,我们姑且用"封建主义"(目前关于"封建"这个概念争论分歧很大)这四个字来概括。当然在论述"文革"的封建主义这个问题上,我感到要特别提到一位史学家,他就是黎澍先生,他比较早地(我的印象是在 1977 年)写了一篇讲中国的封建主义的文章。在一个会议上我第一次听到他的这篇文章,可以说对我的思想产生了一种冲击,这也坚定了我搞政治思想史的想法。

从我们要清理封建主义这个角度来讲,作为学人,我自己感觉有一种承担,我认为封建主义的很多问题恰恰是中国的一个国情,所以我们应该认真地研究这些问题:怎么清理这种封建主义的文化背景? 我们的古人是怎么思考的?它在现实当中是个什么样的表现?这些封建主义的东西,我们叫它历史的积淀也好,叫作历史的传承也好,确确实实,在当时的很多人身上存在,而且以特殊的理论的形式征服了或者是说服了中国的多数人。征服和说服这两者性质不一样,像我这个人,我想在相当长的时间,就是被说服的,圣贤说了,我也服了,也许一些更重要的人物,他们是被征服的,不管怎样,关键在于"服",这就很麻烦了。所以很多人加入其中好像带有某种强迫性,但是他加入其中,不但加入其中,还写了许多他后来无法洗清的东西,这就是另外一个问题了。现在有些人在选集里面把这些东西都删掉,我想,你怎么能删得掉? 我就想,有一天,我要把我那些琐碎的文章都收集起来,记述我当时是怎么跟着跑的。比如我曾在让步政策问题上批判了翦伯赞,当翦伯赞先生逝世十周年时,北大他们学生会约我写几个字,我回信说,我先还账,还完账以后才能写。后来,湖北出了一本书叫《史学家自述》,我在这个书中原原本本把我当时怎么批翦伯赞的写了出来,其实批翦伯赞的文章我没有署名,但我是主持人,我写了那文章后,就感觉有一个东西放下来了。所以我想要清理我们这个时代,就要首先清理我们自己,当然清理自己要考虑在什么样的环境下,在什么样的理论体系下,这就需要有一个反思,所以除了基础性的著作之外,我出的第一本集子就叫《中国传统政治思想反思》。

以上就是我研究政治思想史的两个理论上的依据,也是我三十年来循而不改的一个原因吧。

王权主义:中国古代思想文化的主旨与归附控制

记:正是因为这样,先生在"文革"之后,就进入了政治思想史的研究,并且取得了丰硕的成果,先后有《先秦政治思想史》《中国传统政治思想反思》

400

《中国的王权主义》等著作出版，2008年又出版了三卷本《中国政治思想史集》，都产生了很大的影响，建构了以王权主义为核心的政治思想史体系，那么您为什么选择用"王权主义"来概括这一体系？

刘：我是讲了王权主义，也成为当前大家比较关注的说法，但严格地说，虽然"王权主义"这四个字是我翻来覆去强调的，但是这个思想应该说是由来已久的。

我自认为我是承继"五四"而来的。现在对"五四"有各种各样的说法，有的认为，"五四"过激了，否定的东西太多了，当然这个可以去再认识，可以讨论。我个人认为"五四"提出的问题中国远远还没有解决。"五四"它不是一个事件，而是开创了一个时代。"五四"以前讲专制主义的也不少，到"五四"成为一个主题，陈独秀他们都翻来覆去地讲，他们认为中国过去就是专制主义。当然"君主专制"这几个字应该说由来已久，也不是后来给加上去的，至少我们可以在汉代的文献中查到，但是作为对这种思想的概括，我想还是"五四"时期提出来的。所以我讲王权主义也并不是什么特别的创造，但是我确实也做了一些事情，好多问题都和这个问题联系在一起，这样一来就显得突出起来。

当然王权主义这个概念我也不是一下子形成的，在我自己的研究当中也是一步步发展的。在写《先秦政治思想史》（你们读我的1984年版）时，这个词我很少用，我尽量用历史的描述方式，概括时多用"君主专制主义"。但这之后，我多用王权主义这个概念。

比较突出地说王权主义是在1986年，当时很多学者大讲中国的人文主义，认为中国的传统是人文主义，我就写了一篇文章讲中国的人文主义和王权主义。我认为中国确实有很多泛泛的对人的论述，但我们必须要搞清楚中国的人文和西方启蒙时代提出的人文的内涵不一样，环境也不一样，因此不能把西方的人文主义放在中国古代。我认为中国的人文主义恰恰导向了君主专制主义，导向了王权主义，而没有走向科学、民主、自由等等。古代哲人确实研究了人，也对人提出了许多善的要求，但这只是一面，在政治上它没有走向民主。

记：那么您讲的这个王权主义，仅仅是思想层面上的吗？它有哪些内涵？又包括哪些深层次的内容？

刘：我所讲的王权主义，它既不是指社会形态，也不限于通常所说的权力系统，而是指社会的一种控制和运行机制。大致说来又可分为三个层次：一是以王权为中心的权力系统，二是以这种权力系统为骨架形成的社会结构，三是与上述状况相应的观念体系。

当然我讲王权主义，不是说所有人都一定是这个样子，我是说王权主义在中国，是占主导地位的，它具有一种全局的规范性。另外，我讲的王权主义首先是一个事实判断，而不是在评价它的历史作用与历史价值。就事实这一层面，你可以和我讨论中国的历史事实是不是王权主义，至于说它的历史必然性和历史作用，那是下一个层次的问题。现在这两个问题总是搅在一起，好像我就是简单的对王权主义一笔否定。不是这样的。对于王权主义，我很强调它的历史过程，也很强调要在矛盾中陈述，我不会简单的全盘肯定，也不会简单的全盘否定，但在不同的条件下，我可能否定的就比较多一些，到了某些时候也可能就是全盘否定，这也是在历史的进程和矛盾中陈述的，所以我想这两个层次要分清。

记：您刚才说您讲的王权主义首先是一个事实判断，那么是什么支撑您做出这样一种判断？

刘：我说它首先是一个事实判断，主要的支柱可以有这么几点，也可以说有四条腿吧。

第一点，我感到诸子百家争鸣，争的不是不同的制度，像柏拉图概括的几种政治制度，我虽然对西方的东西了解不多，但是大体上他们当时有几种政治体制上的讨论。中国则基本上没有这样的讨论，只是在诸子之前，在《左传》里面，有一点这种关于体制选择问题的讨论。老子、孔子开始以后的诸子百家，对这个问题的讨论就很少，除了农家以外，其他各家，基本上都是讨论要什么样的君主专制，实行什么样的政策。这是中国历史上的一个事实问题。

关于法家对这个问题的看法，我想大概不会有什么大的争论。道家强调自然，但是它在提出这个问题的时候，也是归结于王，这就是为什么《老子》后来会成为人君南面之术。你再看看《老子》里面，"道大、天大、地大、王亦大"，道、天、地都是抽象的概念，真正能落实到社会层面的，只有王。当然对这句话还存在争论，因为有的版本写的是"道大、天大、地大、人亦大"，但出土古本的《老子》是"王亦大"。我认为道家是主张"王大"的，《老子》的一个主要内容，就是人君南面之术。庄子是最不喜欢帝王的，把帝王都说成是窃国的大盗，但是他写了一篇《应帝王》，也研究如何同帝王打交道。

儒家更是如此。孔子讲的是"天无二日，民无二王""礼乐征伐自天子出"。这一套观念,是儒家政治上的核心内容。至于孟子,的确讲过,"民为贵,社稷次之,君为轻",很多人就从这里引申过来,认为这就是中国最早的民主思想,完全可以开出现代的民主观念,但是你们看一看《孟子》,他讲很赞同孔子"天无二日,民无二王"这句话,另外,他也在讲君权神授,这些他讲得很清楚,所以只强调"民为贵"这一点不可以。至于到荀子那里相关的东西就更多了。

所以我认为先秦诸子,除了农家,都是主张君主专制的,其实农家也没有否定君主,他只是要求君主和老百姓一样,要衣食自理,自己来生产,业余去当国君,这个当然是一个很原始的要求平等化的思想,在当时来讲,这种思想没有得到充分发展,农家后来比较多的发展出来的是关于农业技术、农业操作等东西。总而言之,我感到先秦诸子的争论点,是在争论要什么样的君主专制,君主应该实行怎样的政治路线,怎么调整社会关系,这个大的框架没变。这一点,我自认为是有根有据的,我也很希望有人出来,能从事实上驳倒我。我感到现在对我批评的人虽然很多,但都不是在这个问题上。至于佛家进来以后,佛家讨论的问题很多,但首先讨论的是佛拜王不拜王的问题,印度的佛是不拜王的,在中国则要首先解决和王的关系,最后佛家在这个问题上屈服了,佛是要拜王的,出家人是要拜王的,所以要讲中国化,这是最大的中国化。这是支撑王权主义的第一条腿。

记:也就是说先秦诸子无论分歧多么大,实际上最后都归附于王权主义,并且通过争鸣,使这种观念成为后来社会普遍性的观念。

刘:对,中国的这种带有社会控制性和普遍性的观念很值得分析和研究。我认为君尊臣卑,这是一个普遍性的观念。余英时曾经写过一篇文章,他强调君尊臣卑是法家的思想,这个我不赞成,我认为君尊臣卑这个观念是普遍的。不要小看这四个字,这四个字具有全局的控制意义,我们古代的人把最美的语言、最高尚的语言都奉献给了君主,反过来臣民就都等而下之了。咱们中国人死后有评价、谥号,你们看看,给君主的评价是什么?最典型的评价是和天的关系、和道的关系、和圣的关系,天、道、圣这三个字都得加到王身上。你再看那些最著名的臣,他们的谥号是什么,谁敢说他是法天、体道?孔子当然例外,是圣人,这是另外的一个问题。我比较侧重从政治文化角度去研究政治思想,从这个角度我写过若干篇文章,还专门写过一篇君尊臣卑的文章,我认为君尊臣卑的观念是全局性的,这种全局性的观念也成为我讲王权主义的一条支柱。这是支撑王权主义的第二条腿。

记：也就是说君尊臣卑是中国古代的普遍性观念，它不是哪一家单独的东西，而是各家都讲，各个阶层都承认的东西。

刘：是这样，所以我强调要研究这种普遍性的观念。另外我强调帝王的"五独"观念，这是有关中国古代最高权力的观念。在这种最高元首的观念之中，最重要的特点可以用一个字概括，就是"独"。我概括为"五独"，具体讲就是"天下独占、地位独尊、势位独一、权力独操、决事独断"。

第一个就是天下独占。天子占有天下这个观念，可以说在卜辞里面，就已经包含了这个含义，到了西周，"普天之下，莫非王土；率土之滨，莫非王臣"那不是说说而已，而是成为了中国的主流观念。当然独占到什么程度，这就涉及中国的私有权等问题，我认为中国的私有权没有得到很好的发展，一遇到皇帝，这个权利就非常不完整了。秦始皇讲得很清楚，"六和之内，皇帝之土，人之所至，无不臣者"，土地归他，所有的人是他的臣民。到了宋代，理学家最强调理的时候，也不例外，程颐就说，"天子据天下至尊，率土之滨，莫非王臣，凡土地之赋，人民之众，皆王者之有也"，连程颐这样最有影响的人物最后的结论，就是天下"皆王者之有也"。所以《公羊传》里面就讲，天子对于臣下的东西是"有取无假"，我拿来就是了，我和你没有借与不借的关系，这个东西就应该给我，我取之于民，这是理所当然的。当然天下独占并不是说要体现在每一点上，但是这个观念具有最高性，而且多数人是接受的，所以我想，天下独占这个观念，是需要我们全面深入考虑的。

地位独尊，是说在一切社会关系中，君主的地位是至高的，是至尊至贵的，荀子说，"天子无妻（齐）"，没有可以和他相比较的人，他是独一的，这应当说是被社会普遍认同的。

势位独一，是说在权力体系当中，君主是独一无二的，社会当中有很多权力系统，而最高的权力归于君主。应该说中国很早就有这个观念，"君异于器，不可以二，器二不匮，君二多难"，就是说君主和一般的器物，和下面的东西是不一样的，东西可以多，用起来方便，君主只能有一个，不可以多，多了就乱了，这后来就变成在权力上要求一而不二。所以很多人提到一和多的关系，强调要以一御多，这种理论和这个权力的结构是一致的。孔老夫子也讲，"唯器与名，不可以假人"，器指的是礼器，名指的是名分，这个东西由天子来掌握，不可以随便给人的。所以中国这种势位独一的思想也是普遍的。

权力独操，是讲一切权力应该属于帝王。中国古代的权力机构，应该说都是皇帝的派出机构和办事机构。有些人用分权这个概念来解释，我不赞成，那有没有权力的分工呢？有，它分工了但是不能分权，这个权力要归于君主。《周礼》是儒家的经典，它就规定，"惟王建国，辨方正位，体国经野，设官分职，以为民极"，这一套体系，只有王才能做，其他的臣不能做，宰相就是一个辅助，他不过是百官之首。还有些人讲谏议制度，我在 20 世纪七八十年代，和王连升同志合写过一篇中国的谏议问题，当时的普遍思潮是讲纳谏和进谏是民主，我认为这个纳谏、进谏不是民主制度，我不否定其中有一些民主的因素，有点像今天咱们说的民主作风，但它只是一种收集信息的东西，而不是一种决断制度，所以强谏往往多悲剧。因此把谏议制度看作一种民主制度，是不符合中国的实际情况的。

决事独断，就是说君主是最高的决断者，掌握着最后的决断权。中国有一句话，"兼听而独断"，听的门路要多，但决断要一，这里面不存在一个民主协商、多数决定的问题。当然掌握决断权的并不总是皇帝，有时候是皇帝的转换形式，可能是权臣，可能是宦官，也可能是母后，这个无关紧要，重要的是最后有一个独断的人。司马光有一段很典型的话，他说"古人有言：'谋之在多，断之在独'"。司马光这么大的史学家已经把话说得很清楚了"谋之多可以观利害之极致，断之独可以定天下之是非"，断，要独断，终决之择，要在人君，最终的决断要在人君。你看他的结论在这里，决断要独，这是一个普遍的观念。

所以我讲这个"五独"观念，你们看看是不是包括在中国思想观念甚至于普遍的社会文化当中，如果是，或者说主要的是，那么我讲王权主义，就有一个支点，这就是支撑王权主义的第三条腿。

记：您讲帝王的"五独"观念，讲帝王对于权力的独占，对社会政治的控制，有一些人认为不是这样，他们认为中国古代的士人对于君主有相当大的制约。

刘：我不这样认为，我认为是帝王基本上控制了"学"和"士人"。这种控制应该说由来已久，最早的有知识的人，很多是巫，但这些人都是王的手下，卜辞里面有贞人，但真正决断的是王，贞人是他的一个官署，并不是权力上的一种制约。西周的时候叫作"学在官府"，当时的学叫作王学，后来王学分化出诸子。当然在诸子时期，对士人的控制，相对来讲可能少一些，但是士人的出路，也还在政治，因为中国的政治问题，是个大问题。到了秦始皇时就干脆以吏为师，汉武帝时，则搞了经学，立儒家为经，这个经是谁立的？是皇帝立的，你们可以看一下,李斯讲焚书的时候和董仲舒讲尊儒的时候,他们两个的用语几乎是一样的,只是说法稍微有一些不同,都强调定一尊,持一统,而这个则是由皇帝操作。这样一来皇帝就控制了学,控制了士人,所以他也就控制了社会的文化。正像唐太宗说的:"天下英雄尽入吾彀矣。"这就是支撑王权主义的第四条腿。

我认为上面的四点就是我讲的观念上的王权主义的四足,王权主义还有其他的含义,这里从略。如果说谁要反驳我,他就应该把这四条腿去掉,这四条腿不能成立,我这个提法就可能落空了。遗憾的是现在批评我的人,都不在这几点上。

方法探索:把马克思主义当作认识论

记:除了对中国政治思想史的具体研究,您还注重对相关的历史方法论的探索,最近关于历史唯物论的许多问题也比较热,您如何看待历史唯物论等马克思主义在历史研究中的运用?

刘:从我个人的知识结构和经历来讲,我自认为自己还是一个马克思主义者,我仍然认为马克思讲的一些基本的道理,具有很强的解释力,比如经济是基础这一点,我到现在仍然认为是正确的,社会的其他方面都是在这个基础上发展的。

如果说我和过去有什么不同,过去我视为立场和必信问题,这些年来逐渐变为"在我心中"的问题,我现在只是把马克思主义作为一种认识论来看待。我也主张对马克思一些论述进行修正,修正有大修正、有小修正,大修正,我没有那个本事,也没有那个学识,我只是在我研究的范围内做一些小修正。马克思是伟大的思想家,是人类的精神财富,但是有一些点我就不再承认,感到需要再重新认识。其实一个学派的发展一定要有修正,没有修正就没有发展。

所以,我有一些修正,比如 2009 年我在一次学术会议上讲的剥削及其相关的问题。马克思讲剥削这点我还是赞成的,但是他那个推理,推到现在,要消灭剥削,我觉得至少在我们能看到的未来,是根本不可能的。所以有一些观点我还是要坚持,但是我强调要修正,要修正就要符合事实。

其实不只是我在修正,整个社会从上到下都在修正,邓小平不就是一个大修正吗?胡耀邦不也是修正吗?你不修正行吗?历史在变,不能不修正,有修正才能发展！三十年前我对当时正宗的、占统治地位的阶级斗争说就进行过修正。

在历史作用的分析上，我也搞过修正，比如先进的问题在 20 世纪 80 代我就提出过，什么是先进？先进的问题是很难定性的，过去我们把它阶级化，这本身就有很多问题，20 世纪 80 年代又强调知识分子如何如何，我也不认同，其实先进不先进，我强调从社会运动的角度来考虑，也就是作为一个动态的东西来考虑，社会上面临着什么样的问题，谁能够在这个问题上疏通或者解决，这种力量就是先进，不一定是特定的一群人，也不一定是哪个特定的阶级，所以这个先进的观念要做一个调整，但是我并不否认先进这个观念。

所以我自己讲我是一个小修正主义，在一些具体的业务的领域，我是搞一点修正，大的问题，整个的思想体系的修正，我没有能力。

总之，方法论的问题，应该是以你们自己遇到的问题来给自己找方法，在这个过程当中当然要有一些借鉴，要吸收别人的成果。

记：您在"政治理念与中国社会"丛书的总序中提出"阶级共同体"的综合分析方法，应该说就是有继承有修正，也算是在方法上思考的一个结果吧。

刘：对。因为我们那个时代强调阶级分析，并无穷地往下推演，最典型的就是"文革"的时候成为风行一时的血统论、出身论。那个时候像我的家庭被划为富农，但是我又认同这个阶级分析，所以我有一种罪感意识。"文革"时候提出"老子英雄儿好汉""老子反动儿混蛋"，这个几乎变成很普遍的东西，那个时候我们就面临很大的压力，不管怎么说我的老子好像是属于反动的，那么我就是有点混了，当然那是到了极端化的东西。

共同体就是讲人们的一种普遍性的东西。那还有没有阶级呢？我到现在也不否认，因为有利益的问题，现在有一派只讲共同体不再讲阶级，不再讲利益上的问题，只是讲分配，不讲分配当中谁占了便宜，谁占了大头，谁被剥削，所以我就强调阶级和共同体的综合分析方法，我想把这两种东西结合起来使用，这是在方法论上的一个探讨。

记：我们还注意到，您在担任中国社会史研究中心主任的时候，曾主持召开一次思想与社会互动研究的会议，在会上您强调要加强思想与社会的互动研究，也产生了不小的影响。

刘：我强调社会与思想互动的问题，主要是从学理上考虑的。我们那个时代和社会强调社会存在决定社会意识，这是过去一个非常普遍的认识。这个大的道理如果从长时段来看,我基本上还是认同的,但是在一些具体的情况下,特别是在每个人的行动当中,就不一定。那么社会和思想是什么关系?我想是互动的,是鸡生蛋、蛋生鸡的关系,很难说哪个在先,所以从这个意义上来讲,我是要讲一些可操作性的提法,也就是社会与思想互动。

我的理解,存在与意识是一个共存现象,大概在人类的发展过程中它就是共存的。相对于个人来讲,意识物化了的东西具有较强的持续性,但从单个人受这个社会的影响来讲,你的可变性就要强一些,所以在这个意义上,我更强调思想与社会之间的互动,而不再强调社会存在决定社会意识,甚至有的时候恰恰相反,是人们的观念决定了社会的存在。另外,在提出这个问题时,我还有学科研究上的考虑。我们在学科上常常把一些东西分开,这是研究物的、这是研究精神的、那个是研究制度的,在研究物时不见思想,不见观念;反之,也不见物。我想要提倡有一些混成的东西,它既是思想的物化,又是物化的思想,但这是一个理想,说实话,提出这个问题以后,我感到我自己做得也不深入。我觉得你们应该考虑一下物化的思想和思想的物化,比如写政治制度,不要只写制度,还要分析制度当中体现着什么观念,它可能是很多因素组合到一起的,也可能是综合因素作用的结果。所以我是针对这个问题提出的,但做起来,现在还不理想,还远远没有深入,至少就我个人来讲,做得还不是太多。

刘泽华学派:自由的学术联合体

记:除了您之外,还有许多您的学生也从事中国政治思想史研究,已经构成了一个学术团队,发表出版了许多著作、论文等,如由您主编的三卷本《中国政治思想史》以及"政治理念与中国社会"丛书,产生了很大的影响。人们称之为"刘泽华学派",您是怎么看待这一学派的?

刘:是,我们有一些相同观点的人,构成了一个学术团队,但是这个叫刘泽华学派,我想这是批评我的人加给我的。

记:也不全是批评您的人在提,前几天《史学月刊》的主编李振宏先生在《社会科学报》上发表了一篇文章,题目叫《期待中国思想史的蓬勃春天》,在文章中,他指出学派的出现表明了学术的进步,使中国思想史研究进入一个新的阶段,并且把侯外庐学派和刘泽华学派,作为两个代表来论述。

刘：是吗？看来也不全是批评我的。但最早的称刘泽华学派的是批评我的。

从我的本意来讲，我没有要建立一个学派的意思，因为我一直主张独立思考，强调学术个性，我和学生们之间的关系是平等的合作关系，你们看我最早写的文章，就是这个意思，就是强调要争鸣。我1984年写的《先秦政治思想史》的后记里，就说谁对我批评，我给谁高分，确确实实，我也给了一些学生高分，所以就我个人来讲，我从来没有要求同学，要求同事听我的，按照我的学术观点进行研究。

不过从事实上来讲，我确实和我接触的人，和我的一些学生大体形成了相近的看法，这种相近的看法，我不认为是利用我个人的地位或者是我个人在教学研究中的一些资源而形成的，我认为是在事实面前大家达成了共识。其实，从我招收的学生来讲，有几位学生一开始的倾向完全是新儒家的，他们和我谈的时候，我说我完全尊重你们，你们以后写文章，完全可以按照你们自己的想法写，我没有要求他们改，但是我也希望他们了解我，因为我们毕竟是师生关系，了解了我，写文章写论文完全可以批评我，和我进行辩论，但读的结果，他们就有点转向。这个转向，我不认为是因为我对他们有什么要求，这个你们可以去做一些调查。所以我没有利用我的资源，利用地位要求学生和我保持一致。事实上我与同学们的分歧也不少，这才是正常的。

记：虽然您的本意并不是要创建什么学派，但事实上正如李振宏先生所说形成了具有"独特言说方式"的学派，而且学界的很多人，无论是批评的还是支持的，也在用"刘泽华学派"这个词。

刘：如果说我们是一个学派，我想也可以理解，三人成众嘛，有那么几个人，在一起合作研究，也未尝不好。我认为变成一个自由联合体（我认为我和学生们之间是自由联合体），你们写你们的文章，你们发表你们的观点，大家分工合作，未尝不可。

这在我们的文章当中，在我们合作的项目当中也有所体现，比如说我现在主持的十卷本的《中国政治思想通史》，我还是要求学术个性，因为毕竟这个项目名誉上是我主编嘛。这是我对学派的看法，但是不是一定要冠上"刘泽华学派"，我倒不怎么支持这种提法，我想用王权主义，是不是表达得更清楚？我也不是很有把握，但是我想沿着这条线路，希望更多的人参加进来，能够把这个问题做得更深入一些。

另外，如果讲是一个学派，一定要看到我是"五四"思潮的一个延续，我不是完全独创的,这既是对古人的尊重,在学术上来讲也是一个认真的精神。因为讲中国专制主义的人很多,我刚才讲了,他们可能侧重在制度上,我则更侧重思想文化和社会的角度,也就是我在理论上做了较多的工作,在这个意义上我也不是对他们的简单重复,也不是简单地发挥他们的某一个观点。但总体上来讲,我还是"五四"的一个承继者。关于"五四",我觉得无论怎么评价,它在中国思想文化史上都是划时代的,你怎么批评,我个人还是要沿着"五四"的这个道路接着往下走。

记:说到"五四",2009年是"五四"90周年,很多人回顾"五四",围绕"五四"也有很多争论和争鸣,很多强调弘扬传统文化的人对"五四"更多的是批评,这与您有很大不同。

刘:我的看法确实和现在弘扬的潮流不一样,我自认为我是一个分析的、批判的态度。这样,我也就理所当然地成为弘扬派批评的一个靶子,因为我讲的确实是比较多一些。但我也经常收到一些青年的信件,很多人也支持我,也赞成我,我发现有一些人写的文章也和我比较相近,也有一些学术界的重要人物支持我。

我想不同的观点进行争论,也是一个很好的现象,应该提倡,我欢迎来自任何方面的批评,即使用词很严厉,我也接受。我也希望所有的学人都应该突出自己的个性,这样才会真正形成一个百家争鸣的局面。只有通过百家争鸣,才能在不同方面提出问题,只有这些问题的综合才更接近历史,更接近实际。如果只是沿着一条线认识,我认为恰恰是走向偏离了。

我的这个认识也许是走偏了,走偏了我希望也要允许,所以过去我写过一篇文章,就是关于偏激和相激的问题,我认为争鸣当中没有偏激就没有相激,相激里面一定会出现偏激,要允许这种偏激,甚至在某种程度上要鼓励偏激的一些议论,只有这样才能使问题深入,达到一定的深度。就像先秦诸子当中,你可以看到有许多相当偏激的言论观点,正是这种偏激总体深化了认识,我想作为历史认识也是一样,多种流派的认识,它的综合可能更接近历史。

国学观:反思而不是弘扬

记:对,多种角度的综合,或许才更接近历史与实际,所以一定的争鸣是必要的。说到争鸣,这些年围绕着您的许多观点,产生了不少争论,前几年与文化保守主义在网络上的论争，以及今年与弘扬国学派关于国学的论争，他们都是把您当作批评的主要对象。

刘：就我的观点与思路来讲，我作为弘扬派的批评对象，应该说他们没有选错，在目前还活跃在学术界，还能说话的人当中，我应该是靶子。至于说思想观念，就不是我一个人的，我的许多前辈，像侯外庐，包括"五四"时期的陈独秀、鲁迅等，我可能更多继承他们的一些东西。

至于这些人对我的批评，是各式各样的，有的讲我是全盘否定，是虚无主义，虚无主义这个是经常讲的，讲我全盘否定的人也很多，这个词用的是否合适，我倒不想辩论。最近新任哲学研究所的所长写了很长的一篇文章，他把矛头对准的是国学派，批评的主要是国学派，但是在文章中他把我作为全盘否定派。

也有一些人虽然没有点我的名，但是会说我数典忘祖，也有讲我是杞人忧天派，我想大概都是针对我而来的。说我数典忘祖，我想有些祖，该忘的还真要忘，不是所有的祖宗都一定要供奉起来，那供奉的了吗？祖宗太多了，该扔掉的就要扔掉。至于说杞人忧天，我想杞人既然敢于忧天，杞人忧天就是一个很值得重新认识的命题，我们就要有杞人忧天的意识才行。

记：我上大学时有一个老师讲了一个笑话，他说杞人忧天是好事，他说再想下去，也许中国的天文学就发展了。

刘：对比着"天不变道亦不变"，我认为杞人忧天是有怀疑精神的，很值得提倡。至于说我是虚无主义，是全盘否定，主要是没有看我的书，你们要是看我的书就知道我还不至于走到这一步，但是这个我也不想去辩解，因为这涉及每个人批评的角度不一样。

不过我和现在提倡弘扬国学的一派，的确在路线上不一样，我承认这一点。但是我不反对研究国学，我本身也是研究历史的，当然我不在国学的这个名义下做事情，但是就国学包括的内容来讲，我也是从事这一项工作的，所以不能笼统地说我是反对国学。

记：那么，您和提倡弘扬国学的人的主要分歧是什么？您又主张该如何对国学进行研究？或者说您的国学观是什么？

刘：我们的分歧主要是在观念上。是弘扬还是分析？是把国学当作我们的文化主体还是作为某种资源？我想我们的分歧主要是在这两点。你讲弘扬，我就不赞成，如何弘扬？中国文化的根都是国学？都是儒学？（因为这里头讲国学的人基本都是儒学)这个从学术上来讲,不合适,如果就是讲弘扬,那你是全称性的。

我是强调分析,强调反思。瑞士的一个汉学家毕来德(他是 20 个世纪 60 年代北大的留学生),他研究中国的文化与传统,他还写过一个评当前中国的思想流派的文章,在文章中他把我归为反思派,我自己也认为我是反思派,是分析派,而不是一个弘扬派,我主张在分析当中,在反思当中,来区分问题。

记:怎么区分?取其精华,弃其糟粕?

刘:我也不是简单地用精华糟粕来区分,过去我接受这个,现在也不是完全否定这个说法,但是怎么分?哪是精华?哪是糟粕?这个分起来是十分困难的事情。一个人有一个人的价值取向,你认为是精华的在他看来就是糟粕,所以在价值判断上就有很大的分歧,所以你一定要把历史分出精华和糟粕,那当然很好,可是能做到吗?而且历史的精华只是历史的东西,只有放到历史的条件下,你才能给它一定的意义,离开那个历史条件就很难说了。所以精华糟粕比较难以区分,因此笼统地讲弘扬,就是弘扬精华我感觉也有问题,你给我说哪一个是精华?历史中的哪一个你要弘扬?可能有一些离开整体的句子,我们今天完全可以用,比如我们讲以人为本,现在当然可以当一个语言来用(这个是另外一个层次的问题,它不是一个思想体系的问题),但是简单地离开了历史的环境,就是进入你现代的环境当中去了,就不好简单地说弘扬,所以我不赞成弘扬这个提法。

另外,我认为传统的东西是资源不是主体,也不是本体,现在讲这个东西都是把它当作一个本体来看待,都是强调要恢复本体,找到我们自己,我认为你就是你自己,你为什么要在古人里找自己?我不认为孔子就是我,孔子他就是一个历史的资源,我就是我,现在就是现在,我强调的是这个观念。而且中国文化的主体应该是一个活的过程,应该首先生活在我们的现实之中,至于说作为资源,那没问题,什么东西有用,你都可以作为资源,至于这个资源怎么使用,怎么采集,由每个人作为主体来做,所以我不赞成把传统的文化当作主体,作为我们自我认识的标志,标志我认为就是我们自身,是我们这个时代,这是我和他们很大的一个差别。

此外,这里头也涉及中外的讨论和中西的讨论,中体西用啊,西体中用啊,如果讲到体和用,我就讲先进为体,发展为用,管它是谁的,只要是属于先进的东西(我还是强调有先进的,在历史进程当中,有先进落后之分),不管来

412

自何方,西方的东方的南方的我们都应该学习,应该拿来为我们现在的发展服务,当然发展是全方位的。总之,发展必须从我们中国的问题讲起,当然这样弄不好容易出现一种民族情绪,像李泽厚就批评现在兴起来的是民粹主义,是狭隘的民族主义,我不太用这个词,至少写文章不会用这个词,给人家做一个帽子,但是我强调要向前看,毕竟我们这个阶段有我们这个阶段要解决的问题和任务。

这是目前在国学这个问题上我和他们的两个差别。这两个差别是不是带有路线性,带有学术上的差别,这个要由诸位去判断,我也很难把事情说得很准确,我的观点就是分析、反思,要当作资源不要当作主体。当然我写了一些关于国学争论的文章,你们可以在那些文章中看我的观点。

寄语后学:要有世界眼光,贯通精神与责任感

记:最后,对于有志于从事历史研究,特别是中国政治思想史研究的青年学生,您有什么建议和期许?

刘:说实话,我感到我已经不领先了,我已经是落伍了,因为现在的知识这么复杂多元,知识结构和我的已经完全不一样了,我这个知识结构已经没有能力给你们提出太多的建议,但是我的一些教训和一些问题,也许有一点可供参考的地方,所以我想更多地讲我自己的缺点,讲我的弱点。

我的弱点就是视野太窄,没有比较的眼光,没有世界眼光,这是我的一个问题。现在强调要有世界眼光,强调要写世界史的中国史,当然这个世界性,在各个时期是不一样的,因为我们并不是每个时代都是世界性的,有的时候是地方性的,有的时候是区域性的,比较大范围的,到了现在就是一个世界性的,所以现在做学问就不能太局限,要有一个世界眼光。我形容我自己是一身土气,这的确是事实,你们要纠正我这个缺陷,眼光变得要更宽一点,只读中国的东西,不行,你要放眼世界,所以你们面临的任务,相对来讲,就要艰巨一些,付出的东西就要多一些,创造性的强度也就大一些,比我们和我们再前一些代的人可能要更复杂,这是一条。

另外,作为政治思想史来讲,我比较强调要有贯通精神,不要局限在一点上,像验血一样,验血不是为了那一滴血,是为了对整体有一个了解,也就是

说要有一个整体的观念。我想现在学界有一个大的问题，就是碎化现象，总是搞一些小的具体的问题，没有这种以一滴血看全局的倾向。当然这一条看起来容易，做起来很难，这就要求我们必须要有一个全局的考虑，然后再有所突破，我并不是说通过化验这个血就能看到全局，这个不对，你做不到，我是强调必须有一个通观的东西。

有了这种贯通精神，我想还要有责任感有使命感。我就有一个责任感，就是要转变观念问题，因为我们思想史说到底是一个观念问题，因此从这个意义上来讲，我们要关切中国观念的变化，这倒不是以古烁今，我认为研究思想史，和时代的观念不能脱节，至少你的研究在时代观念上要表现出一种独立的个性，表现出一种可以比较的精神。

总之，我就希望你们有这么三点，这三点都是我没有做到的，或者是做得不够的。我比较多地写了一些古代的、传统的思维模式，当然现在的观念我也没忽视，但还没有真正进入这个领域。所以我希望你们要一个世界眼光，要有一个贯通的精神，在观念上要有个性，有承担精神，因为搞思想史如果在观念上没有任何承担精神，我敢说你这个思想史做不好。我不知道我这点教训对你们有没有一点启示，这由你们自己来考虑吧。

刘泽华:反思我们这代人政治思想尤为重要[①]

"两次生命的侥幸"

我是经过几个时代的人,出生时是国民党时代,后来在八年抗日游击战的边沿区,接下来就是国共打仗,1949年以后参与了迄今为止所有的运动。我出生在文盲之家,读书带有非常大的偶然性。小时候,母亲带着我和哥哥在街里玩,突然有个相面的过来,说这两个孩子有福相,一定要让他们读书。我父母是老父少妻,父亲那时都快70岁了,听说了这件事情,临终留下遗嘱,无论如何要让这两个儿子读书。我前边三个哥哥都是文盲。

我们村很小,隔几年才办一次学。我七岁那年学校正好赶上复校,刚上完三年级,学校又解散了,只好去六里地外的邻村上学。那时家里没有钟表,听鸡叫起床。1947年刚上五年级,因为打内战学校又解散。我回家务农,空闲时间迷上了武侠小说和武功。

这期间有两次生命的侥幸。1947年刚入冬,解放军攻打石家庄,一颗炮弹砸透我家的房顶,正落在我睡觉的炕上,就那么巧,那天我是睡在了隔壁娘的房间,又是一颗臭弹,侥幸一命。1948年土改后征兵,没有踊跃参军的场面,而是按兄弟多少征派。我弟兄五个,四个哥哥中,有的去当差抬担架去了,一位参加革命去了,一位右眼失明,一位到华北大学当工去了,家里男丁只有13岁的我,自然是首选。征四个人,五个人抓阄,我竟然抓空。去的四个人中,两位牺牲,有一位腿残废了,只能做后勤。另一位是我的同学,在朝鲜战中被俘去了台湾。如果我抓到阄,会是什么结果?天晓得!两次涉及生命的侥幸,人们都说我"命大"。那时候也不可能有任何理想,我最大的愿望是当个店员,

---

[①] 采访人不祥。

不用种地。

"糊里糊涂走进了历史学"

1948年冬偶遇同学,得知学校开设了补习班。回校念了两个月,1949年春,只上了四年半小学,历来是中等生的我,竟糊里糊涂考上了中学。学校离家15里,走读很难,住校交不起伙食费,痛苦至极。我找班主任要求退学。万万没有想到,老师竟然帮助我解决了伙食费,感激涕零,当然也感激共产党。当时的政治活动极多,我出于感激,都积极参加。1951年底,学校突然决定我们班提前半年毕业,几乎全部去当小学教师。学生意见极大,嚷嚷罢课抗议。我是党培养的积极分子,当然要响应党的决定,反复说服同学。对我来讲,当个小学教师已经不错了。万万没有想到,分配时,我竟然被留校到总务处当庶务员,管理笔墨纸张和杂物等。1952年秋,又是万万没有想到,我被保送去天津河北师范学院突击学俄语。学校规定必须满18岁,那年我周岁17,但填的是虚岁,又一次侥幸过关。

学习十分投入,俄文每次测试都是5分(满分),一年下来,我能读斯大林的苏共十九大的讲演稿。结业时又是出乎意外,发给我们的竟是专科文凭。回校后我转为教师,1953年秋教初中,1954年春教高中,有不少学生是我初中时下两年级的同学。我全力投入俄文的提高,订阅了原版《布尔什维克》《青年一代》,并开始翻译其中的稿子。

又是万万没有想到,当年秋突然接到调令,让我到石家庄三中(初中)当团总支书记,我心里一万个不愿意,但必须服从分配。1955年春,又是万万没想到,让我去从事绝对保密的审查干部的外调。那时候交通条件差,下了火车以后几乎全靠步行,跑遍了冀中的十几个县。又是万万没想到,突然接到通知,让我去保定省委党校旁听"苏共党史"。学习了三个月,回来后,又是万万没想到,我被提拔为副教导主任,那年才20岁。

1956年初,又是万万没有想到,调我去石家庄市委宣传部当理论教员,其中有多位是老师。那时干部都要学习苏共党史,赶鸭子上架,我到各单位去照本宣科。这一年又被两次抽调去河北省委党校学习哲学和政治经济学。1957年,中国和苏联发生分歧,停止讲苏共党史,改学中共八大文件。到了6月份,几个青年突然一哄而起,要报考大学。我也在其中。报名最后一天报了名,离考试不到 20 天。宣传部部长反对我报考,说你现在是行政 19 级,70 多元。上学一分钱都没有(那年取消调干助学金),毕业后不过 56 元(反右后降为 46 元),工作需要你,你个人也不划算,何必迷信大学?我说,既然报了名,让我试试吧。就个人兴趣来说,我喜欢哲学,但自知不懂自然科学,哲学学不好。其次是政治经济学,但要加试数学,也不可能报考。我虽读过一些文学作品,也喜欢古文,但感到自己缺乏天分,只有报历史学吧。又是万万没有想到,同伙考试者都是高中生,全名落孙山,我竟然被南开历史系录取。考上了,上不上呢?我工作以后一直负责母亲和妹妹的生活费,如果没了工资,她们的生活费没有着落,我左右为难。8 月底,宣传部揪右派拉开序幕,我的几位恩师都牵涉进去。我出来与他们斗争,良心说不过去;不斗,我就可能被牵涉进去。几天几夜难眠,最后下决心一走了之。9 月 9 日去南开报到,前一天夜晚与恩师长谈,互相泪流满面。我就这样糊里糊涂走进了历史学。

"红得发紫"的日子

进大学时我 22 岁。万万没有想到第二年,南开人事处决定,把我提前抽调出来当助教,这真是天上掉馅饼!这是我大学毕业后的理想,没想到刚上学一年就实现了。1958 年历史系举行几天的"红""专"大辩论,争论历史学有什么用?我是一年级唯一的发言者,上去讲了一通马列主义的东西,引起了一些师生的关注。过去工作六年中我很少看电影和玩,全是集中精力学习,提高俄语,读理论著作,像苏联康斯坦丁诺夫的《历史唯物主义》(开始时是一章一章出版),稍后华岗的《辩证唯物论大纲》,还有冯定的《平凡的真理》,这些书我都频频地读,不懂的就死记。大概领导认为我还有一点理论水平,又能写点文章。所以把我抽出来也算有所据吧。

当时,毛泽东号召工农领导干部占领讲台。有一位大厂子的党委书记来南开历史系任总支书记,他要开"历史科学概论"课,我和刚留校的一个毕业生负责写讲稿。说实在的,我们也就是抄。没想到他挺能讲,上课效果还不错。

当时,思想史在南开历史系还属于空白,我提出应增加思想史课程。那时候全国搞思想史比较知名的有侯外庐,但社科院我不熟悉,后来去了中山大学杨荣国那儿进修。广州的口粮定量低,我的恋人每月省出几斤粮票寄给我,但还是吃不饱。在那种状态,我咬着牙把先秦思想史都读了一遍。不到一年,体重降了十几斤,又得了严重的肺结核,不得不提前回校。

1960年以后,学校进行调整,提前毕业的学生,统统回班重新学习。没有想到,侥幸又轮到我身上,所有的同学都回去了,只留下我。决定留下我的是搞现代史的专家魏宏运,而最初他对抽调我有保留。这件事我一直都没问过他。后来我们成为至交,我退休后才问,他只说了一句话:我决定留你没错。

1961年我的业师王玉哲先生生病,主管教学的魏宏运先生突然通知我,让我接替王先生讲课。我不知深浅,竟然敢于冒险。讲课还可以,没砸锅。如果砸了锅,恐怕一辈子都难翻身。此时我的同年级还在学习,我却开始给新生上新课"先秦史"了。

我有个习惯,就是把读书的感想记下来写成文章。60年代初,知识分子都不敢写文章,我写了《荀子的重农思想》和《孔子的富民思想》投给《光明日报》。没想到都登出来了,算是站住脚了。

当时我真是红得发紫,被提升为总支委员。我还是内定的第三梯队的接班人,拟以助教之身提升为副系主任。1963年,根据华北局要求,给教授们写学术小传,"文革"中这些都是为资产阶级知识分子树碑立传的罪证。万万没有想到,竟然也有我的小传,自然是修正主义苗子的铁证。40年后,史学家田余庆对我说,1963年他随华北局调查组到南开,曾向南开有关负责人建议,应把刘泽华作为重点培养对象,与前边说的正契合。

法家著作注释会议上"顶"迟群上了"黑名单"

"文革"乍起魏宏运即以走资派之名被打倒,我既是走资派的红人,又是"反党"分子。那个时候写思想史文章大都会背上反党罪名,我写的几篇也难例外,随即我就被革命群众揪出来,贬入"中间组"(准牛鬼蛇神)。1967年造反派夺权,说资产阶级反动路线包庇了我,于是升级为"牛鬼蛇神"。因为查不出确凿罪行,1967年夏天获得解放。南开的两派都是中央肯定的,我也要紧跟,促联合,上午跟着造反派活动,下午到少数派那转转。造反派当时气势正盛,说我是"内奸",要除奸,吓得我跑了。后来武斗升级,掌权派来抄家,幸亏"文革"一开始,我就把日记销毁了。

1968年工军队占领学校,那时候人分五等:"忠字"学习班,"立新功"学习班,"斗资批修"学习班,"坦白从宽"学习班,"抗拒从严"学习班,我属于第三种。1969年党员登记，我在第二批中过关。接着清查"5·16分子"，我又被怀疑是"5·16分子"。后来负责"5·16"专案的人告诉我，是北京学部（社科院前身）大"5·16分子"洪涛（十几年前相识，后没有往来）咬了我一口。直到1973年以"事出有因，查无实据"结案。其实，"文革"中，我没参加任何活动，领导者都知道，虽然政治上不用我，但在业务上对我还是重用的。1971年，南开招工农兵学员，我被任命为教研室副组长，只管业务。魏宏运是犯了"走资派"错误的好人，后来被结合。他抓业务，命我主持编写中国古代史教材，1973年写出来，被人民出版社看上，几经修改，1979年正式出版。出乎意外的，1978年底，我由一名大学都没有毕业的助教破格升为副教授。

1974年，由姚文元提议、毛泽东批准的"法家著作注释会议"在北京前门饭店召开，我当时下放劳动却意外被指定与会。会议以"以儒法斗争重新改写历史""儒法斗争贯彻到党内"为主题。这时候我多少有一点自主意识，冒冒失失地在会上唱反调，认为盐铁会议以后就没有明显的儒法斗争了，怎么能用儒法斗争改写历史？儒法斗争是统治阶级内部的斗争，与共产党根本不搭界。知识分子的"克星"迟群一听我发言，问你是哪的，我说我天津的。你少讲一点！我回应说应该让我讲完，硬是接着讲。下来有人说，你怎么敢顶迟群，我说我不认识迟群，我讲的是事实嘛。因为"唱反调"，我成了顶"四人帮"反潮流的人。那次参加会的还有杨荣国、杨宽一批学者，唐长孺在会上发言讲魏晋南北朝隋唐的儒法斗争，老先生一辈子后悔，冯友兰也在会上大讲特讲一番。1978年，《历史研究》和《人民教育》杂志清理这次会议，发现整了我的"专项材料"，上了"黑名单"。大约是暂缓批党内的"大儒"（周总理），侥幸没有被派上用场。

"马克思主义在我心中"

1978年，史学规划会议筹备会在天津召开，会上两个特约代表，一个是李泽厚，一个是我。我做了一个发言，题目是《打碎枷锁 解放史学》，这八个字是冲着最高指示"史学要革命"来的，不过不能直接说"最高"，而是"扛着红旗反红旗"。黎澍主持会，让我放开讲，不受三十分钟（发言时间）限制。这篇文章很快在《历史研究》上发表。

"马克思主义在我心中"的念头是在70年代后期萌生的，在我1976年日记中有记录。把隐秘的思想落实在文字上,回想起来都有点后怕。我的日记在当时确实是够"罪大恶极"的,其中既说到"神明",也说到"秦始皇",还说到了乌托邦等等。我对"文革"的看法大体也形成于这一时期,认为是神明+秦始皇+乌托邦的混合物。追随这种混合怪物,怎么都不会得到正果。当时有"站不完的队,请不完的罪,做不完的检查,流不完的泪"的顺口溜,很说明问题。

对我来说,这是一个很大的转变。长久习惯于"紧跟""听喝"之后,从被动性的思维转向自主性的思维也不那么容易。"四人帮"垮台,我非常激动,写了很多批判文章,一日我突然发现,自己的思维方式、路数、文风、语言仍然没有摆脱"文革"思维,只不过把矛头对准"四人帮"而已。我开始反思问题的症结,对阶级斗争为纲、阶级斗争是历史发展的唯一动力说萌生了疑问。此前,这一理论是极其神圣的,谁敢对这一神圣观念发疑,谁就倒霉。当时还是"两个凡是"的时期,这一套理论依然是神圣的。但想来想去,必须向这一理论发疑,于是横下一条心,1978年下半年,我与王连升写出了《关于历史发展的动力问题》一文,依据马克思、恩格斯有关生产是历史发展的 "根本动力" 说,来修正当时神圣的阶级斗争说。1979年4月全国史学规划会议在成都召开,我们向会议投稿,被接纳。会议期间传来北京的强声音,主持者犹豫了,秘书处的负责人通知我不发言了,收回铅印稿,过了几个小时又通知发言。这篇文章是我从教条主义束缚中向外蠕动出来的标志,与戴逸、王戎笙先生的文章起,成为史学界和理论界关于历史动力问题大讨论的由头文章。现在看,文章还有很重的八股气,但在那个时代是相当"冒犯"的,直到1983年"反精神污染"时,还遭到史学界一位大人物的斥责。

日记是我观念的转折点,后来研究王权主义,与这有一定的关系。

王权主义研究

我们这一代人经历的曲折很值得反思,其中,政治思想的反思尤为重要。"文革"的问题太多,其中一个重要的问题,姑且用"现代封建主义"(目前关于"封建"这个概念争论分歧很大)这几个字来概括。黎澍先生1977年写了一篇谈现代封建主义的文章对我启发很大,有很强的共鸣,坚定了我研究政治思想史的想法。

在梳理、分析史实过程中,形成王权支配社会的观点,这是我讲王权主义的核心观点。我认为这首先是一个事实判断,其历史作用与历史价值是另一层次的问题。我的论述是全方位的,但有三个主要点:一是先秦诸子,除少数无君论外,主要流派争论的焦点是实行什么样的君主专制,这奠定了其后政治思想的范式;二是社会结构中的支配成分——贵族、官僚、豪族地主,主要不是"地租地产化",而是权力地产化造就的;三是王权至上观念对整个思想文化具有控制性。王权支配社会既是我的结论又是我的解释体系。现在批评我的人一看到我说王权主义,就扣上"虚无主义"的帽子,他们把"王权主义"作为否定概念,我则是作为一个描述和分析概念。对于王权主义,我强调要在矛盾中陈述,不是简单的全盘肯定,也不是简单的全盘否定。

我过去是防御性思维,防御性思维处处是"怕",能有什么创见?研究应该是进取性的思维,要在别人停止思考的地方进行开拓。这个观念的转变不是一下子就清楚的,1976年的日记是我转变的一个坐标,希望有机会能刊出我的日记。

我是个一直有压力的人,前半生的压力说了,后来,我又被选为系主任,又是学术带头人,得拿出主意和东西来才行。别的不说,在国内我主持率先开设了"文革"史、人权史、国民党史,讲正面抗日、进行双语教学,开设计算机与史学研究等课,有些人忠告我找麻烦,我说当系主任连开课的权力都没有,那就不如下台求清静。"风波"中因同情学生被罢黜了系主任等,我不为所动,依旧我行我素,查了两年,既无违章也无违法,奈何?好在,在学术研究上未加干涉。以后又是多个学术项目的带头人。所以一辈子处在一个压力状态。当然我也很感谢年轻的伙伴们,他们对我很关心,按说70退休,他们知道要进行新的定级,让我定级之后再退。退休多年之后,2013年又被授予南开大学荣誉教授称号。人啊,不做亏心事,敢于坚持,多数人还是支持的。

我这个人不聪明,底子又差,记忆力也不好,所以首先做的是文抄工(不是"公"),每读书必抄,算下来总共抄了几万张卡片。批评者没有人从资料上把我推翻。我的一些考证文章到现在仍经得起考验。最得意的是我发现了战国"授田制",这是一个大制度啊。

我给自己的评价是:是个笨候鸟,肯于苦思。多年来专注于政治思想及其相关问题。飞来飞去加苦思总能发现新的问题,也总有文章可写。前不久出版了由我任主编的九卷本《中国政治思想通史》,这是一群学术伙伴多年合作的成果,对我而言算是画了一个句号,刚好是八十小寿。今后还能做点什么?只要我的身体允许,不会偷懒的。

感谢老伴

我的老伴是同年级同学,上学时追她的人很多,我长得五大三粗,自知配不上,只能单恋。1958 年一位老大姐说给我介绍对象,一说是她,我求之不得。1960 年患严重肺病时,我怕拖累她,提出分手,她断然否定,要陪我到底,这让我感激一辈子。中年以后种种病袭来,多年患心跳过缓症(病因一直未查清),最低纪录每分钟只跳 31 次,经常昏昏沉沉,她想方设法悉心照料,承担了全部家务。

她是处长级的小头头,却毫不恋位,提前几年主动让出位置,校党委书记表扬她高风亮节! 她一贯守规矩,我却屡屡有犯规嫌疑,"文革"中沦为"贱民",后来又多次挨批,但从来没有一丝一毫的"家庭内击",总有一个温馨的家。没有她的理解和支持,我很难专心做点事。携手到老,真是一种幸福啊!

历史怎么才能给我们一些启迪①

问：先生已届古稀之年，你在历史学科耕耘了近五十年。这五十年史学的变化可谓天翻地覆，你都经过了，翻翻旧账，你的感受如何？

答：人到老年，往往有一种反思和追忆过去的情结，我也不例外。但真要反思，又有些犹疑、怯懦、无奈和悔恨，多种滋味涌上心头，不知从哪里说起，也难于给自己定位。

中国人，特别是知识分子，尤其是从事历史这一行的人，似乎最缺乏自我反思精神。比如，我们只要翻一下近五十年的史学史，眼下史学界的许多前辈和众多当红的头面人物，前后判若两人，可是有几人能有勇气进行反思和说明自己的思想、学术和行为过程呢？很少！我是一个普通的史学工作者，典型意义不大，但反思一下也能从小处说明一些问题。

就我而言，大体经历了三个阶段。第一个阶段是"紧跟"圣人的时期；第二个阶段是从教条主义蠕动出来的时期；第三个阶段是独立思考的时期。

问：请你说说什么是"紧跟"，现在的中青年对此相当陌生了。

答：时代有变，陌生是很自然的，但不要成为遗忘的角落。20世纪50年代、60年代和70年代的前半期是教条主义盛行的时期。教条主义同"崇圣"互为表里。当时有至高无上的圣人，还有呈金字塔形的不同等次的代圣人立言的贤人群。底层是一群自觉或不自觉的，主动或被动的"紧跟者"和"随从者"。每人的情况可能很不一样的，就我而言，我是自觉的和虔诚的信徒，时时事事都以圣人之教为准则来要求自己，衡裁自己。那个时期我还是一个初学者，成果不多，只写过几篇小文，70年代由我主持编写过一部《中国古代史》，我的主观追求依然是代圣人立言，在我看来史学的功能就是为圣人作注。也许在一些具体问题上有一点个性，但大体决无二心。那时节是政治挂帅、突出

---

① 未刊稿，对话人不详。

423

政治的时期,所谓的学术观念和理论都是从属于政治的,对此我的立场和态度是"紧跟"。所谓"紧跟":一是唯圣人与贤人的著述、教导、指示、讲话是从;二是权威报刊的社论、重要栏目的文章要细心领会;三是没有"理论依据"的话尽量不讲;四是随时准备自我检查和认错,这点极为重要,即使有点风雨,也能大体保平安。这时期知识分子的主流是被动性的思维和防御性的思维,盛行的是犬儒主义。吴晗的《论海瑞》与《海瑞罢官》应该说是犬儒主义的典型之作,后来成为惨剧的由头,实在是历史的误会。我在"文革"伊始被革命群众揪了出来,尔后又被投入"牛鬼蛇神"的行列,说实在的,也属"误会"之列,因为我从根本上是属于"紧跟"派。看看历史不难发现,越是教条主义盛行,就越易产生宗派和发生"窝里斗"。"窝里斗"与教条主义有不解之缘。

问:你是怎么从"紧跟"转向怀疑呢?

答:这个过程很缓慢。我当时说不上有自己的学理追求,因为学理是从属于政治的。因此产生疑问也由政治引发的。对无产阶级继续革命的理论和整"走资派"我是认同的,但革命司令部一次又一次的残酷斗争使我百思不得其解,特别是"9·13"事件,从另一个角度对我有着"启蒙"意义。啊,原来"内幕"是这样!从那时起,对"文革"和"圣人"渐渐有所疑问,进而由政治上的动摇逐渐引起理论上的再思考。在极端教条主义时期把马克思主义权力化,形成了权力意志格局和相应的专政体制,任何发疑的想法都是很危险的,其恶性的极端表现就是"文革"。"文革"给人带来了蒙昧,但从另一方面说,也为觉醒提供了土壤和条件。我从教条主义走向独立思考的过程,就是从崇拜"权威化的马克思主义"逐渐向"马克思主义在我心中"转变。这里讲一个例子。1974年我有幸参加了"法家著作注释会议",这次会是落实毛主席指示而召开的,会议的主调是"用儒法斗争重新改写历史""儒法斗争贯彻古今,也表现在共产党内"。与会者多数跟着跑,我记得冯友兰先生还激动赋诗歌颂,大意是,东汉有白虎观会议,这次会议是新时期的白虎观会议,只是反其道而行之。8月7日政治局委员接见了与会者,江青、张春桥等有长篇讲话。江青开头问,今天是几号?今天是8月7日,历史上有"八七会议",今天我们也是"八七"会议,要斗修正主义、要批儒等等。

我政治上十分愚钝,不解会议精神,对上述说法在大会、小会、私谈中均持反对意见,我认为不能用儒法斗争取代阶级斗争,我坚信我的意见符合马克思主义。在一次大会上,知识分子的克星迟群(当时的科教组长,相当于后来的教育部和科技部部长)打断我的发言,要我立即停止。我不知从哪来了一股犟劲,竟敢说应让我把话讲完,而且硬是说个不停。会议主持者整理了我的专门材料。由于政治形势的变化,我没有派上用场,便宜了我。"四人帮"垮台之后,《历史研究》和《人民教育》编辑部清理这次会议,把我的"反潮流"的事发掘出来,还把我请到北京小住,看了会议档案,并要我写批判文章。由于我实在不知会议内幕,说不到点子上,只好作罢。

问:你能对"马克思主义在我心中"做一点说明吗?

答:"马克思主义在我心中"的念头是在 20 世纪 70 年代后期萌生的。大家知道,这是从"上帝在我心中"蜕变而来的。对我来说这是一个很大的转变,此前马克思主义在大大小小圣人手里,我能做的就是"紧跟",如果跟不上或有违,就是自我检查。有了"我心",我就不再盲从和"紧跟"什么人了,一切要自己选择。自己选择也不是一件容易的事,像关在笼子很久的鸟一样,打开笼子让它自主地飞都难得飞起来。长久的习惯"紧跟""听喝"之后,人的自主性能力变得很弱,自主性的生长也不那么容易,要有一个过程。70 年代后期我才开始缓慢而艰难地从教条主义束缚中向外蠕动。1979 年发表的《关于历史发展的动力》一文可以说是一个标志。这篇文章对阶级斗争是历史发展的唯一动力说提出质疑和挑战。众所周知,此前,这一理论是极其神圣的,谁敢发疑,谁就倒霉。现在看,文章还有浓重的八股气,但在那个时代是相当"冒犯"的,直到 1983 年"反精神污染"时,还遭到史学界一位大人物的斥责。大约从80 年代起,我才进入独立思考和自主阶段。关于历史发展动力问题的意义,王学典在其宏文中有详尽的论述,遗憾的是他没有把我的名字写出来。

问:你进入独立思考后还信奉马克思主义吗?独立思考与用马克思主义统一意识形态的意图有否矛盾?

答:你提的是一个很尖锐问题,也是一个难用几句话能说清的问题。在我个人看来,不能把独立思考与马克思主义认为是绝对的对立。的确在这里马克思主义理论中有在意识形态领域实行专政和统一意志的论述。但是也有个人自由至上的论述。如果把马克思主义作为"专政"和"教条"的工具,的确与独立思考有悖;但如果把马克思主义作为一种学理和方法,那么它同独立思考完全可以相辅相成。对马克思的著作和论述,我只作为一种学理和方法来对待。开放以后从西方传进许多理论和方法,足资参考,但我还是认为马克思主义有更强的解释力,所以从总体上说我仍信奉马克思主义,对其他的理论我从多元的立场出发,持平等以待的态度,实行百家争鸣吧。我的学生常常与我进行争论,但我从不要求他们必须遵从什么主义。我的学生说我是"自由马克思主义",我很愿意接受这个称呼。

问:马克思主义很强调阶级理论和阶级分析方法,现在史学界很多人把它淡漠了,或者置诸一旁,根本不用阶级分析,你如何看待这种现象?

答:前边提到的1979年我与王连升合写的《关于历史发展动力问题》一文,可以毫不夸张地说,这是对在理论上把阶级分析绝对化时代的一次具有突破性的冲击。以阶级斗争为纲是一个时代的绝对圣条,也是"文革"的理论基石。我们写文章的时候还是"两个凡是"的时代,要对神圣的阶级斗争理论和观念提出质疑,还不是那么容易的事。在体制内只能用"打着红旗修正红旗"的办法来冲击绝对化的阶级斗争论。这篇文章在1979年4月于成都召开的"全国史学规划会议"上宣读过,引起了颇大的反响,在史学界开展了一次大讨论,发表的文章上百篇,各地举行了多次专题讨论会,有专集出版。我们的文章就是由头文章之一。有过经历的人我想会有体验的,现在的年轻人如果捋一下历史也会理解其意义的。

其后在历史的研究中,我又进一步对阶级分析进行了限制,比如我在1984年写的《关于中国政治思想史研究对象问题》一文中,我有如下一段论述:

> 在阶级社会,政治思想的核心部分具有明显的阶级性质。但从政治思想的总体看,又不能全部归入阶级范畴,比如关于处理人与自然关系的理论,除有阶级烙印外,还有人类与自然的共同关系问题;关于社会生活的认识,也有一些超出了一个阶级的范围,比如调和阶级关系的某些论述,便包含了不同阶级、不同阶层的要求;还有一些社会规范是人人需要遵守的,也不好简单划入某一个阶级范畴之中。就每个思想家而论情况更为复杂,虽然每个人都无法游离于阶级生活之外,但在观念上,并不妨碍某些人会提出超阶级的理论和主张。……在这里不是讨论阶级分析方法问题,目的在于说明,即使在政治思想史范围内,也不能被每一种思想命题统统还原为阶级的命题,因为政治思想对象本身并不都是阶级的。

放在现在,上述看法似乎是常识或仅仅是一说,没有任何尖锐性,但如果回到那段历史,在体制内的人能说出上述看法的,似乎也没有几人。谓予不信,不妨翻翻旧账。当时"反精神污染"的势头还没有过去,"反精神污染"的主旨仍然是彻底的阶级分析。我上述的话至少在学科范围内,把"政治"与"阶级"做了适当的区划,在同年出版的拙作《先秦政治思想史》就贯彻了上述理念,这本书的写作费时5年有余,在写作过程中我尽可能从定型化的阶级分析中走出来。我当时的心情是相当战战兢兢的,一本政治思想史的专著却淡化阶级分析,在当时可以说是一次相当大胆的尝试。我希望有兴趣的读者对当时的著述做一点比读,会体会到我的用心的。而在此以前长时段内,这样做是危险的事。

问:你认为阶级分析方法还有效吗?还认同阶级分析方法吗?

答:这个问题太复杂,长话短说,作为社会经济关系的阶级分析我认为依然是有效的,而且在我看来仍是最有说服力和解释力的方法。在经济关系上进行阶级分析必需要谈所有制、剩余价值与剥削等问题,现在许多人把阶级分析方法置于一旁,而多用"阶层""利润分配"把事情了结。我认为这是一种泼脏水把小孩一同泼掉的现象,很值得冷静思考。阶级分析与历史进程是两个不同层次上的问题,过去把两者混在一起是不科学的,但我们也不能因强调历史进程的必然性和不可逾越性就忽视阶级分析,阶级分析不可避免要揭示人际关系中的不平等性和不公正性,同时也会涉及价值判定和选择问题,也会关系到历史定位等等问题。在我看来,不进行阶级分析,就不能揭示历史的深层关系。如果认为一切现实的就是合理的,那就无法处理历史中的矛盾现象。现在有一个热门话题是社会公平问题,大家都反对社会不公。不公的背后深层是什么问题?难道仅仅是道德或人道问题?在我看来不公的背后主要是一部分人侵占了另一部分人的合理权益,也就是说,其间有剥削与被剥削的关系。不讲"剥削"不符合历史实际,有大量的史料根本无法解释。